Gênese Divina de
UMBANDA
SAGRADA

Rubens Saraceni

Gênese Divina de UMBANDA SAGRADA

MADRAS®

© 2024, Madras Editora Ltda.

Editor:
Wagner Veneziani Costa

Produção e Capa:
Equipe Técnica Madras

Revisão:
Vera Lucia Quintanilha
Wilson Ryoji
Neuza Aparecida Rosa Alves

Dados Internacionais de Catalogação na Publicação (CIP)
(Câmara Brasileira do Livro, SP, Brasil)

Saraceni, Rubens

Gênese divina de umbanda sagrada : o livro dos tronos de Deus :
a ciência divina revelada / Rubens Saraceni. -- 4. ed. -- São Paulo : Madras, 2024.

ISBN 978-85-370-0391-6

1. Umbanda I. Título.

24-231116   CDD-299.672

Índices para catálogo sistemático:
1. Umbanda : Religião 299.672
Cibele Maria Dias - Bibliotecária - CRB-8/9427

É proibida a reprodução total ou parcial desta obra, de qualquer forma ou por qualquer meio eletrônico, mecânico, inclusive por meio de processos xerográficos, incluindo ainda o uso da internet, sem a permissão expressa da Madras Editora, na pessoa de seu editor (Lei nº 9.610, de 19/2/1998).

Todos os direitos desta edição reservados pela

MADRAS EDITORA LTDA.
Rua Paulo Gonçalves, 88 — Santana
CEP: 02403-020 — São Paulo/SP
Tel.: (11) 2281-5555 – (11) 98128-7754
www.madras.com.br

Dedicatória

Dedico este livro a todos os meus irmãos em Oxalá, à Umbanda Sagrada e a todos os estudiosos dos mistérios divinos.

Também o dedico, em memória de Zélio de Morais, o médium que se tornou um divisor entre as práticas de Umbanda, de Espiritismo e de Candomblé, e ao Senhor Caboclo das Sete Encruzilhadas, o seu mentor espiritual e um dos mestres magos que semearam a Umbanda no plano material e têm atuado com intensidade na sua concretização como religião de massa e via evolutiva humana.

Rubens Saraceni

Pai Benedito de Aruanda, seu sonho tornou-se uma realidade e materializou-se neste livro. A Umbanda já possui sua Gênese e sua Teologia, ambas fundamentadas na ciência divina!

Seiman Hamiser yê

Índice

Prefácio 11
A Gênese Divina de Umbanda Sagrada – "O Livro
dos Tronos de Deus — a Ciência Divina Revelada" 13
Comentário do Médium Psicógrafo sobre
a Gênese Divina e os Sete Planos da Vida 15
A Gênese — Introdução 18
Definição dos Termos Usados neste Livro 20

Livro 1
A Gênese do Planeta Terra

A Gênese do Planeta Terra 22
A Gênese dos Universos e das Dimensões Paralelas 36
A Escala Vibratória Divina 43
A Evolução dos Seres nas Dimensões Paralelas 49
A Interpenetração ou o Entrecruzamento 55
Os Fatores de Deus: as Imanências Divinas 72
    Os Fatores Divinos 74
As Hierarquias dos Tronos da Geração 84
Como Surgem e se Formam as Hierarquias Divinas 89

Livro 2
Gênese de Umbanda Sagrada

Os Sete Planos da Vida na Gênese Divina 108
Os Fatores e as Ondas Fatorais 109
Primeiro Plano da Vida: o Plano Fatoral 112

Segundo Plano da Vida: o Plano Virginal ou Essencial 130
Terceiro Plano da Vida: o Plano Elemental ou Energético 136
    Ondas Policromáticas 138
    Ondas Monocromáticas 139
Quarto Plano da Vida: Plano ou Estágio Dual da Evolução 171
    As 33 Dimensões Duais que formam o Quarto Plano da Vida 174
Quinto Plano da Vida: o Plano Encantado 190
Sexto Plano da Vida: Plano Natural ou Estágio
    do Desenvolvimento da Consciência Plena 196
Sétimo Plano da Vida: o Plano Celestial 202

Livro 3
Teogonia de Umbanda

A Teogonia Umbandista 205
    Primeira Linha de Forças Divinas, ou Irradiação da Fé 215
    Segunda Linha de Forças Divinas, ou Irradiação do Amor 217
    Terceira Linha de Forças Divinas,
        ou Irradiação do Conhecimento 222
    Quarta Linha de Forças Divinas,
        ou Irradiação da Justiça Divina 225
    Quinta Linha de Forças Divinas, ou Irradiação da Lei 227
    Sexta Linha de Forças Divinas, ou Irradiação da Evolução 229
    Sétima Linha de Forças Divinas,
        ou Irradiação da Geração Divina 233
Consideração Final sobre a Teogonia de Umbanda 237

Livro 4
Androgenesia Umbandista

Introdução 239
Comentário sobre a Hereditariedade Divina dos Seres Humanos 241
A Hereditariedade na Irradiação da Lei — Ogum e Yansã 248
    As Características das Divindades da Lei (Ogum e Yansã) 252
    As Características dos Seres Regidos por Ogum e Yansã 253
Hereditariedade na Irradiação da Justiça Divina —
    Xangô e Oro Iná 255
    As Hereditariedades de Xangô e Oro Iná 257

Índice

A Hereditariedade na Irradiação do Amor Divino —
Oxum e Oxumaré 259
A Hereditariedade na Irradiação do Conhecimento —
Oxóssi e Obá 262
A Hereditariedade na Irradiação da Fé — Oxalá e Logunã 265
A Hereditariedade na Irradiação da Evolução —
Obaluaiyê e Nanã Buruquê 268
A Hereditariedade na Irradiação da Geração —
Yemanjá e Omulu 270

Livro 5
A Ciência Divina dos Tronos de Deus

Os Tronos de Deus 274
As Divindades e as Religiões 280
Mistérios: o que São e como Atuam em Nossa Vida 285
O Mistério das Divindades — 1ª Parte 293
O Mistério das Divindades — 2ª Parte 298
Irradiações e Correntes Eletromagnéticas 302
O Magnetismo dos Orixás — Apresentação 312
O Magnetismo dos Orixás, os Tronos de Deus — Magnetismo —
A Base Fundamental dos Símbolos Sagrados 313
A Expansão da Vida nas Dimensões Planetárias 338
O Mistério das Energias Básicas 343
O Mistério das Ondas Vibratórias 346
Ondas Vibratórias, a Base da Criação Divina 362
O Mistério dos Cordões Energéticos 370
O Mistério das Fontes Mentais Geradoras e Ativadoras 375
O Mistério das Fontes Naturais Geradoras
de Energias e das Correntes Eletromagnéticas 379
O Mistério das Fontes Vivas e Geradoras de Energias 385
O Mistério das Formas Plasmadas 388
Considerações Finais 391

Prefácio

Rubens Saraceni, este iluminado arauto do Astral Superior, concedeu-me o privilégio de ter acesso aos originais de sua mais recente obra: *Gênese Divina de Umbanda Sagrada*.

Ensinamentos extraídos de um manancial de conhecimentos, é o resultado de anos de contínuo aprendizado com os mestres da Luz Divina, materializando o sonho de Pai Benedito de Aruanda, um dos principais guias de luz nessa sua missão dentro da Umbanda.

Como se destaca de seu próprio comentário: "um verdadeiro psicógrafo é o elo 'material' de uma imensa corrente espiritual, toda voltada para a aceleração do crescimento espiritual da humanidade.

E, se tive a honra de ser assistido, orientado e instruído por espíritos mestres da Luz ou magos da Vida, no entanto não tenho tido privilégios, já que sou cobrado o tempo todo por eles, quanto aos meus deveres e minha 'missão' de abrir para o plano material e para a Umbanda o mistério 'Tronos de Deus". E o objetivo desta obra de fôlego é abrir as portas desse mistério divino.

Na análise e no estudo aprofundado dos conceitos desta obra, digase de passagem, obra para o terceiro milênio, quando a Umbanda se fixará como a grande religião redentora deste Universo em crise e desespero, é que estaremos sedimentando as colunas mestras que, definitivamente, sustentarão esta religião santa: Umbanda Sagrada.

Gênese Divina de Umbanda Sagrada, como fonte de conhecimentos, deverá ser o manual dos Pais e Mães Espirituais, que se preparam desde já para assumir a responsabilidade de mentores deste exército branco de Oxalá, já em marcha para o cumprimento de sua missão maravilhosa como medianeiros das mensagens reveladoras do Terceiro Milênio.

Que os mestres de luz estejam sempre presentes na caminhada terrena deste irmão maravilhoso, Rubens Saraceni.

João Baptista Menezes Ladessa
Então Presidente do Superior Órgão de Umbanda do Estado de São Paulo

A Gênese Divina de Umbanda Sagrada

"O Livro dos Tronos de Deus — a Ciência Divina Revelada"

A Gênese e a Teologia da Umbanda são inseparáveis, porque uma está na outra. Escrever sobre a sua gênese é criar um tratado teológico e escrever sobre a sua teologia é criar uma gênese divina das coisas.

A Gênese Divina de Umbanda é uma ampla e elevada abordagem sobre o Divino Criador e sobre as Suas divindades, regentes da criação e dos seres.

Uma gota de água cristalina não purifica um litro de água suja. Mas uma gota de água suja contamina um litro de água cristalina. Assim também acontece com o conhecimento: um conhecimento verdadeiro não anula todas as inverdades já semeadas. Mas um falso conhecimento pode induzir muitos à regressão do espírito.

Purifiquem-se nesta fonte cristalina do conhecimento.

* * *

As informações aqui contidas vieram diretamente do Magno Colégio de Umbanda Sagrada, astral, dirigido pelo nosso amado mestremago Seiman Hamiser yê, também conhecido na Umbanda como Senhor Ogum Megê "Sete Espadas da Lei e da Vida", um trono humanizado e espiritualizado.

Mestre Seiman Hamiser yê é um dos mentores astrais responsáveis pelo Ritual de Umbanda Sagrada e transmitiu-nos a Gênese Divina de Umbanda, secundado por todos os outros mestres-magos aqui não citados a pedido do Senhor Ogum Beira-mar, meu mestre pessoal.

Deus, ao gerar-nos de Si, dotou-nos com Suas qualidades divinas e espera que cada um vá revelando-as, à medida que for evoluindo.

* * *

As necessidades do espírito não são as mesmas do corpo físico por ele ocupado; se recorre a elas, é para evoluir mais em menor espaço de tempo.

Muito obrigado, meus Pais e Mães Orixás!

Muito obrigado, meus amados Mestres e Mestras da Luz!

Muito obrigado, meus Guardiões!

Muito obrigado a todos os que têm apoiado nossas obras mediúnicas!

Em nome do Pai, aceitem esta obra mediúnica como nossa contribuição à evolução espiritual, religiosa e teológica da humanidade, mediante o Ritual de Umbanda Sagrada.

Rubens Saraceni

Comentário do Médium Psicógrafo sobre a Gênese Divina e os Sete Planos da Vida

Irmãos amados que nos leem, aqui está um manancial divino de conhecimentos únicos, pois outros iguais não há.

Saibam que este livro é o coroamento de anos e anos de contínuo aprendizado com os Mestres da Luz, entre os quais tenho de destacar Pai Benedito de Aruanda, Mestre Kleper, Mestre Platão, Mestre Seiman Hamisser yê, Mestre Beira-mar, Mestre Naruê, Mestre Voltaire, Mestre Darwin, Mestre Lumiére, Mestre Pena Verde (Demóstenes), Mestre Zorik, Mestre Ranish, Mestre Lemoresh, Mestre Hashem, Mestre Sadek, Mestre Abrahms, Mestre Kant, Mestre Descartes, Mestre Cooperfield, Mestre Edson, Mestre Copérnico, Mestre Mozart, Mestre Anaanda, Mestra Imdab-iá, Mestra Estrela Azul, Mestre Arranca-Toco, Mestre Sete Estrelas, Mestre Pai José da Guiné, Mestre Sete Cachoeiras, Mago Djin, Mago Jê-fá, Maga Jofaret, Maga Kama-Jôfe, Mago Ça-la-Iimesh, Maga KamaHesh, Mago Kiçamôre, Mago Limalú, Mago do Fogo, Mago da Terra, Mago do Ar, Mago da Água, Mago dos Minerais, Mago dos Vegetais, Mago dos Cristais, Mago do Tempo, Mago da Lei, Mago da Justiça e muitos outros Mestres e Magos que deixo de citar para não alongar-me demais, pois já há cerca de 25 anos tenho vivido mais para o espírito que para a minha vida material, e cada um dos que mencionei ou deixei de citar participou ou ainda participa de minha formação espiritual e psicografia mediúnica.

Sim, quem pensa que um psicógrafo mediúnico é um elemento solto no espaço, saiba que não é!

Um verdadeiro psicógrafo é o elo "material" de uma imensa corrente espiritual, toda voltada para a evolução espiritual da humanidade. Se tive a honra de ser assistido, orientado e instruído por espíritos mestres da Luz ou magos da Vida, no entanto não tenho tido privilégios, já que sou cobrado o tempo todo por eles quanto aos meus deveres e minha "missão" de abrir para o plano material e para a religião de Umbanda o Mistério "Tronos de Deus".

Muitas assistências espirituais têm por objetivo abrir esse mistério divino, que tem estado presente na vida das pessoas, mas sempre com denominações diversas, tais como Deuses, Orixás, Divindades, Devas, Elohins, etc.

Eu sei, e muito bem, que não será da noite para o dia que o Mistério "Tronos de Deus" será entendido e compreendido pelos que nos leem, mas o tempo se encarregará de fazer isso, já que esta Gênese suplanta o senso comum e adentra a ciência divina dos mistérios de Deus.

Espero que os que nos leem estudem este livro e o entendam realmente, pois ele não está fundamentado em mitos ou lendas, e sim na verdadeira gênese divina.

A forma como escrevo é simples, porém, se alguns comentários parecerem truncados, isso se deve à minha incapacidade de passar para o papel tudo o que recebo dos meus mestres inspiradores. Mas o principal creio que consegui afixar.

Espero que outras pessoas mais aptas e com uma formação científica mais elevada ou superior à minha desenvolvam os conhecimentos abertos neste livro e os tornem mais assimiláveis aos leitores.

Saibam que o Mistério "Tronos de Deus" é superior a tudo o que possamos imaginar ou conceber. Os tronos são os manifestadores das qualidades de Deus que estão mais próximos de nós e assentados bem ao nosso lado nas dimensões paralelas à dimensão humana da Vida.

Saibam que todas as divindades "humanizadas", e que regeram ou regem as muitas religiões humanas, são Tronos de Deus, sem exceção!

Todos os sagrados Orixás são Tronos de Deus. E se nossos irmãos africanos já os cultuam há muitos milênios, outros povos os cultuam com outros nomes, mas todos cultuam em essência os Sete Tronos de Deus assentados na coroa divina regida pelo divino Trono das Sete Encruzilhadas, o nosso Logos Planetário.

Os Elohins judaicos são os Tronos de Deus, assim como os regentes da "cabala", da verdadeira cabala, e não dessa tornada pública por profanadores do saber oculto, que mercadejam um conhecimento superior só conhecido dos "rabis" e dos magos iniciados no Mistério "Tronos de Deus".

O mistério dos "Degraus", só informado na Bíblia, foi aberto por Salomão, o mestre mago hebreu. Mas foi fechado porque deram um uso profano a esse mistério.

Os hierofantes egípcios conheciam o Mistério Tronos de Deus, mas nunca o abriram, preferindo ocultá-lo por trás das suas divindades.

Os gregos humanizaram os Tronos de Deus e, com o mitológico Monte Olimpo, chegaram bem perto da verdadeira essência das divindades Tronos de Deus.

Os magos caldeus e os mestres hindus vislumbraram esse mistério divino e o ocultaram por trás de deuses semi-humanos.

Mas nós, aqui, abrimos de forma científica, mas simples, o Mistério "Tronos de Deus" porque isso nos foi confiado pelos próprios Tronos Mensageiros, os responsáveis pela religiosidade dos seres humanos.

Toda essa minha psicografia tem sido vigiada por um trono cujo nome hebraico é Mihael, que não é um Anjo ou um Arcanjo, mas o trono responsável pelo conhecimento religioso da humanidade.

Só essa revelação já dará muito o que pensar aos angelologistas e cabalistas de plantão, que escrevem impropriedades fundamentadas no abstracionismo religioso que impera em todas as religiões, confundindo o conhecimento acerca de Deus e de Suas Divindades Regentes.

O Trono Mihael é o "Ogum Cristalino" ou Ogum da Fé, cuja espada cristalina da Lei é transparente e pura como a própria ciência divina, cuja pureza não comporta o ilusionismo religioso ou o abstracionismo da fé.

Toda a nossa obra mediúnica passou pelo crivo do Trono Mihael, antes de ser transposto para o lado material da Vida. Tudo foi submetido e ele, após ter sido afixado no papel por mim, Rubens Saraceni, cujo grau de Nyê-hê ou de Mensageiro do Conhecimento Religioso, credita-me diante dele, o meu amado Pai Ogum Cristalino, o meu Senhor Ogum Ordenador dos Conhecimentos Religiosos, ao qual tenho servido como mensageiro em muitas das minhas reencarnações, e ao qual espero poder servir quando retornar ao mundo dos espíritos.

Tenham neste nosso livro, e em toda a nossa obra mediúnica, uma fonte cristalina de conhecimentos!

Tenham nessa Gênese um manancial único sobre Deus e Suas Divindades regentes da evolução dos seres, pois esse é o objetivo principal deste livro de conhecimentos fundamentais.

em nome dos Mestres da Luz, vosso irmão em Oxalá,
Rubens Saraceni

A Gênese

Introdução

Irmãos em Oxalá, saudações!
A presente obra tem por objetivo comentar a gênese das coisas a partir da ciência divina, que fundamenta a interpretação da criação a partir da observação de como Deus multiplica-se em tudo o que gerou em Si mesmo ou de Si.

As gêneses à disposição dos estudiosos requerem um esforço mental incomum, porque exigem todo um conhecimento mitológico e uma capacidade de associação que supere o senso comum das coisas visíveis e palpáveis e penetre no incognoscível, do qual se extrairão hipóteses plausíveis ao maior número de pessoas.

Uma das dificuldades encontradas para interpretarmos as gêneses reside no fato de serem, todas elas, apanhadas de lendas, mitos e fábulas criadas há vários milênios, quando o homem começou a sair das cavernas.

Sim, a atual religiosidade humana herdou de outras, antiquíssimas, as lendas, os mitos, as fábulas e as interpretou segundo nossa limitada visão do Universo. Por isso, muitos contestam as cosmogêneses que fundamentam suas religiões.

Mas temos de levar em conta que o homem de dois, quatro ou seis mil anos atrás era intuitivo e contemplativo enquanto o de hoje é cientificista e indagador.

Portanto, devemos levar em conta que a intuição nem sempre acerta, porque as verdades costumam nos chegar distorcidas e também são limitadas pelo conhecimento que temos daquilo que contemplamos.

Contemplando o Universo, os caldeus desenvolveram sua Astrologia, e por intuição atinaram com a verdade que nos diz que tanto as estrelas distantes quanto os planetas próximos nos influenciam de várias formas.

Se lhes faltaram ou não o conhecimento do magnetismo dos planetas e os fatores que eles emanam e que nos chegam por meio de ondas vibratórias, isso não podemos afirmar, porque era um conhecimento fechado e transmitido oralmente de mestre para discípulo. Mas que a Astrologia tem um fundo de verdade, isso é inegável.

O mesmo se aplica à Cabala, pois se só uns poucos a interpretam corretamente e a aplicam com sabedoria, isso não a invalida ou desacredita. Apenas a enobrece ainda mais, pois instiga as pessoas a buscar suas chaves secretas.

O que podemos dizer da cosmogonia hindu, povoada de divindades, mas cuja chave interpretativa se perdeu no tempo justamente por causa do segredo e das deturpações nas transmissões orais fechadas e sujeitas às deficiências dos próprios transmissores?

Afinal, todas as doutrinas religiosas estimulam o homem a buscar o Divino com o objetivo único de alcançar o céu e livrar-se do pesado fardo de ter de viver na Terra. É um paradoxo, porque Deus criou a Terra justamente para o homem evoluir.

Todas as doutrinas religiosas, ao pregarem um acelerado retorno ao interior de Deus (o céu), estão ministrando um ensinamento que é uma fuga à vida na terra e a todas as possibilidades de enriquecimento do espírito que ela nos proporcionará se a vivermos, não como punição, mas como uma dádiva divina.

Deus não criou a Terra para ser uma prisão do espírito ou um purgatório, e sim para ser nossa morada, onde desenvolvemos valores morais, caráter, tenacidade, conhecimentos e expectativas únicas sobre seus desígnios maiores, que nos aguardam em nossa jornada infinita.

Mas todas as doutrinas pregam a fuga da Terra e a busca incessante do paraíso perdido, esquecendo-se de ensinar que esta nossa morada é divina e deve ser vista e entendida como tal, única, visto que outra exatamente igual não existe em toda a Criação Divina.

E se assim é, é porque Deus tanto é único em cada coisa que cria como tudo o que cria atende a um objetivo só conhecido por Ele.

Definição dos Termos Usados neste Livro

Energia Divina – energia viva emanada por Deus.

Fator – qualidade de algo, hereditariedade.

Onda Fatoral – onda que absorve energia divina e a transforma em fatores divinos, desencadeadores da Gênese.

Onda Fatoral Magnetizada – onda fatoral polarizada que gera fatores positivos e negativos.

Onda Magnética Essencial – onda formada por um fluxo de ondas fatorais.

Onda Eletromagnética – onda formada pela fusão de muitas ondas magnéticas essenciais.

Onda Energética Elemental – onda transportadora de energia elemental, formada pela fusão de ondas eletromagnéticas.

Livro 1
A Gênese do Planeta Terra

A Gênese do Planeta Terra

Nós sabemos que o "universo" dos Orixás é vastíssimo e isso tem intrigado uns e confundido outros estudiosos deste mistério do Criador.

Então tudo fica confuso e nem os profundos conhecedores das suas lendas conseguem explicá-las corretamente, visto que lhes falta a ciência que abre esse mistério divino.

Até onde nos foi possível observar nos escritos sobre os Orixás, as lendas assumiram importância fundamental na manutenção do culto às divindades naturais e respondem a contento, já que faltaram aos nossos ancestrais a escrita, a numerologia e a especulação científica.

Sim, porque muitos julgam que a história da humanidade começou há alguns milhares de anos após o dilúvio, tal como está descrito na Bíblia.

Mas temos informações seguras, recebidas dos planos espirituais superiores, que o "dilúvio bíblico" não se refere a uma chuva torrencial durante 40 dias, e sim a toda uma transformação da crosta terrestre que aconteceu há muito tempo, fato que encerrou um ciclo evolutivo e deu início a outro.

Havia toda uma civilização avançadíssima, mas que tinha esgotado sua capacidade de evoluir, já que a "produção" daquela época não era mecânica e capaz de ser reproduzida como a de hoje: em larga escala.

Aconteceu um dilúvio?

Sim. Mas não exatamente como está escrito na Bíblia ou nas lendas de outros povos tão antigos quanto o semita.

Em várias culturas religiosas encontramos vestígios desse acontecimento incomum, já como narrativas míticas ou lendárias.

Encontramos vestígios diluvianos em diversas regiões do globo terrestre, sem que umas tivessem contato com as outras, regiões habitadas por povos totalmente diferentes nas suas expectativas religiosas e na forma de expressarem seus anseios quanto ao incognoscível (Deus).

O fato é que aconteceu toda uma transformação geográfica, cultural e religiosa que durou vários milênios e resultou na atual configuração da crosta terrestre, assim como na distribuição das antigas populações, quase extintas enquanto durou o processo.

A Gênese Divina nos revela que esse ponto do Universo onde hoje vivemos já foi um "caos" energético, que pouco a pouco foi sendo ordenado pelo poderoso magnetismo planetário, e que por bilhões de anos a Terra era inabitável, pois nenhum tipo de vida resistiria às explosões energéticas que aconteciam porque elementos contrários se chocavam e se repeliam com violência.

Mas, de explosão em explosão, todo um esgotamento energético foi acontecendo, e os elementos mais "reativos" foram sendo consumidos e começaram a rarear, tornando possível a acomodação dos elementos estáveis. Então, pouco a pouco, a crosta terrestre foi se resfriando, ou melhor, perdendo calor para o espaço vazio existente além do seu campo eletromagnético.

Esse campo tem seu limite nas camadas mais altas da estratosfera, justamente onde "vapores" ou gases ficavam concentrados, porque não conseguiam ultrapassar o cinturão eletromagnético que se formou com o giro do planeta sobre si mesmo, ou sobre seu eixo magnético.

Quando o "espaço" interno do planeta ficou saturado desses gases, a Terra era semelhante ao planeta Júpiter que vimos quando foi atingido por um cometa, que penetrou em uma camada gasosa antes de atingir a massa sólida.

Saibam que há bilhões de anos a Terra se encontrava toda envolta por uma densa camada gasosa composta por muitos elementos, que, pouco a pouco, foram se combinando e dando origem a moléculas mais pesadas, que começaram a baixar ou se precipitar sobre a massa incandescente que a Terra possuía.

A ciência divina nos diz que desde o assentamento do divino Trono das Sete Encruzilhadas neste ponto do Universo, pelo Divino Criador, já se passaram cerca de uns 13 bilhões de anos, já que nos primeiros 4 bilhões o nosso planeta se parecia com uma estrela azul, mas que cintilava outras cores.

Esse período foi o tempo que o divino Trono das Sete Encruzilhadas passou "absorvendo" energias, por meio do seu poderoso magnetismo cósmico. Fato este que deu início aos choques "nucleares" geradores de explosões gigantescas geradoras de novas ondas eletromagnéticas hipercarregadas de energias, visíveis desde outras constelações.

Com o tempo, o núcleo magnético do planeta foi alcançando um ponto de equilíbrio, as ondas eletromagnéticas foram perdendo força e as energias foram se condensando em torno do eixo magnético planetário.

Então, o planeta, que era uma massa incandescente com pequena "reatividade", começou a perder calor para o geladíssimo espaço cósmico, que é o absorvente natural do excesso de calor dos corpos celestes.

Tanto isso é verdade que o brilho que vemos nas estrelas é energia que flui com as ondas eletromagnéticas, mas que vai sendo diluída no espaço cósmico. Mas as ondas eletromagnéticas geradas no interior delas, e que nos chegam, são absorvidas pelo magnetismo planetário e o recarregam, mantendo-o em equilíbrio vibratório.

Já o excesso é lançado fora pelos polos magnéticos (norte-sul), mantendo constante o campo em torno do planeta.

Afinal, nada é gerado do nada. Se a Terra tem seu magnetismo constante, algo tem que estar alimentando-o continuamente para que ele se mantenha estável.

"Essa absorção das ondas eletromagnéticas irradiadas por outros planetas é o fundamento da astrologia."

O poderoso magnetismo de Vênus, que é um planeta regido por um trono planetário de natureza feminina, explica a influência desse planeta nas questões do "amor", do coração e da sexualidade.

Saibam que o planeta Vênus não é igual ao nosso, porque o magnetismo do trono que o rege não é igual, não é da mesma natureza e sua dimensão física ou material tem uma finalidade inversa à do planeta Terra. Lá, a dimensão física é doadora de energias para as outras dimensões paralelas a ela. Enquanto aqui a dimensão física tanto é doadora quanto receptora das energias das nossas dimensões paralelas.

Em Vênus, nas suas dimensões paralelas à dimensão material, em todas, só vivem e evoluem seres femininos. Sejam de que espécie forem, certo?

Já em Marte, só existem seres masculinos.

— Vênus é um planeta feminino;

— Marte é um planeta masculino;

— Terra é um planeta misto;

— Urano é feminino;

— Plutão é masculino;

— Mercúrio é misto;

— Júpiter é misto;

— o Sol é misto;

— Netuno é misto;

— Saturno é misto.

Lembrem-se de que estamos nos referindo às suas dimensões paralelas onde vivem trilhões de seres e criaturas.

Seres	⇨	*espécies racionais*
Criaturas	⇨	*espécies instintivas*

Saibam que nos planetas femininos só vivem seres femininos, e nos planetas masculinos só vivem seres masculinos.

Saibam que a Terra tem 77 dimensões paralelas. Já outros planetas, uns têm 33, 49, 11, 21, 333, 777, 999, etc. Cada planeta possui um número de dimensões, todas paralelas umas às outras e atendendo a desígnios do Divino Criador.

Cada planeta possui seu Trono Planetário, cujo magnetismo divino desencadeou seu processo formador e o tem sustentado desde que foi assentado ali pelo Divino Criador. Esses Tronos são individualizações do Divino Criador e têm em si mesmo tantas qualidades de Deus quantas forem necessárias à manutenção da vida que têm que amparar e têm de fornecer as condições ideais para que os seres subsistam e evoluam.

Nós, aqui na Terra, só conseguimos raciocinar a partir do que conhecemos e nos é tangível. Mas a obra divina não se limitou à dimensão física, e só a partir da dimensão espiritual nos é possível raciocinar a partir de novas realidades.

Mas o fato é que a Terra é um polo eletromagnético e capta as vibrações ou ondas eletromagnéticas dos planetas do nosso sistema solar, porque todos estão acomodados dentro do "espaço" solar. Já o mesmo não acontece com as ondas de planetas de outros sistemas, pois o seu magnetismo não sai de dentro do campo do "sol" que os sustenta.

Mas as ondas eletromagnéticas oriundas de algumas estrelas são mais sutis que as ondas do Sol, penetram em seu campo eletromagnético e são absorvidas pelos planetas que formam o sistema solar, carregando-os magneticamente e alimentando seus magnetismos planetários.

Saibam que o mesmo acontece com os elétrons que giram em torno do núcleo de um átomo ou com o magnetismo mental dos espíritos, já que absorvem o magnetismo sutil das Divindades Irradiantes (luminosas), vão se afastando da faixa neutra (ponto zero) e ascendendo às faixas vibratórias mais elevadas.

Tudo o que acontece no macro se repete no micro, e tudo o que ocorre na criação acontece nas criaturas e nos seres. Deus se repete e se multiplica em tudo o que gerou a partir de Si mesmo, quer esse tudo seja animado ou inanimado. Quer seja instintivo ou racional.

"E se assim é, é porque tudo acontece em Deus."

Bom, já viram como somos influenciados pelas ondas eletromagnéticas das estrelas e dos planetas dentro do campo magnético do Sol, que forma o nosso sistema solar, que nada mais é que um macroátomo.

Então perceberam que assim como um enunciado químico nos diz que na Natureza nada se perde e tudo se transforma, também no campo das energias e dos magnetismos o mesmo se aplica.

Nós dissemos que, por uns 4 bilhões de anos, o nosso planeta foi uma massa energética reativa, mas assim que o divino Trono das Sete Encruzilhadas alcançou o limite máximo em sua capacidade de absorver energias, as reações foram diminuindo e só restou uma bola incandescente cercada de vapores (gases) cujos elementos (átomos) foram se combinando e dando origem a moléculas mais pesadas, que se precipitavam sobre a superfície incandescida.

Pouco a pouco, com a perda de calor para o gelado espaço cósmico, a crosta foi se resfriando e se solidificando, até que se tornou densa o suficiente para reter em sua superfície as moléculas que iam se formando nas camadas gasosas mais elevadas.

Mas o interior incandescido, que era energia pura, criava e ainda cria pressão, elevando para a superfície os átomos hiperaquecidos.

É o mesmo processo de fervura da água: o fogo aquece o fundo da chaleira, as moléculas de água se energizam e sobem, criando lugar para que as menos energizadas se precipitem para o fundo. Com isso cria-se uma corrente dupla, onde moléculas mais energizadas (quentes) sobem, e as menos energizadas (menos quentes) descem para o fundo da chaleira. Quando as que haviam subido se desenergizam (perdem calor), então tornam-se mais "pesadas" e descem, enquanto as que antes haviam descido se energizaram (aqueceram) e sobem.

Nessa ebulição algumas moléculas hiperaquecidas saem pelo bico da chaleira e se perdem no espaço.

O mesmo aconteceu com o planeta Terra.

Nessa dupla corrente, estabelecida no magma energético, o planeta foi perdendo calor e moléculas hiperaquecidas. Mas outras se precipitavam, já resfriadas, absorvendo calor, voltando a subir até as camadas estratosféricas mais frias, onde perdiam o calor e se desenergizavam.

O mesmo acontece nas camadas eletrônicas de um átomo: para deslocar-se um elétron de sua órbita natural, temos de energizá-lo (aquecê-lo) ou desenergizá-lo (resfriá-lo).

"Tudo se repete e tudo se multiplica." Tanto nas coisas animadas quanto nas coisas inanimadas.

O fato é que o processo de resfriamento do nosso planeta Terra durou mais 3 bilhões de anos e as ligações atômicas comandadas pela imanência do divino Trono das Sete Encruzilhadas deram origem a muitos tipos de moléculas, que criaram muitas substâncias. Umas sólidas, outras líquidas e outras gasosas.

Se tudo aconteceu assim, é porque foi estabelecido pelo Divino Criador quando se individualizou no divino Trono das Sete Encruzilhadas, Seu herdeiro "natural".

Tal como acontece durante a fecundação do óvulo pelo espermatozoide e toda uma cadeia genética geradora é formada e ativada, o mesmo ocorreu quando um ser divino (o Trono das Sete Encruzilhadas) magnetizou-se e se polarizou dentro do ventre da Mãe Geradora (a natureza cósmica de Deus).

Então criou-se um magnetismo novo que, tal como um feto, começou a absorver os nutrientes da Mãe Geradora (o Cosmo).

O feto alimenta-se de sua mãe e o mesmo fez o divino Trono das Sete Encruzilhadas e sua parte geradora, que é uma individualização da parte feminina do Divino Criador (a Natureza).

Enquanto (o divino Trono das Sete Encruzilhadas) crescia magneticamente, o planeta se energizava (materializava).

Com isso dito, saibam que o divino Trono das Sete Encruzilhadas é o magnetismo que sustenta a existência do planeta em suas muitas dimensões. Já a sua contraparte natural é a individualização e repetição "localizada" da natureza cósmica de Deus ou de Sua parte feminina, que é um ventre gerador de vida.

Na criação divina (a gênese das coisas) tudo se repete e se multiplica. Tudo que está acontecendo aqui e agora, em outro nível dentro de um grau da escala magnética divina, já aconteceu antes.

Ou seja: o que antes aconteceu em uma macroescala hoje ocorre em um grau dessa mesma escala, amanhã acontecerá em um nível e depois de amanhã acontecerá em um subnível. E assim sucessivamente, bastando guardar as proporções das repetições e multiplicações, a célula-mãe se repete e se multiplica nas suas células filhas.

Saibam que na gênese de um corpo humano, ao par da herança genética dos pais, o espermatozoide tem um magnetismo análogo ao do divino Trono das Sete Encruzilhadas que atrai as energias (nutrientes), enquanto o magnetismo do óvulo é análogo ao da mãe geradora (cosmos) que vai agregando e distribuindo os nutrientes, segundo um código preestabelecido.

Esta é a razão de todos os planetas serem "redondos". Eles são formados dentro de um tipo de magnetismo ovalado (de óvulo ou ovo). Nesse magnetismo planetário, os eixos são do divino Trono das Sete Encruzilhadas. Já o magnetismo que os reveste e retém em cada camada os elementos, este é o da Divina Mãe Geradora, ou sua natureza divina.

Só quando esses dois magnetismos se fundem surge algo, tal como só quando o macho se une com a fêmea (cópula) uma nova vida é gerada.

Tudo se repete e se multiplica, bastando sabermos que é assim que tudo acontece dentro de Deus, porque Ele é o eixo da geração e a própria geração em Si mesmo.

Ele tanto é o macho quanto a fêmea. Mas quando se individualiza, aí assume a Sua dualidade e biparte-Se em ativo e passivo, positivo e negativo, irradiante e absorvente, macho e fêmea.

E foi o que aqui na Terra aconteceu, porque da união magnética do divino Trono das Sete Encruzilhadas com a "mãe natureza" surgiu um planeta magnífico e único no nosso sistema solar.

Como já dissemos, Vênus é um planeta tipicamente feminino e Marte é masculino. Já a Terra é um planeta misto ou bipolar.

As energias irradiadas pelo planeta Vênus são emotivas, as de Marte são racionais.

As vibrações (ondas) magnéticas do planeta Vênus são conchoidais e as de Marte, retas.

A essência de Vênus é estimuladora da ovulação feminina e a de Marte é estimuladora da fertilidade masculina.

O fator venusiano desenvolve a natureza sensual das fêmeas e o fator marciano desenvolve a natureza viril dos machos.

Voltando à gênese do nosso planeta, o fato é que durou 7 bilhões de anos desde que se iniciou, até que uma atmosfera, ainda saturada de gases, tivesse sido formada.

O planeta de então era instável e a todo momento era sacudido por gigantescas erupções vulcânicas. A partir daí, as "substâncias" já não retornavam ao interior incandescido, porque a crosta sólida retinha em sua superfície as lavas das erupções, que iam "engrossando-a" e expandindo-a cada vez mais.

Esse processo de resfriamento interno via erupções vulcânicas durou 1,5 bilhão de anos e iniciou-se a partir das calotas polares ou polos magnéticos.

Até este ponto já havia passado uns 8 bilhões de anos e tempo suficiente para que todas as 77 dimensões paralelas se completassem. Mas ainda não estavam alinhadas magneticamente em função das atividades magmáticas no interior do planeta.

Esse alinhamento durou uns 2 bilhões de anos e só quando se completou a vida propriamente dita teve início com o surgimento em formas ainda rudimentares e unicelulares.

As algas foram a primeira forma de vida unicelular que aqui surgiu. Mas isso só foi possível porque a formação de moléculas de água acelerouse e alagou a crosta terrestre com a precipitação de toda uma formação gasosa acumulada nos polos magnéticos.

Plânctons começaram a surgir nas águas paradas e logo (uns 500 milhões de anos) toda a crosta terrestre estava recoberta de uma vegetação unicelular ou de esporos (bolores), fato que começou a gerar as condições ideais para o surgimento de uma vida superior formada por seres instintivos.

Nas dimensões paralelas, as básicas ou elementais já estavam formadas e começaram a receber seres ainda inconscientes e em estado puro.

Uns eram elementais ígneos, outros eram aquáticos, eólicos, minerais, vegetais, cristalinos, etc.

Esses seres provinham da dimensão essencial ou útero divino gerador de vida.

Enquanto seres virginais, viviam na dimensão divina que nominamos de "dimensão Mãe da Vida", e nela eles iam sendo fatorados e adquirindo uma ancestralidade, pois adquiriam um magnetismo que os individualizava e os distinguia uns dos outros.

Saibam que, nesse ponto, as lendas dos Orixás são as mais corretas descrições de um fatoramento divino que acontece no útero da Mãe da Vida ou dimensão essencial, pois nela existem correntes eletromagnéticas que transportam essências fatoradas que vão sendo absorvidas pelos seres ainda em estado de "óvulos" ou mentais pulsantes.

Nós não temos palavras para descrever o "nascimento" dos espíritos porque é um mistério impenetrável e irrevelável. Mas até onde nos é possível descrevê-lo, saibam que tal como certos órgãos do nosso corpo criam células continuamente, ali são gerados seres que vão sendo lançados dentro dessa dimensão virginal ou Mãe da Vida, saturada de essências puras, mas que vão sendo fatoradas pelos mistérios de Deus, que são as Suas divindades geradoras de Suas qualidades divinas.

Nós temos sete dimensões elementais básicas que recebem os seres assim que adquirem uma "consistência" magnética que os influenciará dali em diante, distinguindo-os por uma ancestralidade.

"O fator que for absorvido pelo ser ainda inconsciente o distinguirá e o caracterizará por todo o sempre."

Nós temos muitas imanências e cada uma delas é agregadora de um fator.

Um fator tem quatro polaridades: duas masculinas e duas femininas, sendo uma masculina e uma feminina a sua parte positiva e a outra negativa. A parte positiva de um fator imanta os seres. Já a parte negativa, essa imanta as criaturas, que são instintivas.

Temos sete fatores que mais se destacam nos seres em nosso planeta, mas muitos outros aqui fluem ou são gerados.

O fator humano só é gerado na dimensão humana da Vida. Todo espírito é um gerador natural desse nosso fator.

Vamos dar uma lista dos sete fatores que caracterizaram os seres que vivem em nosso planeta, mas distribuídos nas muitas dimensões paralelas:

- Fator religioso (Fé), cristalino, congregador;

- Fator conceptivo (Amor), mineral, agregador;

- Fator especulativo (Conhecimento), vegetal, expansor;

- Fator racional (Justiça), ígneo, equilibrador;

- Fator ordenador (Lei), eólico, direcionador;

- Fator evolutivo (Saber), telúrico, transmutador;

- Fator gerador (Vida), aquático, criacionista.

As divindades de Deus, geradoras desses fatores, estão distribuídas na hierarquia divina formada pelos "Tronos Divinos".

Todo trono é um gerador natural de um desses fatores, ou de algum outro que não citamos. Mas, como na criação tudo se repete e se multiplica, então um trono acerca-se de sua hierarquia individual e surgem geradores de fatores "mistos" ou multiplicados.

Então, voltando à gênese do nosso planeta, quando o Divino Criador assentou aqui o divino Trono das Sete Encruzilhadas, este trouxe sua hierarquia e a assentou à sua volta.

Os divinos Tronos que se assentaram à sua volta são:
— Trono da Fé
— Trono do Amor
— Trono do Conhecimento
— Trono da Justiça
— Trono da Lei
— Trono da Evolução
— Trono da Geração

O Trono da Fé gera o fator cristalizador e irradia, já como essência, a religiosidade.

O Trono do Amor gera o fator agregador e irradia, já como essência, a concepção ou "união".

O Trono do Conhecimento gera o fator especulativo e irradia, já como essência, o "aprendizado".

O Trono da Justiça gera o fator equilibrador e irradia, já como essência, a razão.

O Trono da Lei gera o fator ordenador e irradia, já como essência, a ordem.

O Trono da Evolução gera o fator evolutivo e irradia, já como essência, o saber.

O Trono da Geração gera o fator gerador e irradia, já como essência, a Vida.

Estes sete tronos fatoram, nas dimensões básicas, os seres e os distinguem uns dos outros, estabelecendo em nível individual toda uma hereditariedade divina, porque assumem a condição de sustentadores dos seres seus filiados, todos ligados mentalmente a eles por cordões energéticos que nunca mais se romperão, mantendo um fluxo irrigador do mental dos seres. Uns estão ligados ao Trono Essencial da Fé, outros ao Trono do Amor, etc. e essa ligação estabelece a ancestralidade dos seres.

Então, por analogia ou desdobramento das sete hierarquias, nós encontramos filhos de Oxalá, Oxum, Xangô, Oxóssi, Ogum, Obaluaiyê, Yemanjá, Yansã, Oxumaré, Omulu, Obá, Nanã Buruquê, Oro Iná e Logunã.

Esses 14 Orixás são naturais e geradores da parte masculina e feminina positivas desses sete fatores.

Eles são tronos fatorais e formam pares geradores de fatores, aos quais irradiam junto com as energias que são irradiadas pelos seus magnetismos mentais.

Nós não revelamos os tronos geradores das partes negativas dos fatores citados aqui, por se destinarem às criaturas ou espécies inferiores.

Os seres formam as espécies superiores ou racionais.
As criaturas formam as espécies inferiores ou instintivas.

Voltando à gênese do nosso planeta, saibam que depois de cerca de 10 bilhões de anos aconteceu o alinhamento natural das dimensões paralelas e a vida começou a fluir com intensidade em todas elas, porque todas as sete hierarquias planetárias se completaram e criaram as condições ideais para que o útero gerador da Mãe da Vida se abrisse e lançasse nas sete dimensões básicas elementais tantos seres quanto elas comportaram.

Isso aconteceu entre 2 e 3 bilhões de anos atrás, e a face da Terra já estava toda coberta de vegetais, oceanos, rios, lagos, campos, etc., ainda que rudimentares, e habitada só por criaturas que se adaptavam às condições climáticas de então.

Não nos perguntem como surgiram tais criaturas, porque este é um mistério de Deus e quem sabe algo sobre ele nada revela, e quem fala algo é porque nada sabe.

O fato é que existiam formas de vida rudimentares que se alimentavam da natureza terrestre.

Mas, nas dimensões paralelas, os seres "essenciais" continuavam vindo do útero divino da mãe geradora e sendo lançados nas sete dimensões elementais puras, onde estagiavam e desenvolviam o corpo elemental básico, afim com a sua essência e natureza (fator divino).

Isso continua acontecendo até hoje, uns 2 ou 3 bilhões de anos depois do início da evolução em nosso abençoado planeta.

Nas dimensões espirituais paralelas, em número de 77, a vida superior se expandia e ia ocupando seus espaços, enquanto a dimensão humana resumia-se à sua parte física habitada só por criaturas, tendo sua parte espiritual ou etérea, totalmente deserta.

Houve uma época em que as águas cobriam quase toda a crosta terrestre, mas pouco a pouco, com o resfriamento e congelamento das calotas polares, por causa do magnetismo dos polos, o nível começou a baixar e muitas partes ficaram emersas, cobrindo-se de vegetação e de espécies rudimentares. Até que vieram as espécies inferiores, tais como os répteis e anfíbios.

Há cerca de meio bilhão de anos surgiram as grandes criaturas e os sáurios, que dominaram a face da Terra durante milhões de anos. Depois começaram a desaparecer lentamente.

Esse período foi encerrado com o desencadeamento de um ciclo de erupções vulcânicas devastadoras que aqueceu muito os mares e partiu a crosta em vários pontos, isolando as porções de Terra, antes contíguas.

Então aconteceu toda uma nova configuração geográfica, vegetal, aquática e eólica, e só há cerca de 50 milhões de anos a vida voltou a vicejar no plano físico, porque nas dimensões paralelas elas já estavam ocupadas de alto a baixo. A evolução natural nunca sofreu interrupção nas dimensões espituais. Nelas os seres superiores haviam evoluído tanto, que os divinos tronos planetários haviam completado suas hierarquias horizontais e verticais em todos os níveis vibratórios e faixas magnéticas.

No plano físico teve início o surgimento de criaturas simiescas, de feras e de aves. A Terra foi coberta por uma fauna e flora exuberante, nunca vista nessas bandas do Universo. O mesmo aconteceu com os mares, rios e lagos, muitos dos quais formados por águas quentes e destinados a algumas espécies intermediárias.

Há cerca de 10 milhões de anos surgiram raças intermediárias entre os símios e os futuros humanos. Eram semelhantes aos lendários "ogres" e se destinavam a abrigar em um corpo denso (físico) seres que ascenderam de um universo inferior ao nosso, pois localiza-se um grau abaixo do nosso na escala divina.

Esse período de ascensão de "espíritos" vindos de "baixo" durou 6 milhões de anos e exauriu a crosta terrestre, levando ao esgotamento da fauna e flora. Também havia se encerrado a "subida" dos "espíritos" desse universo contíguo ao nosso, mas localizado em um grau magnético abaixo na escala divina e, por isso, inferior.

Após um período de descanso do plano físico, tudo foi restaurado e se restabeleceram as condições ideais para a vida retornar plena e vigorosa. Então surgiram os ancestrais do atual ser humano, ainda rudimentares, portando-se como os animais selvagens.

Esse período durou até 1,5 milhão de anos atrás, quando aconteceu uma "catástrofe" celeste: uma nuvem de cometas atravessou o sistema solar e muitos colidiram com os planetas, assim como três, muito grandes, chocaram-se contra o Sol, atraídos pela sua poderosa gravidade ou magnetismo.

A nossa Terra não foi poupada e a vida quase foi extinta. Recuperou-se, e há cerca de 1 milhão de anos surgiu a civilização que muitos chamam de adâmica, atlante, lemuriana, etc.

A era "cristalina" foi a mais esplendorosa que já existiu até hoje na face da Terra, e serviu para "humanizar" os seres que viviam no mesmo padrão vibratório que o do plano físico, mas que estavam estacionados nas dimensões naturais paralelas à dimensão humana da Vida.

Os seres espiritualizavam-se encarnando uma única vez, retornando à paralela à direita ou à paralela à esquerda, já "humanizados".

A função principal da espiritualização é dotar os seres com a capacidade de gerar o fator humano, o que só é conseguido se encarnarem, porque o corpo carnal dota o ser espiritualizado de "fontes" geradoras de energias humanas, as únicas capazes de absorver do éter universal o fator "humano" gerado pelo Divino Criador.

O fator humano é um dos mais complexos que existem e traz em si a capacidade de absorver a "natureza" de todos os outros fatores, e o ser "humanizado" adquire várias características não encontradas nos seres que nunca encarnaram.

Criatividade mental, ilusionismo, raciocínio hipotético, abstracionismo, mentalismo, onanismo, onirismo, curiosidade, etc., são características dos seres "humanizados", mas poderíamos acrescentar muitas outras que não encontramos nos seres que vivem nas dimensões paralelas e que nunca encarnaram, tais como ambição, inveja, egoísmo, soberba, racismo, fanatismo, etc.

O fator humano é uma fusão de muitos outros fatores divinos, tanto de suas partes positivas quanto negativas, todos agregados em uma única energia: a humana!

Bem, voltando à gênese do nosso planeta, o fato é que a civilização "cristalina" durou uns 300 mil anos e aí veio outro cataclisma que alterou toda a face do planeta, dando-lhe a atual configuração geográfica.

Nós dizemos que uma "era religiosa" humana dura 77 mil anos solares, e a era cristalina durou quatro dessas eras, ou uns 300 mil anos. Durante esse período, passaram pela "carne" tantos seres que ninguém é capaz de precisar o seu número. A população permanente de encarnados alcançou a casa dos 8 bilhões de seres no auge dessa civilização, cuja longevidade durava até um século e meio.

Então, quando o planeta começou a dar sinais de esgotamento, começou também a decadência moral e religiosa, levando à derrocada a civilização mais avançada que já existiu no plano físico do nosso amado planeta "Terra".

Com a decadência moral e religiosa também vieram, ou melhor afloraram, os aspectos negativos do "fator humano", sintetizados na figura de "Lúcifer", o anjo caído, que em verdade era o demiurgo regente da dimensão humana da Vida.

Lúcifer ou "Lu-ci-yê-fer" (senhor da luz, da força e do poder) era o regente planetário da dimensão humana da Vida, e a regeu desde o início da era cristalina. Quando começou a decadência, ele se dissociou dos tronos regentes das outras dimensões planetárias, porque os seres que se "espiritualizavam" e não se desenvolviam em equilíbrio eram atraídos de volta para suas dimensões de origem, mas eram atraídos pelos polos magnéticos negativos, onde entravam em total desarmonia vibratória e desestabilizavam o meio onde ficavam retidos.

Em vez de esgotarem seus negativismos, apenas o extravasavam e contagiavam os seres naturais ali retidos para descargas de seus emocionais.

Ainda que isso possa parecer um "conto", saibam que a tal revolta de Lúcifer e sua corte de Anjos nada mais foi que uma secessão, pois o demiurgo se sentia abandonado por seus pares na sustentação emocional de tantos seres espiritualizados mas que haviam se "desumanizado", já que tinham desenvolvido todo um negativismo absorvedor dos aspectos negativos do "fator humano".

Lúcifer chamou para si a responsabilidade sobre aqueles espíritos desumanizados, agregou-os ao seu "fator transformador" e dissociou a dimensão humana da Vida de todas as outras dimensões planetárias.

Com isso, "puxou" para a paralela à esquerda tantos seres negativados mentalmente que a contraparte etérea do plano físico sobrecarregou-se de tal forma que criou uma estática cósmica perigosa até para o equilíbrio vibratório e magnético das outras dimensões.

Então aconteceu uma intervenção divina e o plano físico sofreu um deslocamento magnético de menos um grau. Assim, a anterior paralela à esquerda recebeu o plano físico e foi deslocada em mais um grau na escala magnética planetária.

Foi o tempo que aconteceu uma violenta descarga da estática negativa da dimensão humana e o plano físico a sentiu como um "terremoto" de dimensões planetárias.

Bilhões de pessoas morreram nesse cataclisma global e os que sobreviveram sofreram a perda de várias faculdades, hoje tidas como excepcionais, por causa da queda vibratória do magnetismo do plano físico.

Antes do cataclismo, as pessoas viam as divindades nos seus pontos de forças magnéticas (vórtices energéticos) e até as ouviam, porque o grau vibratório do magnetismo terrestre era o mesmo dos pontos de força da Natureza, onde se realizavam as comunicações com as divindades naturais (os Tronos de Deus).

Mas com o deslocamento à esquerda (-1°) as divindades deixaram de ser vistas pelos sobreviventes ao cataclismo, assim como o próprio magnetismo mental das pessoas sofreu uma limitação acentuada, pois em tudo e todos ocorreu esse rebaixamento vibratório.

Dali em diante tudo se alterou e o conhecimento de antes desapareceu como que num passe de mágica.

Com o tempo, os remanescentes da outrora vigorosa civilização cristalina se viram privados de um modo de vida e religiosidade únicos e começaram a surgir os mitos e as lendas.

O mito Lúcifer ou a revolta dos Anjos é oriundo dessa época.

O mito da Torre de Babel também, já que se antes todos falavam uma língua silábica ou mântrica, com a queda mental de um grau magnético, os mantras tornaram-se incompreensíveis e impronunciáveis, e os sobreviventes, isolados uns dos outros, simplesmente não conseguiam se comunicar, porque o som original já não tinha o mesmo sentido de antes.

O dilúvio é dessa época, quando continentes submergiam e outros emergiam. O inferno também é dessa época, pois o demiurgo Lúcifer havia chamado para si todos os espíritos paralisados à esquerda, e o "peso" magnético deles o arrastou para "baixo".

O "elixir da longa vida" também é um mito real dessa época de decadência, pois ele realmente foi descoberto e ativava uma renovação de todas as células do corpo humano.

Muitas ciências esotéricas, tais como astrologia, numerologia, geomancia, radiônica, cromoterapia, fitoterapia, magnetologia, etc., alcançaram o apogeu na era cristalina, e tudo o que vemos acontecer atualmente é um despertar da memória adormecida da humanidade, que tenta reencontrar o paraíso perdido.

Só que ele fica aqui mesmo e bem ao nosso lado, mas a um grau magnético à direita, porque era esse o paraíso que os seres de então viam e desejavam retornar.

Quanto à possível vinda de "viajantes das estrelas" que aqui aportaram e fecundaram as filhas dos "homens", dando origem a novas raças, tem um fundo de verdade, mas somos proibidos de comentar esse assunto.

Será só uma questão de tempo para o homem descobrir um "mundo" novo habitado por seres muito parecidos, porém em franca decadência moral e religiosa, tal como por aqui aconteceu há 600 mil anos, mas em um grau à direita.

Quem sabe até lá esse mundo novo a que aludimos já tenha sido "punido" pelo Divino Criador, e aí será o homem quem irá fecundar as filhas remanescentes dos viajantes das estrelas, pois, segundo algumas fontes, antes do grande cataclismo alguns "protestantes" foram exilados ou enviados para longe da Terra, conseguindo, assim, se safar.

Talvez as tão discutidas aparições de ÓVNIS sejam esses espíritos fugitivos, que descobriram um meio de penetrar na dimensão física do planeta, não?

Bem, o mito Noé pode não ser só mais uma lenda e sim a história verídica de um homem virtuoso que honrou Deus em todos os sentidos e foi distinguido entre os "humanos" dessa época.

Enfim, mitos e lendas sempre ocultam uma verdade. Só que são tão antigas que são difíceis de serem comprovadas aqui no plano material.

A Gênese dos Universos e das Dimensões Paralelas

Deus é em Si mesmo princípio, meio e fim.
Ele é o Criador, o Gerador, e tanto está na Sua criação quanto nas criaturas e nos seres que gera.
Logo, Deus não pode ser dissociado de tudo o que existe.
Nada surgiu do nada e tudo o que existe e nos é visível originouse, em muitos casos, do que existe mas nos é invisível, pois vibra em outro grau magnético.
A nós, os seres humanos, é difícil o entendimento de tudo o que existe e nos é visível, porque nos falta o conhecimento do modo como se processa a gênese das coisas.
Encontramos um bom exemplo na química que junta dois elementos e cria um terceiro, já composto e pronto para ser usado.
A gênese recorre a esse procedimento de fusão de elementos para criar um terceiro que se estabiliza num padrão magnético, energético e vibratório próprio, dando origem a algo "novo" no universo onde aconteceu a fusão.
A gênese acontece em vários níveis. Um deles é o inanimado que, no padrão vibratório, magnético e energético humano, conhecemos como matéria.
Mas o mesmo se repete nos outros padrões vibratórios, pois são outros universos ou dimensões da Vida, em tudo parecido com o nosso meio material, no entanto, só se assemelham, porque os compostos energéticos e elementais que os formam localizam-se em outro padrão vibratório e magnético análogo.
Um exemplo análogo nós temos no fenômeno físico da água, que tem um ponto de solidificação, um de liquefação e outro de vaporização. Na

escala Celsius, dependendo do grau de temperatura da água, a encontramos em um desses três estados: sólido, líquido ou gasoso.

Paralela à dimensão humana, temos uma dimensão etérea ou espiritual, que é mais sutil. Mas também temos outra paralela que chamamos de natural.

A paralela espiritual é mais ou menos como o negativo de uma chapa fotográfica: tem tudo o que foi fotografado, mas só difusamente.

Já a dimensão ou paralela natural tem tudo o que foi fotografado, mas muito mais radiante, colorido e magnético.

Diríamos que, na paralela espiritual correspondente à vibração do plano físico, falta-lhe parte do que aqui existe. E na paralela natural, tanto está tudo o que aqui existe e nos é visível, pois nós conseguimos ver a matéria, como tem o que aqui existe mas não nos é visível porque se localiza no nível das energias, cujo padrão vibratório escapa à nossa visão material.

Aqui no plano físico nós podemos ver uma nascente de água, mas não podemos ver as fontes energéticas, pois são vórtices. Já na dimensão natural nós tanto vemos nascentes de águas minerais quanto de nascentes cristalinas, assim como vemos nascentes de energias aquáticas, que também existem no plano físico mas não nos são visíveis.

Essas nascentes energéticas, ou vórtices, alimentam correntes eletromagnéticas aquáticas que não têm começo ou fim. Absorvem as energias aquáticas geradas pelos vórtices ou nascentes e vão conduzindo-as, tal como um rio que recebe a água das fontes e vai distribuindo-as aos lugares áridos e desprovidos de qualquer outra fonte de abastecimento.

As correntes eletromagnéticas são como cabos de transmissão de energia elétrica, que saem da usina geradora e logo adiante vão distribuindo-a às residências ou indústrias por meio de uma rede de ligações.

Assim como os eletricistas fazem as ligações, e de uma corrente de muitos megawats eles retiram só alguns para iluminar uma residência, o mesmo fazem os "gênios da natureza" com as grandes correntes eletromagnéticas: retiram só o que um local precisa, deixando o resto seguir adiante para que outros também usem as energias que a corrente está conduzindo. Então temos que: a paralela espiritual é uma cópia piorada do plano físico humano ou plano material, e que a paralela natural é uma cópia melhorada.

Agora, para quem vive na dimensão ou paralela natural, o plano físico humano é uma cópia piorada e sua paralela superior, que é a que chamamos de "celestial", é uma cópia melhorada da dimensão ou paralela natural.

E para quem vive na paralela celestial, a paralela natural é uma cópia piorada e a paralela angelical é uma cópia melhorada.

E para quem vive na paralela angelical, a paralela celestial é uma cópia piorada e a paralela essencial é uma cópia melhorada.

Já para quem vive na paralela essencial, aí a paralela angelical é a cópia piorada e a paralela divina é sua cópia melhorada.

Entenderam?

Não?

Então meditem e aí entenderão que tudo depende do padrão vibratório, pois quanto mais denso (baixo) ele for, menos "coisas" veremos, e quanto mais sutil (elevado) for, mais "coisas" veremos ... e teremos à nossa disposição.

Saibam que cada uma dessas paralelas que citamos, e as que deixamos de citar, possui uma faixa vibratória só sua, em cujo "interior" há sete níveis vibratórios positivos, sete negativos e um neutro que os divide.

Os níveis vibratórios positivos, à medida que se afastam no nível neutro, vão se sutilizando e deixando mais coisas visíveis aos nossos olhos.

Já os níveis vibratórios negativos, à medida que se afastam do nível neutro, vão se densificando e deixando menos coisas visíveis.

Quanto mais sutis os níveis vibratórios, mais rarefeitos eles são e maior é sua luminosidade. Já o inverso acontece com os níveis negativos que vão se tornando mais densos e menos luminosos, ou mais escuros.

Em função dessa luminosidade ou da sua falta, a visão dos seres também se altera.

Vocês já viram ou ouviram falar de aparelhos de luz infravermelha para se enxergar no escuro, e de câmeras especiais que "enxergam" na ausência de luminosidade.

Os filtros são um recurso ótico maravilhoso que a ciência desenvolveu para auxiliar o ser humano.

Já a gênese coloca à disposição dos espíritos e dos seres naturais um recurso divino, que é a capacidade de adaptarem naturalmente a visão ao meio onde vivem. Assim sendo, muitos já ouviram os videntes dizerem que veem seres do baixo astral, cujos olhos são vermelhos, cinzentos, opacos, azuis, etc.

Tudo é verdade, pois baixo astral é sinônimo de padrão vibratório mais baixo que o do espírito encarnado. Logo, seus níveis vibratórios são mais densos e a luminosidade é menor.

Então os seres vão tendo seus globos oculares adaptados a essa falta de luz ou claridade. Com o passar do tempo, seus olhos assumem certas cores que assustam quem os vê.

Perguntem aos clarividentes que eles ratificarão isso a vocês, assim como confirmarão que os olhos dos seres mais elevados assumem cores quase cristalinas ou muito sutis e brilhantes, encantadoras mesmo!

Saibam que esta é uma verdade comprovável com o auxílio dos clarividentes, já que eles conseguem ver muitas das coisas invisíveis à visão comum dos espíritos encarnados.

Portanto, tendo isso em mente, então podemos afirmar que não existe espaço vazio no Universo, e sim que a ocupação se processa em outro grau vibratório e padrão eletromagnético que, justamente por isso, se torna invisível aos nossos olhos e visão física.

Então chegamos ao mistério dos universos paralelos, pois são tão vastos quanto esse nosso universo "material" e tão intrigantes quanto este nos é, pois nele encontramos tudo o que aqui existe, só que melhorado e mais sutil, ou piorado e mais denso.

Se somos levados a um universo mais sutil, a sensação que temos é que a "gravidade" se enfraquece e nos tornamos mais leves e até podemos pairar no "ar". Agora, se somos levados a um universo mais denso, aí a atração gravitacional é tanta que sentimos como se nos movêssemos dentro do oceano ... e nos cansamos facilmente. E olhem que somos espíritos! Logo, somos mais sutis que o ser encarnado, cujo corpo é denso.

Essa densidade do corpo carnal ou físico se explica assim: o espírito é mais "leve" que a matéria e tende a subir, tal como acontece com um balão cheio de gás Hélio.

Assim que acontece o desencarne, o cordão que sustenta o espírito no corpo físico é rompido e deixa de alimentá-lo com energias pesadas, como são as dos alimentos, da terra, da água ou a mineral. Então, o padrão vibratório do espírito passa a ser o da paralela espiritual, onde as energias são mais leves que as energias físicas ou materiais.

Mas essa dimensão espiritual também obedece à mesma configuração dos universos paralelos, e a cada grau acima da sua contraparte material, ou abaixo dela, temos um novo padrão magnético, energético e vibratório, e até mais ou menos cores.

Sim, porque assim como um vidro transparente não bloqueia a passagem da luz ou diminui a visão do que está do seu outro lado, o mesmo já não acontece com um vidro opaco, fumê ou colorido.

O vidro transparente é nossa visão física normal. Já o opaco, fumê ou colorido são as nossas "visões" em faixas vibratórias mais densas que a faixa onde vivem os encarnados. Com isso, essas cores, que são filtros, impedem que muitas coisas sejam vistas, e o meio ambiente sofre um empobrecimento visual e colorido muito acentuado.

O tão temido inferno de fogo, onde tudo está ardendo em chamas, nada mais é que a visão parcial de uma faixa vibratória da dimensão espiritual, onde os seres atraídos pelo seu magnetismo só veem fogo, ou o solo ardendo em chamas. E, porque o fogo físico queima o corpo carnal e provoca dor e deformações, o mesmo acontece com o corpo espiritual que sente dor e é parcialmente consumido pelas chamas desse "inferno" de fogo.

Mas, na verdade, o que acontece é que esse fogo consome alguns tipos de energias do espírito. Quanto aos outros tipos, umas se cristalizam e outras se liquefazem, deformando o corpo do espírito, antes semelhante ao seu corpo carnal. A dor se deve ao consumo das energias do espírito por este fogo, que não acaba com o ser, mas só consome alguns tipos do composto energético que sustenta sua aparência humana.

A única forma de entrarmos nessa faixa vibratória ígnea sem sermos queimados, é sustentando um padrão magnético, vibratório e mental superior ou mais sutil que o do seu meio ambiente que é inferior ou mais denso que o da paralela espiritual, que permeia o plano material humano.

Mantendo uma vibração mais sutil ou elevada, nós podemos entrar nessa faixa ígnea, que nada sentimos além de uma energia mais densa que "lambe" nosso corpo energético ou espiritual.

Assim, temos:

No plano da matéria ou mundo físico, há a água, o fogo, a Terra, o ar (gases), vegetais, minerais e cristais. E temos uma contraparte etérea que contém todos esses elementos, mas a vemos piorada. Já na contraparte natural vemos esses mesmos elementos, mas melhorada;

Uma dimensão física ou material que, dependendo de sua localização na escala vibratória divina, é visível aos nossos olhos humanos ou não. Essa dimensão física tanto existe nos graus superiores ao grau vibratório humano quanto nos graus vibratórios inferiores da escala divina;

Que cada grau da escala divina dá origem a um universo paralelo, que tanto pode ser mais sutil como mais denso. Um universo paralelo mais denso está localizado abaixo do grau vibratório material ou físico, e um universo paralelo mais sutil se encontra acima do grau vibratório do nosso universo físico;

Que a cada grau superior tudo se mostra melhorado e enxergamos mais coisas, e a cada grau inferior tudo se mostra piorado e vemos muito menos coisas;

Que nossa visão se aperfeiçoa, se expande, se rarefaz e se sutiliza se ascendemos a universos superiores na escala divina, ou se distorce, se contrai, se densifica e se opacisa se descermos a universos inferiores na escala divina, pois o cristalino dos nossos olhos forma uma membrana semelhante a filtros.

Temos também:

Que a dimensão física ou material possui sua contraparte etérea que chamamos de paralela espiritual, e outra contraparte que nominamos de paralela natural;

Que essas duas paralelas repetem, na escala divina, o mesmo que encontramos em relação ao universo físico ou material onde nós vivemos. Assim é porque formam "dimensões da Vida", ou dimensões paralelas contendo tudo do que os seres precisam para viver e evoluir;

Nessas duas dimensões paralelas tudo se repete, e na escala divina, a cada grau superior tudo se nos mostra mais rico e perfeito, e a cada grau inferior tudo se nos mostra mais pobre e imperfeito. Acima tudo é mais sutil, rarefeito e mais belo e abaixo tudo se nos mostra mais denso, compacto e feio.

Assim é, porque a visão humana das coisas estabeleceu em nossa mente consciência, sensibilidade e percepção em uma escala comparativa de valores, beleza, juízo e apreciação. A partir dela podemos classificar as coisas (criação, seres e criaturas), já que só assim poderemos diferenciar o que nos é superior do que nos é inferior, tanto em magnetismo quanto em energias e vibrações.

O mais interessante na gênese divina das dimensões e dos universos paralelos é que se este nosso universo físico é infinito em qualquer direção o mesmo acontece com todos os outros universos e com todas as dimensões da Vida.

Deus tanto é infinito em Si mesmo, pois O encontramos em tudo e em todos, como também O é na Sua criação, já que o planeta Terra é só um "átomo" do universo físico.

Isso de alguns astrônomos afirmarem que aconteceu uma explosão que deu origem ao Universo físico é uma teoria que não encontra sustentação na ciência divina que nos explica a gênese, se bem que acertaram quanto aos "berçários de estrelas". Agora, quanto aos "buracos negros", eles são vórtices que atuam em sentido inverso aos berçários, pois tiram energias desse nosso universo visível e as enviam a outros, mas invisíveis aos nossos olhos, porque se situam em outros graus vibratórios da escala divina.

Os berçários são vórtices cujo magnetismo está enraizado em outros universos, dos quais extraem essências, elementos e energias e as transportam para o nosso universo visível. Já o inverso fazem os buracos negros, que retiram essas coisas do nosso e as enviam a outros universos. Só que isso não podemos ver por duas razões:

1ª A nossa limitada visão desse processo genético divino.

2ª A partir do centro eletromagnético de um vórtice, chacra ou buraco negro, nada mais vemos, porque tudo entra já em outra vibração ou grau magnético da escala divina.

E, porque tudo se repete na gênese divina das coisas, então temos em nosso planeta os vórtices multidimensionais que retiram essências, elementos e energias da nossa dimensão física ou material e as enviam às outras dimensões paralelas à dimensão humana, assim como existem vórtices que retiram essas coisas de outras dimensões e as enviam à nossa dimensão, tanto ao seu lado espiritual quanto ao material.

Então, vimos que essas trocas de essências, energias e elementos se processam nos dois sentidos, tanto em nível planetário quando universal, e tanto entre dimensões quanto entre universos.

Mas esse procedimento divino não se aplica só às criações "inanimadas", pois o encontramos nas hierarquias divinas onde umas são irradiantes e outras são concentradoras de energias, tal como acontece com os vórtices planetários ou celestiais.

Classificamos os vórtices planetários como positivos, caso sejam irradiantes, e negativos, caso sejam absorventes. E o mesmo se aplica aos vórtices magnéticos celestiais que, se negativos, os vemos como buracos negros e se positivos os vemos como regiões "explosivas" (geradoras e irradiadoras de energias).

Na gênese, tudo se repete. Basta sermos bons observadores dos processos para sabermos como tudo acontece, encontrando, assim, Deus na origem. Deus é imutável e tanto está na gênese das coisas como nas coisas que gera em Si mesmo, ou a partir de Si.

Sabendo disso, então podemos afirmar que na escala divina está toda uma graduação das coisas criadas por Ele, que se repete na criação, nas criaturas e nos seres.

Vamos abordar a escala vibratória divina em nosso próximo comentário, já sabendo que Deus procede sempre da mesma forma na gênese das coisas, assim como está na criação, nas criaturas e nos seres.

A Escala Vibratória Divina

Na gênese divina não devemos imaginar Deus como um criador limitado, porque Ele é infinito em Si mesmo.

Logo, quando Ele gera uma coisa, o faz a partir de Sua escala vibratória divina na qual, a cada grau, todo um universo mais aperfeiçoado ou mais sutil nos é mostrado.

Nós não temos como dizer onde começa ou termina essa escala vibratória, já que Deus é infinito em tudo e ultrapassa nossa limitada capacidade de contemplá-Lo mediante Sua criação.

Sim, porque se nos entregarmos à contemplação de Deus, não só O encontraremos em tudo, como muito d'Ele não conseguiremos abarcar, justamente por causa de nossa limitação.

Então a única forma de contemplarmos Deus e Sua criação (a obra divina) é nos situarmos como o ponto central ou ponto zero do Universo e, aí sim, irmos expandindo nossos limites "humanos".

Interpretando a criação a partir de nós mesmos, até concordamos com os defensores da teoria de que a Terra é o centro do Universo, porque se ele é infinito em todas as direções, só estabelecendo um ponto inicial de observação poderemos visualizar tudo que o compõe e o que há à nossa volta.

Se não temos como ver toda a criação, precisamos, pelo menos, contemplar o nosso "mundo", pois, só a partir de sua compreensão, poderemos tentar expandir nossa visão e entender outros mundos.

Se estamos de acordo que a Terra é o nosso centro vital no universo material, então vamos estudá-lo um pouco e comentar o que ele nos mostra em seu meio ambiente ou natureza física.

    1º Nós sabemos como é o planeta em seu estado atual. Mas como ele terá sido em outras eras geológicas, se as informações ou provas são esparsas e pouco confiáveis?

2º As provas confiáveis têm só alguns poucos milhares de anos, e sabemos que o nosso planeta tem alguns bilhões de anos de idade, assim como já foram encontrados fósseis de humanos com datação de alguns milhões de anos.

3º Ninguém sabe com exatidão o momento em que nosso planeta começou a ser habitado por seres humanos ou por animais.

4º Nós sabemos que a teoria evolucionista que diz que uma "ameba" deu início a vida é tão difícil de ser comprovada quanto todas as outras, já que se situam no campo das especulações.

5º O homem está em contínua evolução científica e é uma questão de tempo até que construa um meio de transporte que o leve até outros planetas. Algum dia encontrará outro, em condições de ser habitado com relativo conforto.

6º Ninguém sabe explicar por que temos as raças branca, amarela, negra e vermelha.

7º Nós sabemos que toda pessoa possui uma alma ou espírito, que a antecedeu e que sobreviverá à morte do seu corpo físico ou carnal.

8º Nós não sabemos se os animais inferiores têm uma alma, e para onde elas vão após a morte do corpo físico.

9º Nós sabemos muito pouco de quase tudo, e muito menos sobre a origem das espécies.

10º Enfim, não sabemos nada mais além do que nossos olhos nos mostram, pois a lei da gravidade sempre existiu e só foi descoberta há poucos séculos.

11º A muitos ocorreu que o que entendemos como gravidade nada mais é que um poderoso magnetismo planetário que puxa para o centro da Terra tudo o que penetra em seu campo gravitacional.

12º Sabemos que tanto a Terra quanto mais alguns planetas orbitam em torno do Sol, sempre repetindo uma trajetória regular no espaço cósmico.

13º A Terra e os outros planetas, sempre girando em torno do Sol e sobre si mesmos, repetem um átomo com seu núcleo e seus elétrons girando em torno dele e sobre si mesmos.

14º Saibam que os elétrons também giram sobre si mesmos, dando-lhes um movimento ondulatório.

15º Que o giro obedece ao fato de que, assim como a face de um planeta exposta aos raios solares fica sobrecarregada de energias (calor, raios X, Y, Z, etc.), o mesmo acontece com a face do elétron que fica sobrecarregada e tende a criar um "magnetismo reflexivo" que é igual ao do próton, que o repele e o faz girar sobre si mesmo.

16º Que o giro sobre si, que tanto a Terra quanto os outros planetas realizam, deve-se ao fato de que a face exposta ao Sol se sobrecarrega eletromagneticamente e torna o magnetismo terrestre "antagônico" ao magnetismo solar. Como os dois campos magnéticos se "atritam" e se repelem, a força do magnetismo solar imprime um giro ao planeta, desviando sua face energizada para outra direção. Como o tempo todo o Sol está energizando a Terra, então esse atrito magnético ou repelência adquiriu a característica de um giro contínuo e estável.

Isso que acabamos de enunciar é o princípio dos campos eletromagnéticos, que, quando colocados em contato, se repelem ou se atraem, pois irradiam energias. Então a Terra não gira por acaso e sim porque possui um campo eletromagnético só seu, e que se atrita com o campo do Sol, que o repele e lhe imprime um giro ou movimento rotatório magnético planetário, porque é mais poderoso.

17º Tudo o que existe possui seu campo magnético etéreo que deu sustentação à sua formação, ou surgiu após a agregação compacta de muitos micromagnetos (átomos).

18º Tudo possui bipolaridade, onde um polo atrai e o outro repele.

19º Nós possuímos essa dupla polaridade e atraímos o que nos é afim, assim como repelimos o que não nos é, tal como acontece com os átomos. Uns se atraem e dão origem a uma substância (ferro, água, alumínio, etc.) e outros se repelem não dando origem a nada, ficando dispersos.

20º Cada magnetismo atrai ou repele, porque só assim tudo não se funde, compacta-se e perde sua individualidade.
Bom, vamos parar por aqui, já que o que queremos abordar é a escala vibratória divina, toda ela magnética.

Por ser magnética, a cada grau vibratório encontramos um novo padrão vibratório, que, por ser divino e "vivo", gera em si mesmo toda uma nova escala magnética que dá origem ao surgimento das coisas dentro da sua faixa específica.

Então, temos que a macroescala divina se multiplica por quantos graus possuir, e isso se repete em todos os seus graus, dando origem a novas escalas vibratórias internas, que também vão se multiplicando ao reproduzirem na sua faixa vibratória a mesma escala magnética à qual pertence e que a distingue.

O que acabamos de comentar sobre a escala divina está tão visível ao bom observador, que podemos "ver" no universo físico os átomos, mas já como estrela, constelações, galáxias, etc. e paramos por aqui já que, se nos fosse possível, contemplaríamos o magnífico plano superior da criação, onde a nossa Via Láctea é só mais um gigantesco átomo divino.

Tudo se repete e se multiplica. Até aqui mesmo, onde as espécies seguem isso ao pé da letra e se repetem nas suas multiplicações.

Ou não é verdade que uma semente de feijão gera um pé que dá muitos feijões, todos semelhantes ao que gerou o feijoeiro, que multiplicou a semente que o originou? Ele se repetiu nas sementes que gerou, e a multiplicou em muitas outras.

O mesmo faz um casal que pode gerar muitos filhos.

A gênese é repetitiva e multiplicadora, e a escala divina que regula toda a criação também o é.

Portanto, tudo o que vemos no universo físico veremos no que lhe é superior e no que lhe é inferior vibratoriamente falando, pois o magnetismo do superior é mais sutil que o nosso e o do inferior é mais denso.

Com isso em mente, é fácil entender por que todas as culturas religiosas colocam as divindades no "alto" e os demônios no "embaixo".

Colocam Deus no "céu" e o diabo no "inferno", já que céu é elevação e inferno é rebaixamento.

A mesma graduação da escala magnética divina repete-se na escala vibratória espiritual, na qual os espíritos mais evoluídos ascendem e os mais atrasados regridem. Os mais equilibrados são atraídos para as esferas superiores e os mais desequilibrados são atraídos pelo denso magnetismo das esferas inferiores ou infernais.

Será que em nossa memória adormecida não temos vagas lembranças de alguns estágios da Evolução já vivenciados por nós em universos "inferiores" ao atual, onde vivemos?

Quem sabe, não?

O fato é que um espírito estar evoluído significa que ele está sutilizando seu magnetismo mental e que suas irradiações energéticas estão se expandindo, assim como seu corpo está se rarefazendo. Assim que completar positivamente todo o estágio humano da Evolução, terá ascendido ao grau magnético da escala divina imediatamente superior ao grau onde, nela, está esse nosso universo físico e sua contraparte etérea ou espiritual.

Esse grau superior é denominado de "o universo divino habitado pelos Anjos de Deus", pois é nele que têm a morada que o Criador lhes reservou.

Saibam que sua contraparte menos bela, ou sua paralela mais densa, é reservada aos espíritos "humanos" ascensionados, que nela estacionarão, quintessenciarão suas energias e sublimarão o humanismo, tornando-se energias humanas sublimadas e mentais humanos quintessenciados.

Muitos recorrerão à faixa do meio desse novo universo, superior ao nosso, para estagiar e acelerar suas evoluções angelicais.

Muitos retornarão ao lado menos belo, assim como varios serão conduzidos ao lado mais belo ou natural desse universo angelical, que é superior ao nosso em um grau na escala divina.

Observem que em qualquer universo ou grau da escala divina existe uma dimensão central que corresponde a esta nossa, que é material. Mas também há uma paralela menos bela que fica à esquerda e uma mais bela que fica à direita, que chamamos de natural.

Isso se repete em todos os universos, dimensões e em nós mesmos, pois se neutros somos o que somos. Mas se nos direcionarmos para a nossa paralela à direita, nos tornaremos mais belos (irradiantes, coloridos, sutilizados, etc.) e se nos direcionarmos para a nossa paralela à esquerda, nos tornaremos menos belos (absorventes, negativos, escuros, limitados, etc.).

Tudo se repete na gênese divina, inclusive nos estágios da Evolução e nas dimensões da Vida onde eles acontecem, assim como nos universos que contêm em si todas as dimensões da Vida, limitadas dentro de um único grau magnético da escala divina.

A escala vibratória divina é vertical e a cada grau acima um novo universo semelhante ao nosso se mostra, mas já melhorado e mais belo. E a cada grau abaixo, um novo universo se mostra, mas já piorado e mais feio.

Dentro de um grau da escala divina acontece o surgimento de uma nova escala igual a ela, mas já com a função de ordenadora dos subníveis vibratórios de todo um grau divino. Se nesse grau onde se encontra o nosso universo físico, o plano material onde vivemos é o "meio" da nossa escala humana, então aqui é a faixa neutra, pois para cima todos os níveis vibratórios se mostrarão superiores e todos os níveis abaixo se mostrarão inferiores, e a paralela à esquerda se mostrará piorada e menos bela, assim como a paralela à direita se mostrará mais bela e melhorada. Centro, alto e embaixo, esquerda e direita, eis a balança da vida!

Um grau da escala magnética divina cria toda uma nova escala, que chamamos de escala universal ou de um universo.

Saibam que a paralela à direita é chamada de natural, porque a evolução que se processa nela dispensa a encarnação ou o recurso do invólucro físico para servir de recurso retificador da educação de um ser.

Sim, o invólucro físico retém o espírito e o limita, impedindo que ele tome um rumo contrário ao que lhe foi traçado pelo Divino Criador, além de ser um ótimo meio de despertar as faculdades mentais, sensoriais e percepcionais em curto espaço de tempo, já que na paralela natural à direita o tempo de "maturação" mental, magnética, vibratória e energética é muito maior.

Mas o fato é que a paralela à direita dispensa o recurso do invólucro físico (corpo carnal). Já a paralela à esquerda ou espiritual recorre a ele sempre que pode, pois nele retifica a conduta e os conceitos íntimos dos espíritos, assim como acelera a maturidade mental, consciencial, racional, emocional, sensitiva e percepcional.

Esperamos que tenham entendido o mistério dos universos paralelos, pois são em si mesmos só um grau magnético da escala divina.

Também esperamos que tenham entendido que dentro de cada grau dessa escala existe outra que o gradua, tal como o metro divide-se em dez decímetros, e cada decímetro divide-se em dez centímetros, e cada centímetro divide-se em dez milímetros, etc. até chegar aos graus infinitesimais.

Um grau da escala divina é todo um universo físico e sua contraparte etérea, que à esquerda é mais feia e, à direita, é mais bela.

Tal como no metro, também dentro de um grau divino ele se repete e se multiplica internamente por uma nova escala, mas já tratando de valores contidos no grau da escala que foi dividida para ser multiplicada.

Assim é a gênese das coisas e assim sempre será. O mesmo acontece com as hierarquias divinas que se iniciam a partir do próprio Criador, que Se multiplica nas Suas divindades, geradoras dos Seus fatores divinos, e cuja multiplicação se repete, pois cada divindade geradora de um de Seus fatores O repete e se multiplica por outras divindades geradoras, até que cheguem a nós, que também somos microgeradores de fatores divinos, tais como Amor, Fé, Vida, etc.

O átomo é o micro e o Sol é o macro.

O espírito é o micro e a divindade geradora é o macro.

Bem, nós esperamos que tenham captado o que está nas entrelinhas e entendam de uma vez por todas que a espécie humana veio de outro universo, inferior ao nosso, e caminha para outro, já superior. E também que tenham entendido que, tal como hoje o homem sonha em conquistar outros planetas, onde começará a povoá-los, fará aparecer neles a espécie humana, predadora por excelência.

Ontem alguma civilização, localizada a muitos anos-luz daqui, pode ter enviado para cá alguns casais para povoarem este planeta. Com isso, aqui a vida começou a ter o recurso do invólucro carnal para acelerar a evolução dos espíritos paralisados na paralela espiritual e facultar-lhes um recurso "humano" para passar à paralela natural, da qual seguirão uma evolução contínua e equilibrada.

Esperamos que tenham entendido também que os Anjos têm sua morada no Universo logo acima do nosso, mas retornam até nós para ajudar a superarmos os obstáculos que não conseguimos transpor, sem a ajuda de quem já os deixou para trás há muito tempo.

A Evolução dos Seres nas Dimensões Paralelas

Como já vimos, a escala divina repete-se e multiplica-se no universo regido pelo seu magnetismo.

Nós comentamos que ao par deste universo físico temos à nossa esquerda a paralela espiritual e à direita a paralela natural.

Então saibam que "dentro" do nosso grau vibratório na escala magnética divina existe uma nova escala magnética que a repete e multiplica-se em muitos graus ou níveis vibratórios. Cada um desses níveis é, em si mesmo, uma dimensão da Vida que se assemelha a um universo, que também se mostra ilimitado e infinito.

Saibam que, assim como a paralela espiritual não tem um começo e um fim, o mesmo acontece com a paralela natural e com todas as outras paralelas, que são dimensões da Vida.

Por dimensão da Vida entendam níveis vibratórios que são verdadeiros universos, paralelos à dimensão humana da Vida, mas verticalmente, com algumas à direita e outras à esquerda.

Só existe uma diferença: os universos físicos se distinguem, porque a cada grau magnético um mais ou menos belo nos é mostrado. Já com as dimensões, a cada grau magnético uma diferente se mostra. As dimensões estão contidas dentro do nosso universo, só que em seu lado etéreo.

Então temos isso: a escala magnética divina é vertical e seu ponto zero é o nosso universo físico com sua paralela espiritual à esquerda e a natural à direita.

As paralelas são, em si, novas escalas divinas, cujos graus vibratórios, no mesmo padrão, à esquerda, se nos mostram mais feios e à direita, mais belos.

Já em graus vibratórios superiores dentro dessas duas dimensões, elas vão se sutilizando e se diferenciando da nossa transitória morada física.

Saibam que, na dimensão natural, em sua faixa vibratória análoga à do plano físico, a exuberância é visível já à primeira vista, e no seu primeiro nível vibratório superior ficamos extasiados com a beleza das coisas (natureza) e dos seres que ali vivem, pois tudo e todos se mostram mais belos e aperfeiçoados. Assim, cada vez mais apurado, tudo se repete nos níveis vibratórios superiores.

Já com os níveis vibratórios da paralela espiritual, o nível vibratório análogo ao do nosso plano físico se nos mostra menos belo, pois falta a nossa diversidade de seres, de vegetais, etc. e tudo nos parece meio desolado, até os espíritos ali paralisados. Mas se passamos ao primeiro nível vibratório superior, aí tudo se rarefaz e uma claridade agradável dá certa beleza às coisas e aos seres que ali vivem.

Já no segundo nível superior, aí a claridade é muito mais intensa e as coisas (natureza) adquirem uma coloração agradável, assim como os seres são luminosos. As moradas espirituais já se destacam pela arquitetura e diversidade de recursos energéticos à disposição dos seus moradores. Só que entre uma morada e outra nada existe além de um espaço vazio luminoso, desestimulando o ser de deixar a morada onde está vivendo.

Já no terceiro nível vibratório, aí o espaço entre uma morada e outra é ocupado por campos floridos ou relvas verdes, outras amarelas como trigais, etc. e também encontramos nesse terceiro nível vibratório da paralela espiritual os imensos "planos" espirituais responsáveis pelas muitas religiões ativas na face da Terra ou de religiões já extintas.

Já no quarto nível vibratório superior da paralela à esquerda, encontramos muitos centros de estudos semelhantes às nossas universidades, onde os espíritos altamente evoluídos se voltam para a ciência divina e começam a vislumbrar a grandeza das coisas de Deus.

Enfim, a cada nível superior um aperfeiçoamento se mostra também nesta nossa paralela ou dimensão espiritual, mas ela nunca se iguala à paralela natural, pois nesta, desde o seu nível "Terra", nós encontramos tudo o que temos no plano material, só que melhorado. Encontramos rios, mares, bosques, florestas, campinas multicoloridas, etc., de uma beleza incrível e de uma exuberância extasiante.

Se nos deslocamos por alguns "milhões de quilômetros", tudo vai se repetindo sempre belo e exuberante. A vastidão infinita dessas dimensões paralelas nos diz que em tudo o que cria para Suas criaturas, em tudo, Deus é infinito, pois essa dimensão natural está "dentro" de um único grau vibratório da escala magnética divina, cujo grau ainda tem outros seis níveis vibratórios, que são superiores a este nível "Terra".

Imaginem que, se o nível Terra da paralela natural é infinita, pois não tem começo nem fim e sem nunca deixar de ser bela e exuberante, então esses sete níveis vibratórios "positivos", que estão contidos dentro de um único grau da escala magnética divina, são, em si mesmos, subuniversos univibratórios, pois tanto os seres quanto a natureza ali existente vibram em um mesmo grau e possuem um mesmo padrão magnético, energético e irradiante.

Nada destoa do conjunto e ninguém vibra diferente.

Encontramos em certos lugares (pontos de forças ou vórtices eletromagnéticos) tantos seres vivendo ao redor deles que, se fôssemos fazer um censo populacional, com certeza chegaríamos à casa dos bilhões, de tantos que são. Eles nos recebem com uma alegria incontida e um desejo muito grande de estabelecerem laços afetivos conosco, os visitantes humanos.

Ele nos envolvem em uma aura de amor, carinho, ternura e amizade que nos embevece e enleva de tal modo que corremos o risco de nunca mais deixá-los. E, se partimos, os que se ligaram a nós derramam tantas lágrimas de tristeza que também partimos aos prantos. São seres tão "inocentes" que vemos sua pureza e nobreza em todos os seus atos, palavras e pensamentos.

Até as divindades naturais (os Tronos de Deus) que regem os pontos de forças derramam lágrimas cintilantes quando partimos de seus "reinos" naturais. Não são poucos os espíritos, já virtuosos em todos os sentidos, que acabaram se "assentando" junto dessas divindades, pois estabeleceram tantos laços afetivos que optaram por permanecer em um desses "reinos naturais" e ali serem os "instrutores" humanos dos nossos irmãos naturais.

Ali reina a pureza em que viviam Adão e Eva, antes da "maçã". E cremos que o Adão mítico foi um espírito que se encantou por alguma das belíssimas e exuberantes "Evas" que vivem nesta paralela natural. Só não sabemos por que foram expulsos, já que até onde nos foi possível observar o sexo não é visto como um pecado entre aqueles seres naturais. Se bem que não o têm no grau de "estima" que têm os espíritos encarnados, já que estes são muito dependentes do sexo, e alguns pautam a vida pelo seu desvirtuamento ou submissão aos desejos.

Enfim, essa dimensão não é chamada de natural por acaso! Imaginem uma tribo de índios que vive na e da natureza, que terão uma ideia vaga de como eles vivem. Só que eles só se alimentam de saborosos frutos ou dos néctares extraídos deles, e não caçam porque não só não se alimentam das outras espécies, como ali só vimos algumas belíssimas aves emplumadas canoras que vêm assentar-se em nossos ombros ou braços, caso mentalmente as convidemos, e até elas se afeiçoam a nós e passam a nos seguir caso não lhes ordenemos que nos deixem.

Também, se vibrarmos uma afeição muito forte por alguém, este passa a nos acompanhar o tempo todo e para onde formos, mas se ordenarmos que nos deixem ou se afastem de nós, ficam tão tristes que começam a derramar lágrimas, pois, para eles, não os achamos dignos de nossa amizade, amor e afeto. E se, no nosso caso, nos afeiçoamos a uma "mulher" natural, ela entenderá como o desejo de tê-la por "esposa" natural, e se sentir afinidade, aí já nos adota como seu "esposo" humano ... e aí estamos encrencados, pois vibram tanto amor por nós que se tornam irresistivelmente encantadoras, amorosas e inseparáveis. Logo, não sabemos de onde vêm, aparecem inúmeras crianças nos pedindo para adotá-las como nossos filhos naturais, que de tão inocentes, puros e encantadores que são, os adotamos e, em pouco tempo de "casados", uma gigantesca prole já se formou à nossa volta. Eles nos chamam de papai com tanto amor, que os amamos como nossos filhos, ainda que não saibamos de onde possam ter vindo. E se perguntamos quem os enviou até nós, só respondem isso: "Foi meu Pai e minha Mamãe 'Maior' quem me enviou ao senhor, papai!"

Presumimos que quem os envia são as divindades que "cuidam" dos filhos do nosso Divino Criador, já que a reprodução só acontece no plano material onde é gerado o corpo carnal, pois gerar espíritos é uma atribuição divina que foge a tudo o que a limitada mente humana é capaz de imaginar.

Enfim, só Deus é gerador de vidas.

Aos encarnados, Ele concedeu a reprodução do invólucro carnal que abriga o espírito durante sua vida no plano material. E isso porque também teve o seu corpo carnal gerado por outro que teve..., etc.

O fato é que o corpo carnal é reproduzido por uma herança genética, e o espírito é gerado na sua origem divina, que é Deus.

Saibam que não são poucos os espíritos, tanto machos quanto fêmeas, que vão visitar esta dimensão natural e se afeiçoam tanto por alguém que é natural dela, que ali acabam ficando para sempre, porque "casam-se" e logo têm à volta uma numerosa prole de encantadoras crianças naturais. E se um espírito tiver um magnetismo mental muito forte e for capaz de sustentar mais de uma união, então se acerca de várias "esposas" ou de vários "maridos", tudo tão naturalmente, que são vistos com muito respeito pelos seres que lá vivem e têm como algo muito meritório, divino mesmo, o fato de alguém que já desenvolveu seu magnetismo adotar quantos maridos ou esposas puder sustentar, pois com cada um que formar um par natural ou casal receberá toda uma prole de encantadoras crianças das divindades que cuidam dos filhos de Deus ainda em tenra idade.

São crianças mesmo, pois seus corpos são do tamanho de nossas crianças encarnadas de 2 a 5 anos de idade. Nunca menos e nunca mais que desses tamanhos e natureza infantil. Só que esses infantes já têm alguns muitos anos de existência se formos dar-lhes uma idade baseada no nosso ano de 365 dias, ou ano solar, e só atingirão a aparência de jovens de uns 20 anos após muitos outros milhares de anos que marcam o tempo para nós.

Essas crianças naturais são meigas, amorosas, gentis, educadíssimas, respeitadoras e inteligentíssimas.

Não sabemos como, mas são capazes de plasmar mentalmente energias, amoldá-las segundo seus desejos e brincam com elas, tanto movimentando-as com as mãos quanto com a mente. Com certeza aprendem isso com suas mães elementais, que são movimentadoras e geradoras de energias puras.

Nós, quando saímos desse nosso universo e formos a outro superior, ali encontramos anjinhos em vez de crianças encantadas.

Mais uma vez, comprovamos que Deus sempre gera repetindo tudo o que criou no grau anterior de sua escala magnética, pois vimos mães angelicais cercadas por suas proles numerosíssimas, todas formadas por anjinhos "infantis", mas capazes de proezas que consideramos mirabolantes, para não dizermos divinas.

Saibam que os anjos realmente têm asas, mas na verdade são a projeção das energias que geram e que são irradiadas mediante "microchacras" que possuem na base detrás do pescoço, logo entre as espáduas, dando a impressão de serem asas luminosas. Mas, na verdade, são irradiações de energias que sobem um pouco e se abrem como leques, para em seguida descerem por trás e aí se diluírem no espaço.

Um anjo, quando se desloca, parece um pequeno cometa por causa do caldau de energias que o segue.

Enfim, tudo é mistério de Deus e está na gênese divina das coisas. E antes que nos perguntem, dizemos que os anjos se dividem em machos e fêmeas, pois tudo o que Deus gera, Ele gera macho-fêmea, positivo-negativo, irradiante-absorvente, ativo-passivo, etc.

Bom, então nós vimos que dentro de um grau magnético divino nova escala vibratória surge e por meio de seus graus vão surgindo novos universos magnéticos, energéticos e vibratórios.

Vimos também que tudo se repete e se multiplica, pois os níveis vibratórios dentro desse grau divino formam os graus da sua escala interna, e que cada um desses níveis vibratórios internos é, em si mesmo, um universo infinito onde natureza e seres vibram em um mesmo padrão e possuem um mesmo tipo de magnetismo. E que, mesmo as energias, se são de elementos diferentes, no entanto vibram no mesmo grau magnético, tornando tudo harmonioso e equilibrado.

Comentamos a dimensão ou paralela espiritual e vimos que a cada nível superior ela vai se rarefazendo e se tornando mais bela em função da elevação dos espíritos que vivem nesses níveis superiores. Mas vimos também que o mesmo acontece na paralela ou dimensão natural, onde o invólucro carnal não é um de seus recursos evolucionistas. Mas os espíritos humanos virtuosos são, pois, por causa de nossa natureza "humana", aceleradores da evolução dos seres naturais que se afeiçoam por nós e nos adotam como seus instrutores humanos, já que vivemos muitas "vidas" em curto espaço de tempo e trazemos em nossa memória as experiências adquiridas em cada uma delas.

As experiência boas, eles imediatamente internalizam, recorrendo a elas para estabelecer uma escala comparativa. Já as experiências desagradáveis, eles as descartam, pois são paralisadoras da nossa evolução.

Vimos também que são de uma inocência e pureza única, em nada comparável à nossa malícia, desconfiança, inveja, etc.

Vimos que nos amam intensamente e que choram nossa partida ou rejeição do amor que vibram por nós.

Vimos que, caso se afinizem conosco, nos adotam como par caso sejam do sexo oposto, e nos adotam como instrutores humanos caso sejam do mesmo sexo.

Vimos que, assim que formamos um par com um ser natural, as divindades nos contemplam com numerosíssima prole de encantadoras crianças, que aos nossos olhos parecem ter entre 2 e 5 anos de idade, mas que na verdade já possuem muitos milênios de vida.

Vimos que as divindades (os Tronos de Deus) estão assentados nos vórtices energéticos ou pontos de força, de onde dão sustentação magnética, energética, vibratória, mental, emocional, etc. aos seres que vivem nos seus reinos naturais, dos quais são os regentes divinos.

Vimos também que essa dimensão natural possui seus níveis vibratórios e que cada um é infinito, pois não tem começo ou fim, sempre são belíssimos e exuberantes tanto na vegetação quanto na variedade de espécies, e que os seres que lá vivem só se alimentam de frutas e néctares, assim como das energias do meio ambiente onde vivem, que eles absorvem tanto pelos chacras quanto por vibração mental.

Vimos também que este deve ser o tal paraíso perdido por Adão e Eva, ainda que não tenhamos atinado com a razão da sua expulsão, já que sexo, lá, não é sinônimo de pecado e as divindades estimulam a formação de pares ou casais, pois acham que um ser sem sua contraparte do sexo oposto é limitado na vida.

Enfim, vimos em um simples comentário muitos aspectos da gênese divina. Agora vamos comentar outras dimensões da Vida, todas em paralelo com a nossa dimensão humana.

A Interpenetração ou o Entrecruzamento

O divino Trono das Sete Encruzilhadas é o "Logos Planetário" que deu origem ao nosso planeta, e tudo o que aqui há, só existe porque nosso divino trono planetário tem em si mesmo as qualidades, os atributos e as atribuições que sustentam tudo o que aqui existe.

Então nada existe por si mesmo, pois dependeu de algo anterior para ser gerado.

A matéria é formada de moléculas.

As moléculas são formadas por átomos.

Os átomos são formados por prótons, nêutrons e elétrons.

Essas subpartículas atômicas são formadas por quarks.

Os quarks estão espalhados por todo o Universo e são formados por micropartículas ou essências.

As essências dão qualidades aos quarks, que estão na origem da matéria. Mas se elas equivalem ao que chamamos de "essência das coisas", no entanto existe algo que faz com que assumam essa condição: os fatores divinos.

Os fatores divinos não podem ser visualizados ou detectados, mas vislumbrados e percebidos por meio da natureza das coisas.

A natureza do fogo não é igual à da água, da terra, do ar, dos minerais, dos vegetais ou dos cristais. Não. A natureza do fogo é única e o distingue de todos os outros elementos.

Nossa visão distingue cada um desses elementos, porque capta a natureza de cada um deles e o modo de se mostrarem ou de serem visualizados. Mas o fogo físico não é um elemento puro, pois precisa do vegetal, do mineral e do ar (oxigênio) para ser sustentado.

Então, esse fogo físico não é um elemento puro, e não se sustenta por si só, já que depende de outros elementos para existir e gerar calor.

Sabendo disso e de como é o modelo de sustentação do fogo material (físico), então podemos criar o seu esquema gráfico.
Vamos a ele?

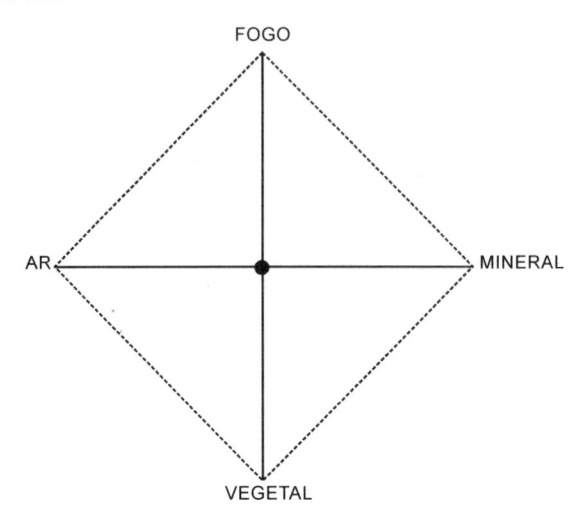

```
        FOGO
         /\
        /  \
       /    \
   AR <------> MINERAL
       \    /
        \  /
         \/
      VEGETAL
```

Esse esquema nos diz que o fogo físico se sustenta do vegetal (carvão), se expande no ar (chamas) e se alimenta no mineral (energia).

Observem que o fogo material não é puro porque precisa do concurso de outros elementos para existir, mas conserva sua natureza ígnea que o diferencia de todos os outros elementos.

Já um vegetal precisa do concurso da terra, da água, do ar, do mineral e do fogo (calor).

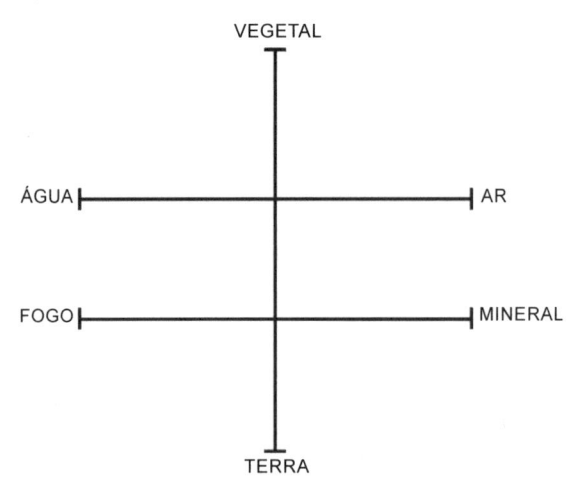

```
              VEGETAL
                |
                |
   ÁGUA |-------|-------| AR
                |
                |
   FOGO |-------|-------| MINERAL
                |
                |
              TERRA
```

A Interpenetração ou o Entrecruzamento

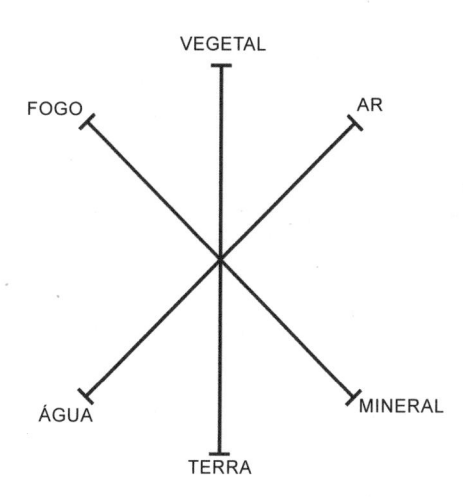

```
        VEGETAL
FOGO  \  |  /  AR
       \ | /
        \|/
        /|\
       / | \
      /  |  \
ÁGUA /   |   \ MINERAL
        TERRA
```

Se estamos mostrando que algo não existe por si só, no entanto um vegetal se distingue justamente porque a sua natureza é diferente da do fogo.

Então, a natureza é o identificador e ela tem a ver com o fator que a qualifica como vegetal ou ígnea, qualificando as essências, os elementos e as energias que formam um vegetal ou uma chama.

Se percebemos essas naturezas nas essências, elementos e energias, é porque cada uma flui por intermédio de uma vibração só sua, que a diferencia de todas as outras vibrações que caracterizam as outras naturezas.

Com isso, chegamos à raiz da origem das coisas e podemos vislumbrar como a gênese divina acontece, pois se os fatores estão na origem de tudo e os percebemos na natureza de algo ou alguém, e se este algo ou alguém só se diferencia do resto da criação porque vibra em um padrão só seu, então basta estabelecermos uma escala de comparações que tudo se nos mostrará, ainda que não possamos ver um fator, uma essência, um elemento, uma energia ou mesmo uma vibração pura.

Sim, se não podemos ver a essência vegetal, no entanto vemos os vegetais saturados da essência que o torna o que é: um vegetal.

O mesmo acontece com todo o resto da criação divina, onde tudo se interpenetra, se completa e se sustenta.

Se o fogo ou o vegetal "físico" precisam do concurso de outros elementos para subsistir no plano material, o mesmo acontece com os seres humanos, que precisam de todos os elementos que dão sustentação energética ao seu corpo físico, que por sua vez dá sustentação ao espírito que o anima, porque teve seu magnetismo adaptado ao do plano material.

Sim, o espírito ligado ao feto está passando por uma adaptação magnética e o seu padrão vibratório do plano espiritual é envolvido pelo padrão do plano material, que o amortece ou adormece.

Observando uma pessoa atentamente, descobrimos certos traços físicos e características psíquicas (mentais) que são a "visualização" de sua natureza íntima. Uns são impulsivos, outros racionalistas, outros geniosos, outros alegres, etc.

Se observarmos bem, pouco a pouco vamos traçando um perfil de uma pessoa e notaremos que emerge uma natureza que a distingue das outras, ainda que no geral seja semelhante a todas.

Essa natureza da pessoa a caracteriza e individualiza em meio a tantos seres semelhantes.

Mas mesmo entre os seres humanos surgem diferenciadores raciais marcantes, pois um chinês é "diferente" de um nigeriano, já que tanto são diferentes fisicamente quanto no comportamento coletivo. Quanto ao comportamento individual, vemos que tanto o chinês quanto o nigeriano têm algo em comum: amam, choram, sorriem, oram, festejam, cantam, etc.

Assim, em nível coletivo nós podemos distinguir a natureza das raças. Já em nível individual, vemos a natureza de cada pessoa. Vemos que uns gostam de cantar, outros de orar, outros de meditar, etc., mas quem canta também chora, sorri e medita. E vice-versa em todos os aspectos que distinguem umas pessoas das outras.

Então, para orar, todos vão aos templos, para cantar vão aos teatros ou eventos musicais e para estudar vão às escolas, etc.

Em nível individual podemos cantar, orar, estudar ou sorrir sozinhos. Mas é muito mais agradável e gratificante se pudermos compartilhar essas coisas com nossos semelhantes. E, se assim é, é porque as imanências divinas estão atuando em nossas vidas, tanto em nível individual quanto no coletivo.

É a mesma imanência divina que nos torna religiosos e nos atrai para os templos, onde extravasamos nossa fé e nos colocamos em comunhão direta com Deus.

É a mesma imanência divina que nos torna apreciadores da música e nos atrai para locais onde acontecem eventos musicais.

Então, com os seres humanos acontece o mesmo que com um vegetal, que precisa da terra, da água, do ar, do fogo e do mineral, pois se uma pessoa é religiosa, no entanto ela aprecia a música (ar), ela se exalta (fogo), ela se emociona (água), ela se sente estável (terra) e ela se une a outras pessoas (mineral).

Observem que na escala de comparações já estamos acrescentando os sentimentos e estamos dizendo que um músico não vive só de cantar, ou que um religioso não vive só de rezar.

Se é assim, é porque, se tanto o fogo quanto o vegetal não existem por si só, nós também não existimos só por nós mesmos. E só somos como somos porque, se temos uma natureza só nossa que nos distingue, ela se formou a partir da incorporação dos elementos que nos dão sustentação.

As imanências nos saturam de fatores divinos e pouco a pouco uma natureza só nossa aflorará e nos marcará dali em diante.

Agora, como isso acontece?

Bem, nós fomos gerados por Deus e trazemos dessa nossa gênese divina uma qualidade original que sempre se ressaltará sobre todas as outras, que também herdamos do nosso Criador.

A ciência divina nos ensina que Deus gera vidas o tempo todo e as fatora em ondas ou padrões vibratórios, imantando-as com o fator que estiver fluindo d'Ele no momento de Sua geração.

Para que entendam isso é preciso entrarmos no universo dos Orixás, no qual os seres assumem as qualidades dos seus pais divinos e dos elementos que os distinguem em Orixás do Ar, do Fogo, dos vegetais, etc.

Assim, se no momento em que o ser foi gerado estava vibrando a imanência "agregadora", que é mineral, então ele assumiu um padrão magnético que dá sustentação aos sentimentos de "amor".

Ao ser gerado em uma onda ou vibração mineral, sua natureza será agregadora e o distinguirá porque ele exteriorizará com muita facilidade sentimentos relacionados como manifestações de "amor".

Trazendo essa qualidade divina agregadora (amor) para o universo dos Orixás, dizemos que uma pessoa assim é um filho ou filha de Oxum, o Orixá do amor. O ser tem sua ancestralidade em Oxum, seu elemento é o mineral, sua natureza é sensível e gosta de reunir à sua volta os afins porque é "agregador".

Saibam que a "natureza" mineral ou qualidade divina do amor é agregadora e atrai seus afins.

Os minérios são agregados atômicos estáveis.

Oxum é o Orixá mais "ciumento", justamente porque sua natureza agregadora a induz a manter junto de si sua hereditariedade (filhos). Então é a esposa possessiva e a mãe ciumenta de seus filhos.

Mas se no momento da fecundação o ser foi gerado em uma onda vibratória mineral e magnetizado com a imanência do amor, onda esta que fluiu de cima para baixo, atravessou outras seis ondas que fluíam horizontalmente, e uma delas deu qualidade à natureza amorosa do novo ser gerado por Deus na sua onda vibratória, cuja imanência é agregadora.

Verticalmente o ser é agregador, é mineral. Mas a onda que o atraiu e o assentou em um nível vibratório o distinguirá, porque será o seu campo preferencial de exteriorização de sua natureza agregadora.

Se a onda vertical é sempre agregadora, mineral e irradiadora do fator "amor", a onda horizontal indicará onde o ser mais apreciará estar, viver e exteriorizar seus sentimentos.

Se Oxum é o Orixá do Amor e está na ancestralidade do ser, este ser não exteriorizará seu amor indistintamente.

Não mesmo!

Ou ele amará as coisas religiosas, ou as ciências, ou as leis, ou a justiça, etc. Essa sua segunda qualidade o qualificará e o distinguirá dos outros seres cuja natureza íntima é agregadora (fator amor).

O fator amor não subsiste por si só. Ninguém diz "eu amo", mas, eu amo isso ou aquilo. E quem ama quer junto de si o ser ou a coisa porque se preocupa com ele e quer tê-lo por perto, senão se sentirá só ou infeliz.

O fator cria a interdependência e a sua imanência interpenetra o ser ou objeto amado, e se este for tirado de um ser "mineral", ele sente que perdeu parte de si mesmo e não parará de se lamentar até ter de volta o objeto do amor ou substituí-lo por outro ainda mais atraente.

Essa propensão natural ao apego é uma das características dos(as) filhos(as) de Oxum, e isso se deve ao fato de que os seres regidos por ela são aqueles que foram imantados (magnetizados) com a imanência agregadora e assumiram uma qualidade divina conhecida como amor, que é o sentimento mais marcante dos seres "minerais", todos regidos por Oxum, Orixá do amor.

Não pensem que nos desviamos do nosso comentário inicial. Apenas recorremos a uma fatoração divina para mostrarmos como o "nascimento" de um ser se processa e quando ele assume uma qualidade que o influenciará por toda a sua existência, que é eterna.

Nós dissemos que uma onda "geracionista" vertical atravessa seis outras ondas horizontais, e que em uma delas o ser se afixará e adquirirá uma nova qualidade que indicará seu campo preferencial de evolução.

Vamos usar do fator agregador (imanência agregadora do amor ou mineral) para mostrar como isso acontece.

1º Nós identificamos sete ondas magnéticas ou vibrações divinas que regulam a geração dos seres.

2º Em cada uma dessas vibrações os seres assumem uma qualidade de Deus.

3º Esta onda imanta o ser com um magnetismo único que tem por função absorver um só fator, que o marcará pelo resto de sua vida, que é eterna.

4º O ser fica saturado do fator que o qualificará e aí a onda o conduz por meio de outras seis ondas vibratórias e em uma delas ele estacionará.

5º A descida é vertical e o ser estacionará até saturar-se com o novo fator que qualificará sua qualidade divina original.

6º Quando fica saturado em uma onda horizontal, e isso equivale à fecundação de um óvulo por um espermatozoide, então o novo ser é conduzido a uma dimensão "essencial", pois sua qualidade já assumiu um qualificativo. Como estamos usando um ser cujo fator é agregador e cuja qualidade divina é o amor, então ele é portador de um magnetismo que vibrará amor, mas por alguma coisa. E aí uma das seis ondas horizontais dará qualificação ao seu magnetismo agregador, pois se ele estacionou (foi atraído) pelo magnetismo da onda horizontal cujo fator é eólico e cuja qualidade divina é a ordem, então o tipo de amor que o distinguirá será o amor à ordem.

7º Trazendo esse amor à ordem ao nosso nível terra das identificações, diremos que este ser ama a lei e é um filho de Oxum e de Ogum, pois ela é Orixá do amor e ele é Orixá da ordem.

8º O ser fechou o ciclo de seu fatoramento, sua geração, e está pronto para ser conduzido ao útero da divina mãe geradora (natureza essencial divina).

9º Essa condução do ser não será vertical nem horizontal, mas perpendicular em relação às outras duas ondas que o fatoraram, o qualificaram e o distinguiram.

10º O ser sai da dimensão geradora e é conduzido à dimensão essencial (de essência) da vida, onde começará a absorver uma essência que dará sustentação aos seus fatores combinantes e o alimentarão, permitindo que cresça (densifique seu magnetismo individual).

11º Essa condução inclinada visa preservar o ser virginal, pois seguindo por uma onda perpendicular ele não expõe seu magnetismo, ainda delicado, às poderosas vibrações das ondas que cruzam todo o espaço que terá de percorrer. Ele só as sentirá como leves formigamentos e nada mais.

12º Mas mesmo essa onda perpendicular que o está conduzindo irá cruzar sete ondas vibratórias essenciais (transportadoras de essências), e o magnetismo de uma delas irá atraí-lo e fixá-lo em sua faixa vibratória, que será, para o ser totalmente inconsciente, o útero divino onde viverá até que seu magnetismo se fortaleça e crie um campo magnético à sua volta.

13º Esse campo magnético "pessoal" tem uma correspondência vibratória com o fator que lhe transmitiu uma qualidade divina e assume um pulsar análogo ao do fator que qualificou sua qualidade (no nosso exemplo a qualidade divina é o amor e o qualificativo é a ordem; ou fator mineral (agregador) regido pelo fator Ar (ordenador).

14º A essência que o sustentou e o alimentou também deu-lhe uma característica que aflorará como uma faculdade ou Dom original, que o distinguira dentro do campo onde foi qualificado. Assim, se era amor puro quando foi gerado, logo desenvolveu o amor à ordem (seus dois fatores combinantes) e começou a absorver uma essência que o alimentou, sustentou e possibilitou a criação de um campo magnético só seu, que o protegerá dali em diante. E, por esse campo estar saturado com a essência da onda inclinada ou perpendicular que o atraiu e o afixou, então sua faculdade principal ou Dom original será análogo ao sentimento que essa essência desperta nos seres.

15º Assim, se foi fatorado pelo amor divino e o qualificou como amor à ordem, como as essências assumem as faculdades dos sentidos e estimulam os sentimentos. Se foi a onda vibratória perpendicular transportadora da essência cristalina que o atraiu e o fixou, certamente este nosso ser será alguém que vibra o amor à ordem nos aspectos religiosos, pois a essência cristalina estimula os sentimentos religiosos e dá sustentação essencial ao sentido da Fé, que é um dos sete sentidos capitais dos seres.

16º Este ser do nosso exemplo, já o conhecemos até aqui e podemos defini-lo assim: será agregador, ordenador e apreciará as coisas religiosas, porque, na sua essência, é movido por sentimentos religiosos.

17º Este ser, ainda essencial (de essência), já formou seu triângulo da vida, cujos vértices estão distribuídos assim:

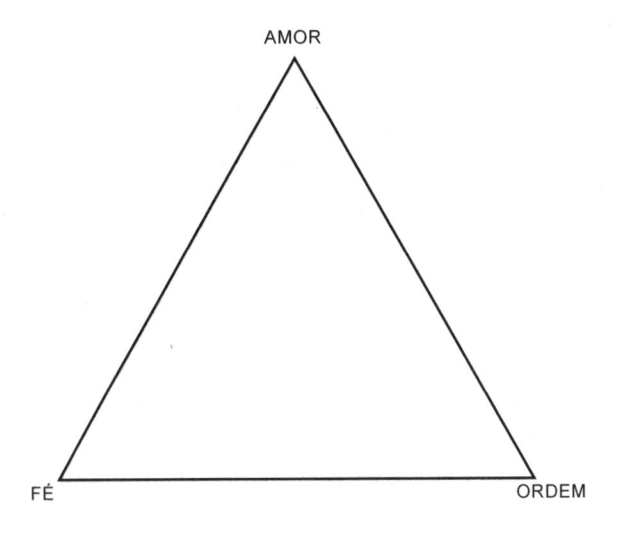

```
          AMOR
           /\
          /  \
         /    \
        /      \
       /        \
      /          \
     /            \
    /_____\
   FÉ            ORDEM
```

A Interpenetração ou o Entrecruzamento

18º Já com seu triângulo da vida formado, então este ser já possui uma faculdade, um sentimento íntimo e um Dom original ligado às coisas do sentido da Fé.

19º Já saturado da essência que despertou nele uma faculdade, está pronto para sair do útero da divina mãe geradora (natureza essencial) e ser conduzido, também de forma inclinada ou perpendicular, a uma dimensão elemental, onde um elemento afim com seu triângulo irá atraí-lo e fixá-lo em uma de suas correntes eletromagnéticas, até que seu campo magnético fique saturado de energias elementais que formarão seu corpo elemental básico.

20º Este ser pode ter estacionado em qualquer uma das sete dimensões elementais, porque sua essência cristalina combina com todos os elementos.

21º Então temos de optar por um dos sete para completarmos a quadriculação do mapa de sua vida e optamos pela dimensão elemental vegetal, cujo elemento relaciona-se com a irradiação do Conhecimento e cuja essência formadora (a vegetal) é estimuladora do raciocínio.

22º Então este ser "elemental" quadriculou o mapa de sua vida, que ficou assim:

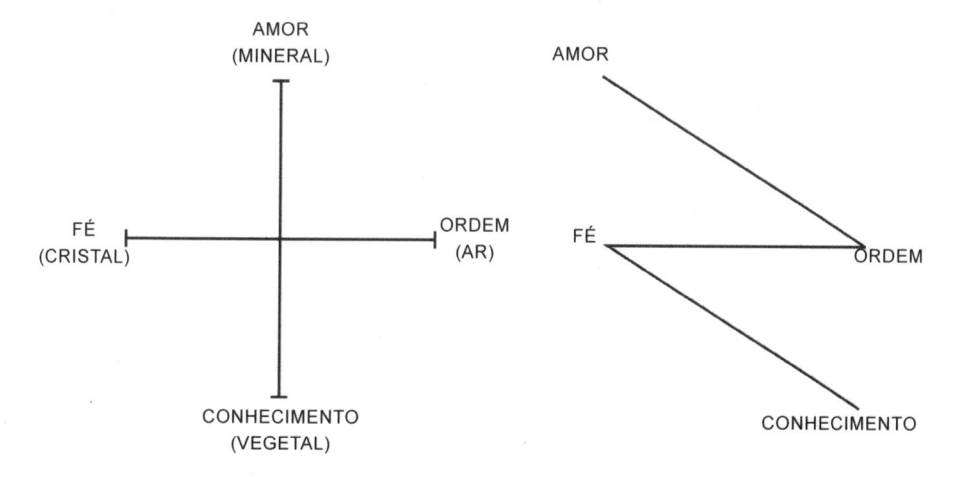

```
          AMOR
        (MINERAL)                    AMOR
            |
            |
  FÉ        |        ORDEM      FÉ              ORDEM
(CRISTAL)   |        (AR)
            |
            |
       CONHECIMENTO              CONHECIMENTO
        (VEGETAL)
```

23º Um ser com essa quadriculação é interpretado assim: um ser gerado no amor, fertilizado na ordem, facultado na Fé e assentado no Conhecimento. Ou assim: um ser agregador e ordenador, religioso e estudioso (inquiridor, pesquisador, doutrinador, etc.).

24º Este ser elemental saturará seu campo magnético com o elemento vegetal que formará seu primeiro corpo ou seu corpo elemental básico, cuja estável é a energia vegetal.

25º Então, o ser em questão desenvolverá um magnetismo mental elementar análogo ao magnetismo do elemento vegetal e o terá como sua base elemental que o sustentará, até que desenvolva sua capacidade de gerar o amor, irradiá-lo de forma ordenada nos campos da Fé, onde será um doutrinador religioso amoroso, sábio e corretíssimo.

26º Mas nem tudo foi fácil para este ser, pois ele terá de desenvolver seu polo magnético mental negativo, que dará sustentação ao seu emocional. Quando seu magnetismo mental estável se saturou de energias vegetais, aí foi conduzido a uma dimensão dual, onde há um segundo elemento, combinando com o vegetal.

27º Deus se repete em tudo o que faz, e seu fator agregador (mineral) repete-se na essência do amor (mineral), no elemento do amor (mineral), na energia do amor (mineral), na vibração do amor (agregadora) e na irradiação mineral (amor).

28º Então o ser iniciará sua evolução, já fora do útero essencial da divina mãe geradora, percorrendo um caminho inverso e, se antes ele foi se densificando, em sentido inverso irá rarefazer-se. Só que se antes ele densificou seu campo magnético, agora irá rarefazer seu mental, e o primeiro passo é desenvolver um polo negativo e um corpo emocional.

29º O elemento vegetal se combina naturalmente com os elementos terra, água, ar e cristal, com os quais polariza e surge no ser seu emocional ou polo mental negativo, que tanto o dotará de instintos básicos como da capacidade de distinguir o que o agrada do que o desagrada.

30º Os instintos básicos de um ser visam dotá-lo de recursos para preservar sua vida.

31º Seu elemento combinante irá distingui-lo como ser ativo ou passivo.

32º Tomemos como exemplo que o ser mais uma vez foi conduzido, já por uma corrente eletromagnética que cruza outras seis, pois Deus se repete em todos os estágios da vida, e sentiu atração pela corrente eletromagnética do elemento telúrico, que se funde com a corrente vegetal e, juntas, dão formação à dimensão dual ou bielemental vegetal-terra.

33º Este ser desenvolverá um corpo emocional concentrador e um polo magnético negativo apassivador. Permanecerá nessa dimensão elemental dual até desenvolver seus instintos básicos e estabelecer o equilíbrio emocional.

34º Mais uma vez o ser do nosso exemplo, já saturado das energias do elemento telúrico que o fixaram, emocionaram e concentraram, será conduzido pela corrente eletromagnética perpendicular bielemental, por meio de outras sete correntes trielementais, e uma que supre tanto seu emocional quanto seu racional irá atraí-lo e fixá-lo em uma nova dimensão da Vida, onde ele estagiará até desenvolver uma apuradíssima percepção das coisas, tanto das que lhe são positivas quanto das que lhe são negativas.

35º Essa nova dimensão é inundada por três correntes eletromagnéticas transportadoras de elementos. Uma corrente é vegetal, outra é telúrica e a terceira é combinante com esses dois elementos.

36º O vegetal e a terra se combinam com a água, o cristal, o mineral, o ar e o fogo.

37º A água e o ar entram na terra por meio do elemento vegetal. Já o mineral e o fogo entram pelo elemento terra. Quanto ao cristal, este entra tanto pelo vegetal quanto da terra, servindo como neutralizador das combinações ativas.

38º Este estágio da Evolução do ser trienergético, nós o chamamos de estágio "encantado".

39º O ser encantado em questão, que é vegetal no seu polo magnético mental positivo (racional) e telúrico em seu polo magnético negativo (emocional), se sentir-se atraído pelo elemento água, então estabelecerá este triângulo no mapa da sua vida:

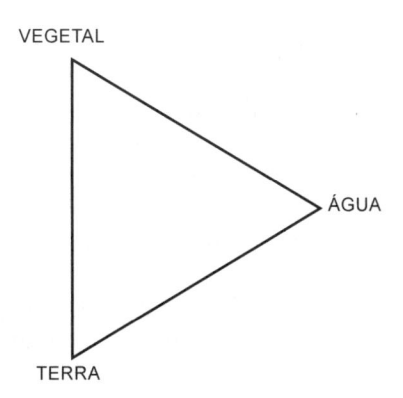

```
        VEGETAL
          /|
         / |
        /  |
       /   |
      /    |
     /     |> ÁGUA
      \    |
       \   |
        \  |
         \ |
          \|
        TERRA
```

O ser permanecerá neste estágio até que o novo elemento que irá desenvolver sua percepção faça aflorar um latejar "conscientizador". A partir daí ele começará a ser questionado sobre muitas coisas que influenciam sua vida.

40º Então, este ser encantado está apto a ser conduzido mais uma vez a outra dimensão da Vida, que nominamos de "natural" (de natureza). A corrente eletromagnética que o conduzirá cruzará perpendicularmente sete faixas vibratórias horizontais cortadas por sete irradiações energéticas verticais.

41º Este estágio da Evolução do ser do nosso exemplo equivale ao nosso estágio humano da Evolução, onde despertamos nossa consciência e maturidade espiritual, porque as energias que nos chegam por meio das irradiações energéticas são hipersaturadas de fatores divinos. E dependendo dos nossos sentimentos íntimos, ora estamos absorvendo um tipo de fator, ora outro.

42º O ser, ao ser gerado por Deus, foi magnetizado em uma onda vibratória mineral e começou a absorver o fator agregador, que é um fator mineral puro. Depois incorporou um fator que qualificou seu fator original e o fecundou, permitindo-lhe ser conduzido à dimensão essencial da Vida. Ainda inconsciente absorveu a essência cristalina que estimula a religiosidade. Essa essência fortaleceu o seu magnetismo e criou um campo magnético só seu. Depois, já vibrando um sentimento de religiosidade, ele foi conduzido a uma dimensão elemental vegetal que saturou seu campo magnético e criou seu corpo elemental básico, e formou a quadriculação de seu mapa da vida. Então, foi conduzido a uma dimensão bielemental e viveu seu estágio dual da Evolução, onde desenvolveu seus instintos básicos e formou seu corpo emocional. Em seguida foi conduzido a uma dimensão trielemental e desenvolveu sua percepção, apurando seu emocional. Finalmente foi conduzido a uma dimensão natural, onde seus sentimentos o guiarão daí em diante.

Mas, porque o ser do nosso exemplo recebeu em sua origem uma magnetização mineral e tem nesse fator (o amor) sua qualidade divina, com certeza irá absorver as energias minerais em tão grande quantidade, que os sentimentos de amor o distinguirão e o conduzirão naturalmente à irradiação de Oxum, Orixá do amor divino, que o atrairá e o assentará em um dos polos magnéticos de sua irradiação vertical, na qual ele atuará como Orixá intermediário entre a irradiação do amor e a da Fé, regido pelo Conhecimento. Então o triângulo de sua vida será este:

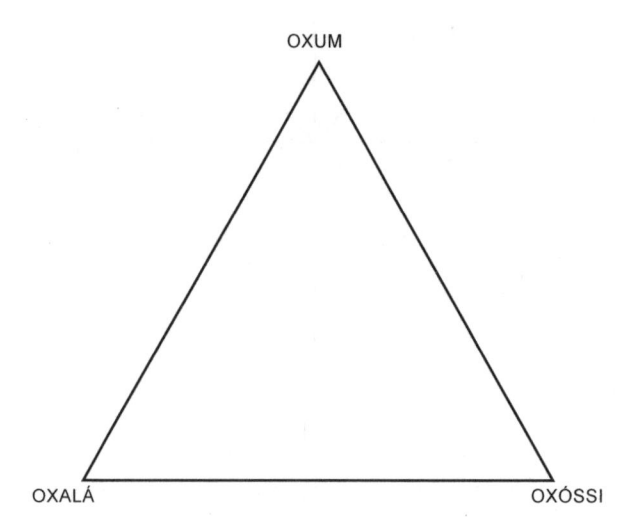

```
              OXUM
               /\
              /  \
             /    \
            /      \
           /        \
          /          \
         /            \
        /_____\
     OXALÁ           OXÓSSI
```

Mas nas linhas de forças, que são verticais e horizontais, sua quadriculação será esta:

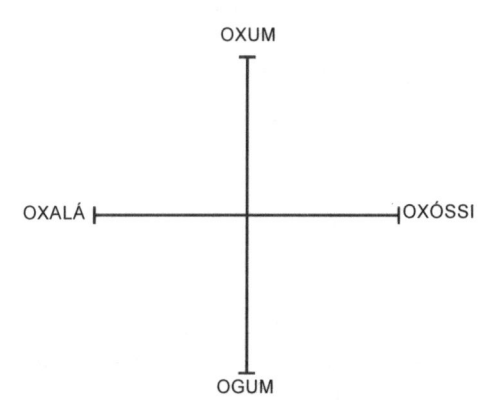

```
              OXUM
               |
               |
   OXALÁ ──────┼────── OXÓSSI
               |
               |
              OGUM
```

Sim, porque seu fator qualificado foi o eólico, ordenador divino por excelência.

Mas não devemos nos esquecer que seu segundo elemento foi o telúrico e o terceiro foi o aquático. Então sua quadriculação é cruzada por duas correntes eletromagnéticas elementais, e fica assim:

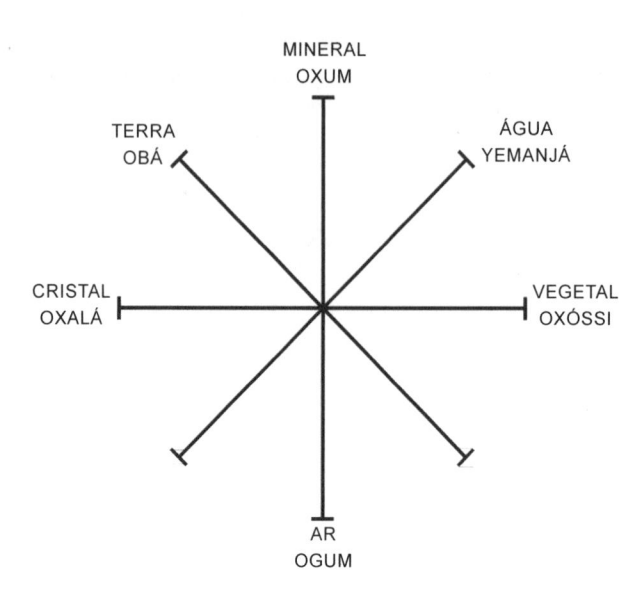

```
                    MINERAL
                     OXUM
        TERRA         │         ÁGUA
         OBÁ ╲        │        ╱ YEMANJÁ
              ╲       │       ╱
   CRISTAL     ╲      │      ╱     VEGETAL
    OXALÁ ─────────────────────── OXÓSSI
               ╱      │      ╲
              ╱       │       ╲
             ╱        │        ╲
                      │
                     AR
                    OGUM
```

Dois polos ficarão abertos em seu quarto estágio de Evolução, até que desenvolva afinidades com os Orixás que polarizam ou são combinantes naturais com essas duas correntes eletromagnéticas perpendiculares à quadriculação do mapa da sua vida. E enquanto ele, conscientemente, não fechar esses dois polos abertos não alcançará o 5º estágio da Evolução, em que se tornará um gerador natural de energias saturadas de essências vitais e irradiador natural do seu fator original que é o mineral, tornando-se um ser celestial.

Observem que aqui usamos apenas um exemplo, mas com ele nos foi possível mostrar a evolução de um ser, desde seu nascimento ou sua geração divina.

Saibam que essa é a verdadeira gênese dos seres e, se optamos por descrever como acontece a evolução, é porque ela não se processa em linha reta, e sim em linhas alternadas que permitem aos seres a vivenciação dos mais variados sentimentos e experiências, por meio das quais vão aperfeiçoando suas faculdades mentais.

Também mostramos que os fatores interpenetram as essências, estas interpenetram os elementos; estes amalgamam-se, dando origem às substâncias, às energias e às irradiações naturais.

Com isso mostramos que os fatores tanto estão na origem da matéria, dos seres, como estão na origem dos dons e dos sentimentos.

Mostramos que Deus é imanente e a natureza de um ser mostra qual imanência o magnetizou em sua origem, e por que cada um é regido por um Orixá, pois nas classes de divindades que formam as hierarquias divinas, as geradoras de fatores, de essências, de elementos e de energias naturais são eles, os Tronos de Deus, a mais numerosa das hierarquias, pois são as divindades responsáveis pelos estágios da Evolução dos seres.

Saibam que aqui não abordamos os casos em que um ser se desvirtua, se desequilibra, negativa seu magnetismo e se torna gerador de energias negativas cujos fatores são desagregadores, desmagnetizadores, etc. Esses seres, em função da negativação magnética, começam a ser regidos pelos tronos cósmicos ou regentes dos polos negativos das ondas vibratórias, das correntes eletromagnéticas e das irradiações energéticas.

Os tronos cósmicos, cujos magnetismos são atratores, fixam os seres negativados nas correntes eletromagnéticas negativas e começam a atuar no sentido de esgotar seus negativismos, descarregar seus emocionais e reorientar suas evoluções, criando-lhes novas condições de vida, em que podem despertar novamente suas qualidades e dons originais.

Os Orixás cósmicos são os tronos responsáveis pelo amparo aos seres negativados em seus magnetismos mentais e exercem sobre eles uma ascendência natural, porque são os geradores das partes negativas dos fatores divinos, cuja função é atuar em sentido contrário aos fatores gerados pelos tronos positivos, irradiantes e geradores das partes positivas dos fatores divinos.

Como dissemos que o fator mineral é agregador, e o trono que o irradia o tempo todo é Oxum, Orixá do Amor, então vamos comentar apenas o seguimento: Oxum polariza com um Orixá cósmico que gera um fator desagregador, cuja função é oposta à do fator gerado e irradiado por esta Mãe do Amor.

A esse fator desagregador, chamamos de "Desejo", e quem lida com ele em nível espiritual são os seres cujo grau cósmico é conhecido por "Pombagiras".

Mas em nível cósmico, quem rege esse fator é um trono negativo nominado por nós de "Trono dos Desejos. E mais não revelaremos, porque é um mistério fechado aos espíritos.

Saibam que as cosmogêneses, se devidamente interpretadas, estão revelando os mistérios e as formas de Deus atuar na vida dos seres.

Só que os seus intérpretes, por desconhecerem as chaves interpretativas dos mitos, das lendas e das fábulas, tomam ao pé da letra o que está escrito. Então, um tolo qualquer, por desconhecer a ciência que explica cientificamente a gênese divina, tomou em seu sentido literal a tentação de Adão e Eva pela serpente, que simbolizava o desejo e a lascívia sexual.

Mas a verdade interpretativa desse mito é esta: o fator desejo flui em uma onda sinuosa aparentemente descontrolada, e o ser que começa a vibrá-lo absorve esse fator, oposto ao fator amor, e já que é desagregador, então atua no sentido de desagregar sua vida e lançá-lo em um torvelinho de paixões as mais diversas, que logo a mudarão.

Só que os intérpretes não saem do nível interpretativo materialista, acreditando que foi uma serpente que induziu Adão e Eva a morder a maçã do amor, quando nós bem sabemos que todo ser humano gera uma energia cujo fator é o desejo, que visa justamente estimulá-lo em uma nova direção.

Daí, o mito da expulsão do paraíso. Mas, em verdade, o Adão e a Eva míticos deixaram de viver em uma dimensão natural onde Deus (a natureza) os provia com tudo do que precisavam, e foram conduzidos a um novo estágio evolutivo onde foram colocados em uma situação tal que ou assumiam conscientemente o próprio sustento ou pereciam.

Se foram submetidos a um aprendizado rápido e a um amadurecimento contínuo, isso obedecia a uma vontade divina, e não a um desafio a Deus.

Em função da interpretação incorreta desse mito, sociedades estigmatizaram o sexo e desvirtuaram a formação das pessoas, pois todas as manifestações de desejo sexual têm sido lançadas na conta de tentação do demônio, quando o correto seria ensinarem às pessoas que essa energia pode ser canalizada e usada como sustentadora de vigorosas ações em outros campos da vida e, se sutilizada via kundaline, pode expandir o poder mental e abrir novas faculdades.

Por uma interpretação incorreta de um mito, boa parte da humanidade tem sido vista como degenerada, porque nenhum estudo científico procurou demonstrar que algumas pessoas geram energias sexuais em grandes quantidades, enquanto outras não geram quase nada. E tudo por causa da constituição biológica dos seres.

Saibam que quem gera pouca energia sexual capta pouco desse fator desagregador e tende a ser apático, acomodado e egoísta. Já quem a gera em excesso tende a ser hiperativo, instável e inconformado com o estado das coisas.

Enfim, são tantas coisas que os seres desconhecem sobre a gênese, que nosso próximo comentário será sobre os fatores ou qualidades de Deus. Antes observem nos gráficos a "caminhada" do ser agregador que usamos no nosso comentário, ok?

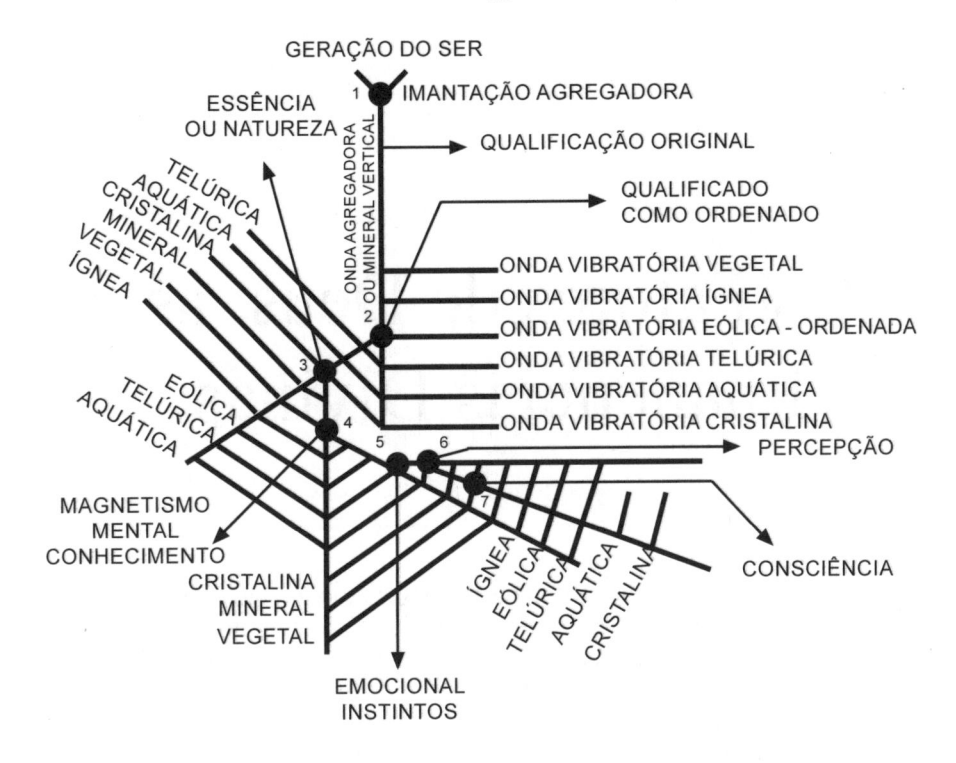

A Interpenetração ou o Entrecruzamento

Diagrama 1 (superior):

- GERAÇÃO DO SER
- ESSÊNCIA OU NATUREZA
- 1 — IMANTAÇÃO AGREGADORA
- QUALIFICAÇÃO ORIGINAL
- QUALIFICADO COMO ORDENADO
- ONDA AGREGADORA OU MINERAL VERTICAL
- TELÚRICA
- AQUÁTICA
- CRISTALINA
- MINERAL
- VEGETAL
- ÍGNEA
- ONDA VIBRATÓRIA VEGETAL
- ONDA VIBRATÓRIA ÍGNEA
- 2 — ONDA VIBRATÓRIA EÓLICA - ORDENADA
- ONDA VIBRATÓRIA TELÚRICA
- ONDA VIBRATÓRIA AQUÁTICA
- ONDA VIBRATÓRIA CRISTALINA
- 3 — EÓLICA / TELÚRICA / AQUÁTICA
- 4, 5, 6 — PERCEPÇÃO
- MAGNETISMO MENTAL CONHECIMENTO
- CRISTALINA / MINERAL / VEGETAL
- 7 — ÍGNEA / EÓLICA / TELÚRICA / AQUÁTICA / CRISTALINA
- CONSCIÊNCIA
- EMOCIONAL INSTINTOS

Diagrama 2 (inferior esquerdo):

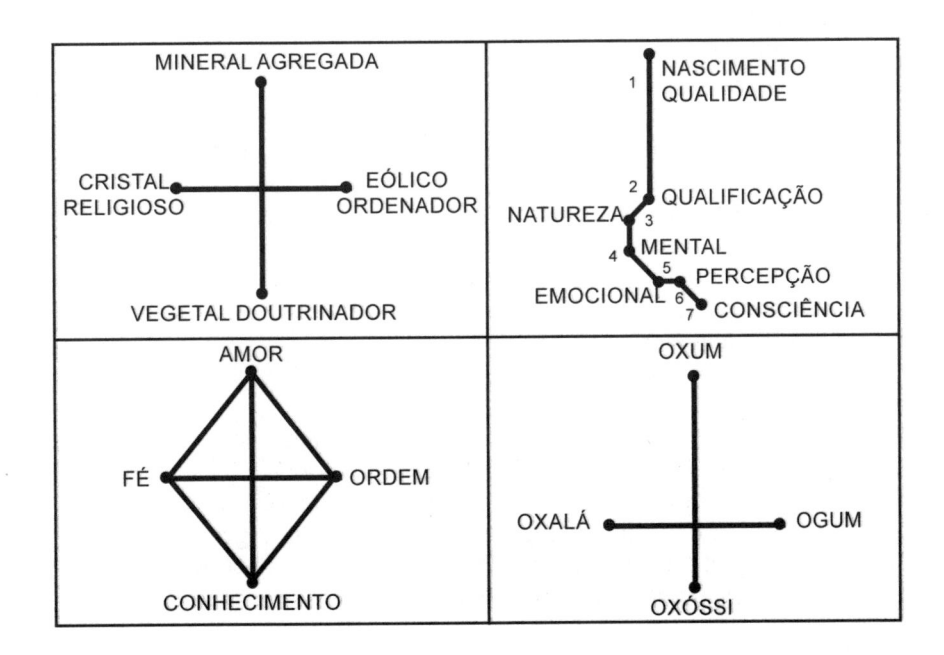

- MINERAL AGREGADA
- CRISTAL RELIGIOSO
- EÓLICO ORDENADOR
- VEGETAL DOUTRINADOR

Diagrama 3 (inferior direito superior):

- 1 — NASCIMENTO QUALIDADE
- 2 — QUALIFICAÇÃO
- 3 — NATUREZA
- 4 — MENTAL
- 5 — PERCEPÇÃO
- 6 — EMOCIONAL
- 7 — CONSCIÊNCIA

Diagrama 4 (losango):

- AMOR
- FÉ
- ORDEM
- CONHECIMENTO

Diagrama 5 (cruz orixás):

- OXUM
- OXALÁ
- OGUM
- OXÓSSI

Os Fatores de Deus: as Imanências Divinas

As dimensões paralelas à dimensão humana são muitas, e todas estão dentro de um único grau vibratório magnético da escala divina. Se são paralelas à dimensão humana, é porque adotamos a terra como o centro do nosso universo físico. Se alguém souber onde fica o centro do universo e como chegar até ele, por favor não faça segredo disso, pois desejamos conhecê-lo! Afinal, para nós, o centro do universo está em Deus.

E se Deus está em nós e no nosso planeta, e Ele está, então para nós aqui é o centro do "nosso" universo e ponto de referência para conhecê-Lo, entendê-Lo e explicá-Lo, já a partir de nossa capacidade intelectual "humana".

Então vamos nos aprofundar no mistério da gênese que criou o nosso universo físico e suas muitas dimensões da Vida, todas em paralelo umas com as outras, todas infinitas em si, pois ninguém conseguiu achar o começo ou o fim delas ou dos seus níveis vibratórios infinitos em si mesmo.

Saibam que uma das causas da falta de religiosidade das pessoas são as interpretações "humanas" da criação divina.

Elas são limitadíssimas e muito direcionadas para as coisas humanas. Logo, não retratam a origem das coisas, senão a partir de fatos mirabolantes, espantosos ou imaginários.

Mas nós sabemos que a criação divina é simples, porque Deus Se repete e Se multiplica o tempo todo.

Afinal a origem de uma pedra é a mesma de uma pedreira. A de um monte é a mesma de uma montanha. A de uma árvore é a mesma de uma floresta. A de uma molécula de água é a mesma de um oceano, etc.

Sim, porque o mesmo magnetismo que ligou o hidrogênio e o oxigênio, dando origem a uma molécula de água, é o responsável pela união de muitas delas, que deram origem aos oceanos.

O mesmo magnetismo atua tanto no micro quanto no macro e tanto deu origem a uma molécula de água quanto a um oceano.

A esse magnetismo nós damos o nome de "imanência divina" ou "fator agregador".

Deus tem duas "faces". Uma é interna e é geradora e a outra é externa e é imanente.

Na Sua imanência, Ele está em tudo o que existe, pois se um átomo é minúsculo, no entanto é a imanência divina que chamamos de "fator" agregador que o faz ser como é e o mantém em equilíbrio, que só é rompido pela ação de uma força superior à sua.

A mesma imanência divina, que dá forma e estabilidade a um átomo, dá forma e estabilidade ao nosso sistema solar, a uma constelação, galáxia, etc.

Essa imanência agrega, formatiza e estabiliza todas as coisas porque ela é agregadora. Ela é encontrada em nós na própria forma dos nossos corpos carnal ou espiritual. Mas, em um nível imaterial, nós a encontramos nas ideias, pois uma ideia só está completa se todos os seus componentes forem se agregando e formando-a.

Para entenderem o que queremos dizer com "ideia", recorreremos a um procedimento banal como o ato de comer.

Se alguém nos convida para o almoço em sua casa, imediatamente nos ocorre que o ato de almoçar implica um horário, um comportamento e a ingestão dos vários alimentos postos à mesa.

Esta é a ideia que temos de um "almoço".

Mas se alguém nos convidar para pescar, teremos outra ideia, já que pescar implica outros "procedimentos".

Ideia é isso: um conjunto de pensamentos que formam um todo que define uma coisa, um ato, uma substância, etc.

A imanência vai agregando os componentes e chegamos a um ponto em que tudo já foi pensado, definido e formatizado. Daí em diante já não precisamos repensar o que seja o ato de almoçar ou de pescar, porque a ideia que temos já está formada na mente.

Imanência é magnetismo que imanta as partes que formam uma coisa definida por si mesma.

Se falamos "fogo!", todos nos entendem porque têm uma "ideia" do que seja fogo. Mas se dissermos "gofo!", ninguém nos entenderá e ficarão curiosos. Mas, se explicarmos que "gofo" é um anagrama de fogo, aí ficamos sabendo o que é, e quando ouvirmos alguém falar essa palavra, já teremos um modo de responder porque temos uma ideia do que seja ou signifique "gofo".

A imanência agrega sílabas dispersas e dá forma a um termo, a uma palavra ou a uma ideia, que são coisas imateriais e pertencem ao campo do pensamento, que tem no fator agregador a imanência que dá forma às coisas, as define e nos permite ter uma ideia definitiva de alguma coisa.

A imanência está em tudo, e de agregação em agregação, Deus criou tudo o que existe.

Então temos na imanência divina um fator agregador ou um "fator de Deus".

A Onipresença é outro "fator de Deus" porque é a presença d'Ele em tudo o que existe.

A Onisciência é outro "fator de Deus", pois se tudo está n'Ele, então de tudo Ele tem ciência.

Então chegamos à raiz da gênese divina, pois ela tem início nos "fatores de Deus", ou como nós os chamamos: Fatores Divinos!

Os Fatores Divinos

Como já dissemos em linhas atrás que a imanência agregadora é um fator divino que atua na agregação de partes, que por si só já são definidas, mas que se forem reunidas darão origem a outra coisa, então vemos que na natureza existe um fator divino que dá forma a tudo o que existe. Se tomarmos a substância água, veremos que é a imanência agregadora que liga dois átomos de hidrogênio e um de oxigênio que dão origem às moléculas de água, que por essa imanência se atraem e formam as gotas, que se atraem e formam os lagos, etc.

Essa mesma imanência atua como fator agregador dos átomos de ferro, que, agregados, dão origem ao minério ferro.

A imanência agregadora atua sobre tudo e sobre todos o tempo todo e durante todo o tempo, porque é um fator divino que visa agregar os "afins" e não permite a agregação dos não afins.

Mas em todas as coisas a agregação não ocorre por acaso ou aleatoriamente. E se não ocorre é porque outro fator divino, que chamamos de "fator ordenador", atua como ordenador das agregações.

Sim, porque se a fórmula química, que define a substância água é HO, já H_2O não significa nada que conhecemos ou que nos seja útil, e talvez até nos seja prejudicial ou nem exista.

Se assim é, é porque junto com a imanência agregadora flui o fator ordenador, que não permite que átomos afins se liguem indistinta e desordenadamente.

O fator ordenador atua no sentido de só permitir que aconteçam as ligações preestabelecidas como úteis, equilibradas e aceitas como partes de um todo maior que, no caso, é o nosso planeta.

Tudo o que se formar fora de uma ordem preestabelecida é caótico, inútil, nocivo e desequilibrador, tanto no micro quanto no macro.

Então já temos dois fatores de Deus ou fatores divinos: a agregação e a ordenação.

São fatores que estão na origem das coisas e das espécies.

A imanência agregadora sustenta as ligações dos agregados e o fator ordenador regula o que está sendo formado, para que não gere coisas caóticas ou espécies deformadas que seriam inúteis à criação divina, à manutenção da vida e à estabilidade da natureza.

Deus é imanentemente agregador é ordenador!

Mas, para que a mesma imanência que formou o átomo de hidrogênio e o de oxigênio seja ativada para que se agreguem "ordenadamente" e deem origem à substância água, existe outro fator divino, que nominamos de fator evolutivo ou transmutador e que atua no sentido de criar as condições ideais para que duas coisas afins se liguem e deem origem a algo, já composto e útil à vida.

O fator evolutivo permite a passagem de um estado para outro. Ele é sinônimo de crescimento, pois permite que coisas menores se liguem e deem origem a uma maior. Então, átomos passam a formar moléculas, que passam a formar substâncias, que é muito maior e até visível, já que os átomos não o eram!

Todas as coisas que podemos ver, tocar, sentir, etc., se forem partidas, perdem suas qualidades e suas partes (átomos) assumem qualidades individuais, consequentemente a coisa que era visível, palpável e sensível deixa de existir porque foi desagregada.

Então temos isso: a imanência permite as ligações; a ordenação estabelece a forma como devem acontecer e a evolução direciona-as; ligações para que continuem acontecendo já em outras condições (estados), passando a formar novas coisas.

O fator agregador liga.

O fator ordenador regula.

O fator evolutivo cria as condições para que as coisas passem de um estado para outro, onde novas coisas se formam.

Agregação, ordenação e evolução!

Eis aí como a gênese acontece, porque são fatores divinos atuando nela e em tudo o que cria (idealiza) e gera (concebe).

Na agregação, os afins se ligam.

Na ordenação, as ligações só acontecem se forem equilibradas e atenderem a uma ordem preestabelecida.

Na evolução são criadas as condições para que novas ligações imanentes ocorram e novas coisas surjam ordenadamente.

A teoria evolucionista diz que as coisas surgiram a partir da agregação de átomos que deu origem às moléculas, que deram origem às substâncias, mas não menciona que uma imanência divina preexistente foi estabelecendo as ligações; que um fator ordenador foi descartando as ligações caóticas; e que o fator evolutivo foi criando as condições para que ocorressem novas ligações e surgissem novas "coisas".

Saibam que esses três fatores que citamos são partes da genética divina ou gênese das coisas, e que há muitos outros fatores, tão atuantes quanto fundamentais.

Vamos relacionar alguns fatores de Deus ou fatores divinos que estão na origem ou gênese:

Fator Agregador	Fator Magnetizador
Fator Ordenador	Fator Paralisador
Fator Evolutivo ou Transmutador	Fator Criacionista
Fator Conceptivo	Fator Transformador
Fator Gerador	Fator Energizador
Fator Equilibrador	Fator Desenergizador
Fator Racionalizador	Fator Concentrador
Fator Diluidor	Fator Expansor, etc.

Esses fatores, e muitos outros, atuam na gênese das coisas e são chamados de imanências divinas, pois estão em tudo, em todos e em todos os lugares.

Quando um atua, sempre ativa outros, porque, para surgir algo novo, todo um estado anterior das coisas tem de ser paralisado, desenergizado, desmagnetizado e desagregado, senão deformará o que ali vier a ser criado.

Esses fatores divinos estão na origem de tudo, e muitos outros que sequer imaginamos, porque são fatores compostos ou fatores mistos atuando sobre nós o tempo todo, ora nos estimulando, ora nos energizando ou nos paralisando porque estamos nos desarmonizando com o Divino Criador.

Quando nos elevam é porque nossos sentimentos e anseios íntimos são positivos e virtuosos. Já quando são negativos, aí absorvemos fatores que visam alterar nossa consciência e sentimentos íntimos negativados por pensamentos viciados.

Então temos fatores ativos e passivos ou positivos e negativos.

Os fatores ativos vão nos incomodando ou estimulando até que criamos em nós as condições para nos transformarmos, desagregando velhos conceitos e iniciando a busca de novos, já em acordo com nossos anseios.

Saibam que os elementos e as energias são os meios pelos quais absorvemos os fatores divinos. Esses fatores são muito sutis, e se não for dessa forma não temos como retê-los em nosso campo magnetismo mental.

Junto dos elementos ou energias, estamos absorvendo-os, internalizando-os e agregando-os ao nosso magnetismo, que pouco a pouco vai se imantando (ou fatorando) e adquirindo um padrão vibratório afim com nossa natureza íntima. Sim, porque todo ser tem sua natureza individual, e em alguns ela é aquática, em outros é ígnea, em outros é telúrica, etc.

O Mistério "Fatores Divinos" está na origem de tudo, até mesmo das hierarquias de Deus, que são as divindades.

As divindades "geram" energias fatoradas porque elas absorvem diretamente de Deus imensas quantidades de fatores divinos. Depois os irradiam, também em grandes quantidades, mas já adaptados aos seus padrões magnéticos, energéticos e vibratórios.

Essas energias fatoradas se distinguem umas das outras e, se estamos evoluindo sob a irradiação de uma divindade, então nossa natureza individual se imantará com o fator energético da "nossa divindade pessoal" e, com o passar do tempo, assumimos atitudes semelhantes à dela, que é a regente (energizadora) do nosso mental.

Nos fatores encontramos a nossa gênese e identificamos por qual deles fomos imantados quando ainda vivíamos no útero divino da "Mãe Geradora da Vida", pois é nele que somos distinguidos por Deus com uma de suas características genéticas divinas.

Sim, todos nós somos herdeiros de uma "qualidade" de Deus, já que Ele possui todas. Mas nós estávamos aptos a ser distinguidos por uma.

Só que Deus, como é único em tudo o que gera e também em Suas qualidades, fez com que a qualidade que herdamos seja divina, infinita, abrangente e inesgotável em recursos e faculdades derivadas ou qualificativas.

Assim, se em nossa origem fomos distinguidos por Deus com uma de Suas qualidades, ela nos influenciará em todos os aspectos de nossa vida. Nós destacamos sete qualidades de Deus e trazendo-as ao nosso nível terra, as identificamos com os sete sentidos da Vida. As qualidades são estas:

    Fé
    Amor
    Conhecimento
    Justiça
    Ordem
    Evolução
    Geração

As hierarquias divinas geradoras dos fatores que imantam essas qualidades divinas, já em nosso grau magnético planetário, identificamos com a hierarquia dos "Tronos de Deus". Então, temos sete Tronos de Deus, que são:

    O Trono da Fé;
    O Trono do Amor;
    O Trono do Conhecimento;
    O Trono da Justiça;
    O Trono da Lei;
    O Trono da Evolução;
    O Trono da Geração.

Esses sete tronos formam um colegiado ou uma coroa divina, na qual estão assentados ao "redor" do Trono Planetário, que é uma individualização do próprio Divino Criador. Esse divino Trono Planetário traz em si todas as qualidades de Deus, já adaptadas ao nosso grau magnético dentro da escala divina e reproduz em nível planetário uma escala só sua, que por ser divina formou o magnetismo que desencadeou todo o processo de geração do nosso planeta Terra. Sim, porque este planeta não surgiu do nada ou por acaso. Ele antes foi pensado por Deus e só teve início assim que este pensamento divino se manifestou por meio de um de seus "jovens" tronos planetários, que se projetou desde o "interior" do Divino Criador para seu exterior, já como sua individualização em nível planetário.

No princípio do surgimento deste nosso planeta, o poderoso magnetismo do divino Trono Planetário começou a gerar os fatores de Deus e a sua atratividade era tanta, que todas as energias que entravam em seu campo gravitacional foram sendo compactadas, criando um caos energético semelhante a uma massa explosiva.

Quando o magnetismo divino do jovem Trono Planetário esgotou sua capacidade de absorver energias do nosso universo material, ele deu início ao desdobramento de sua escala magnética e de sua qualidade ordenadora e geradora, análoga a de Deus, e surgiu uma escala magnética planetária.

Essa escala planetária tem a forma de uma cruz, cujo centro neutro equivale ao centro do magnetismo do divino Trono Planetário, que no nosso caso é o "divino Trono das Sete Encruzilhadas", um trono já não tão jovem, porque desde que se desdobrou, já se passaram uns 13 bilhões de anos solares. Esta é a idade, ainda que aproximada, do início do surgimento ou da gênese do nosso planeta Terra.

A escala magnética divina do divino Trono das Sete Encruzilhadas o caracteriza e o distingue, porque ele tanto repete a escala divina no sentido vertical como no horizontal.

Esta é a escala magnética do divino Trono Planetário:

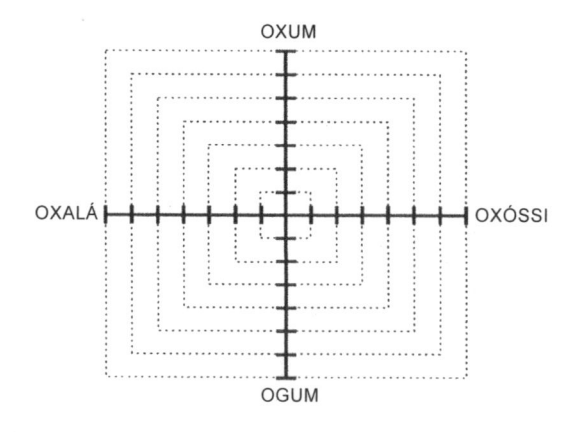

```
                    OXUM
                     |
                     |
       OXALÁ ├──┼──┼──┼──┤├──┼──┼──┼──┤ OXÓSSI
                     |
                     |
                    OGUM
```

Ela forma sete graus vibratórios em cada um dos "braços" de sua "cruz", que se correspondem e repetem o mesmo magnetismo do divino Trono Planetário, criando assim os níveis vibratórios ou graus magnéticos intermediários.

Esse magnetismo que mostramos graficamente está na origem do nosso planeta e é o responsável pela sustentação de tudo o que aqui existe e de todos os seres que aqui vivem.

O divino Trono das Sete Encruzilhadas é uma individualização de Deus, que traz em si mesmo todas as qualidades divinas do Divino Criador e, junto com incontáveis outros tronos planetários, forma a hierarquia divina dos mesmos que, no nosso grau magnético da escala divina, deram ou estão dando início à formação de planetas.

O nosso Trono das Sete Encruzilhadas, e mais alguns outros semelhantes a ele, "gira" em torno do "nosso" Trono solar que, para nós, é o núcleo vivo de um macroátomo divino.

Esses Tronos Estelares formam as constelações que são regidas pelos "Tronos Estelares", que formam uma hierarquia que gira em torno dos "Tronos Galácticos", que giram em torno dos tronos universais que formam o universo físico e são, cada um em si mesmo, um dos grau magnéticos da escala divina.

Nós não sabemos onde se localiza o começo ou o final da escala divina. Então, por analogia com a escala magnética do divino Trono das Sete Encruzilhadas, estabelecemos um ponto neutro para dividi-la em graus magnéticos superiores e inferiores ao do nosso universo, que não se resume só à sua dimensão física, já que dentro deste nosso universo temos outras dimensões e mesmo em nosso planeta há muitas dimensões planetárias.

"Em Deus, tudo se repete e se multiplica, tanto no micro quanto no macro."

Então, sabendo que a hierarquia dos Tronos de Deus se inicia com os divinos Tronos regentes do Universo, agora podemos descrevê-la corretamente para que tenham uma noção aproximada da infinitude do Divino Criador, que é ilimitado em todos os sentidos, e no entanto está num "grão de mostarda", tal como nos disse o mestre Jesus, que é em si mesmo uma individualização do divino Trono da Fé.

Bem, vamos à hierarquia dos Tronos de Deus:

1º Deus

2º Tronos Regentes dos Universos (Tronos Universais)

3º Tronos Regentes das Galáxias (Tronos Galácticos)

4º Tronos Regentes das Constelações (Tronos Estelares)

5º Tronos Regentes dos Sóis (Tronos Solares)

6º Tronos Regentes dos Planetas (Tronos Planetários)

7º Tronos Regentes das Dimensões Planetárias (Tronos Dimensionais)

Esses tronos cuidam da manutenção e estabilidade na criação divina e são em si mesmo individualizações de Deus, cada um adaptado ao seu grau vibratório na escala divina.

Mas outras hierarquias vão surgindo, já a partir dos tronos que regem esses graus magnéticos da escala divina, e regem os subníveis vibratórios, auxiliando-os na manutenção da estabilidade, da ordem e da evolução.

Temos as hierarquias dos Tronos atemporais:

Trono das Energias, Trono do Tempo, Trono das Passagens, Trono da Vida, Trono da Renovação, Trono da Transformação, Trono Guardião, etc.

Esses tronos são atemporais porque não atuam a partir de um ponto fixo, ou um ponto de forças magnético.

Eles, onde estiverem, assentam-se e ali mesmo desdobram-se e começam a atuar, sempre visando preservar ou restabelecer o meio ambiente onde se assentaram.

Nós, em nível planetário e multidimensional, temos os sete Tronos que formam a coroa regente planetária. Os sete Tronos assentados ao redor do divino Trono das Sete Encruzilhadas são estes:

Trono da Fé
Trono do Amor
Trono do Conhecimento
Trono da Justiça
Trono da Lei
Trono da Evolução
Trono da Geração

Esses sete Tronos são as sete individualizações do divino Trono das Sete Encruzilhadas, que se repete e se multiplica por meio deles, já que cada um dá início às suas próprias hierarquias. E, se muitas são as dimensões da Vida dentro do nosso planeta, em todas elas esses sete Tronos planetários multidimensionais criam uma hierarquia auxiliar, cujos membros vão ocupando os níveis vibratórios da escala magnética planetária.

Esses Tronos regentes dos níveis vibratórios se repetem e se multiplicam nos Tronos regentes dos subníveis vibratórios, que atuam bem próximos dos seres, pois estão no nível mais próximo de nós e são as individualizações dos regentes das dimensões.

Se descrevemos parcialmente as hierarquias dos Tronos, é porque são geradores de energias fatoradas e as irradiam por meio dos sete sentidos.

Todo ser foi distinguido em sua origem divina por uma qualidade de Deus, e foi "fatorado" quando ainda vivia no útero da Divina Mãe Geradora. Então esse fator que nos "marcou" irá definir a herança genética divina e formará a natureza individual.

Saibam que um ser, ao alcançar padrão magnético individual irradiante, começa a gerar energias e a irradiá-las para quem vibra no mesmo padrão, mas com magnetismo absorvente. Uns sustentam os outros doando as energias que geram naturalmente. Nessas doações "individuais", os geradores vão influenciando os absorvedores e imperceptivelmente vão amoldando seus magnetismos, energias e naturezas íntimos. Ou não é verdade que um filho também herda dos pais seus hábitos, caráter e modo de viver?

Essa é a característica mais marcante da gênese divina, pois nada existe por si só ou só para si. Tudo se interpenetra, inter-relaciona e cria uma dependência mútua que dá estabilidade à criação, às criaturas, aos seres e às espécies.

Os fatores de Deus são a menor coisa que existe na criação e estão na gênese. Logo, as hierarquias divinas começam com a dos Tronos geradores de fatores puros, mas irradiados já a partir do seu grau magnético, onde estão atuando tanto na natureza quanto na vida dos seres.

Então, no início das hierarquias estão assentados os Tronos geradores de fatores divinos, e nós os identificamos em nível terra como os Orixás, que são identificados tanto com os fatores divinos quanto com a natureza terrestre, assim como com a natureza íntima dos seres e com os sete sentidos da Vida.

Sabendo disso, então podemos estabelecer uma correspondência entre o Ogum individual de um médium e o Trono gerador do fator ordenador:

E o mesmo podemos estabelecer entre a Oxum individual de uma médium e o Trono gerador do fator agregador ou conceptivo.

O mesmo podemos estabelecer entre o Xangô individual de um médium e o Trono gerador do fator equilibrador ou energizador.

O mesmo podemos estabelecer entre o Obaluaiyê individual de um médium e o Trono gerador do fator evolutivo ou transmutador.

O mesmo podemos estabelecer entre a Yemanjá individual de uma médium e o Trono gerador do fator geracionista ou criativista.

E o mesmo podemos estabelecer entre o Ogum individual de um médium e o Trono gerador do fator ordenador ou potencializador.

O mesmo podemos estabelecer entre o Oxóssi individual de um médium e o Trono gerador do fator racionalizador ou expansor.

O mesmo podemos estabelecer entre o Oxalá individual de um médium e o Trono gerador do fator cristalizador ou magnetizador.

O mesmo podemos estabelecer entre a Obá individual de uma médium e o trono gerador do fator concentrador ou afixador.

O mesmo podemos estabelecer entre a Yansã individual de uma médium e o Trono gerador do fator direcionador ou movimentador.

O mesmo podemos estabelecer entre o Oxumaré individual de um médium e o Trono gerador do fator diluidor e renovador.

O mesmo podemos estabelecer entre o Omulu individual de um médium e o Trono gerador do fator paralisador ou estabilizador.

O mesmo podemos estabelecer entre a Logunã individual de um médium e o Trono gerador do fator desmagnetizador ou esgotador.

O mesmo podemos estabelecer entre a Nanã Buruquê individual de uma médium e o Trono gerador do fator estabilizador ou decantador.

O mesmo podemos estabelecer entre a Oro Iná individual de uma médium e o Trono gerador do fator consumidor ou abrasador.

O mesmo podemos estabelecer entre a Pomba gira de uma médium e o Trono gerador do fator estimulador ou excitador.

O mesmo podemos estabelecer entre o Exu individual de um médium e o trono gerador do fator transformador ou vitalizador.

Observem que listamos 16 individualizações, 16 fatores e 16 Tronos geradores de dezesseis qualidades divinas.

Observem também que se acrescentamos às sete irradiações da Umbanda os Tronos geradores dos fatores vitalizador e desejo, é porque criam nos seres as condições de alterarem seus comportamentos e fornecerem recursos e estímulos até que as mudanças tenham ocorrido.

Estes 16 fatores estão na raiz do Mistério Orunmila-Ifá e deram origem ao jogo de "búzios", que é a arte divinatória que lida com o destino dos seres, assim como é identificador das ancestralidades.

Os búzios têm essa faculdade de identificar os fatores que estão atuando na vida de um ser ou dos que estão sendo bloqueados, justamente porque o livre-arbítrio o afastou do seu caminho original, por onde flui o seu "destino".

Se estabelecemos uma comparação entre os tronos geradores de fatores e os Orixás individuais dos médiuns, é porque um Orixá é um Trono de Deus e mantém intacta sua ancestralidade, pois nunca sofreu um desvio evolucionista e nunca encarnou. Então, tanto sua aparência quanto sua natureza íntima é bem visível, pois são afins com sua imantação original, acontecida no momento de sua geração. A única coisa que diferencia um ser "Ogum" de outro, é a qualificação de sua qualidade original ou divina, que, no caso dos seres "Ogum", é a qualidade ordenadora, cuja natureza íntima é móvel ou aérea.

Então surgem:
- Oguns (ordenadores) das agregações
- Oguns (ordenadores) das evoluções
- Oguns (ordenadores) da Geração
- Oguns (ordenadores) da Fé
- Oguns (ordenadores) da Justiça
- Oguns (ordenadores) do Conhecimento
- Oguns (ordenadores) da Lei

E se nos fixarmos no fator agregador e no trono que o gera, chegamos ao Trono Oxum e nos seres Oxum, em que encontraremos o seguinte:

Oxuns (agregadoras) da Fé
Oxuns (agregadoras) da Lei
Oxuns (agregadoras) do Conhecimento
Oxuns (agregadoras) da Justiça
Oxuns (agregadoras) da Evolução
Oxuns (agregadoras) da Geração
Oxuns (agregadoras) do Amor (uniões)

Poderíamos relacionar todas as qualificações dos seres regidos pelos fatores divinos que absorveram no momento em que foram gerados e magnetizados com uma das qualidades do Divino Criador. Mas cremos que só mostrando os Oguns e as Oxuns já entenderão a natureza dos seres e por que tudo se interpenetra.

Sim, porque se o fator ordenador ordena as agregações, o fator agregador agrega as ordenações.

Nós comentamos que na origem de tudo está Deus, que gera Suas hierarquias divinas e multiplica-se nelas infinitamente, multiplicando-as em cada grau magnético de sua escala divina.

As Hierarquias dos Tronos da Geração

Nossos comentários acerca da gênese divina das coisas alcançou a origem e abrimos o conhecimento sobre os fatores divinos ou qualidades de Deus, às quais manifestamos porque fomos distinguidos com uma em nossa geração.

Saibam que Deus não só gera os seres em si mesmo, mas também reproduz suas qualidades divinas já dotadas de atributos que distinguem umas das outras.

Nós somos em nós mesmos uma qualidade d'Ele, e se nos mantivermos virtuosos, equilibrados e conscientes dos deveres para com toda a criação, então somos manifestadores divinos das suas qualidades.

Mas Deus, ao nos gerar como uma qualidade Sua, também nos proporcionou toda uma evolução, onde vamos sendo amoldados segundo o destino que traçou para nós.

Pouco a pouco vamos evoluindo, e nossos atributos vão aflorando, e vamos tomando ciência do resto da criação divina, e chegamos a um grau evolutivo tão avançado que não nos veremos mais como seres, e sim como qualidades de Deus.

Uns se verão como fé pura, outros como amor puro, outros como saber puro, etc. Isso ocorrerá em nosso estágio celestial da Evolução, posterior ao estágio humano ou espiritual.

Então sabemos que Deus não gera seres em Seu íntimo, mas sim centelhas vivas (consciências) distinguidas por uma de suas qualidades, que é magnetizada em uma onda vibratória, cujo magnetismo absorve um tipo de fator divino e nos distingue com uma ancestralidade cuja raiz está n'Ele. Só saímos do seu interior quando fomos imantados e fatorados com uma de suas qualidades e, ainda assim, para qualificá-la com outra qualidade que mostrará nossa atribuição ou campo, onde evoluiremos mais facilmente.

Se um ser foi magnetizado pela onda vibratória do amor e qualificou seu magnetismo agregador como ordenador, então ele já tem destino traçado e evoluirá, ora sob a irradiação do Trono do Amor, ora sob a irradiação do Trono da Lei. E ainda que vá estagiar sob a irradiação dos tronos irradiadores das outras qualidades divinas, no entanto nunca deixará de exteriorizar sua qualidade original agregadora (o amor) e seu qualificativo (ordenador).

Uma consciência só assume sua condição de "espírito" após deixar o interior de Deus e alcançar seu exterior, que começa no estágio elemental da Evolução.

Antes o ser era só uma consciência, uma centelha viva vibrante já individualizada, passando por um delicado processo de individualização, onde sua qualidade (agregador) e seu atributo (ordenador) buscava suas atribuições, ou seja: como um ser agregador e ordenador, o que ele agregará de forma ordenada?

No nosso exemplo em um capítulo anterior, o ser agregaria de forma ordenada as coisas da fé no campo do conhecimento, tornando-se um religioso ou doutrinador da Fé.

A evolução nada mais é que o ser exteriorizar tudo o que Deus já traçou para ele quando o gerou.

Com isso em mente, então podemos formar um organograma com as hierarquias dos Tronos geradores dos fatores divinos.

Na origem está Deus. A seguir surgem os tronos geradores virginais de seus fatores.

Depois surgem os Tronos geradores das essências divinas.

Depois surgem os Tronos geradores dos elementos.

Depois surgem os Tronos geradores de energias.

Depois surgem os Tronos irradiadores de qualidades divinas (Fé, Amor, Conhecimento, etc.)

Deus
↓
Trono Gerador de Fator (Orixá Fatoral)
↓
Trono Gerador de Essência (Orixá Essencial)
↓
Trono Gerador de Elemento (Orixá Elemental)
↓
Trono Gerador de Energias (Orixá Energético)
↓

Trono Irradiador das Qualidades Divinas (Orixá Natural)
↓
Trono Imantador das Qualidades Divinas (Orixá Encantado)
↓
Trono Aplicador das Qualidades Divinas (Orixá Guardião)
↓
Seres

Observem que, depois de Deus, temos sete níveis vibratórios ou graus hierárquicos em uma linha reta, até que cheguemos aos seres.

Vamos comentar essa hierarquia divina:

• TRONO GERADOR DE FATOR DIVINO: é virginal porque gera e é em si mesmo uma qualidade de Deus, emanando-a continuamente por meio de uma onda fatoradora que alcança toda a criação.

• TRONO GERADOR DE ESSÊNCIA DIVINA: é essencial porque gera e é em si mesmo uma imanência de Deus e a emana continuamente por meio de uma onda magnetizada com uma vibração específica que alcança tudo e todos o tempo todo, mas só os seres que têm o mesmo magnetismo absorverão sua essência. Seres com o magnetismo de outra essência não a captarão verticalmente e terão que se colocar sob a irradiação dos outros tronos para poder absorvê-las e evoluir.

Deus é perfeito, e com essa dependência dos seres os limita, senão se perderão quando deixarem seu interior.

TRONO GERADOR DE ELEMENTO: é elemental porque dependendo da combinação das essências surgem os elementos. Um trono elemental gera e irradia o elemento que é em si mesmo. Ele se irradia em onda magnética reta ou alternada (passiva ou ativa).

TRONO GERADOR DE ENERGIAS: é energético porque absorve os elementos e, dependendo da combinação deles, gera um tipo de energia, que irradia por meio de ondas magnéticas retas ou alternadas (passivas ou ativas). São tronos encantados.

TRONO IRRADIADOR DE QUALIDADES DIVINAS: é um trono que gera fatores e os irradia no padrão vibratório porque estão sendo irradiadas as energias irradiadas pelos tronos energéticos.

Os fatores são absorvidos pelas energias e as qualificam. Daí temos energias ígnea, aquática, mineral, etc.

Como exemplo podemos recorrer à Oxum Natural, que é um trono planetário gerador do fator agregador. Sua irradiação magnética alcança todas as energias minerais e as agrega, imantando-as como condutoras das suas vibrações de amor, união, fraternidade e concepção.

Nossa amada Mãe Oxum Natural não deve ser entendida senão como um trono divino que gera em si mesma e irradia, em nível planetário e multidimensional, o fator agregador ou amor divino.

Bem, voltemos ao nosso comentário sobre as hierarquias dos Tronos de Deus.

> ORIXÁ IMANTADOR DAS QUALIDADES DIVINAS: são Orixás encantados, porque em um nível vibratório dentro de um grau da escala magnética divina eles geram em si mesmo e irradiam de forma horizontal uma imantação qualificadora da sua qualidade original.

Ogum natural irradia ordenação o tempo todo, de cima para baixo ou verticalmente. Mas, como já comentamos que este nosso universo está todo contido dentro de um único grau da escala magnética divina, e que ela se repete e se multiplica, então esse grau transforma-se em uma nova e limitada escala divina cujos graus são níveis vibratórios ou correntes eletromagnéticas onde um tipo de magnetismo irradiando-se horizontalmente dá origem a uma faixa vibratória análoga às ondas divinas, mas já em um nível contido dentro do grau magnético divino que rege este nosso universo.

Então, usando o fator ordenador como exemplo, podemos afirmar que o Orixá Natural Ogum é um gerador natural do fator ordenador e o irradia energética e verticalmente por meio de sua vibração mental magnética que alcança e interpenetra tudo e todos ao mesmo tempo e o tempo todo.

Mas essa irradiação ordenadora vertical atravessa as correntes eletromagnéticas que, ao serem atravessadas, qualificam a irradiação do Trono Planetário Ogum Natural, fazendo surgir os qualificativos à sua qualidade divina, que é Ogum em si mesmo.

Então surgem os Oguns Ordenadores das Faixas Vibratórias.

Esses Oguns são ordenadores naturais, mas assumem os qualificativos que os distinguem, e assim vão surgindo um Ogum Cristalino ou ordenador da Fé, um Ogum Telúrico ou ordenador das concentrações e paralisações, etc.

Com isso explicado, então entendemos por que na Umbanda manifestam-se tantos Oguns, todos qualificados pelo seu segundo elemento.

Um Ogum das Cachoeiras atua como ordenador nos campos de Oxum. Já um Ogum Rompe-matas atua nos campos de Oxóssi, e assim sucessivamente com todos os outros Oguns intermediários, pois se todos são Oguns (qualidade ordenadora), no entanto, assumem os qualificativos da faixa vibratória onde estão atuando como ordenadores. E uns distinguem-se dos outros sem deixarem de ser o que são: Oguns!

O que acabamos de comentar aplica-se a todos os Orixás e é a repetição do que acontece com os seres quando ainda vivem no interior de Deus.

O nosso planeta possui sete irradiações verticais principais e que alcançam todas as dimensões paralelas. Já nem todas as correntes eletromagnéticas cruzam todas elas, pois em algumas das 77 dimensões do nosso planeta prevalece outra orientação divina para a evolução dos seres que ali vivem.

Em muitas, a evolução não é dividida em estágios e as dimensões são sustentadas somente pelas irradiações verticais dos tronos dimensionais que as regem.

Essas dimensões da Vida são chamadas de dimensões fechadas e são impenetráveis, pois o único acesso a elas são seus dois polos magnéticos, cujos regentes são tronos energéticos e um irradia de cima para baixo e outro irradia de baixo para cima, criando uma linha de forças vertical, ininterrupta entre seus dois polos magnéticos.

Nessas dimensões os seres entram por meio do polo negativo e iniciam suas evoluções verticais retas, regidos só por seu fator original e seu qualificativo, cuja energia vai sendo absorvida lentamente e sutilizando seu magnetismo mental.

As informações que temos indicam que a evolução pura é a mais lenta de todas, mas quando um ser alcança seu polo magnético positivo, está apto a gerar em si mesmo dois fatores: o seu fator original, que é ativo, e o seu qualificativo, que é passivo.

Na Umbanda nós temos dois Orixás muito conhecidos e que regem uma dimensão assim: são Obaluaiyê e Nanã Buruquê, que também estão assentados ao redor do divino Trono das Sete Encruzilhadas e regem a evolução dos seres.

Obaluaiyê é ativo no elemento terra e passivo no elemento água.

Nanã Buruquê é ativa no elemento água e passiva no elemento terra.

Mas existem outros Orixás assim, mas que não foram abertos ao conhecimento humano e por isso não temos nomes humanos para eles.

Mas temos Orixás que são ativos no fogo e passivos na terra e vice-versa. Temos Orixás que são ativos nos minerais e passivos no fogo, etc., e são denominados de Orixás bielementais ou regentes e dimensões verticais.

Enfim, Deus é perfeito em tudo que cria e é pleno na Sua criatividade, não deixando de pensar em tudo e em todos o tempo todo.

Como Surgem e se Formam as Hierarquias Divinas

Muitos podem pensar que entre divindades não exista uma hierarquia e que todas sejam iguais. Mas isso não é verdade e os graus são respeitadíssimos, tal como as patentes em uma corporação militar.

O respeito é a base da estabilidade das hierarquias e uma divindade possui sua própria faixa de atuação vibratória, na qual nenhuma outra divindade interfere, mesmo quando ela entra em desequilíbrio magnético, energético e vibratório, visto que nesses casos quem atua são os arcanjos, que agem como equilibradores da criação.

Os arcanjos formam uma classe de divindades que está espalhada por todos os universos paralelos, as dimensões, as faixas, níveis e subníveis vibratórios.

Os arcanjos são parecidos com os juízes corregedores ou mesmo com interventores federais: atuam amparados por princípios divinos que lhes dão um poder único que possibilita tomarem as iniciativas que acharem necessárias para devolver o equilíbrio vibratório, magnético ou energético onde acontecer desestabilização.

Um arcanjo, dentro de seu grau de atuação, pode isolar toda uma dimensão, faixa, nível ou subnível vibratório e até isolá-lo dos restantes, substituindo-o por outro, totalmente vazio mas em perfeito equilíbrio.

Nós podemos explicar isso, recorrendo ao exemplo de uma linha de montagem: quando uma máquina quebrar, simplesmente a removem para conserto e colocam imediatamente outra nova em seu lugar.

Uma dimensão, caso entre em desequilíbrio e comece a afetar as outras, os arcanjos fazem de tudo para restituir seu equilíbrio vibratório, magnético e energético antes de isolá-la ou até recolhê-la à dimensão atemporal, substituindo-a por outra dimensão em perfeito equilíbrio, que exercerá as mesmas funções da que foi substituída, pois a função das dimensões é acolher seres que se habilitaram a viver nelas.

Os arcanjos planetários atuam no sentido de reequilibrar uma dimensão que entrou em desarmonia. Mas, caso não consigam, então solicitam à hierarquia dos arcanjos celestiais que a isolem, a recolham à dimensão atemporal regida pelo divino Trono do Tempo e a substituam por outra igual em tudo, para que as outras dimensões não sejam atingidas e também entrem em desarmonia.

Isso já aconteceu com a dimensão humana há muito tempo e surgiu toda uma nova dimensão, que é essa nossa atual. Junto com a outra dimensão foi o seu regente, que até hoje vive isolado na dimensão atemporal.

Mas outras dimensões já foram isoladas ou até afastadas, pois estavam desarmonizando o conjunto de dimensões planetárias.

O procedimento mais comum é o isolamento da faixa vibratória horizontal ou mesmo de algum de seus níveis ou subníveis, cujos tronos regentes também são isolados e desmagnetizados, deixando de desestabilizar as outras faixas ou seus níveis ou subníveis.

Mesmo reinos ou moradas naturais são isolados até que se reequilibrem. E caso isso não seja conseguido, então são envoltos por uma esfera, que é um campo eletromagnético fechado, e enviados à dimensão atemporal para esgotamento energético e posterior desmagnetização.

Tanto o afastamento de um reino ou morada quanto o de toda uma dimensão é um processo traumático e dolorido, pois muitos seres emocionados serão desmagnetizados, desenergizados e desemocionados na dimensão atemporal, cuja função cósmica atende a essa necessidade do Divino Criador.

Esse aspecto do Criador é desconhecido dos espíritos encarnados, mas nos níveis superiores da espiritualidade ele é muito conhecido e temido, pois esta é a face escura do mesmo Deus gerador e criador de vidas, ao qual clamamos em nossas preces e aflições.

A função principal dos arcanjos é esta e os anjos são seus auxiliares diretos, pois atuam na consciência dos seres, sempre visando mantê-los em harmonia com a criação e em equilíbrio vibratório.

Só que não vemos nada disso sendo ensinado nas doutrinas religiosas ou nas gêneses disseminadas no decorrer das eras religiosas da humanidade. Mas tudo isso que aqui comentamos é muito bem conhecido nas outras dimensões.

O fato é que em Deus tudo se repete e se multiplica, e a hierarquia dos arcanjos segue o modelo da dos Tronos de Deus, que são nossos amados Orixás, que são, estes sim, os regentes dos planetas, das dimensões planetárias e das suas faixas, níveis e subníveis vibratórios, magnéticos e energéticos.

Com os anjos, que são auxiliares dos arcanjos, tudo se repete e se multiplica, surgindo os anjos da Fé, do Amor, do Conhecimento, da Justiça, da Lei, do Saber, da Vida, etc.

Como Surgem e se Formam as Hierarquias Divinas

Então temos anjos celestiais, planetários, dimensionais, de níveis e subníveis, assim como anjos individuais ou "anjos da guarda".

Deus doa uma qualidade a uma divindade original e todos os seres que forem fatorados por ela assumem a mesma característica e as mesmas atribuições no Universo.

Se assim é com os Tronos, assim também é com os Anjos, com os Arcanjos e com todas as classes de divindades.

Uma qualidade de Deus é infinita em si mesma e dá origem a muitas classes de divindades. Cada classe se multiplica infinitamente e se distribui em hierarquias divinas, cobrindo todos os quadrantes da criação e atuando sobre todos os seres, todas as criaturas e todas as espécies.

As classes de divindades formam o governo divino que rege a criação em todos os seus aspectos, não deixando nada ou ninguém de fora ou entregue à própria sorte.

Assim como vimos que existem Tronos do Fogo, do Ar, da Terra, da Água, dos Minerais, dos Cristais e dos Vegetais, o mesmo se repete nas outras classes de divindades, que vão se multiplicando e se repetindo infinitamente.

Se observarem com atenção o reino das bactérias, encontrarão nelas a presença dos fatores de Deus, pois um tipo de bactéria é decompositadora, outra é transformadora, outra é agregadora, etc. E todas servem à criação, pois são indispensáveis às microatividades bioquímicas.

Os fungos, os insetos e os animais inferiores têm uma função, pois mantêm o equilíbrio ecológico.

Observem que em tudo vemos a repetição na forma de criar, e vemos nessa repetição a multiplicação das formas (seres, criaturas e espécies).

Com isso em mente, então é fácil entender como se formam as hierarquias divinas, já que na origem de todas estão os fatores divinos, aos quais identificamos pelas qualidades dos seres, imantados por eles em suas origens.

Os magnetismos, os fatores, as essências, os elementos, as energias e os sentimentos são derivados das qualidades de Deus.

Toda a gênese obedece a seguinte ordem: o magnetismo surge de uma qualidade divina, pois ela flui em um padrão ou onda própria que vai imantando tudo o que toca. Então a imantação absorve o seu fator afim que a qualifica. Essa qualidade absorve uma essência afim que a distingue e densifica até que assuma a condição de elemento. E este começa a gerar energias que alcançam os sentidos, despertando os sentimentos afins com a qualidade divina que iniciou todo o processo.

Com as hierarquias divinas acontece a mesma coisa, e o mesmo se repete na criação, nas criaturas, nos seres e nas espécies.

Se fosse possível aos cientistas estudarem a natureza dos átomos, com certeza eles encontrariam, em cada um, uma qualidade divina e o fator que o individualiza e o distingue dos outros tipos de átomos.

Já com as divindades, isso é possível de ser observado, pois basta nos colocarmos em sintonia vibratória com uma, que captamos suas vibrações, irradiações e os sentimentos que despertam em nós, ou aceleram os que já vibrávamos intensamente.

Então, se nos colocarmos em sintonia vibratória com um Trono do Amor, nosso ser imortal fica todo irradiado pelas energias do Amor. Se em sintonia com um Anjo do Amor, nossos sentimentos despertam em nossa consciência um amor incondicional; e se nos sintonizarmos com um Arcanjo do Amor, logo começamos a atuar como orientadores dos amores alheios, visando equilibrá-los.

Enfim, as hierarquias sempre atendem a uma vontade de Deus e estão voltadas para Sua criação divina. Mas sempre O repetem e O multiplicam nos muitos graus magnéticos que formam a escala divina.

Saibam que até as sete notas musicais obedecem aos sete tipos de magnetismo que dão origem a tudo o que existe em nosso planeta.

O dó equivale ao magnetismo telúrico básico ou elemental. O ré equivale ao magnetismo mineral básico ou elemental. O mi equivale ao magnetismo ígneo básico ou elemental. O fá equivale ao magnetismo vegetal básico ou elemental. O sol equivale ao magnetismo eólico básico ou elemental. O lá equivale ao magnetismo aquático básico ou elemental. O si equivale ao magnetismo cristalino básico ou elemental.

Só que cada um desses magnetismos "desce" ou "sobe", e ao cruzar com o "magnetismo" das outras notas, uma oitava acima ou abaixo, cria sons mistos ou qualificados, e assim vão surgindo os mantras naturais desencadeadores de processos geradores ou energizadores, fatoradores ou magnetizadores, condensadores ou diluidores de plasmas ou egrégoras, estimuladores de sentimentos, sublimação, etc.

Enfim, é um campo tão vasto que é melhor parar por aqui, pois foi o Verbo (som) que deu início a tudo, não?

Mas podemos deduzir que as letras e os números também mantêm correspondência com os fatores e os magnetismos, porque Deus se repete e se multiplica em tudo e não deixaria de estar na numerologia, na astrologia, na quiromancia, etc.

Deus está em tudo e por isso os processos são repetitivos e multiplicativos, até na formação de suas hierarquias divinas.

Vamos descrever, com o auxílio de gráficos, como até as hierarquias divinas são infinitas porque vão se repetindo e se multiplicando, a partir de um único fator divino. Mas antes é preciso entender que, se Deus é infinito em Si mesmo, então também O é no aspecto "fatores divinos". Por isso, como o divino Trono regente do nosso planeta é sétuplo em tudo o que gera em si mesmo, nos ateremos somente aos sete fatores que predominaram na formação de nossa morada divina e que nos distinguiram em nossa origem.

Antes saibam que toda imanência (fator, essência, elemento, energia, magnetismo, vibração, irradiação e sentimento) possui sua contraparte negativa que atua em sentido contrário visando desmagnetizar, diluir, desconcentrar, etc.

Deus, ao gerar, gera em dupla polaridade e cria duas ondas vibratórias, sendo uma passiva, positiva, universal, estável e contínua. A outra é ativa, negativa, cósmica, instável e alternada.

Com isso em mente, vamos aos sete fatores que nos distinguiram, às suas qualidades, seus atributos e atribuições, assim como aos que se contrapõem como frenadores.

Fatores Positivos, Onda Contínua			
Fator	Qualidade	Atributo	Atribuição
Cristalino	Fé	Magnetizador	Estimula a religiosidade
Mineral	Amor	Apregador	Estimula as uniões
Vegetal	Conhecimento	Racionalizante	Estimula o raciocínio
Ígneo	Justiça	Equilibrador	Estimula a razão
Eólico	Lei	Ordenador	Estimula a ordem
Telúrico	Sabedoria	Conscientizador	Estimula a evolução
Aquático	Geração	Gerador/Criativo	Estimula a vida

Observem que fator, qualidade, atributo e atribuição têm o mesmo sentido e se escrevermos fator magnetizador, qualidade religiosa, atributo cristalizador e atribuição estimuladora da fé, estaremos dizendo a mesma coisa.

Nós, no livro O Código de Umbanda, já havíamos ensinado que as irradiações verticais se repetem na horizontal, mas como correntes eletromagnéticas. Também havíamos ensinado que a ordem a ser observada para traçar uma tela plana é esta:

Irradiações:

<u>Cristalina   Mineral   Vegetal   Ígnea   Eólica   Telúrica   Aquática</u>
Fé   Amor   Conhecimento Justiça   Lei   Evolução   Geração

Correntes eletromagnéticas:

Fé _____ Cristalina
Amor _____ Mineral
Conhecimento _____ Vegetal

Justiça _____ Ígnea
Lei _____ Eólica
Evolução _____ Telúrica
Geração _____ Aquática

Tela Fatorada

	1 Cristalina	2 Mineral	3 Vegetal	4 Ígnea	5 Eólica	6 Telúrica	7 Aquática
7					1		1 C. E. Cristalina
6					2		2 C. E. Mineral
5					3		3 C. E. Vegetal
4					4		4 C. E. Ígnea
3					5		5 C. E. Eólica
2					6		6 C. E. Telúrica
1					7		7 C. E. Aquática

*Quinta irradiação vertical, eólica, regida por
Ogum, Orixá ordenador (aplicador da Lei)*

As irradiações são as ondas vibratórias transportadoras dos fatores, e um ser virginal sob a sua regência é imantado pelo seu magnetismo, que lhe dá uma qualidade "original" de Deus.

O ser, após ser imantado e fatorado, desce pela sua onda vibratória, que cruza outras seis ondas. Naquela que ele estacionar, por sentir-se atraído pelo seu magnetismo horizontal, nela sua qualidade divina será qualificada.

Como o Orixá Ogum é ordenador por sua excelência divina, então tomaremos o fator Ogum (ordenador) como exemplo para mostrar grafica e cientificamente por que temos muitos Oguns.

Essa irradiação é a onda vibratória que partiu de Deus, é condutora do fator ordenador e todos os seres que desceram por seu intermédio foram imantados com a qualidade divina de ordenadores (Oguns).

Caso eles se sintam atraídos pela primeira onda horizontal, onde foi imantado, e se fixe nela, então sua qualidade original será qualificada como cristalina, magnetizadora, religiosa e fervorosa (de fé). Este ser será identificado como um "ordenador da Fé" ou um "Ogum Cristalino".

É claro que aqui os nomes estão adaptados à nomenclatura dos Orixás e não é a mesma que recebem na dimensão natural onde são qualificados. Prossigamos!

No caso do ser passar pela corrente cristalina e não ser atraído por ela, continuará a descer por outras seis correntes eletromagnéticas, já que a primeira foi onde ele recebeu sua qualidade ordenadora, mas não se sentiu atraído pela corrente horizontal que o qualificaria como "Ogum da Fé".

Então ele continuou a descer e sentiu-se atraído pela segunda corrente eletromagnética ou mineral, cujo fator agregador é o fator mineral que agrega, une, liga, etc., e é tido como fator do amor ou da concepção, pois agregar e conceber são sinônimos e tidos como a qualidade divina amor, que une os seres, os agrega e os liga por meio de um sentimento fraterno muito poderoso: a irmanação dos iguais!

Neste caso, a qualidade do ser é ordenadora. E, porque ele sentiuse atraído pela corrente ou onda horizontal condutora do fator mineral, então, ele será identificado como um ser ordenador e agregador, ou um Ogum do amor, Ogum (ar) mineral (agregador).

Sua qualidade é ordenadora (Ogum) e o seu qualificativo é agregador ou mineral (Oxum). Logo, é um Ogum (ordenador) regido por Oxum (agregador) ou um ser eólico-mineral, ou um ser cuja qualidade ordenadora foi qualificada como agregadora.

Todo Ogum mineral atua como ordenador das agregações, uniões, ligações, etc., nos campos de Oxum (domínios do amor divino).

Esta é a fórmula que usamos para identificar os Orixás em uma tela plana, comum a todos eles.

Cada onda horizontal pode ser traçada a partir da vertical ao lado, se colocarmos como número um a onda original onde o ser foi gerado, magnetizado, fatorado e distinguido por uma qualidade.

Caso desejemos encontrar os Orixás que estão atuantes na dimensão terra, então teremos de traçar uma tela em X ou entrecruzada, pois aí as ondas, as correntes eletromagnéticas e as irradiações poderão ser lidas com mais facilidade.

As leituras da evolução devem obedecer ao perpendicularismo, porque um ser não segue uma linha evolutiva reta. Se fosse reta, ele não entraria em contato com outros fatores, essências, elementos, energias, irradiações e sentimentos. Consequentemente só evoluiria em um único sentido, conheceria só uma qualidade e não vivenciaria suas experiências, que têm justamente a finalidade de fortalecer seu magnetismo individual e de torná-lo apto a lidar corretamente com sentimentos antagônicos.

As hierarquias dos tronos divinos sempre se repetem e sempre se multiplicam, estando presentes em todos os estágios da Evolução e acompanhando a caminhada dos seres, das criaturas e das espécies.

A distribuição quadriculada das telas planas não é uma criação abstrata para explicar os tronos. Não! Ela obedece ao que existe, está assentado nos níveis vibratórios ou graus magnéticos e é somente a constatação visual do que está se mostrando o tempo todo a quem tem olhos para ver.

Assim sendo, então temos como ler de todos os ângulos o que uma tela plana está nos dizendo silenciosamente.

Vamos a alguns exemplos?

1º exemplo: fator magnetizador.

Onda Cristalina ou Magnetizada

> 1ª Onda Horizontal Qualificadora (Mineral – Agregadora)

> 2ª Onda Horizontal Qualificadora (Vegetal – Racionalizadora)

> 3ª Onda Horizontal Qualificadora (Ígnea – Equilibradora)

> 4ª Onda Horizontal Qualificadora (Eólica – Ordenadora)

> 5ª Onda Horizontal Qualificadora (Telúrica – Evolutiva)

> 6ª Onda Horizontal Qualificadora (Aquática – Geradora)

Observem que a onda cristalina, que é um padrão vibratório onde o ser foi imantado e fatorado com a qualidade da Fé, desceu e cruzou outras seis ondas vibratórias, em uma das quais o ser estacionará e ali permanecerá, até que sua qualidade original adquira um qualificativo que o distinguirá e amoldará sua natureza íntima. Isso quer dizer que a qualidade, já qualificada por um segundo fator, poderá absorver uma essência divina que o naturalizará e o tornará apto a iniciar sua individualização.

Se estabelecermos uma correspondência nas repetições e nas multiplicações, então entenderemos o que quer dizer o "crescei e multiplicai", pois crescer é amadurecer e multiplicar é criar condições para que em novo grau vibratório outros nos repitam, mas já em um nível mais abrangente e composto, e atendendo a outros propósitos divinos.

Se observarem com atenção, notarão que a raiz das hierarquias dos tronos divinos está nesse esquema que mostramos, pois a onda vertical é a irradiação do Orixá senhor de uma linha de forças. Já as ondas horizontais assumem a condição de correntes magnéticas, cuja função é qualificar a qualidade do Orixá que atua no nível vibratório por onde ela flui.

Esse esquema se repete e se multiplica e serve de modelo para a formação da tela plana quadriculada que mostra onde estão assentados os senhores Orixás intermediários, que são os tronos divinos sustentadores dos graus magnéticos de uma escala vibratória, não importando se ela é essencial, elemental, energética ou natural.

Assim como a escala divina está dividida em graus onde cada um dá origem a um universo, cada um desses graus é em si mesmo uma nova escala, já limitada ao seu universo e também subdividida em novos graus que são as faixas vibratórias.

Como Surgem e se Formam as Hierarquias Divinas

Enfim, tudo vai se repetindo do macro para o micro e tudo o que existe no macro (Deus) vai se multiplicando em graus cada vez mais limitados, pois estará contido dentro do grau de uma escala maior, anterior e superior, pois é mais pura.

Se partirmos do modelo original e dermos o nome dos Orixás aos fatores divinos, nós veremos onde começou a formação de suas hierarquias retas ou fatorais.

Tomemos o exemplo do Orixá Ogum, ordenador por excelência divina, e façamos uma escala comparativa:

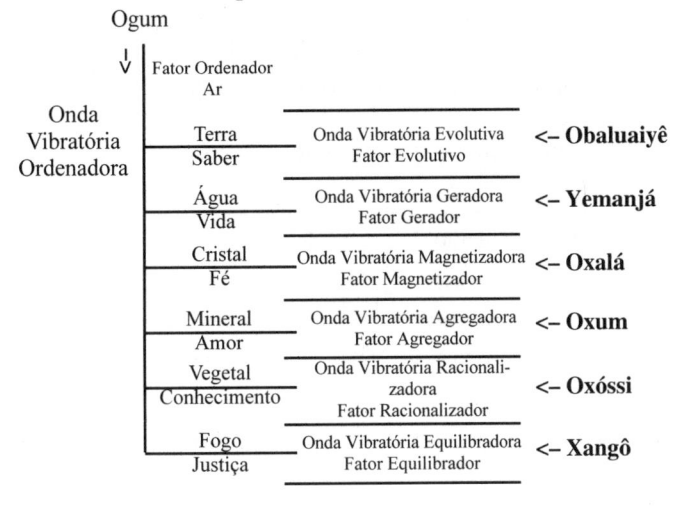

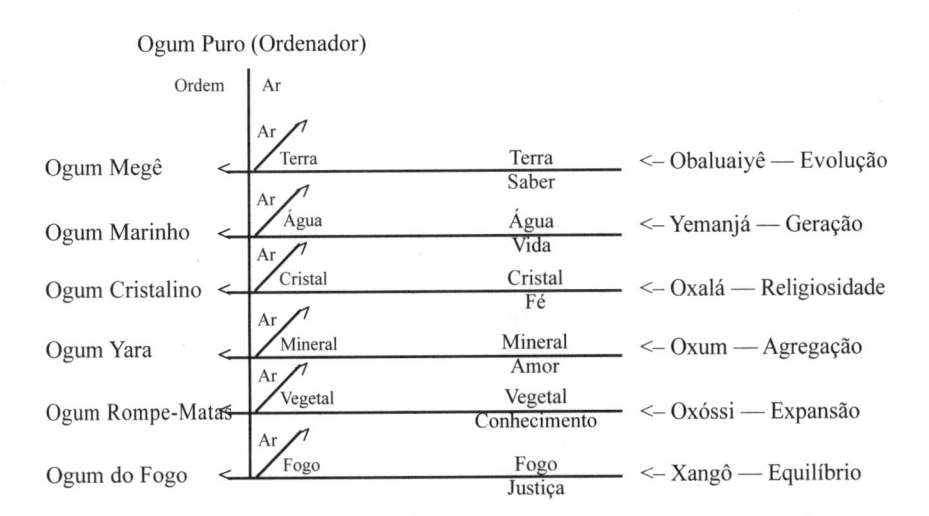

Ogum

Onda Vibratória Ordenadora	Fator Ordenador Ar		
	Terra / Saber	Onda Vibratória Evolutiva / Fator Evolutivo	← **Obaluaiyê**
	Água / Vida	Onda Vibratória Geradora / Fator Gerador	← **Yemanjá**
	Cristal / Fé	Onda Vibratória Magnetizadora / Fator Magnetizador	← **Oxalá**
	Mineral / Amor	Onda Vibratória Agregadora / Fator Agregador	← **Oxum**
	Vegetal / Conhecimento	Onda Vibratória Racionalizadora / Fator Racionalizador	← **Oxóssi**
	Fogo / Justiça	Onda Vibratória Equilibradora / Fator Equilibrador	← **Xangô**

Ogum Puro (Ordenador)

	Ordem	Ar		
		Ar / Terra	Terra / Saber	← Obaluaiyê — Evolução
Ogum Megê		Ar / Água	Água / Vida	← Yemanjá — Geração
Ogum Marinho		Ar / Cristal	Cristal / Fé	← Oxalá — Religiosidade
Ogum Cristalino		Ar / Mineral	Mineral / Amor	← Oxum — Agregação
Ogum Yara		Ar / Vegetal	Vegetal / Conhecimento	← Oxóssi — Expansão
Ogum Rompe-Matas		Ar / Fogo	Fogo / Justiça	← Xangô — Equilíbrio
Ogum do Fogo				

Lembrem-se, aqui só mostramos as entradas à direita, que são passivas e positivas. Mas após o ser afixar-se numa onda qualificadora ele começará a ser "impressionado" por uma onda que atua em sentido contrário cuja função é limitar seu magnetismo dentro de um espaço específico e dotá-lo de uma alternativa cósmica, ativa e que futuramente servirá como um freio aos seus impulsos emocionais.

É neste momento da vida do ser, ainda virginal e totalmente inconsciente, que um fator oposto começa a atuar em sua formação.

Por isto, quando nós descrevemos os polos das sete linhas de Umbanda, mostramos que elas têm dupla polaridade que atuam em sentido inverso e onde um agrega (Oxum) o outro dilui (Oxumaré). Ou onde um magnetiza (Oxalá), o outro desmagnetiza (Logunã) onde um equilibra (Xangô) o outro direciona (Yansã), etc.

Vamos dar uma tabela com o nome dos Orixás e dos fatores:

Orixá	Fator	Qualidade	Atributo
Oxalá	Magnetizador	Fé	Religiosidade
Oyá	Desmagnetizador	Fé	Religiosidade
Oxum	Agregador	Amor	Concepção, União
Oxumaré	Diluidor	Amor	Concepção, União
Oxóssi	Expansor	Conhecimento	Raciocínio
Obá	Concentrador	Conhecimento	Raciocínio
Xangô	Equilibrador	Justiça	Razão
Yansã	Movimentador	Justiça	Razão
Ogun	Ordenador	Lei	Ordenação
Egunitá	Energizador	Lei	Ordenação
Obaluaiyê	Evolutivo	Evolução	Saber
Nanã	Decantador	Evolução	Saber
Yemanjá	Gerador	Geração	Geracionista
Omulu	Paralisador	Geração	Geracionista

Observem que Orixá é sinônimo de Trono, que por sua vez são geradores de fatores, de essências, de energias, de magnetismos, de vibrações e de irradiações.

Lembrem-se de que os fatores são imantações divinas que desencadeiam os processos genéticos ou os anulam. E, tendo isso em mente, aí é possível entender as qualidade dos Orixás naturais, que são os tronos regentes da Natureza. Eles não são "originais" e já estão limitados à nossa orbe e às suas dimensões da Vida.

Os fatores divinos estão em todo o Universo visível e naqueles que nos são invisíveis, porque estão fora do nosso alcance visual. O mesmo acontece com as essências divinas que interpenetram toda a criação, mas só são absorvidas quando as imantações fatoram algo e desencadeiam todo um processo genético.

1º Os fatores são ondas vibratórias que dão qualidades às coisas e as qualificam.

    2º As essências são as partículas que, dependendo do padrão vibratório por onde estão fluindo, assumem qualidades específicas.

    3º Os elementos são, cada um, a resultante do entrecruzamento de uma vibração essencial que atravessou seis outras ondas essenciais.

    4º As energias são, cada uma, a somatória de uma irradiação elemental vertical, mais as sete correntes eletromagnéticas elementais que a atravessam horizontalmente.

Aqui não vamos desenhar os gráficos de todos os fatores, essenciais, elementos e energias, já que nos basta avançar uma casa ou grau magnético e o processo identificatório se repete, ok?

Vamos usar dois fatores que fluem por duas ondas que estão lado a lado ou ocupam casas seguidas. Para tanto, voltem à tela plana e verão que as ondas verticais cristalina e mineral estão lado a lado, assim como as correntes eletromagnéticas cristalina e mineral (horizontais) também estão lado a lado.

A imantação da fé cristaliza o ser e a imantação do amor o agrega. Fé e amor são duas qualidades divinas que desencadeiam processos genéticos em todos os níveis vibratórios e em todos os graus magnéticos. Logo, são dois fatores divinos.

Veremos nos gráficos a seguir como a onda fatoral mineral vertical original vai absorvendo as ondas fatorais horizontais, formando um feixe de ondas que dá origem às vibrações. Estas por sua vez descem absorvendo ondas magnéticas essenciais horizontais e dão origem às correntes eletromagnéticas. Daí, as correntes descem e dão origem às irradiações energéticas elementais; depois estas descem absorvendo as irradiações energéticas elementais horizontais e dão origem às irradiações energéticas naturais, que também descem absorvendo as irradiações naturais horizontais, dando origem às irradiações celestiais, que já não se limitam só ao nosso planeta, mas projetam-se ao infinito espaço cósmico, mas cada uma em um grau específico para não se cruzarem e criarem choques energéticos.

Com essas informações podemos desenhar um novo gráfico, que é um organograma das hierarquias divinas. Vamos a eles:

Fator Magnético

Onda	Cristalina
Ondas Ativas	Ondas Passivas

Somatória:
- Onda Mineral
- Onda Vegetal
- Onda Ígnea
- Onda Eólica
- Onda Telúrica
- Onda Aquática

Ondas Fatoriais
Onda Vertical Cristalina mais as seis outras ondas fatoradas fazem surgir a Essência Cristalina

Essência Cristalina

Somatória:
- Essência Mineral
- Essência Vegetal
- Essência Ígnea
- Essência Eólica
- Essência Telúrica
- Essência Aquática

Ondas Magnéticas Essenciais
A somatória da vibração cristalina vertical mais as outras seis vibrações horizontais resulta no Elemento Cristalino porque a vibração vertical foi saturada sucessivamente pelas essências mineral, vegetal, ígnea, eólica telúrgica e aquática, e o que resultou ja não era uma essência,
Correntes Eletromagnéticas

Elemento Cristalino

Somatória:
- Elemento Mineral
- Elemento Vegetal
- Elemento Ígnea
- Elemento Eólica
- Elemento Telúrica
- Elemento Aquática

O magnetismo do Elemento Cristalino cria irradiações múltiplas que direcionarão os seres elementais cuja natureza íntima está sendo amoldada pela sua qualidade original, que é a religiosidade. Observem que a somatória resultou em sete correntes eletromagnéticas, que resultam na

Energia Cristalina

Fator Mineral

Como Surgem e se Formam as Hierarquias Divinas

Onda Fatoral Mineral

Ondas Ativas	Ondas Passivas	
Somatória	Onda Vegetal	
	Onda Ígnea	
	Onda Eólica	} **Ondas Fatoriais**
	Onda Telúrica	
	Onda Aquática	
	Onda Cristalina	

Ondas Fatoriais
O processo se repete, só que a troca de posições coloca a Onda Cristalina como a última das ondas horizontais. E se a onda vertical fosse vegetal, então a onda horizontal mineral seria a última.

Onda Essencial Mineral

	Vibração Essência Vegetal	
	Vibração Essência Ígnea	
Somatória	Vibração Essência Eólica	} **Ondas Magnéticas Essenciais**
	Vibração Essência Telúrica	
	Vibração Essência Aquática	
	Vibração Essência Cristalina	

Onda Elemental Mineral

	C. E. Mineral	
	C. E. Vegetal	
	C. E. Ígnea	
Somatória	C. E. Eólica	} **Correntes Eletromagnéticas**
	C. E. Telúrica	
	C. E. Aquática	
	C. E. Cristalina	

Irradiação Energética Mineral
Irradiação Energética Vegetal

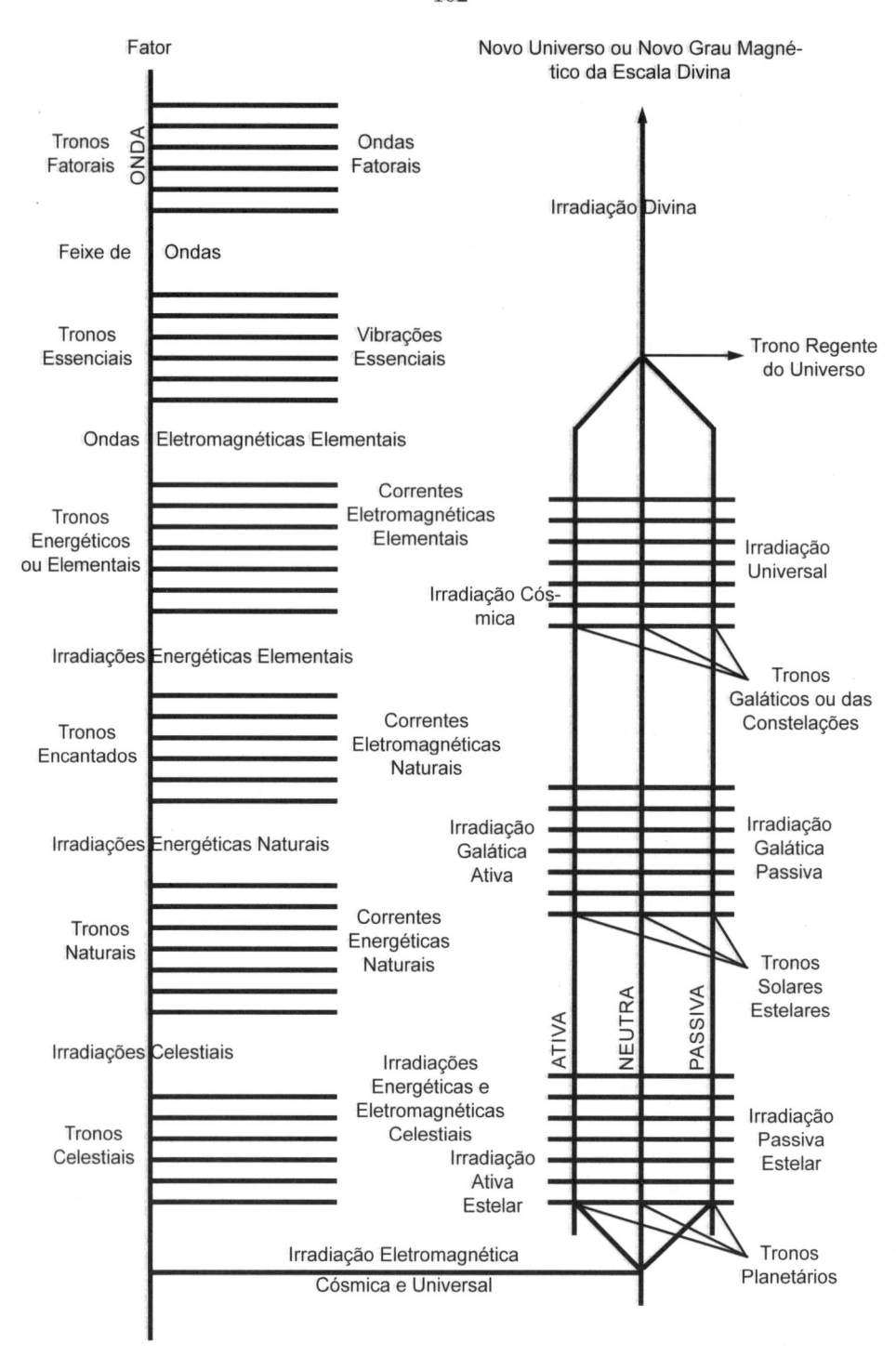

Diagrama: Novo Universo ou Novo Grau Magnético da Escala Divina

Coluna esquerda (Fator / ONDA):
- Tronos Fatorais — Ondas Fatorais
- Feixe de Ondas
- Tronos Essenciais — Vibrações Essenciais
- Ondas Eletromagnéticas Elementais
- Tronos Energéticos ou Elementais — Correntes Eletromagnéticas Elementais
- Irradiação Cósmica
- Irradiações Energéticas Elementais
- Tronos Encantados — Correntes Eletromagnéticas Naturais
- Irradiações Energéticas Naturais — Irradiação Galática Ativa
- Tronos Naturais — Correntes Energéticas Naturais
- Irradiações Celestiais — Irradiações Energéticas e Eletromagnéticas Celestiais
- Tronos Celestiais — Irradiação Ativa Estelar
- Irradiação Eletromagnética Cósmica e Universal

Coluna direita:
- Irradiação Divina
- Trono Regente do Universo
- Irradiação Universal
- Tronos Galáticos ou das Constelações
- Irradiação Galática Passiva
- Tronos Solares Estelares
- Irradiação Passiva Estelar
- Tronos Planetários

Eixos centrais: ATIVA | NEUTRA | PASSIVA

Como Surgem e se Formam as Hierarquias Divinas

Observem como a onda fatoral do organograma parte da sua origem em Deus, vai se repetindo, se multiplicando e se concentrando ou sendo contida em escalas dentro de outras escalas maiores. Mas como tudo é evolução, então um trono evolui até o grau de trono celestial ou tripolar.

A partir desse grau alcançado "dentro" de um planeta, então começa sua evolução ascendente, que só terminará quando retornar a Deus e assentar-se ao lado do divino trono universal que rege o Universo, infinito em si mesmo.

Saibam que um ser, desde sua origem no interior de Deus, evoluirá por meio do seu exterior até que se assente ao lado do divino trono regente do nosso Universo, já tendo retornado ao interior de Deus, onde será um trono fatoral.

Portanto, isso de pessoas ou espíritos dizerem que "viram" ou tiveram uma visão de Deus, pois estiveram diante d'Ele, não tem sustentação, porque só vemos Deus na sua criação divina (natureza) ou nas suas divindades (Tronos, Arcanjos, Anjos, etc.).

Mas que tem uma porção de "profetas" que já juraram de mãos postas que "falaram" com Deus, ou o viram, isso tem!

Saibam que o modo mais humano de se ver "Deus" é observarmos uma mãe gerando um filho (interior), dando-o à luz (trazendo-o ao exterior), amamentando-o (sustentando-o no seu exterior), educando-o (evoluindo-o), casando-o e tornando-o um pai gerador de vida (divinizando-o).

Observando um processo de curta duração e repetitivo, estaremos vendo Deus em ação. Logo, não o veremos na mãe ou no filho que se torna pai, mas sim no processo gerador em si mesmo, na sua repetição e na sua multiplicação.

Em uma planta o mesmo acontece, e não O veremos nela, mas sim no processo onde ela se repete e se multiplica.

Logo, a frase bíblica que ordena ao homem "crescei e multiplicai" é Deus se repetindo no homem e ordenando-lhe que se imortalize na sua geração, que o divinizará no tempo.

Está corretíssimo o autor bíblico que afirmou que Deus fez o homem à sua imagem e semelhança.

Imagem = gerador divino ou capaz de gerar a sua descendência.

Semelhança = repetitivo e multiplicativo.

Mas falhou quando disse que Deus criou a mulher a partir de uma costela de Adão, pois Deus só gera aos pares (macho e fêmea, positivo e negativo). Deus gera em seu polo macho e em seu polo fêmea, pois Ele é ambos em Si mesmo.

Saibam que nas hierarquias divinas a evolução é contínua e se observarmos com atenção os nomes simbólicos dos Orixás que atuam no ritual de Umbanda Sagrada, veremos isso claramente.

Querem ver o desdobramento de um nome simbólico? Então vamos, com a licença do Trono Ogum, mostrar-lhes como isso acontece.

Ogum

Irradiação	Eólica		
		Ogum Puro ou Ar ou Ogum de Lei ou Ogum Ordenador	Corrente Eletromagnética Eólica
		Ogum da Terra Ogum Megê Ogum Ordenador da Evolução	Corrente Eletromagnética Telúrica
		Ogum da Terra e da Água Ogum Beira-Mar Ogum Ordenador da Evolução e da Geração	Corrente Eletromagnética Aquática
		Ogum Cristalino Ogum Sete Lanças Ogum Ordenador da Religiosidade nas sete irradiações	Corrente Eletromagnética Cristalina
		Ogum Mineral Ogum Yara Ogum Ordenador das Agregações	Corrente Eletromagnética Mineral
		Ogum Vegetal Ogum Rompe-Matas Ogum Ordenador dos Conhecimentos	Corrente Eletromagnética Vegetal
		Ogum do Fogo Ogum dos Raios Ogum Ordenador da Justiça	Corrente Eletromagnética Ígnea

Bem, vamos parar por aqui e centrar nossa atenção nesses Oguns intermediários.

1º Ogum de Lei é ordenador da Lei, pois na vertical é regido pela irradiação ordenadora do Orixá Natural Ogum, assim como é qualificado como ordenador nos campos da Lei Divina.

2º Ogum Megê é ordenador da Lei, pois na vertical é regido pela irradiação ordenadora do Orixá Natural Ogum, que lhe deu sua qualidade Ogum (ordenador). Mas, na horizontal, cuja corrente eletromagnética qualifica sua qualidade original, ele é ordenador nos campos da Evolução e é tido como o Ogum das Passagens (de níveis vibratórios).

3º Ogum Beira-mar é ordenador da Lei, que lhe dá sua qualidade Ogum (ordenador). Mas ele desceu e passou pelo polo magnético formado pelo entrecruzamento da irradiação vertical (eólica) com a corrente horizontal telúrica, adquirindo a qualificação de ordenador da Evolução.
Ele atuou ali e quando esgotou tudo o que tinha que vivenciar, alcançou o grau de ordenador da Evolução no campo da irradiação vertical da Geração (Yemanjá).

Então, Ogum Beira-Mar é ordenador da Evolução no campo da Geração; ou ordenador da terra e da água; ou Ogum telúrico-aquático (terra e água); ou Ogum de Obaluaiyê (Evolução) e de Yemanjá (Geração).

4º Ogum Cristalino é ordenador (Ogum) e magnetizador (Oxalá). Esse Ogum desce pela irradiação pura de Ogum (eólica), passa pelas correntes eletromagnéticas telúrica, aquática e afixa na corrente cristalina, onde atua como ordenador da religiosidade. Logo, é tido como o Ogum da Fé (Oxalá), que atua ordenando a religiosidade dos seres.

5º Ogum Mineral, Ogum Yara ou Ogum ordenador das agregações (uniões, ligações, concepções, etc.). Ele desce pela irradiação vertical de Ogum, passa pelas correntes telúrica, aquática, cristalina e assenta-se na corrente mineral, onde atua como ordenador das agregações, pois qualificou-se como tal.

6º Ogum Vegetal ou Ogum Rompe-Matas, ou Ogum ordenador do Conhecimento. Ele...

7º Ogum Ígneo ou Ogum do Fogo ou Ogum ordenador da Justiça. Ele...

Bem, viram como tudo se repete e se multiplica?

Saibam que esses Orixás são tronos regentes de faixas vibratórias e possuem suas hierarquias, que são gigantescas, pois todos os seres que se afixam em seus domínios (irradiações) assumem suas qualificações, atributos e atribuições e permanecem sob a regência deles até que alcancem uma evolução tal, que se habilitam a ocupar outro estágio evolutivo, já superior ao regido por eles.

Nós chamamos esse novo estágio de "celestial".

Lembrem-se de que aqui usamos Ogum como exemplo, mas o mesmo processo se aplica às hierarquias de todos os tronos ou Orixás.

Por isso, quando ouvirem um nome simbólico, tratem de associá-lo a um elemento, uma essência ou um fator, que logo descobrirão qual é a qualidade divina que estão manifestando e qual é o qualificativo dela. Ok?

Lembrem-se de que cada fator possui uma onda que desce verticalmente e, depois que alcança o "fundo", retorna até o ponto de origem, que é Deus. E também não se esqueçam de que assim como cada fator tem seu oposto que o limita, com os Orixás acontece a mesma coisa nas linhas polarizadas, onde os campos aparentemente opostos em verdade são complementares.

Lembrem-se também de que um feixe de ondas fatoriais dá origem a uma vibração essencial; que um feixe de vibrações essenciais dá origem a uma irradiação elemental; que um feixe de correntes eletromagnéticas elementais dá origem a uma irradiação energética; que um feixe de correntes energéticas dá origem a uma irradiação natural; que um feixe de irradiações naturais dá origem a uma irradiação celestial; que um feixe de correntes eletromagnéticas celestiais dá origem a uma irradiação estelar; que um feixe de irradiações estelares dá origem a uma irradiação galáctica; que um feixe de correntes eletromagnéticas galácticas dá origem a uma irradiação cósmica e outra irradiação universal, que se unem e fecham a irradiação divina de Deus que dá sustentação ao nosso universo, tanto o visível e material quanto o invisível e imaterial, todos habitados por infinitas classes de seres, criaturas e espécies, já que Deus é infinito em Si mesmo e em tudo o que cria e gera, tanto em seu interior quanto em seu exterior.

Livro 2
Gênese de Umbanda Sagrada

Os Sete Planos da Vida na Gênese Divina

Podemos descrever os Planos da Vida como "áreas" onde os seres gerados por Deus estacionam até que tenham desenvolvido condições e faculdades capazes de sustentar suas evoluções no estágio seguinte, que se processará em novo e subsequente plano da Vida.

Desde nossa geração divina até o momento em que poderemos alçar voo a outras orbes planetárias, identificamos sete planos bem distintos uns dos outros, aos quais damos estas denominações:

Primeiro Plano da Vida – fatoral ou divino
Segundo Plano da Vida – virginal ou essencial
Terceiro Plano da Vida – elemental ou energético
Quarto Plano da Vida – dual ou bienergético
Quinto Plano da Vida – encantado ou trienergético
Sexto Plano da Vida – natural ou polienergético
Sétimo Plano da Vida – mental ou consciencial

Vamos descrever cada um desses planos, segundo o que nos revelaram os senhores Orixás Ogum de Lei, Ogum Megê e Ogum Beira-Mar, por meio do amado mestre Seiman Hamiser yê.

Os Fatores e as Ondas Fatorais

As ondas fatorais que fluem no Primeiro Plano da Vida são transportadoras de fatores divinos, aos quais elas vão atraindo, transportando e espalhando no decorrer dos seus percursos.

Cada tipo de onda fatoral obedece a uma forma ou comprimento de onda, pois seu magnetismo específico só atrairá um tipo de fator, e ainda assim só a parte que lhe cabe, pois, como um fator é composto de quatro partes, cada um possui quatro tipos de ondas transportadoras, cada uma transportando uma de suas partes. Sendo assim, se temos sete fatores divinos que mais se destacam porque são os preponderantes em nossa vida e em nossa evolução, então temos 28 tipos de ondas fatorais.

Um fator é formado por quatro partes: duas positivas e duas negativas. Visto que as duas ondas são positivas, uma é masculina e a outra é feminina. E o mesmo acontece com as suas partes negativas.

A distribuição das partes de um fator de Deus se dá dessa forma num gráfico:

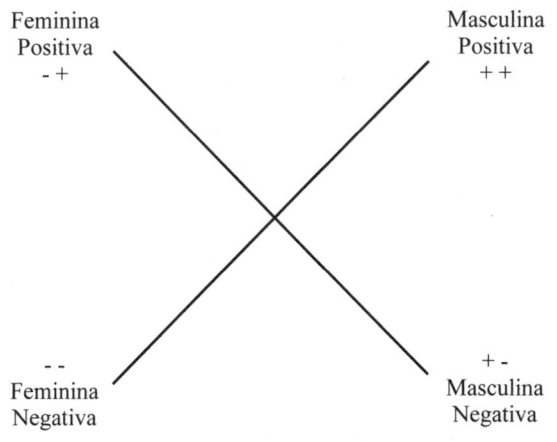

```
Feminina                    Masculina
Positiva                    Positiva
 - +                          + +
       \                    /
        \                  /
         \                /
          \              /
           \            /
            \          /
             \        /
              \      /
               \    /
                \  /
                 \/
                 /\
                /  \
               /    \
              /      \
             /        \
            /          \
           /            \
          /              \
         /                \
        /                  \
       /                    \
    - -                      + -
  Feminina                Masculina
  Negativa                Negativa
```

Nos sinais +, - temos um recurso que facilita a leitura de um fator, pois, conforme a casa que o sinal ocupa, vai assumindo esses significados:

1º "+" = masculino
1º "-" = feminino
2º "+" = positivo
2º "-" = negativo
3º "+" = passivo
3º "-" = ativo
4º "+" = irradiante
4º "-" = absorvente

Vamos a algumas leituras:

+ + = masculino positivo
+ - = masculino negativo
- + = feminino positivo
- - = feminino negativo

+ + - = masculino, positivo e ativo
+ + + = masculino, positivo e passivo
- + - = feminino, positivo, ativo
- + + = feminino, positivo, passivo
+ - + = masculino, negativo, passivo
+ - - = masculino, negativo, ativo
- - + = feminino, negativo, passivo
- - - = feminino, negativo, ativo

+ + + + = masculino, positivo, passivo e irradiante
- + + + = feminino, positivo, passivo e irradiante
+ + + - = masculino, positivo, passivo e absorvente
+ - + - = masculino, negativo, passivo, absorvente
+ - - - = masculino, negativo, ativo, absorvente
- + + - = feminino, positivo, passiva, absorvente
- + - - = feminino, negativo, ativo, absorvente
- - - - = feminino, negativo, ativo, absorvente
- - - + = feminino, negativo, ativo, irradiante
- - + + = feminino, negativo, passivo, irradiante

Enfim, a ordem é esta: gênero, polaridade magnética, fluidez ou tipo de onda, e irradiação ou tipo de magnetismo.

>GÊNERO: porque tudo na criação divina obedece à dupla criação. Tudo está dividido em macho e fêmea ou masculino e feminino.

>POLARIDADE: tudo na criação obedece à polaridade positiva ou universal, e negativa ou cósmica.

IRRADIAÇÃO OU TIPO DE MAGNETISMO: tudo na criação obedece aos tipos de ondas, já que umas são classificadas como ondas passivas ou ativas.

MAGNETISMO: tanto pode ser absorvente quanto irradiante.

Portanto, uma onda fatoral pode ser negativa e passiva mas ser irradiante, pois ela transporta uma parte de um fator, que é negativa, e não altera o meio onde passa, pois o meio só absorverá dela do que precisar, deixando que o resto siga adiante.

E se ela é tida como irradiante, é porque ela se multiplica nos sete graus magnéticos existentes dentro de um mesmo plano da Vida, onde cada grau é uma faixa vibratória específica destinada ao "amadurecimento" dos seres que vivem dentro de um mesmo plano da Vida.

Mas, se a onda for classificada como absorvente, ela só se multiplica em um grau magnético, e limita-se à faixa vibratória por onde ela flui.

Enfim, há toda uma ciência sobre os magnetismos e nosso comentário é limitado, não comportando sua abertura total ao plano material da Vida, todo influenciado por ondas magnéticas.

Uma onda fatoral só transporta os fatores de Deus que seu magnetismo atrai, levando-os para lugares onde estejam em falta.

Mas, quando uma onda fatoral passa por um campo polo magnético ela é magnetizada e adquire uma nova função: passa a gerar o fator que antes só transportava.

Uma *onda fatoral magnetizada* gera, mas não irradia, sobrecarregando-se de tal forma que as ondas eletromagnéticas as atraem e as incorporam aos seus fluxos, absorvendo os fatores gerados por elas, que são fundidos com outros fatores, dando origem às essências, espalhadas por esses fluxos eletromagnéticos.

Quando essas ondas fatorais magnetizadas passam por polos eletromagnéticos, eletrizam-se e passam a absorver outras ondas fatorais magnetizadas e a gerar essências, às quais vão acumulando até que se transmutam em ondas eletromagnéticas, multiplicando a *onda eletromagnética* que a havia incorporado e conduzido até um polo eletromagnético.

Pelo que comentamos, dá para terem uma ideia do processo multiplicativo das ondas que circulam pela criação divina em seus muitos planos da Vida, aos quais comentaremos a seguir.

Primeiro Plano da Vida: o Plano Fatoral

Esse plano divino é onde os seres gerados por Deus permanecem em "repouso", logo após serem gerados.

Esse plano é sustentado pelos tronos fatorais ou tronos fatoradores dos seres gerados por Deus.

É um plano formado pela energia divina do Deus gerador, em cujo meio, saturado de fatores divinos, os seres vão sendo atraídos pelas ondas vivas, a elas vão sendo ligados, e nelas vão sendo imantados com o magnetismo que dará a eles um magnetismo individual, uma qualidade divina e uma natureza "pessoal" que os direcionarão dali em diante, pois a sua qualidade primeira ou divina o influenciará por todo o sempre.

Esses seres ainda são minúsculas células-máter fecundadas que não têm consciência de nada, e se é certa essa comparação, podemos dizer que são zigotos (óvulos fecundados por espermatozoides).

Eles permanecem em repouso dentro desse imensurável oceano energético divino, todo formado pela energia divina, que é em si os fatores de Deus.

Esses fatores de Deus são o próprio meio gerador da vida, pois ninguém sabe ou pode revelar onde e como realmente Deus gera os seres. Apenas vão surgindo pequenos pontos luminosos que pulsam intermitentemente, que já são em si novos seres gerados por Deus, que vão sendo atraídos pelas ondas fatoradoras irradiadas pelos divinos tronos fatorais, que vão imantando-os com os magnetismos que fluem por meio das suas ondas, e vão qualificando-os segundo a qualidade divina de cada uma delas. O número de ondas ou os "tipos" delas não é possível descrever, pois são infinitas. São tantos os tipos, cada uma irradiando uma qualidade divina, que nos limitamos às sete ondas vivas que chegam até nós aqui na dimensão humana, sem nunca sofrerem uma quebra de continuidade, pois uma onda viva fatoral sai de um trono e "atravessa" ou interpenetra os outros seis planos da Vida posteriores e do último segue para o próximo, já em nível celestial, dando a impressão de que ela saiu de Deus, fez todo um percurso por meio dos muitos planos da Vida, e retornou a Deus, fechando um círculo que atravessa toda a criação divina e retorna à sua origem.

As sete ondas fatorais que nos interessam são estas:

1ª Onda fatoral — onda congregadora — cristalina
2ª Onda fatoral — onda agregadora — mineral
3ª Onda fatoral — onda expansora — vegetal
4ª Onda fatoral — onda equilibradora — ígnea
5ª Onda fatoral — onda ordenadora — eólica
6ª Onda fatoral — onda evolucionista — telúrica
7ª Onda fatoral — onda criacionista — aquática

Essas sete ondas vivas e divinas são as fundamentais aos nossos comentários, pois são as que dão sustentação à gênese divina e chegam até o plano material da vida na dimensão humana.

Todas as outras que encontramos dentro do espectro vibratório planetário são apenas a fusão de duas ou mais dessas sete ondas fatorais vivas e divinas, comprovando-nos a formação fatoral "sétupla" do nosso planeta.

Nesse plano divino da Vida, as ondas fatorais vão atraindo os seres recém-gerados por Deus, imantando-os, magnetizando-os com uma qualidade e vão conduzindo-os até que alcançam as dimensões essenciais, cujas sutilíssimas energias essenciais são resultantes da fusão dos fatores que formam a energia divina que satura o Plano Fatoral da Vida.

As ondas vão seguindo sempre adiante, atraindo mais e mais seres, pois sua geração é contínua.

Deus não para de gerar um só instante, sendo que toda a Sua Criação também obedece a essa multiplicação, pois aqui no Universo material nós temos como comprovar isso observando que o "nascimento" de estrelas é contínuo.

Para que essa geração contínua no plano material, se não servisse para amparar a contínua geração de seres, que acontece no Plano Fatoral ou gerador da vida?

Muitos estudiosos da gênese creem que Deus gerou tudo nos primeiros seis dias e depois repousou. Mas isso não é verdade, porque tanto o Universo material está se expandindo, acompanhando a expansão dos sutis planos da Vida, como essa expansão obedece à expansão dos universos paralelos, localizados nos outros graus magnéticos da Escala Divina da Criação.

Nós podemos criar um gráfico esférico e demonstrar os sete planos da Vida sendo cruzados pelas ondas fatorais.

Primeiro Plano da Vida

1. Onda congregadora
2. Onda agregadora
3. Onda expansora
4. Onda equilibradora
5. Onda ordenadora
6. Onda evolutiva
7. Onda criativa

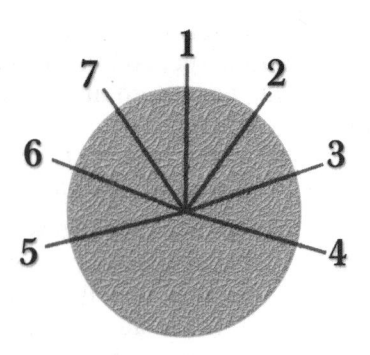

Muitas outras ondas partem desse imaginário ponto zero da criação, mas nós nos limitaremos às sete ondas fatorais que chegam até nós na dimensão humana da Vida, após elas cruzarem todos os planos da Vida que citamos linhas atrás. E nem é assim que elas partem, pois umas são ondas retas, outras são ondas circulares, outras são ondas espiraladas, outras são ondas entrelaçadas, etc. Mas se aqui as mostramos, é só um recurso gráfico, pois se fôssemos mostrá-las como realmente são, teríamos um gráfico mais ou menos parecido com este aqui:

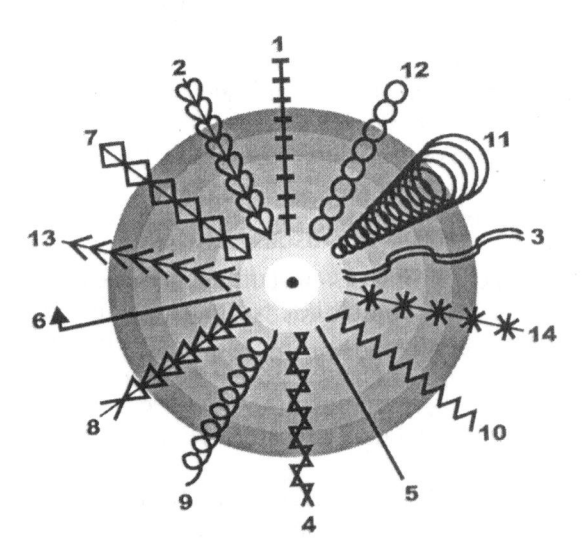

Aí têm sete tipos de ondas fatorais:

1ª — Onda Congregadora: onda cristalina condutora da energia divina que cria o magnetismo que, ao imantar os seres, os dota de uma natureza contemplativa ou religiosa. Esta onda, ao chegar à dimensão humana, é classificada como a irradiação da Fé.

Ela é uma reta cruzada por muitas linhas. Mas, na verdade, é apenas um efeito visual, pois, de tempo em tempo, ela, sem deixar de seguir em frente, projeta uma reta para a esquerda e outra para a direita, formando um cruzamento ou uma cruz.

1 — Onda cristalina ou congregadora ou cruzada

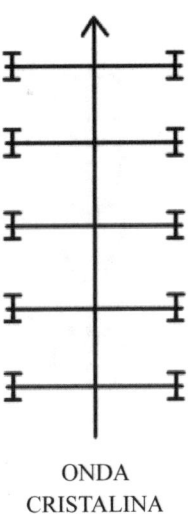

ONDA CRISTALINA

2ª — Onda Mineral ou Agregadora: é uma onda que, quando a visualizamos, dá a impressão de ser uma infinidade de "corações" sobrepostos. Mas a verdade é que ela também projeta dois raios, um para a direita e outro para a esquerda, tal como faz a onda congregadora ou cristalina, mas nela as duas pontas voltam-se e ligam-se ao ponto onde começaram a ser formadas. É mais ou menos isto:

Essa onda fatoral agregadora assume a denominação de onda coronal porque podemos vê-la, já como onda energética, como uma sucessão infinita de corações, nos quais vão fluindo energias.

Se adentramos a dimensão elemental básica mineral, nela vemos claramente essas ondas coronais condutoras de energias minerais que dão a impressão de que são pequenos corações ligados uns aos outros. Mas se fixamos nossa visão energética em uma delas vemos isto:

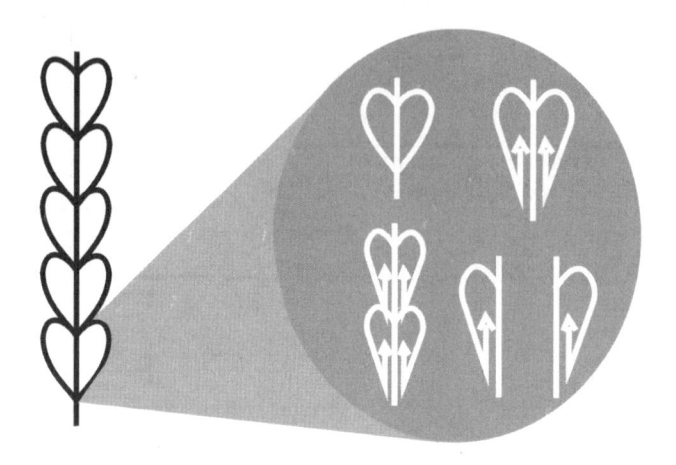

Os tronos minerais coronais ou irradiadores são tronos femininos e tidos como "Mães do Amor Divino", que outras não são senão nossas amadas mães Oxuns minerais, tão agregadoras como só o amor divino consegue ser.

Saibam que as mães Oxuns são, realmente, as mães geradoras fatorais do amor divino, e nós as encontramos em todos os planos da Vida, desde o Plano Fatoral até o Plano Divino, já no retorno ao Divino Criador. Então, temos mães Oxuns fatorais, essenciais, elementais, duais, encantadas, naturais, celestiais, etc.

Todas são tronos do Amor Divino. São minerais, agregadoras, amorosas e ciumentas das suas gigantescas proles, pois ao redor dessas mães vivem tantos seres, que é impossível quantificá-los.

Bom, o fato é que o amor divino é agregador e a fé é congregadora.

As ondas fatorais "coronais" são "minerais" e as ondas "retascruzadas" são "cristalinas".

3ª — Onda Expansora ou Vegetal: é uma onda com curvas suaves que vai seguindo e de tempo em tempo abre em toda a sua extensão uma irradiação perpendicular que parece a projeção de milhões de "setas" fatorais ou divinas.

Nós as vemos assim:

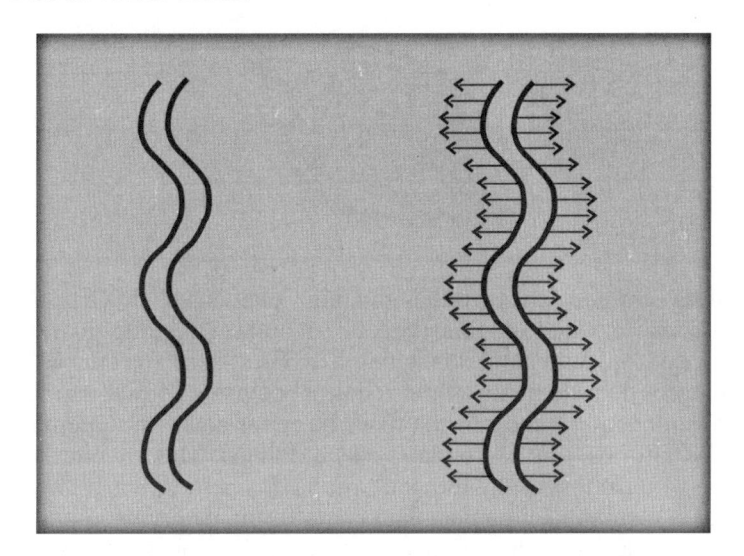

Nós as vemos melhor na dimensão elemental básica "vegetal", na qual elas fluem em todas as direções, criando uma profusão de setas energéticas sendo lançadas em todas as direções.

A associação do Orixá Oxóssi com as "Matas" é corretíssima, pois as ondas fatorais expansoras são irradiadas pelos tronos fatorais "vegetais", ou tronos irradiadores de ondas mentais expandidoras do raciocínio dos seres.

Muitos estudiosos dos mistérios Orixás nunca atentaram para esse detalhe: uns "caboclos" de Oxóssi usam uma pena na cabeça, outros usam três penas, outros usam sete penas e outros usam cocares que caem pelas costas.

Mas, na verdade, essas "penas" nada mais são que a irradiação mental de feixes de ondas fatorais que se assemelham às ondas com curvas suaves, e irradiando em toda a volta dos canículos as setas energéticas.

Se observarem a pena de uma ave, verão que os seus "pelinhos" saem retos e dão a ela uma forma fechada, porque são canículos que soltam pelinhos ainda mais finos que se unem e lhe dão uma forma compacta.

Uma pena de ave é mais ou menos isto:

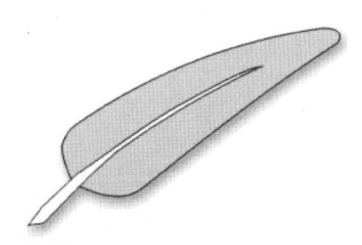

Uma folha de um vegetal é isto:

Observem que penas e folhas são dois "elementos" do Orixá Oxóssi, que outro não é senão o Trono Vegetal "Natural", regente guardião dos mistérios do Conhecimento, do raciocínio e da expansão da criação divina.

Só esses dois elementos, típicos dos caboclos de Oxóssi, são suficientes para demonstrar como a forma física de certas coisas assumem a forma das ondas fatorais, que são ondas vivas e divinas. Mas encontrarão essa forma no próprio tórax humano, na espinha dos peixes, nos pinheiros, na samambaia e em mais algumas plantas, na forma de certos minerais, etc.

Saibam que o próprio pulmão é regido pelas ondas fatorais vivas e, dentre todos os órgãos vitais do corpo humano, é o que mais precisa da "essência vegetal" para um perfeito funcionamento e "arejação".

Enfim, nas formas das ondas fatorais temos a forma básica de muitas coisas do nosso universo material.

4ª — Onda Fatoral Equilibradora: é uma onda raiada dupla, mas que na verdade é a distribuição geométrica de seu contínuo fluir.

Nós a vemos assim:

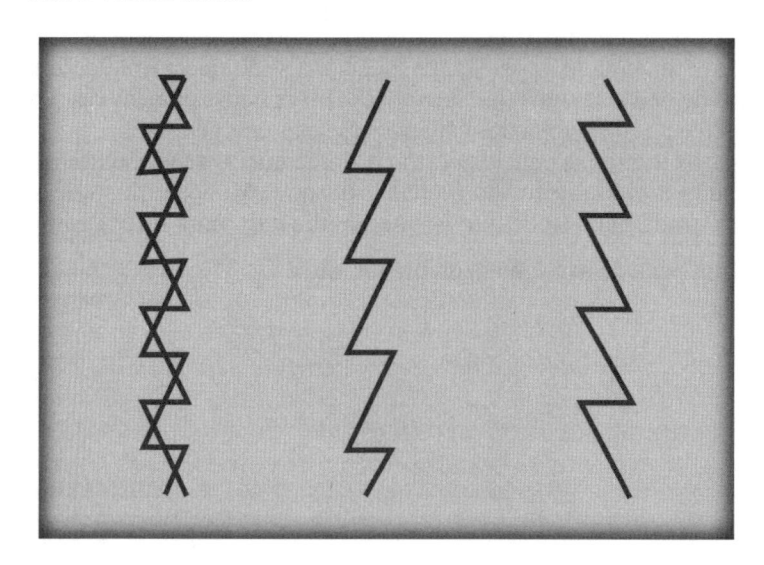

Que na verdade são dois "Z's" cruzados:

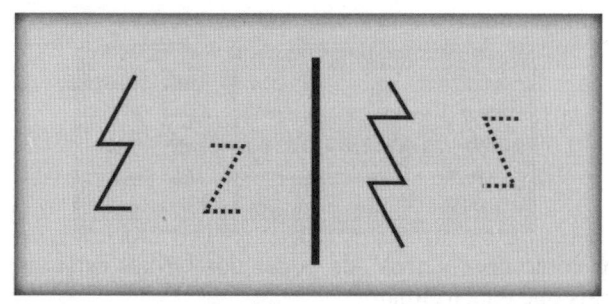

Que sobrepostos ficam assim:

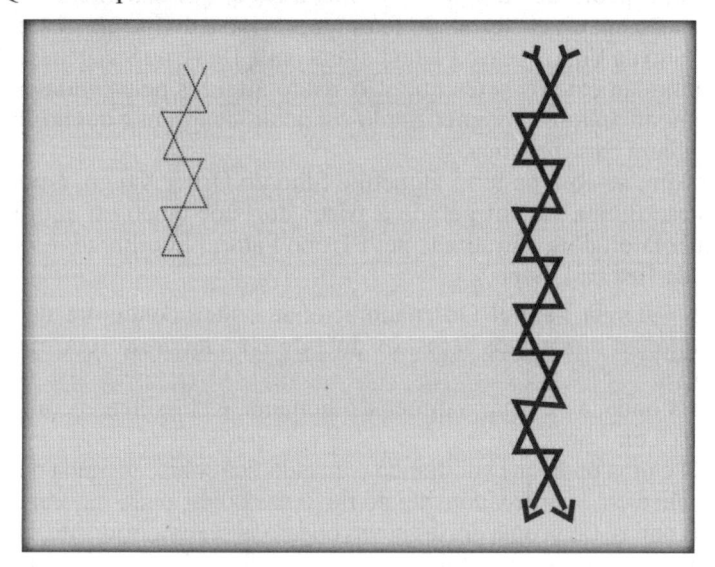

    Esta onda fatoral raiada dupla é condutora de energia divina ígnea, cuja função na gênese divina das coisas é dar o ponto de "equilíbrio" a tudo o que existe, inclusive os seres, pois nós temos um ponto de equilíbrio que, se for rebaixado, nos "apatiza" e, se for elevado, nos "emociona".

Na apatia o ser torna-se descrente ou incrédulo.

Na emoção o ser torna-se fanático ou apaixonado.

    Os seres imantados com a energia viva dessa onda fatoral são magnetizados a partir do racional, assumindo uma natureza, magnetismo e vibração extremamente racional e equilibrada.

    Nem mesmo os "sábios" intérpretes dos Orixás atinaram com o mistério do "machado de Xangô", pois desconhecem a "ciência divina".

    Mas é só vocês olharem para ele que verão, não um machado, mas sim dois "Zs" cruzados, que formam o seguinte: duas lâminas, às quais é só adicionarmos um cabo, que teremos o seu simbólico machado que lança raios.

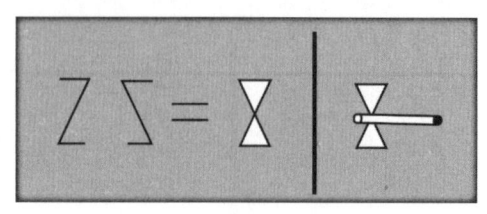

Viram como nos "cetros" de poder dos Orixás estão as chaves das ondas fatorais que eles irradiam?

Sim, a pedra de Xangô solta raios e fogo, que são energias ígneas, condensação em nível "terra" do fator ígneo vivo e divino existente no Primeiro Plano da Vida, que é o Plano Fatoral onde Deus, na Sua gênese divina, gera continuamente os seres que vão sendo atraídos pelas ondas fatorais, que vão imantando-os, magnetizando-os, qualificando-os e dando-lhes uma natureza bem característica.

Assim, se aqui na terra alguém é filho do Orixá Xangô, é porque na sua gênese divina ele foi gerado a partir do fator ígneo ou equilibrador, cuja onda fatoradora é irradiada pelo Trono Fatoral Equilibrador, ou Trono Fatoral da Justiça Divina.

5ª — Onda Fatoral Ordenadora: onda eólica condutora da energia divina que, ao imantar os seres, os dota de uma natureza reta, rigorosa e impositiva.

Esta onda, ao chegar à dimensão humana, é classificada como a irradiação da Lei.

Ela é uma onda que vai fluindo e quando fica sobrecarregada de energia divina, que é em si ordenadora até do fluxo das outras ondas fatorais, projeta 21 novas ondas. Cada uma dessas novas ondas vai seguindo adiante, até que se sobrecarrega e parte-se ou multiplica-se em mais 21 ondas fatorais ordenadoras.

A vemos assim:

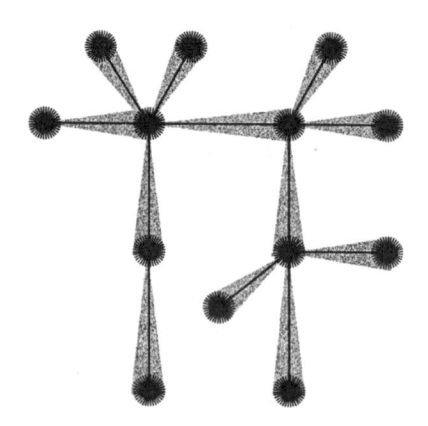

Enfim, ela vai se multiplicando de tal forma que, a cada multiplicação, as 21 novas ondas logo serão 441, que, assim que se multiplicarem, serão 9.261 ondas ordenadoras da gênese divina das "coisas".

Essa capacidade de multiplicação dessa onda fatoral, sempre reta, a torna ordenadora, pois ela "preenche" todo o espectro da criação divina e é tida como a própria potência do Divino Criador.

Essas 21 ondas retas fatorais são distribuídas assim:

Sete ondas são passivas e multicoloridas;
Sete ondas são neutras e incolores;
Sete ondas são ativas e monocromáticas.

- As passivas são tidas como positivas e transportam todos os tipos de fatores, tornando-se multicoloridas.
- As neutras são tidas como absorvedoras de fatores onde existem em excesso, e irradiadoras onde estão em falta.
- As ativas são transportadoras de um só tipo de fator. Por isso dizemos que Ogum ordena a criação divina, pois se cada uma de suas ondas transporta um dos sete fatores vivos e divinos que deram origem ao setenário da criação, então ele tanto pode enviar os fatores necessários a algo ou alguém como retirar os excessos existentes, assim como esgotá-los, anulando-o.

Por isso, em nível terra, Ogum é tido como a potência divina ordenadora da Lei Maior, da Justiça Divina, do Conhecimento, da Evolução, da Geração, da Agregação e da Congregação, e é em si a divindade da Lei Maior de Deus.

A tela fatoral do Trono da Ordenação é tão abrangente, que as outras ondas apoiam-se nas suas ondas para fluir e chegar onde têm que chegar.

Essa abrangência e capacidade das ondas fatorais ordenadoras deram a Ogum o título de Orixá dos "caminhos" e das "encruzilhadas".

- Os caminhos é por onde todos seguem adiante.
- As encruzilhadas são os pontos magnéticos que surgem quando uma onda fica sobrecarregada do fator divino "ordenador" e projeta novas 21 ondas fatorais, que também se multiplicarão assim que se sobrecarregarem.

Por isso, um dos lugares tidos como ótimo para se ofertar Ogum é no centro de uma encruzilhada.

O simbolismo é revelador da multiplicação da onda fatoral regida pelo Trono da Lei, o Orixá Ogum, que é em si a potência ordenadora da criação do Divino Criador.

Yansã, o Trono Fatoral Eólico feminino que forma par com Ogum, pois gera de si a parte feminina do fator ordenador, também gera ondas fatorais que vão seguindo até que ficam sobrecarregadas e multiplicamse por outras 21 ondas, tal como acontece com as "ondas de Ogum".

Só que as ondas de Yansã não se multiplicam de forma reta, mas em curva.

Vejam como fica a multiplicação dessas ondas transportadoras da parte feminina do fator ordenador:

Observem que só multiplicamos uma onda de cada vez para que tenham uma ideia de como ela acontece.

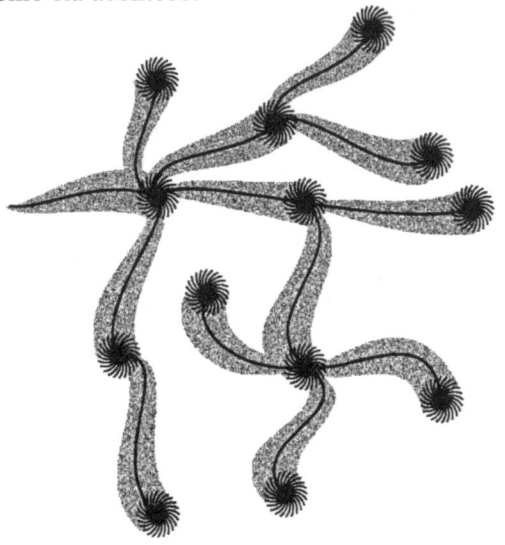

Por multiplicar-se em ondas curvas, a mobilidade é a característica mais marcante dos seres que foram magnetizados na origem pelo fator divino regido pelo Trono Fatoral feminino "movimentador" da criação de Deus.

A lenda sobre a Orixá Yansã a descreve como "volúvel". Mas os intérpretes das lendas preferiram ver essa característica mediante sucessivas uniões dela com outros Orixás em vez de vê-la como extremamente móvel e capaz de mudar repentinamente de direção quando sobrecarrega-se do fator divino que dá "mobilidade" à gênese das coisas,

Se Ogum é a ordenação da criação, Yansã é o próprio movimento que Deus imprime a tudo o que criou, cria e criará.

6ª — Onda Fatoral, ou Onda Evolutiva: esta onda telúrica aquática é estimuladora da concentração e mudança, e os seres que são imantados e magnetizados por ela assumem natureza dupla, onde ora são extremamente concentrados e racionais e ora são extremamente criativos e maleáveis. Em nível terra, vemos essa dupla característica no Orixá Obaluaiyê, trono regente da evolução dos seres.

Essa característica dupla dessa onda fatoral atende à gênese divina, pois os seres precisam afixar-se, desenvolver toda uma faculdade para, só então, almejar desenvolver outra faculdade.

Então, na concentração o ser alcança a estabilidade para desenvolver suas faculdades (evoluir) e na criatividade ele busca o desenvolvimento de novos campos evolucionistas, onde novas faculdades serão abertas.

Essas ondas fatorais do fator evolutivo, que é energia viva e divina, vão alcançando tudo o que existe e imantando os seres, ora concentrando-os, ora estimulando-os a buscar coisas novas.

No fator telúrico são concentrados, no fator aquático, são criativos e especulativos.

A evolução é assim: concentra o ser em um estágio e, quando ele amadurece, surge a vontade de mudança.

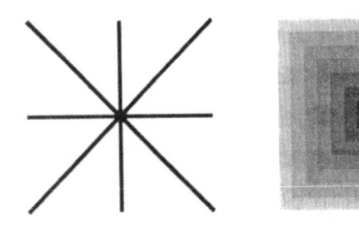

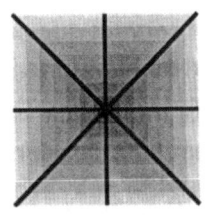

Essa onda fatoral evolutiva tem essa forma dupla:

Essas ondas fatorais são denominadas de quadráticas, porque em determinados pontos as oito ondas retas que partem do centro alongamse e criam novos desenhos quadráticos, ocupando todo o espectro divino.

7ª — Onda Fatoral, ou Onda Criacionistas: esta onda "aquática" é geradora das condições ideais para que aconteçam as agregações de energias divinas e a própria gênese divina.

Os seres atraídos por ela são imantados com seu fator gerador, vivo e divino, e assumem uma natureza geradora, criativa e preservadora da vida em todos os seus aspectos.

No plano material encontramos Yemanjá como a divindade manifestadora dessa natureza, e todo filho de Yemanjá a possui e é paternalista, orientador, doutrinador, pesquisador ou curioso.

Essa onda é denominada de estrelada, porque ela vai fluindo, e assim que fica sobrecarregada de energias fatorais, abre-se em oito raios retos que se abrem em dois, assim que alcançam certo comprimento.

Vejam como esta onda fatoral se multiplica:

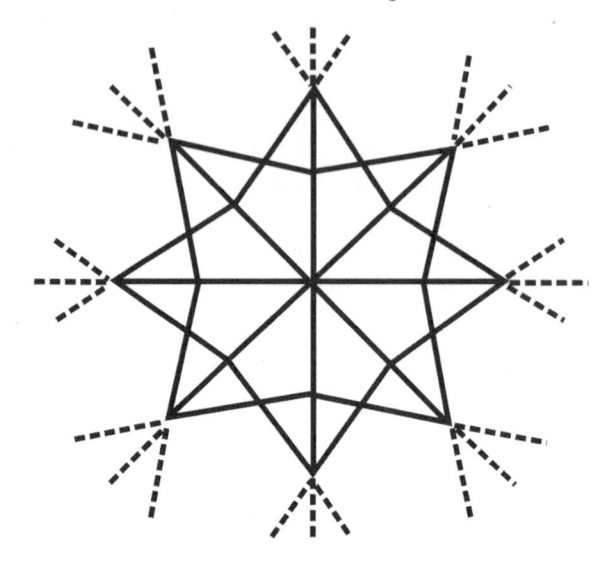

Então podemos desmembrá-la assim:

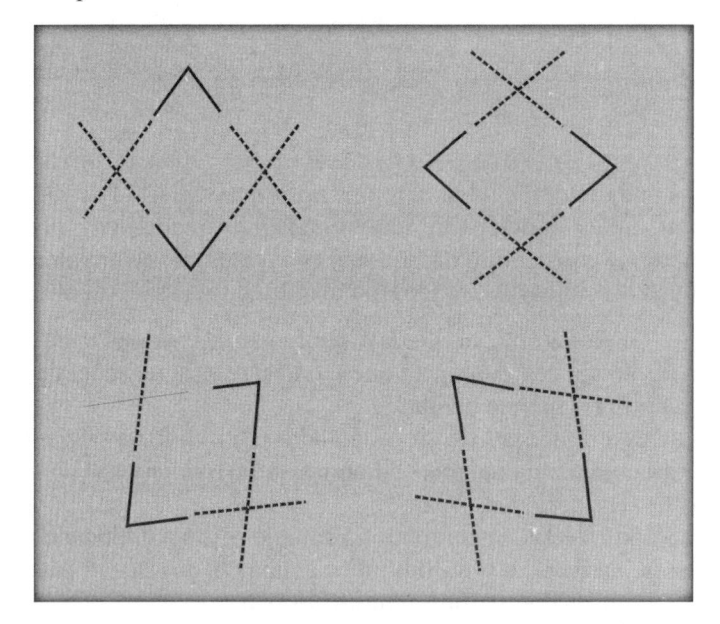

Que, unidas, formam a estrela de Yemanjá, a Mãe da Vida; a Estrela do Mar.

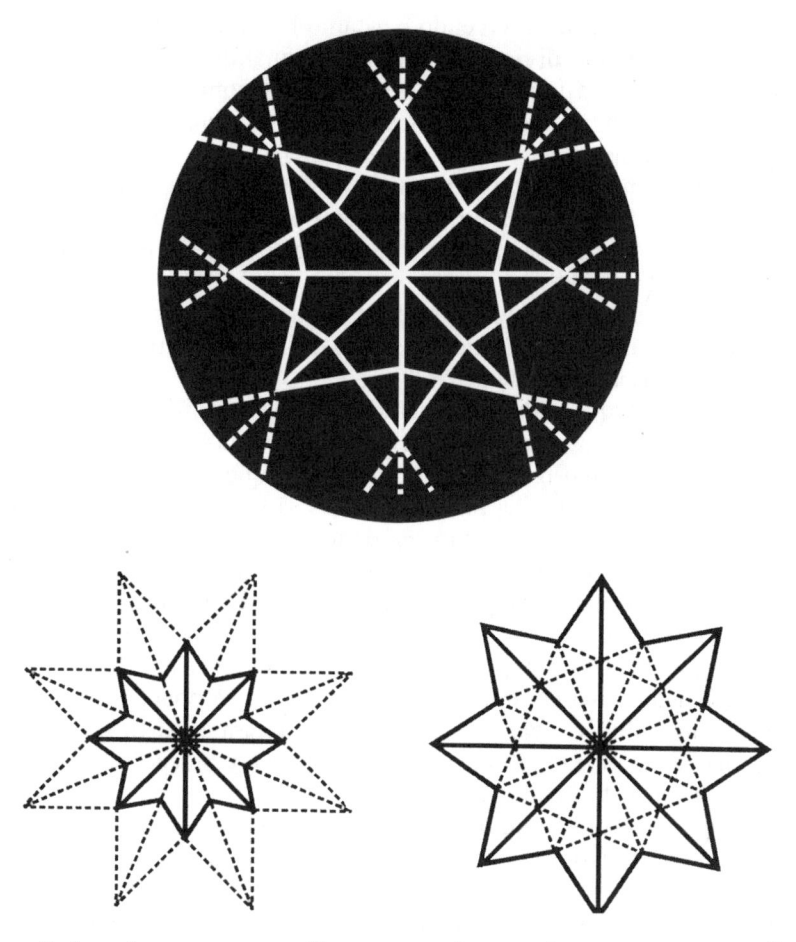

Cada raio que segue adiante, quando se sobrecarrega com o fator aquático ou energia geradora viva e divina, novamente se multiplica e forma nova "estrela da vida".

Bem, aí têm um comentário parcial sobre as ondas fatorais, transportadoras de fatores divinos, que são "vivos" e emanados por Deus.

É a partir desses fatores divinos, que são as menores partículas energéticas possíveis de ser detectadas, que a gênese tem início.

E é nesse meio fatoral que os seres vão sendo gerados por Deus, "fatorados" com uma de suas qualidades divinas, magnetizados e dotados de uma natureza análoga à do trono fatoral que o magnetizou, dando-lhes uma ancestralidade possível de ser descoberta aqui no plano material, pois essa natureza de cada um de nós é imutável, ainda que passe por depurações ou distorções momentâneas por causa do meio onde evolui.

Ainda hoje, conosco vivendo o estágio humano da Evolução, nossa natureza e qualidade divina é a mesma de quando fomos gerados por Deus. Essa natureza norteará nossa existência como seres dotados do raciocínio, e já capazes de identificar o que nos cerca ou o meio onde vivemos e evoluímos.

A vida é uma sequência de vivenciações, mas sempre estaremos sendo influenciados pela onda viva ou onda fatoral na qual fomos magnetizados, porque já vibrávamos uma qualidade divina e a atração por ela foi só consequência natural.

Aqui comentamos algumas ondas fatorais, imantadoras e magnetizadoras dos seres assim que são gerados por Deus no Primeiro Plano da Vida, denominado Fatoral ou Divino.

É fatoral porque nele o ser é gerado por Deus a partir dos seus fatores divinos, que são vivos e ao se fundirem, tal como a fusão de um óvulo e um espermatozoide, dão origem a um novo ser, mas que, aos nossos olhos, são semelhantes a uma centelha pulsante. Umas são azuis, outras são verdes, outras são vermelhas, etc., com todas se movendo incessantemente até que "aderem" a uma onda fatoral, que as atrai e as imanta, envolvendo-as em uma "névoa" multicolorida que vai sendo absorvida, até que dá uma forma ovalada à centelha.

Quando a internalização se completa, o novo ser absorveu uma herança genética divina completa que irá desdobrar-se pouco a pouco. E, a cada estágio evolutivo, parte dela aflorará e passará a existir no ser como sua forma, sua natureza íntima, seu magnetismo e vibração, sua qualidade divina e sua ancestralidade.

O ser, após ser acolhido por uma onda fatoral, começa a ser influenciado pelo trono fatoral que está irradiando-a, e esta liga-se ao centro da centelha, criando um cordão divino que o alimentará dali em diante e por toda a eternidade, enviando-lhe continuamente um fluxo de energias divinas (fatores vivos) que o sustentará vivo onde quer que venha a estar. Esse cordão divino dá ao ser a imortalidade, pois o manterá ligado a Deus.

Então, quando a centelha tiver sua imantação e magnetização completadas pelo trono fatoral que o atraiu, já será em si uma qualidade de Deus individualizada em um ser gerado por Ele.

Essa qualidade divina do novo ser lhe dará uma natureza e um grau magnético análogo à do trono fatoral, que velará por sua vida dali em diante. É por isso que no culto aos sagrados Orixás nós identificamos uns como filhos de Ogum, outros como filhos de Xangô, outros como filhos de Oxóssi, outros como filhos de ... etc., pois, em nível terra, as divindades que respondem por esses nomes são os "membros" naturais das hierarquias divinas dos Tronos de Deus, que têm início nos tronos fatorais, onde uns são tronos ordenadores da gênese divina (Tronos Oguns); outros são tronos agregadores da criação divina (Tronos Oxuns); outros são tronos geradores das coisas divinas (Tronos Yemanjás); etc.

Logo, temos aí uma descrição parcial da gênese divina e de como os seres são gerados por Deus e fatorados com uma de suas qualidades divinas pelos seus tronos fatorais, que são em si essas qualidades divinas, às quais herdamos porque fomos formados a partir da fusão da parte masculina com a parte feminina dos fatores de Deus, o nosso Divino Criador.

Vamos comentar estas duas partes dos fatores de Deus:

Saibam que, assim como é preciso a união de um ser macho e um ser fêmea para que aconteça a fecundação de um óvulo por um espermatozoide, que dá início à formação de um novo ser aqui no plano material, no Plano Divino da Vida, esse processo gerador de seres acontece sempre que a parte feminina de um fator vivo se funde com a sua parte masculina.

Essa fusão da parte feminina com a parte masculina de um fator vivo desencadeia um processo gerador que nunca mais deixará de passar por desdobramentos "genéticos divinos".

A fusão dessas duas partes de um fator forma um "código genético divino" que distinguirá o novo ser dali em diante, e tanto o guiará como o sustentará em todos os seus estágios evolutivos.

As duas partes de um fator vivo e divino têm dupla polaridade, função e genética, já que na sua polaridade ele pode ser ativo, neutro ou passivo; na sua dupla função ele pode ser destinado a desencadear a geração de seres (espíritos) como pode gerar criaturas (animais) ou espécies inferiores (insetos, vegetais, etc.).

Se a função destinar-se aos seres (espíritos), será um código genético que será formado; se destinar-se às criaturas (animais) será outro código, e se destinar-se às espécies inferiores, outro código ainda mais limitado será formado.

Por causa dessas funções dos fatores divinos, os Orixás são associados a certos animais, tal como o leão pertencer a Xangô, o touro pertencer a Ogum, etc. Assim como certos vegetais (plantas, ervas, folhas, flores, sementes, etc.) também pertencerem a este ou àquele Orixá.

Tudo é regido pelos fatores divinos e os tronos fatorais de Deus são os geradores das ondas fatorais que fluem por toda a criação, dando sustentação aos seres, às criaturas e às espécies inferiores.

Logo, a associação de plantas ou animais pode ter sido feita intuitivamente pelos antigos intérpretes dos Orixás, mas é verdadeira justamente por causa dos fatores divinos.

E, também por causa deles, há algumas restrições quanto ao consumo de certos animais ou vegetais pelo filho de um Orixá, enquanto para os filhos dos outros o consumo é liberado.

Até o efeito curador das plantas medicinais obedece aos fatores divinos, pois umas são recomendadas para algumas doenças e outras são recomendadas para outras.

Tudo na criação divina obedece aos fatores e às suas partes feminina e masculina, ativa e passiva e às suas funções genéticas.

Se obedece, é porque os fatores divinos estão na gênese divina das coisas e, assim como os cientistas estão descobrindo os mecanismos de funcionamento do corpo humano por meio do estudo do código genético ou "DNA", se estudarem e pesquisarem a "criação" a partir dos conhecimentos que estamos abrindo na nossa Gênese Divina de Umbanda Sagrada, com certeza novos horizontes se abrirão ao conhecimento humano, sejam no campo da teologia, psicologia, psiquiatria, medicina, filosofia, física, química, botânica, etc., pois o conhecimento acerca dos "Fatores de Deus" explica até a origem dos seres, que somos todos nós, cansados de ouvir pessoas, tidas como sábias, firmarem-se sobre mitos e exclamarem aos quatro cantos que Deus criou o mundo desse ou daquele jeito, infantil, diga-se, ou que criou o homem a partir disso ou daquilo, como se fôssemos um produto acabado, já em nossa geração e não como somos: seres com uma origem comum mas em contínua evolução e permanente desdobramento dessa nossa herança genética divina e viva, que vai nos qualificando cada vez mais, pois vai abrindo em nosso mental mais e mais faculdades.

Saibam que até as hierarquias divinas formadas pelos Tronos de Deus obedecem aos fatores divinos. E isso se torna visível se observarem os muitos Orixás Ogum, as muitas Orixás Oxum, os muitos Orixás Xangô, etc.

Saibam que o fator ordenador da criação divina é associado ao divino Trono da Lei, e este é o divino Orixá fatoral Ogum, gerado em Deus como Sua qualidade ordenadora da gênese divina.

Então, porque o fator ordenador é o Ogum, caso a sua parte masculina se funda com sua parte feminina, que é o fator direcionador (Yansã), então as divindades geradas em Deus, na fusão divina surgirão Tronos Ogum do Ar (Ogum puro) e Tronos Yansã do Ar (Yansã pura).

Mas se a parte masculina do fator ordenador fundir-se com a parte feminina do fator gerador (Yemanjá), então as divindades geradas em Deus, na fusão divina, surgirão Tronos Ogum Marinho (da Geração) e Tronos Yemanjá do Ar (da Lei).

Mas se a parte masculina do fator ordenador (Ogum) fundir-se com a parte feminina do fator concentrador (Obá), então as divindades geradas em Deus, na fusão divina, surgirão Tronos Ogum da Terra (do raciocínio) e Tronos Obá do Ar (da Lei).

Observem bem o que revelamos, pois acabamos de abrir, aqui, o mais fechado dos mistérios de Deus: a gênese de Suas divindades!

E se a fusão das partes masculina e feminina dos fatores divinos dá origem aos tronos mistos, tais como Ogum (Lei) Marinho (Geração) ou Obá (Raciocínio) do Ar (Lei), então é só desdobrarem os vossos conhecimentos a partir dessa chave, aqui mostrada, que entenderão por que um médium de Umbanda incorpora um Ogum Marinho, outro um Ogum da Lei, outro uma Yansã do Tempo, outro uma Yemanjá da Terra, etc.

Deus gera "em Si" as Suas divindades e gera "de Si" os seres, as criaturas e as espécies.

As divindades de Deus são em si suas qualidades divinas individualizadas nelas.

Os seres são gerados nas qualidades de Deus ou na fusão dos seus fatores divinos e vivos, e são em si portadores potenciais da qualidade onde foram gerados.

Logo, Ogum é em si a qualidade ordenadora de Deus. Já os seres gerados por Deus na Sua qualidade ordenadora serão filhos de Ogum. E se forem gerados na Sua qualidade direcionadora, serão filhas de Yansã. Sim, se um ser (macho ou fêmea) assumir uma natureza em acordo com a parte ordenadora, será filho de Ogum, e se assumir uma natureza em acordo com a parte direcionadora, será filha de Yansã.

Tal como na genética dos seres humanos (corpo carnal), se o fator hereditário do pai predominar, será gerado um ser macho (homem), mas se o fator hereditário da mãe for o predominante, então um ser fêmea (mulher) será gerado.

Enfim, Deus multiplica-Se em tudo o que gera, e mesmo na geração das divindades, dos seres, das criaturas e das espécies, tudo se repete, pois só assim estará multiplicando-Se.

Saibam que, se aqui só mostramos algumas fusões, a parte dos fatores divinos e vivos, o mesmo acontece com todas as outras qualidades ou fatores de Deus que, quando são fundidas n'Ele, dão origem às Suas divindades.

Logo, se a parte masculina do fator equilibrador (Xangô) fundirse com a parte feminina do fator agregador (Oxum), então surgirão os Xangôs Minerais (das pedras) e as Oxuns do Fogo (da Justiça).

Isso é ciência genética divina pura!

A razão de estarmos abrindo-a para o plano material, ou mesmo para o lado espiritual humano, pois só os mentores de Umbanda Sagrada têm acesso a esse conhecimento divino, é acabar com o misticismo inconsequente que permeia o culto aos Sagrados Orixás, os Tronos de Deus!

Bem, já comentamos o Primeiro Plano da Vida por meio dos fatores de Deus que dão origem à gênese divina.

A geração é contínua nesse Primeiro Plano, e à medida que todos os que nele são gerados amadurecem, as próprias ondas fatoriais os conduzem ao Segundo Plano da Vida, o Plano Virginal ou Essencial da Vida.

Segundo Plano da Vida: o Plano Essencial

Nós comentamos que os seres que "amadurecem" no Plano Fatoral são conduzidos pelas ondas vivas e divinas ao Plano Essencial da Vida, certo?

Essa fase da vida é chamada de virginal porque os seres serão "alimentados" por essências, que absorverão até que a centelha diáfana, que ainda são, torne-se parecida com um casulo ou um ovoide.

As essências que absorvem vão acumulando-se dentro da centelha e ocupando todo o espaço interno, até preenchê-la por completo e circundá-la, dando-lhe a forma ovalada. Então vão acumulando-se, até formarem uma "casca" protetora da centelha viva, que o ser ainda é.

Todos os seres, assim que são fatorados, magnetizados e qualificados com uma qualidade divina, assumem a aparência de pequeninas estrelas. Por isso dizemos que são centelhas que pulsam continuamente. São "estrelinhas" e podemos, já no estágio fatoral, saber qual a onda fatoral viva que as está sustentando, porque, conforme o formato da estrela ou centelha, indica qual é o Orixá ou o Trono de Deus que a está irradiando.

Sim, cada Orixá possui sua estrela que identifica a onda fatoral a que está ligado, porque é um gerador do fator que ela transporta e o irradiador da qualidade divina que sustenta os seres regidos por ele, e que vivem à sua volta e sob sua irradiação divina, da qual só se afastarão quando amadurecerem e estiverem aptos a iniciar novo estágio evolutivo. Os Orixás Naturais mostram suas estrelas vivas e visíveis para nós, quando os vemos assentados em seus tronos energéticos.

Basta olharmos em pouco acima de suas coroas divinas que as vemos tão irradiantes que chegam a ofuscar nossa visão comum.

Essas estrelas dos Tronos de Deus, os senhores Orixás, são irradiadoras de ondas vivas e divinas saturadas do fator vivo que estão enviando continuamente a todos os seres, que vivem sob suas irradiações vivas e divinas.

A onda fatoral irradiada pelo Orixá projeta-se até o mental do ser regido por ele, penetra-o e alcança a centelha da vida (estrela) que o anima e o mantém vivo, alimentando-o continuamente, não permitindo que em momento algum corra o risco de parar de pulsar, tal como um coração em suas batidas ritmadas.

Saibam que é possível ver a estrela viva de cada ser, bastando-nos penetrar visualmente nos seus mentais.

Ela está lá, protegida pela casca essencial ou revestimento cristalino, formada pela cristalização das essências absorvidas pelos seres quando viveram no Segundo Plano da Vida.

Se no Primeiro Plano o ser era uma centelha com o formato de uma estrela que "piscava", no Plano Essencial ou Virginal ele se mostra como uma bola ovalada que acende e apaga em intervalos regulares, mostrando dentro dela os nítidos contornos de uma estrela.

Quando o mental ou ovoide acende-se, o ser, ainda virginal, está irradiando e devolvendo ao meio onde vive as essências que não usou, pois quando o ovoide apaga-se, na verdade ele está absorvendo essência, que o alimenta e sustenta o desenvolvimento da sua qualidade original e, de acordo com a essência que mais absorver, esta a qualificará.

Assim, se a qualidade original de um ser é ordenadora, no Plano Essencial da Vida sua natureza ordenadora será qualificada e ela se tornará ordenadora de alguma coisa.

Surgem naturezas ordenadoras da Fé, do Amor, do Conhecimento, etc., diferenciando os seres e qualificando-os, individualizando-os ainda mais aos nossos olhos, pois vão assumindo uma identidade.

Quando um ser "virginal" torna-se apto a ser conduzido ao Plano Elemental da Vida, um "disco" muito sutil já se formou ao redor dele, que ainda é só um mental pulsante e totalmente inconsciente de si ou da realidade essencial onde vive e desdobra sua genética divina.

Saibam que esse disco diáfano ao redor do mental do ser assemelhaos ao planeta Saturno e seus anéis coloridos, formados por poeira cósmica.

Esse disco mental diáfano nada mais é que o campo eletromagnético do ser, ainda muito sutil, pois é formado por ondas mentais virginais (puras) saturadas de essências que estão se cristalizando e formando um campo protetor ao redor da "estrela viva", que é em si a forma do "DNA" divino que deu origem ao ser assim que, na sua geração divina, as partes masculinas e femininas de um fator fundiram-se, originando-o.

Esse campo protetor ao redor do mental do ser virginal se mostra assim:

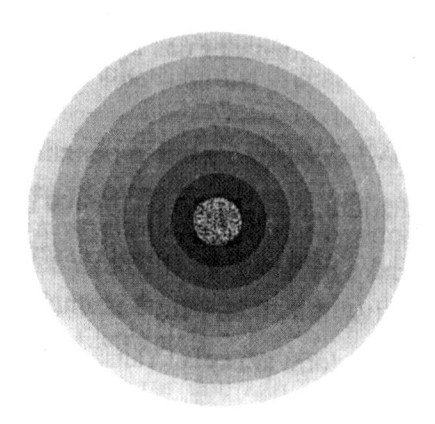

É um disco ovalado e cada círculo é de uma cor, visto que a cor mais interna é a do ser cuja natureza já foi "qualificada".

A Estrela da ordenação é azul-escuro, e se o ser foi gerado em uma onda fatoral ordenadora, então esta será a cor de sua estrela da vida, pois essa é a cor dessa qualidade divina no Plano Fatoral da Vida, onde vemos as ondas ordenadoras quando são enfeixadas em micropolos magnéticos que as coletam e fundem em uma mais "grossa", projetando-a ao Plano Essencial, onde serão ondas magnéticas essenciais, pois irradiarão fatores ordenadores fundidos uns aos outros, que darão as essências ordenadoras.

Então, se a estrela azul-escuro (Estrela de Ogum) está mostrando-nos que o ser é um ordenador, o primeiro círculo do disco mental, se for azul-claro, nos mostrará que o ser é um ordenador da Geração e da Criatividade (vida).

Mas, se for verde, então é um ordenador do Conhecimento e do raciocínio (das faculdades);

Se for roxo, será um ordenador da evolução e do saber (das consciências);

Se for amarelo, será um ordenador da mobilidade e das direções (da evolução);

Se for vermelho, será um ordenador da Justiça e dos procedimentos (dos seres);

Se for dourado, será um ordenador da fé e da religiosidade (dos seres);

Se for rosa, será um ordenador das agregações e concepções (da vida).

As cores das essências são:

Essência ordenadora: azul-escuro ou branco (Ogum essencial)

Essência geradora: azul-claro (Yemanjá essencial)

Essência evolutiva: roxa (Obaluaiyê essencial)

Essência direcionadora: amarela (Yansã essencial)

Essência congregadora: dourada ou branca (Oxalá essencial)

Essência equilibradora: vermelho vivo (Xangô essencial)

Essência agregadora: rosa (Oxum essencial)

Essência expancionista: verde (Oxóssi essencial)

Essência consumidora: laranja ou cobre (Oro Iná essencial)

Essência decantadora: lilás (Nanã Buruquê essencial)

Essência desmagnetizadora: branco ou prata (Logunã essencial)

Essência paralisadora: roxo-escuro (Omulu essencial)

Essência concentradora: magenta (Obá essencial)

Essência diluidora: furta-cor (Oxumaré essencial)

    Aí tem a cor das essências e dos Orixás virginais, que são os tronos essenciais de Deus. Se afirmamos isso com convicção, é porque podemos ver os tronos essenciais, suas estrelas vivas da vida pairando acima de suas coroas e suas irradiações essenciais, que parecem fagulhas coloridas que vão saindo de seus corpos e tronos energéticos, coroas e estrelas e vão fluindo por intermédio de suas ondas magnéticas que irradiam o tempo todo e em todas as direções, alcançando todos os seres virginais atraídos pelos seus magnetismos divinos, virginais e essenciais à vida no seu Segundo Plano dentro da gênese divina.

    Então, observando a estrela da vida de um ser virginal, pela sua forma e cor sabemos qual é sua qualidade divina e sua natureza íntima. E, observando o primeiro círculo colorido ao redor do ovoide que ele ainda é, sabemos qual é o trono essencial que qualificou sua qualidade original e, no nosso exemplo, o tornou ordenador de alguma coisa (Fé, amor, etc.).

    Saibam que, olhando o diáfano disco eletromagnético de um ser virginal, podemos descobrir onde seus próximos estágios evolutivos se processarão, pois se a estrela é azul-escuro e o primeiro círculo colorido é verde, ele é um ordenador do Conhecimento e será atraído à dimensão básica elemental vegetal, regida pelo divino Trono Elemental do Conhecimento (Oxóssi Elemental).

    Se o segundo círculo for dourado, então, após amadurecer na dimensão básica elemental vegetal, aí será atraído pelo magnetismo da dimensão dual cristalina, onde desenvolverá sua religiosidade e será um ser ordenador do conhecimento religioso (da Fé).

Esperamos que tenham entendido o que aqui revelamos, pois um médium clarividente bem instruído poderá penetrar visualmente os níveis mais internos do disco eletromagnético mental de uma pessoa e ver tanto sua estrela viva da vida quanto os diáfanos círculos coloridos ao redor dela, mostrando toda a sua evolução.

É só ter à mão essa tabela com as cores dos tronos essenciais ou Oríxás ancestrais que, as associando a eles, verão sob quais irradiações vivas e divinas a pessoa já viveu.

Esse disco mental diáfano é um mistério, pois, visto do seu lado de cima, cada faixa se mostra de uma cor, e visto do seu lado de baixo, vemos outras cores, perfazendo um total de sete em cima e sete em baixo, sempre sobrepostas e das mesmas larguras.

Com isso ficamos sabendo qual Orixá regeu a pessoa pelo "alto" e qual a regeu por "baixo", formando os dois polos de uma irradiação viva vertical.

Qualquer pessoa, independente de sua raça, cor ou religião, possui esse disco diáfano, que um clarividente pode ver e descrever, inclusive a cor mais interna e original de sua "estrela da vida".

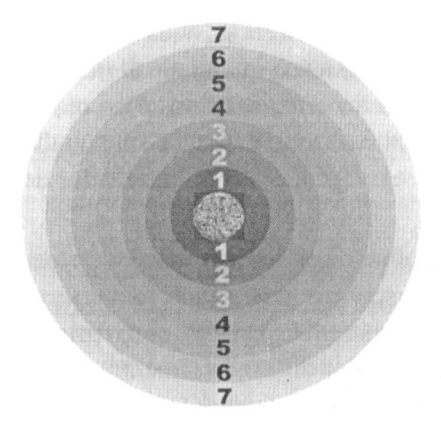

Aí têm a relação das estrelas originais da vida de cada filho dos Orixás, pois em outros planetas há seres cujas estrelas da vida assumem outras formas.

A evolução dos seres é complexa e ordenadíssima, sendo que em cada estágio, processado em cada um dos planos da Vida, o ser vai sendo conduzido pelos Tronos de Deus, que em nível terra são chamados de Orixás.

Cada plano da Vida é todo um meio único e com uma finalidade específica muito bem definida no conjunto dos planos de Deus.

Portanto, quando ouvirem alguém dizer que os espíritos (nós) foram criados como somos hoje, não creiam, pois Deus é único e a Sua geração também é única. Logo, tudo o que Ele gera, gera sempre segundo um padrão ou norma divina: da semente ao fruto, que por sua vez dá novas sementes que germinarão, brotarão, crescerão, florirão e darão frutos, que darão novas sementes, repetindo o ciclo da vida.

É assim com os vegetais, os animais, répteis, aves, peixes, seres ou planetas.

Em Deus não há a quebra das etapas de um processo. Muitos espíritos afoitos, iludidos por falsos profetas, já amargaram quedas profundas e violentas, pois creram em princípios humanos como se fossem divinos e, por desconhecerem as etapas da Evolução, cada uma processada em um dos planos da Vida, acreditaram em pessoas que nada sabiam, mas pregavam que somos um produto acabado dentro da criação de Deus.

Não somos. E tanto não somos que se hoje evoluímos na dimensão humana da Vida, essa dimensão é só uma entre muitas outras, todas localizadas no Plano Natural da Vida.

Em nosso planeta, dentro do Plano Natural da Vida, temos 77 dimensões naturais, todas erigidas em paralelo umas com as outras e abrigando bilhões de seres que estão evoluindo rumo ao Plano Mental da Vida, no qual a mente comanda tudo e tudo ela consegue realizar, pois nele estão as ondas mentais que movimentam as energias vivas de Deus.

Um ser estagiando nesse plano mental assemelha-se a uma enorme estrela, que brilha tanto que mal podemos fixar nossos olhos nele, senão corremos o risco de ficar cegos momentaneamente, pois sua luz é penetrante.

O ser que vive no Plano Mental repete-se, pois no Plano Virginal ou Essencial ele também não tinha um "corpo", e era tão somente um mental. Mas há uma diferença muito importante: no Plano Virginal ele era só um mental totalmente inconsciente e no Plano Mental ele é um ser hiperconsciente que não precisa de nada mais além da sua mente para tudo realizar.

Terceiro Plano da Vida: o Plano Elemental ou Energético

Comentamos no capítulo anterior que um ser essencial ou virginal é um mental inconsciente, cujo estágio destina-se a desenvolver nele um campo magnético protetor ao seu redor. Campo este que regulará sua evolução no Terceiro Plano da Vida, pois regulará a absorção das energias elementais que irá absorver, internalizar e criar as condições ideais em si mesmo, para que sua genética divina desdobre seu corpo elementar básico e, dentro dele, comece a formação de seu corpo energético.

Quando o ser virginal desenvolve o seu disco magnético protetor do mental e as sete faixas estão bem definidas, então ele está apto a ser conduzido ao Plano Elemental ou Energético da Vida, onde começará a "alimentar-se" de energias e não mais de essências puras.

Saibam também que as energias elementais nada mais são que a condensação das essências que são amalgamadas em quantidades específicas, e vão dando origem às energias cristalinas, mineral, vegetal, ígnea, eólica, telúrica e aquática.

A energia elemental surge assim:

As ondas magnéticas condutoras de essências já são em si feixes de ondas fatorais.

Então essas ondas magnéticas essenciais são atraídas por polos eletromagnéticos específicos, que surgem onde as ondas condutoras de uma mesma essência se multiplicam. Vamos dar um exemplo desse processo que faz surgir os micropolos de ondas fatorais, depois faz surgir os polos magnéticos de ondas essenciais, que fazem surgir os polos eletromagnéticos elementais. Se são chamados de eletromagnéticos, é porque enfeixam ondas magnéticas e fazem surgir ondas energéticas altamente magnetizadas e ondas magnéticas altamente energizadas.

Procurem seguir com atenção a explanação sobre como vão surgindo os polos, pois vamos usar da onda fatoral ordenadora como exemplo para mostrar como surgem os tipos de ondas, desde as fatorais até as naturais, certo?

A concentração de fatores cria uma estática divina ao redor dos tronos e estes, por serem seres divinos, irradiam ondas mentais que, assim que se sobrecarregam com os fatores, projetam-se rumo a novas concentrações, e ali se multiplicam. Mas como a estática criada pela concentração de fatores é muito grande, as ondas costumam unir-se e formar um feixe para rompê-la e seguirem adiante, em busca de novas concentrações de fatores (energias divinas).

Acontece que, quando elas se unem para romper a estática que bloqueou seu fluir natural, criam um polo magnético que projeta um fluxo de ondas fatorais enfeixadas em uma só onda, projetando esse fluxo em sentido perpendicular ao seu fluir natural.

Assim, se as ondas fatorais seguiam uma direção que para nós é "vertical", esse fluxo se projetará no sentido horizontal ou vice-versa.

Normalmente, uma onda de um tipo não toca nas outras, porque cada uma flui em um comprimento só seu.

Podemos usar as ondas de rádio para descrevê-las:

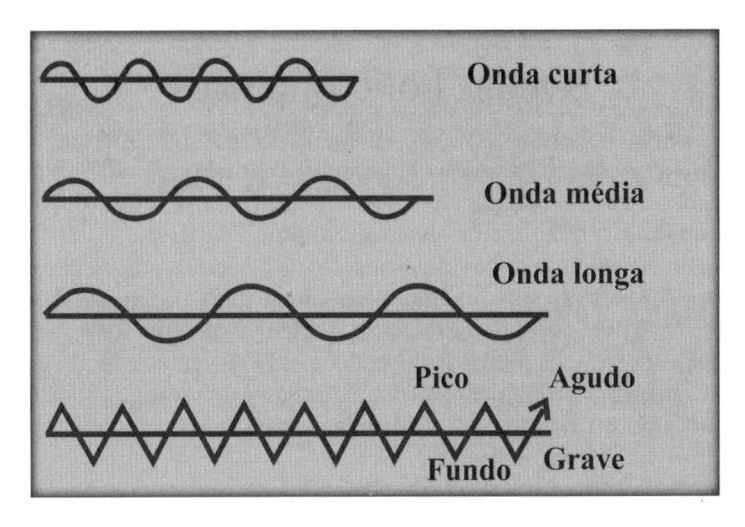

Onda curta

Onda média

Onda longa

Pico Agudo

Fundo Grave

Só que:
— as ondas fatorais são ondas vibratórias;
— as ondas essenciais são ondas magnéticas;
— as ondas elementais são ondas eletromagnéticas;
— as ondas duais são ondas energéticas bipolarizadas ou bidirecionais;
— as ondas encantadas são ondas tríplices ou tri polarizadas ou tridirecionais;
— as ondas naturais são ondas multidirecionais.

Por bipolarizadas entendam como uma onda passiva e outra ativa, ou uma onda positiva e outra negativa, ou uma onda irradiadora e outra absorvedora, ou uma onda universal e outra cósmica ou uma onda policromática e outra monocromática.

A onda policromática clareia tudo à sua volta, tal como um raio de sol, pois leva em si todas as cores;

A onda monocromática só leva uma cor, deixando tudo o que trespassar com sua cor. Assim, se a onda monocromática é verde, tudo fica verde por onde ela passa. E se for vermelha, tudo fica vermelho assim que é tocado ou é atravessado por ela;

A onda policromática dá a cada coisa ou ser a cor que seu magnetismo próprio ou pessoal irradia. Assim, onde ela passar irá surgindo coisas azuis, verdes, amarelas, rosas, vermelhas, etc., pois cada coisa tem seu grau magnético no qual foi gerada;

A onda monocromática, por conduzir só uma cor, impregna tudo à sua volta com a cor que está irradiando.

Ondas Policromáticas

As ondas policromáticas são chamadas de passivas, porque não impõem uma cor específica ao que encontram pela frente. Cada um absorve dela apenas a cor do seu padrão magnético, que irá refletir e devolver ao meio ambiente, tornando-se visível a certo grau visual;

As ondas policromáticas são chamadas de positivas, porque não alteram as cores originais, apenas ressaltam-nas ainda mais. Logo, são benéficas ou positivas às coisas e aos seres, pois ajudam a mostrar suas qualidades originais, com as quais foram distinguidos por Deus quando foram gerados;

As ondas policromáticas são chamadas de irradiantes, porque quando alcançam algo ou alguém são absorvidas e devolvidas ao meio ambiente tornando-o ainda mais luminoso;

As ondas policromáticas são chamadas de ondas universais porque iluminam e dão uma cor natural a tudo o que tocam, justamente porque trazem em si todas as cores, e as "coisas" ou os seres absorvem delas apenas a cor de que precisam para ressaltar a própria cor.

Ondas Monocromáticas

As ondas monocromáticas são chamadas de ativas, porque impõem as suas cores a tudo o que tocam ou trespassam. Assim, as coisas ou seres tocados por elas apenas as absorvem, mas não as refletem ou as devolvem ao meio ambiente;

As ondas monocromáticas são chamadas de negativas, porque alteram a cor original de algo ou alguém. Um objeto verde, quando tocado ou trespassado por uma onda monocromática vermelha, se tornará vermelho, não mais sendo visto como antes;

As ondas monocromáticas são chamadas de absorventes, porque absorvem as cores das coisas por onde passam, mas não as devolvem ao meio por onde estão passando;

As ondas monocromáticas são chamadas de cósmicas, porque tudo e todos que são tocados por elas são obrigados a absorvê-las. No entanto, em vez de terem suas cores originais ressaltadas, têm-nas apagadas e substituídas pela cor cósmica que a onda está transportando, descaracterizando a coisa ou o ser tocado por ela, dando-lhe uma aparência que não é aquela que tinha antes de ser alcançado.

Recomendamos que leiam e releiam esse comentário sobre as ondas, porque nele está a descrição das dimensões universais e dimensões cósmicas da Vida, assim como explica os magnetismos irradiantes e os absorventes. Também explica os Orixás positivos, universais, passivos e policromáticos, e os Orixás cósmicos, negativos, ativos e monocromáticos ou irradiadores de uma única cor.

— os Orixás universais irradiam-se em todos os padrões vibratórios e chegam a todos;

— os Orixás cósmicos irradiam-se em um só padrão vibratório e só chegam a quem estiver vibrando dentro do mesmo padrão.

— os polos das irradiações divinas são universais e cósmicos; positivos e negativos; policromáticos e monocromáticos; passivos e ativos; irradiantes ou absorventes das cores;

— os polos magnéticos negativos são absorventes porque absorvem todas as cores, fundindo ou neutralizando ou as amalgama-as e depois as irradiam em um só padrão vibratório, uniformizando-as. Como cor é sinônimo de energia, então aí têm a chave da transmutação das ondas fatoriais em ondas magnéticas essenciais, e destas em ondas eletromagnéticas elementais, e destas em correntes eletromagnéticas (de elementos) ou energomagnéticas (de energias).

Ao comentarmos o Mistério "Orixás", nós os descrevemos como uns sendo universais, outros cósmicos; uns passivos e outros ativos; uns policromáticos e outros monocromáticos; uns positivos e outros negativos; uns irradiantes, outros absorventes.

Essas distinções obedecem ao que comentamos sobre as ondas policromáticas e as ondas monocromáticas, assim como às transmutações de muitas energias sutis em uma só, mas muito densa ou concentrada que já flui em um novo padrão vibratório.

Dentro de um mesmo plano da Vida, todas as ondas se equivalem, ainda que fluam de formas diferentes. Se todas se equivalem, é porque todas fluem dentro de um mesmo grau magnético.

Agora, quando tratarmos com fatores, essências, elementos e energias naturais, é preciso entender que estaremos lidando com valores que se equivalem, mas cujas grandezas são diferentes.

Senão, vejamos: o fator ordenador equivale-se à essência eólica, que se equivale ao elemento eólico, que se equivale à energia eólica, que se equivale ao ar que respiramos no plano material.

E o mesmo aplica-se à equivalência entre os outros fatores e seus múltiplos desdobramentos em essências, elementos, energias e substâncias encontrado no plano material da dimensão humana da Vida.

Portanto, se pegarmos o fator eólico (ordenador) e dermos a ele um valor numérico ou um "peso" específico, e fizermos o mesmo com a essência eólica, o elemento eólico, a energia eólica e a substância "ar", formaremos uma escala de equivalências, que podemos construir da seguinte forma:

Fator   = 0,0001
Essência   = 0,001
Elemento   = 0,01
Energia   = 0,1
Substância = 1,0

Ou teremos isto: 0,0001 :: 0,001 :: 0,01 :: 0,1 :: 1,0

Portanto, desde o fator eólico até a substância ar existe todo um diferencial de grandezas, ainda que estejamos lidando com valores que se equivalem porque são aplicados a diferentes planos da Vida, onde as condições são diversas, ainda que se destinem à mesma coisa: a evolução dos seres.

Então, quando observarem a transmutação de um fator em essência e esta em elemento, entendam que é a somatória e a concentração que faz com que uma mesma coisa assuma uma natureza ou consistência diferente.

Nós vamos tomar por exemplo a onda fatoral eólica e mostrar como surge a onda magnética essencial eólica, que por sua vez faz surgir a onda eletromagnética eólica, que por sua vez faz surgir a corrente energética eólica, que por sua vez faz surgir a "corrente" eletromagnética eólica, que por sua vez faz surgir a irradiação energomagnética eólica, que por sua vez polariza-se com a corrente energomagnética ígnea e faz surgir a irradiação natural da Lei Maior, ordenadora da religiosidade dos seres no Plano Natural da Vida.

Formação das Ondas Eólicas, desde as Fatorais até as Naturais

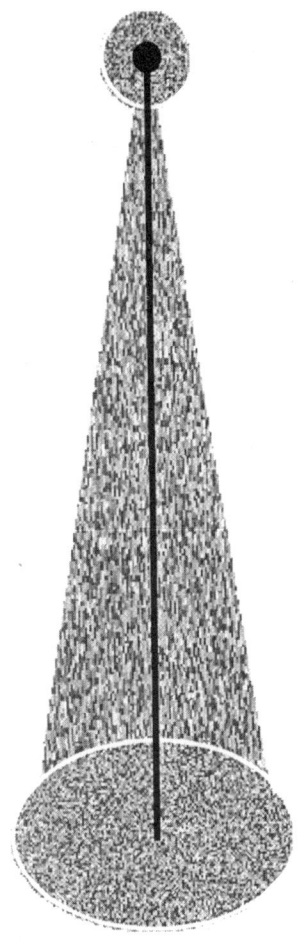

Condensação de energia divina de natureza eólica no plano fatoral da vida.

Onda fatoral ordenadora, absorvedora e condutora do fator eólico. À medida que ela avança, vai atraindo fatores eólicos e chega um momento em que ela está tão sobrecarregada e "grossa" que não avança mais, parando em um ponto. Mas como continuam fluindo vibrações ordenadoras através dela, então essas vibrações vão acumulando-se na sua ponta e criando uma estática, pois cada vez mais fatores eólicos vão sendo agregados na sua ponta e no lugar onde ela parou.

A estática torna-se tão grande que cria um magnetismo que vai absorvendo as vibrações ordenadoras que vêm através da onda. E, quando alcançam um grau vibratório tido como "limite" no plano fatoral da vida, então iniciase um processo de fusão magnética das ondas vibratórias, transformando-se em ondas magnéticas.

Observem a ponta da onda eólica e verão as "espirais" de Yansã, que são ondas movimentadoras de fatores. Sim, as ondas vibratórias que chegam através da onda fatoral eólica, que é reta, se deixam de seguir adiante, então suas vibrações fazem surgir essas ondas espiraladas, que mantêm em movimento os fatores concentrados na ponta da onda reta.

Essas espirais são "cadeias" de energia divina eólica e quando a estática torna-se muito "intensa", é porque as espirais estão se chocando e atritando, criando um magnetismo poderoso que chega a um ponto que explode e projeta dois fluxos de ondas fatorais fundidas em duplas ondas magnéticas.

Um fluxo projeta-se em uma onda magnética reta e o outro fluxo projeta-se em uma onda espiralada (a onda eólica de Yansã). A onda reta (de Ogum) projeta-se perpendicularmente à direita e a onda espiralada (de Yansã) projeta-se perpendicularmente à esquerda.

Pronto, temos aí um polo magnético autêntico, pois de um lado ele estará absorvendo vibrações eólicas e fatores divinos vivos, e do outro lado ele estará irradiando duas poderosas ondas magnéticas essenciais eólicas, sendo que uma é reta e ordenadora e a outra é espiralada e movimentadora.

• A onda reta é ordenadora.
• A onda espiralada é movimentadora.

Saibam que nos gráficos onde mostramos os tipos de ondas, nos micropolos onde elas se multiplicam, sempre saem ondas magnéticas, que são feixes de ondas fatorais. E saem do plano fatoral da vida e penetram no plano essencial da vida.

Portanto, se aqui estamos comentando o desdobramento da onda fatoral eólica, o mesmo processo de transmutação aplica-se a todas as outras ondas. Certo?

Bem, observem como a nossa original onda fatoral eólica fica quando se transmuta em onda magnética eólica.

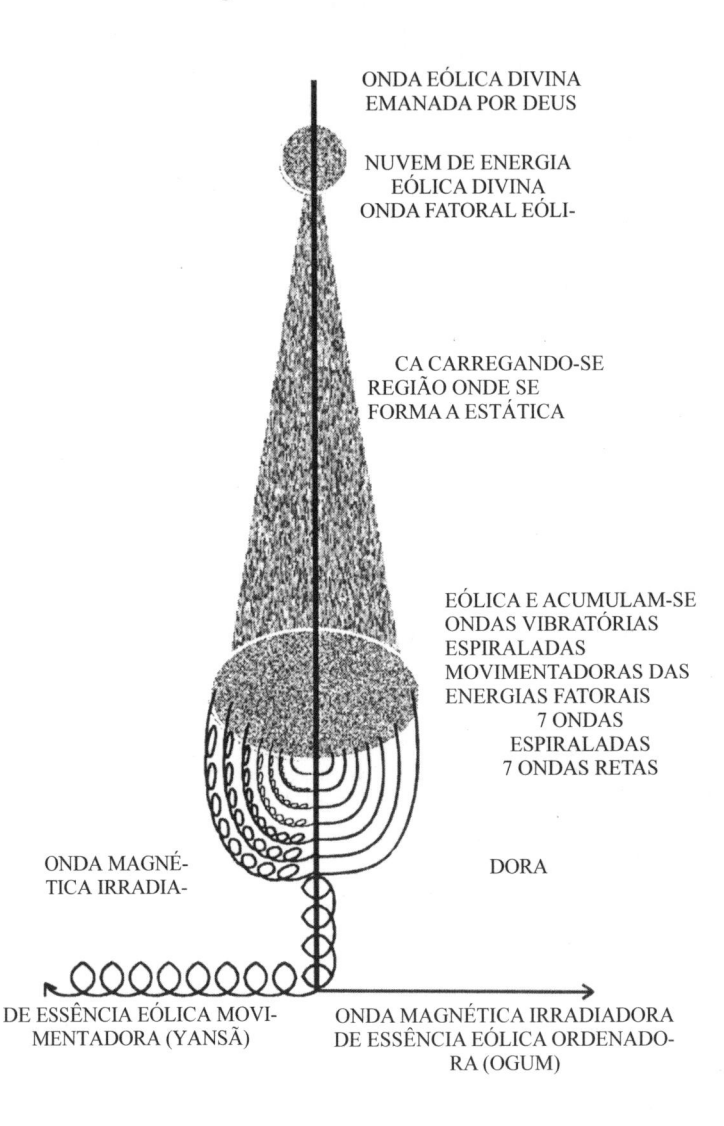

ONDA EÓLICA DIVINA EMANADA POR DEUS

NUVEM DE ENERGIA EÓLICA DIVINA
ONDA FATORAL EÓLICA CARREGANDO-SE
REGIÃO ONDE SE FORMA A ESTÁTICA EÓLICA E ACUMULAM-SE ONDAS VIBRATÓRIAS ESPIRALADAS MOVIMENTADORAS DAS ENERGIAS FATORAIS
7 ONDAS ESPIRALADAS
7 ONDAS RETAS

ONDA MAGNÉTICA IRRADIADORA DE ESSÊNCIA EÓLICA MOVIMENTADORA (YANSÃ)

ONDA MAGNÉTICA IRRADIADORA DE ESSÊNCIA EÓLICA ORDENADORA (OGUM)

A onda reta é um feixe de ondas fatorais ordenadoras, e a onda espiralada é um feixe de ondas fatorais movimentadoras. Estas são as duas ondas magnéticas irradiadoras de essências eólicas.

Essas duas ondas assumiram a condição de: onda passiva (reta) e onda ativa (espiralada).

Isso explica por que Ogum é um Orixá passivo e Yansã é um Orixá ativo; Ogum é universal, irradiante e policromático e Yansã é cósmica, absorvente e monocromática.

A onda reta de Ogum vai fluindo e ordenando o magnetismo de tudo e de todos, aquietando-os. A onda espiralada de Yansã vai fluindo e movimentando (girando) o magnetismo de tudo e de todos, imprimindolhes uma nova direção.

Este também é o princípio da gênese: cria, estabiliza sua criação e imprime um movimento regular tanto a ela quanto aos que são seus beneficiários (nós).

Se estacionarmos, logo um micropolo semelhante a este forma-se "dentro" do nosso mental e "mexe" com as nossas vibrações, alterando e acelerando o pulsar de nossa "estrela viva da vida", obrigando-nos a mexer em busca de algo indefinido. Quando encontrarmos este algo, voltaremos a nos aquietar.

Logo, quando alguém está manifestando insatisfação em algum sentido da Vida (são sete), é porque a onda viva que o energiza no sentido bloqueado deixou de fluir naturalmente e no polo magnético dela em nosso corpo energético (um dos sete chacras principais) formou-se uma estática que o está paralisando, apatizando, bloqueando, etc.

Bom, voltando às ondas, o fato é que essas duas ondas magnéticas eólicas, após saírem do polo formado pela estática fatoral, penetram no Plano Essencial da Vida ou em uma nova realidade da existência dos seres, que na verdade é o novo meio onde os seres evoluem.

Nele, elas fluem horizontalmente e atravessam outras ondas magnéticas irradiadoras de outras essências.

Sempre que essas ondas magnéticas horizontais eólicas cruzam com uma onda magnética irradiadora de outras essências, projetam para ela uma onda fatoral eólica magnetizada e recebem, também, uma onda fatoral magnetizada, que incorporam aos seus fluxos essenciais.

Quando doaram todas as suas ondas fatorais magnetizadas e também incorporaram ondas fatorais magnetizadas de outros tipos (congregadoras, agregadoras, equilibradoras, etc.), param de fluir, estacionam e começam a criar em suas extremidades um turbilhão de essências, dentro das quais vão se acumulando ondas fatorais magnetizadas e ondas magnéticas fatoradas que, pouco a pouco, vão se atritando e se eletrizando (de elétrons), criando um poderoso eletromagnetismo.

E quando esse eletromagnetismo torna-se "explosivo", então um novo polo eletromagnético está formado e uma onda magnética eólica, essencial, enfeixará sete outras ondas magnéticas e criará uma onda eletromagnética ou elemental que, por ter na origem a onda divina eólica, manterá sua qualidade eólica. Então a multiplicação da onda reta e da onda espiralada será da seguinte forma:

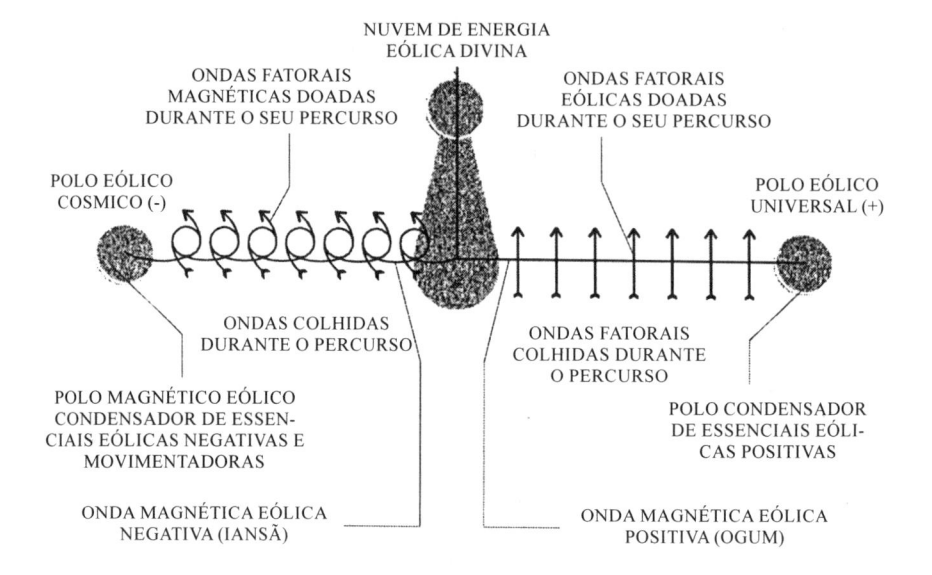

```
                    NUVEM DE ENERGIA
                    EÓLICA DIVINA
    ONDAS FATORAIS                    ONDAS FATORAIS
    MAGNÉTICAS DOADAS                 EÓLICAS DOADAS
    DURANTE O SEU PERCURSO            DURANTE O SEU PERCURSO

POLO EÓLICO                                          POLO EÓLICO
CÓSMICO (-)                                          UNIVERSAL (+)

        ONDAS COLHIDAS          ONDAS FATORAIS
        DURANTE O PERCURSO      COLHIDAS DURANTE
                                O PERCURSO
    POLO MAGNÉTICO EÓLICO
    CONDENSADOR DE ESSEN-              POLO CONDENSADOR
    CIAIS EÓLICAS NEGATIVAS E          DE ESSENCIAIS EÓLI-
    MOVIMENTADORAS                     CAS POSITIVAS

    ONDA MAGNÉTICA EÓLICA              ONDA MAGNÉTICA EÓLICA
    NEGATIVA (IANSÃ)                   POSITIVA (OGUM)
```

Bem, observem com atenção este esquema gráfico, pois, por falta de espaço, vamos desmembrá-lo em onda magnética reta e ordenadora e onda magnética espiralada e movimentadora, para que vocês possam acompanhar nossa explicação de como uma onda divina (vinda de Deus) transmuta-se em uma onda viva fatoral eólica, e esta se transmuta em uma onda magnética eólica ordenadora e em outra onda magnética movimentadora.

Vamos comentar rapidamente essas 13 ondas fatorais magnetizadas que são absorvidas pela onda magnética eólica, que irradia a essência eólica que está sendo formada com a fusão dos fatores eólicos no polo magnético de onde ela partiu (Primeiro Plano).

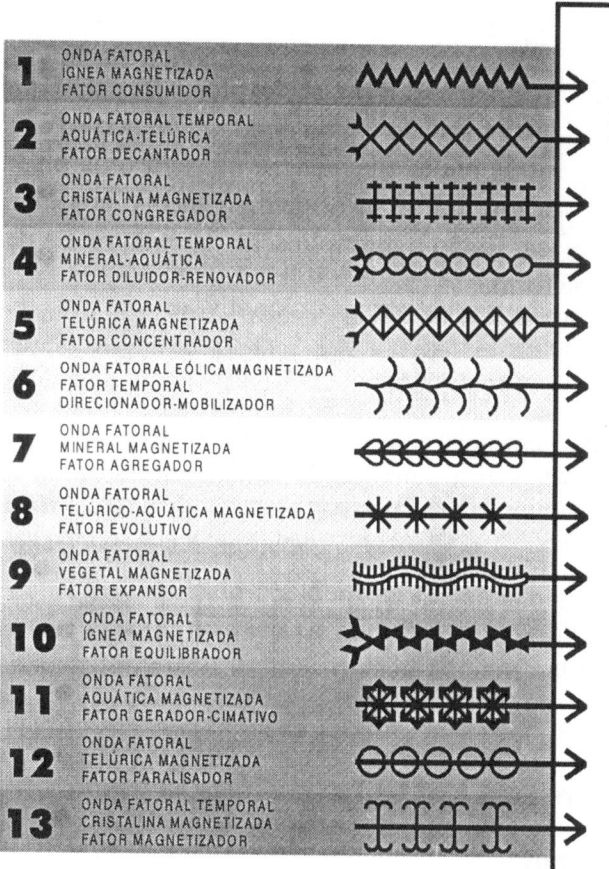

1	ONDA FATORAL ÍGNEA MAGNETIZADA FATOR CONSUMIDOR	
2	ONDA FATORAL TEMPORAL AQUÁTICA-TELÚRICA FATOR DECANTADOR	
3	ONDA FATORAL CRISTALINA MAGNETIZADA FATOR CONGREGADOR	
4	ONDA FATORAL TEMPORAL MINERAL-AQUÁTICA FATOR DILUIDOR-RENOVADOR	
5	ONDA FATORAL TELÚRICA MAGNETIZADA FATOR CONCENTRADOR	
6	ONDA FATORAL EÓLICA MAGNETIZADA FATOR TEMPORAL DIRECIONADOR-MOBILIZADOR	
7	ONDA FATORAL MINERAL MAGNETIZADA FATOR AGREGADOR	
8	ONDA FATORAL TELÚRICO-AQUÁTICA MAGNETIZADA FATOR EVOLUTIVO	
9	ONDA FATORAL VEGETAL MAGNETIZADA FATOR EXPANSOR	
10	ONDA FATORAL ÍGNEA MAGNETIZADA FATOR EQUILIBRADOR	
11	ONDA FATORAL AQUÁTICA MAGNETIZADA FATOR GERADOR-CIMATIVO	
12	ONDA FATORAL TELÚRICA MAGNETIZADA FATOR PARALISADOR	
13	ONDA FATORAL TEMPORAL CRISTALINA MAGNETIZADA FATOR MAGNETIZADOR	

ONDA VIVA DIVINA
Esquema gráfico da Onda Magnética Essencial

Eólica onde ela vai fluindo e tanto vai doando ondas fatoriais eólicas magnetizadas quanto vai recebendo ondas magnetizadas fatoriais das outras ondas magnéticas que fluem pelo Plano Essencial da Vida, chegando a um ponto em que está tão sobrecarregada, que deixa de seguir adiante e cria um polo eletromagnético, a partir do qual ela se polarizará e partirá em duas ondas eletromagnéticas elementais eólicas.

Vocês viram no

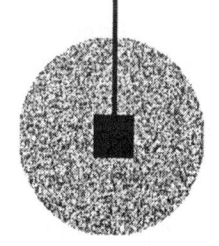

esquema gráfico que, enquanto ela vai recebendo por "baixo" as ondas fatorais magnetizadas também vai doando para cima as suas ondas fatorais, já magnetizadas, às outras ondas magnéticas existentes no Segundo Plano da Vida.

Essas ondas que são doadas pela onda magnética eólica destinam-se a ordenar o fluir das outras ondas magnéticas, irradiadoras de outras essências.

Quanto às ondas fatorais magnetizadas que ela recebe, destinam-se ao seguinte:

1ª Onda Fatoral Ígnea Magnetizada

1ª) Onda Fatoral Ígnea Magnetizada: onda transportadora da parte feminina, negativa, ativa e absorvente do fator ígneo ou equilibrador, regida pelo divino Trono Essencial da Justiça.

A regente dessa parte feminina e "consumista" do fator ígneo é conhecida em nível terra como a Orixá Oro Iná, Senhora do Fogo Cósmico ou fogo purificador das paixões e dos vícios emocionais.

A incorporação dessa onda fatoral ígnea, magnetizada, destina-se a inundar a onda magnética essencial eólica com seu fator ígneo e criar uma polarização vibratória, energética e magnética, imprimindo às essências eólicas uma mobilidade muito grande, pois as "aquece", além de consumir parte das essências eólicas, não permite que a onda magnética se sobrecarregue e perca sua fluidez.

Quando essa onda fatoral ígnea magnetizada é incorporada pela onda magnética essencial eólica, esta projeta uma onda para o Quarto Plano da Vida, dando origem ao surgimento da hierarquia dual dos tronos ordenadores da Justiça, ou Oguns duais do fogo elemental.

Essa hierarquia é extremamente ativa no Quarto Plano da Vida, pois são ordenadores da razão dos seres, facilmente turvada pelos instintos que afloram naturalmente nesse plano dual da Vida ou plano onde os seres desenvolvem a dupla polaridade mental, ora vibrando positivamente (racional), ora vibrando negativamente (emocional).

2ª Onda Fatoral "Temporal" Aquático-Telúrica

2ª) Onda Fatoral "Temporal" Aquático-Telúrica: onda transportadora do fator aquático-telúrico ou fator decantador, regida pela divino Trono Essencial da Evolução, e cuja regente da parte feminina em nível terra é a Orixá Nanã Buruquê.

Nanã Buruquê é um Trono da Evolução que atua como decantador dos espíritos emocionados ou mentalmente desequilibrados.

Esse fator duplo em sua parte aquática destina-se a anular parte dos fatores ígneos consumistas, senão eles consomem até as ondas fatorais eólicas enfeixadas que deram origem à onda magnética eólica, assim como vai fundindo-se com o fator eólico irradiado pelo feixe de ondas fatorais, dando assim origem ao fator misto ou duplo "água-ar", que será projetado em uma onda eletromagnética ao Quarto Plano da Vida ou Plano Dual da Evolução, dentro do qual todas as energias são mistas.

A primeira onda, a fatoral ígnea, ao incandescer o ar para consumi-lo, na verdade não o consome mas dá origem a uma onda energética dupla "ar-fogo", que também é projetada para o Quarto Plano da Vida, onde será vista como línguas de fogo que se projetam em todas as direções.

Então, viram como surgem as ondas duais ou bienergéticas, que são em si a fusão de dois fatores magnetizados dando origem a uma energia devoradora de outras ondas eletromagnéticas.

Deus é assim mesmo: cria várias coisas puras, funde-as umas com as outras, criando coisas mistas, que também funde umas com as outras e cria coisas compostas, que as funde..., etc.

Tudo o que existe, nada mais é que a contínua fusão ou transmutação de fatores ou de energia divina.

Logo, uma substância pode ser partida seguidamente que irá mostrando partículas cada vez menores, e no entanto completas em si mesmas, pois em determinado plano da Vida elas são fundamentais ao tipo de vida que ali existe.

Então, já temos duas ondas eletromagnéticas ou bienergéticas.

Onda ar fogo = eólico-ígnea = origem dos Oguns duais do fogo energético
Onda ar-água = eólico-aquática = Oguns da água elemental energética.

A parte telúrica do fator misto aquático telúrico, ou fator decantador, visa dar estabilidade à onda magnética eólica, impedindo assim que o seu magnetismo seja distorcido pelos fatores da onda fatoral ígnea magnetizada que está recebendo e está aquecendo-a e acelerando seu fluir.

Neste caso não surge uma onda ar-terra, porque toda a parte telúrica da onda decantadora será usada para dar estabilidade vibratória à onda magnética eólica, irradiadora da essência eólica ou essência ordenadora.

Essa onda fatoral magnetizada aquático-telúrica é regida pelo Trono Essencial da Evolução que, em nível terra, conhecemos como a Orixá Nanã Buruquê, Orixá Natural da Evolução.

Também é nesse plano essencial da Vida que está a origem de duas hierarquias do Trono Regente da Lei Maior: as hierarquias dos duais Oguns do Fogo e dos duais Oguns da Água, ambos elementais energéticos.

Esses tronos ordenadores tanto são irradiadores quanto são absorvedores de fatores, essências e elementos.

São tronos energéticos ordenadores no Quarto Plano da Vida. Mas outros "Oguns" ainda juntar-se-ão a eles nesse plano dual da Vida. Sigamos!

3ª Onda Fatoral Cristalina Magnetizada

3ª) Onda Fatoral Cristalina Magnetizada: onda transportadora do fator cristalino, congregador dos seres e das coisas criadas por Deus.

Essa onda cristalina é incorporada pela *onda magnética* "reta" de Ogum e a magnetiza com seu fator congregador, cuja principal função é congregar em uma mesma *onda magnética* essencial todas as ondas fatorais magnetizadas doadas por outras ondas magnéticas.

Saibam que uma onda fatoral absorve fatores e imanta com eles os seres que atrai, magnetizando-os.

Já uma *onda fatoral magnetizada* é tão poderosa e irradia tantos fatores que, por onde ela passa, o meio à sua volta fica saturado do seu fator, gerado por ela o tempo todo.

Essas ondas fatorais magnetizadas são um recurso dos Tronos de Deus responsáveis pela evolução dos seres e pela manutenção do equilíbrio magnético, vibratório e energético das dimensões e de suas faixas vibratórias. Eles as direcionam mentalmente para regiões com deficiências energéticas, ou cujos magnetismos locais estejam enfraquecendo-se.

Uma *onda fatoral magnetizada* é tão poderosa que, quando ela chega a um local desequilibrado, para de fluir e irradia tanto dos seus fatores, que logo outras ondas fatorais magnetizadas projetam-se ao local onde ela estacionou, somente para regularem sua irradiação, pois só assim ela voltará a fluir ou seguir adiante, irradiando naturalmente seu fator magnetizado.

As ondas fatorais são ondas vivas que se multiplicam indefinidamente, expandindo ao infinito a criação divina. Elas desencadeiam os processos "genéticos" que formam tudo o que existe e assim que criam as condições ideais em um "local", multiplicam-se e seguem adiante, formando uma teia fatoral que não deixa aberto um único milímetro quadrado, cobrindo tudo e chegando a todos.

Os Tronos de Deus (os Orixás), como já dissemos, possuem suas estrelas vivas pairando acima de suas coroas e, quando precisam, mentalmente, fazem brotar delas ondas fatorais, direcionando-as até onde elas deverão "atuar". E tanto podem deixá-las fluir indefinidamente como podem limitar sua expansão ou recolhê-las ao interior de suas estrelas, assim que realizam o que motivou sua projeção mental.

> **Observação:** o Trono Cósmico Exu é o regente da onda fatoral vitalizadora, ou onda irradiadora de um fator que desencadeia o processo de geração de energias vitais para os seres, criaturas e espécies.

Até aí, nada de mais, pois outros tronos também geram ondas fatorais com essa função.

O único problema é que as ondas fatorais vitalizadoras de Exu, quando são magnetizadas, tanto geram o fator "Vigor" quanto o absorvem dos seres, das criaturas e das espécies inferiores, tornando-o o mais temido trono cósmico, ao lado do trono cósmico regente da onda transportadora do fator "Desejo", que também assume essa dupla função quando projeta suas ondas magnetizadas.

Ogum é o único trono que Exu e Pombagira temem, porque ele é em si a potência divina. E sem ela, Exu e Pombagira não conseguem magnetizar suas ondas ou sequer projetá-las, ficando apáticos. Já Ogum não depende nem de Exu nem de Pombagira, pois sua onda magnética não absorve as ondas fatorais magnetizadas desses dois tronos cósmicos, assim como eles só conseguem projetar suas absorvendo a de Ogum, pois ela é em si a Potência Divina e potencializa as outras ondas, dando-lhes sustentação até na capacidade de gerar fatores.

Sendo assim, se todos os outros Orixás mantêm certa distância de Exu, Ogum não só o aceita à sua "esquerda" como ainda o usa como agente cármico vitalizador ou desvitalizador de mistérios cósmicos ativados por meio de magias negras feitas aqui no plano material da dimensão humana, ou o aciona para desativar mistérios negativos naturais ativados pelos seres naturais quando começam a vibrar sentimentos negativos (ira, ódio, fúria, etc.). O mesmo Ogum faz com Pombagira e seu fator Desejo, gerado por ela naturalmente.

Bom, voltando à onda fatorial cristalina magnetizada, o fato é que a onda magnética de Ogum a absorve, cristalizando-se e adquirindo condições de congregar em si todas as outras ondas fatorais magnetizadas que absorver, evitando assim que umas anulem as outras ou que sequer se toquem. Com isso, segue naturalmente até que esteja pronta para criar um polo eletromagnético que a projetará ao Terceiro Plano da Vida, o Plano Elemental ou Energético.

Assim que essa onda fatorial cristalina magnetizada é incorporada à onda magnética de Ogum, o seu fator eólico magnetizado incorpora o fator cristalino magnetizado e, dessa fusão de dois fatores magnetizados, projeta uma onda energética eólico-cristalina que alcança o Terceiro Plano da Vida ou elemental, fazendo surgir a hierarquia dos tronos eólico-cristalinos ou das divindades elementais ordenadoras das congregações ou como nós os chamamos: a hierarquia dos Oguns Cristalinos, os tronos ordenadores da fé dos seres!

Eis a origem de mais uma hierarquia de Ogum, o Trono da Lei: os Oguns Cristalinos.

Essa onda fatorial cristalina magnetizada é regida pelo Trono Essencial do Cristal.

Ele rege sua parte passiva e irradiante e, em nível terra, nós o conhecemos como o Orixá Oxalá.

4ª Onda Fatoral Temporal Magnetizada

4ª) Onda Fatoral Temporal Aquático-Mineral Magnetizada: onda transportadora do fator misto ou duplo mineral-aquático.

Ela é temporal porque todo fator original com dupla qualidade é misto ou temporal e, assim como o fator evolutivo aquático-telúrico é temporal, esse fator aquático-mineral também é.

A absorção dessa onda aquático-mineral destina-se, em sua parte aquática, a dar maleabilidade à *onda magnética* eólica, senão a parte telúrica da onda anterior a torna muito rígida. Então, dessa fusão da parte telúrica com a aquática e dessas duas partes, uma do fator Evolutivo e outra do fator Renovador, com os fatores da *onda fatoral magnetizada* eólica, surgirá a onda mista que projetará. Eis que surge uma onda mista trienergética ar-terra-água, que se projetará e alcançará o Quinto Plano da Evolução, dando origem à hierarquia dos Oguns Beira-Mar "encantados".

Oguns Beira-Mar são Oguns (ar) Beira (terra) mar (água), aqui no nível terra, certo? Visto que no Quinto Plano da Vida são tronos trienergéticos que ordenam a evolução de bilhões de seres encantados "ar-terra-água".

Continuando, temos a parte mineral do fator temporal Renovador, que se destina a energizar a *onda magnética* irradiadora de essências eólicas.

Essa parte mineral desse fator temporal funde-se com os fatores eólicos e uma onda dual eólico-mineral projeta-se na direção do Quarto Plano da Vida ou Plano Dual ou bienergético, no qual essa onda ar-mineral será uma onda energética mista.

É daí que surge, ou melhor, aí está a origem dos Oguns duais eólicos minerais, ou como são conhecidos, em nível terra, os "Oguns do Ferro".

Esses Oguns são rigorosíssimos e chegam a ser evitados por todos os seres naturais, pois não admitem o menor desvio na conduta individual ou na postura dos seres diante dos Orixás.

Os seres naturais "Ogum" que incorporam no Candomblé e se apresentam como "Ogum Já" são regidos por Oguns intermediadores do trono dual, ou bienergético, que chamamos de Ogum do Ferro, o mais rigoroso dos Oguns duais.

Esta onda fatoral temporal aquático-mineral é regida pelo Trono Essencial Temporal Aquático-Mineral, que rege sobre a parte ativa do fator aquático e sobre a parte passiva do fator mineral. Em nível terra, esse trono é conhecido como o Orixá Oxumaré.

> **Observação:** A onda natural aquática em seu polo universal ou positivo é regida por Yemanjá na parte positiva passiva do fator aquático e é regida por Oxumaré na sua parte positiva ativa. Na água, ambos são tronos da Geração.

Gênese de Umbanda Sagrada

Já no polo cósmico ou negativo da onda natural aquática, a parte negativa ativa do fator aquático é regida por Nanã Buruquê e a parte negativa passiva é regida por Obaluaiyê. Na água, ambos são tronos da Evolução.

5ª Onda Fatoral Telúrica Magnetizada

5ª) Onda Fatoral Telúrica Magnetizada: onda transportadora do fator "concentrador", cuja função é concentrar na *onda magnética* eólica essencial os fatores magnetizados gerados pelas outras ondas fatorais magnetizadas absorvidas por ela.

Da incorporação dessa onda não surge nenhuma hierarquia de Oguns.

Essa onda telúrica magnetizada é regida pelo Trono Essencial Telúrico, cuja parte ativa feminina é regida pela Orixá Obá, e cuja parte feminina passiva é regida pela Orixá Nanã Buruquê. Já a parte positiva masculina é regida por Obaluaiyê e a parte negativa masculina é regida por Omulu.

Isso em nível natural, pois, em nível fatoral, essas partes dos fatores são regidas por tronos fatorais "puros" e não por tronos naturais, que "lidam" com muitas ondas fatorais magnetizadas ao mesmo tempo. Certo?

Sim. Porque um fator tem quatro partes, já que duas são masculinas e duas são femininas. Temos uma masculina positiva e outra negativa, e uma feminina positiva e outra negativa.

Essas quatro partes, se distribuídas em um gráfico, ficam assim:

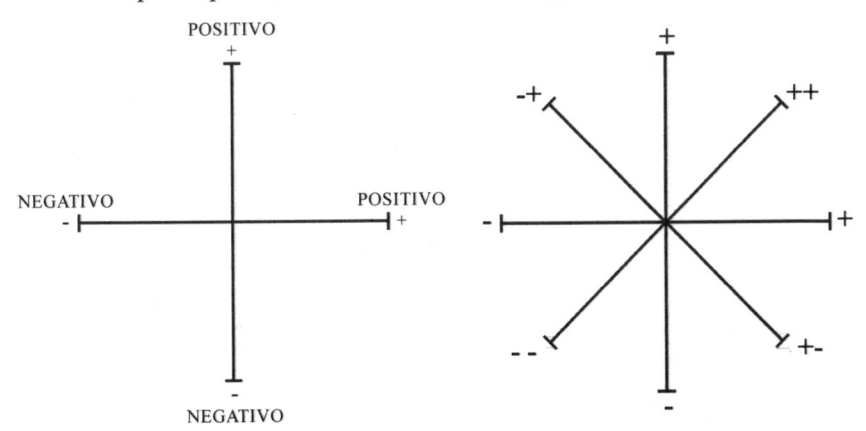

Essa demonstração gráfica da distribuição das partes de um fator divino está na base da *Ciência dos Entrecruzamentos*, aberta ao plano material nos nossos livros *As Sete Linhas de Umbanda*, *A Tradição Comenta a Evolução* e o *Código de Umbanda*.

6ª Onda Fatoral Eólica Magnetizada

6ª) Onda Fatoral Eólica Magnetizada: onda transportadora do fator Mobilizador-Direcionador, regida pelo Trono Essencial do Ar, que em nível terra nos chega como a Orixá Yansã, regente natural da parte feminina ativa do fator eólico, cuja parte masculina passiva é regida pelo Orixá Natural Ogum. É por isso que no elemento "ar" Yansã é ativa e negativa, e Ogum é passivo e positivo.

Esta onda fatoral eólica magnetizada é incorporada pela *onda magnética* eólica essencial de Ogum, porque seus fatores magnetizados impedirão que ela seja paralisada antes de alcançar seu destino, assim como a direcionará até o local onde, aí sim, deixará de fluir, e criará uma estática eletromagnética que, quando explodir, projetará uma *onda eletromagnética* ao terceiro Plano da Vida, ou Plano Elemental.

A fusão dessa onda fatoral eólica magnetizada com a *onda magnética* eólica essencial projeta três ondas eólicas puras, que vão a três diferentes planos da Vida.

1ª   Onda, temporal, projeta-se para a dimensão do Tempo ou meio atemporal da Vida, dando origem aos Oguns ou tronos ordenadores dos procedimentos, também conhecidos como Oguns de Lei;

2ª   Onda, elemental, projeta-se para o Terceiro Plano da Vida, fazendo surgir a hierarquia dos tronos elementais da ordenação, ou Oguns do Ar;

3ª   Onda, energética e dual, projeta-se para o Quarto Plano da Vida e faz surgir a hierarquia dos tronos ordenadores dos movimentos, ou Oguns de "Ronda".

7ª Onda Fatoral Mineral Magnetizada

7ª) Onda Fatoral Mineral Magnetizada: onda transportadora do fator Agregador, cuja parte feminina positiva é regida pela Orixá Natural Oxum, e cuja parte masculina positiva é regida pelo Orixá Natural Oxumaré.

Essa onda fatoral mineral magnetizada, incorporada pela onda magnética eólica essencial, destina-se a energizá-la e inundá-la de fatores agregadores que, quando ela parar, criarão uma agregação "essencial" que reterá dentro da estática todas as essências que ali serão descarregadas. Essa agregação essencial impedirá que elas se espalhem, criando assim um eletromagnetismo poderosíssimo que, quando alcançar seu limite agregador, explodirá e projetará a *onda eletromagnética* eólica elemental ao Terceiro Plano da Vida, o Plano Elemental.

A incorporação dessa onda fatoral mineral magnetizada projeta três ondas, dando origem a três hierarquias de tronos ordenadores das agregações.

1ª Projeta-se para o Terceiro Plano da Vida e faz surgir a hierarquia dos tronos elementais ordenadores das agregações, ou Oguns Minerais.

2ª Projeta-se ao Quarto Plano da Vida e faz surgir a hierarquia dos tronos duais da ordenação das agregações, ou Oguns das Pedras.

3ª Projeta-se ao Quinto Plano da Vida e faz surgir a hierarquia dos tronos ordenadores das agregações minerais aquáticas ou dos Oguns ou Oguns das "águas minerais".

8ª Onda Fatoral Temporal Telúrico-Aquática Magnetizada

8ª) Onda Fatoral Temporal Telúrico-Aquática Magnetizada: onda transportadora do fator Temporal telúrico-aquático magnetizado.

Essa onda é regida pelo Trono Essencial da Evolução, cujo regente natural da parte masculina positiva do fator temporal terra-água é, em nível terra, o Orixá Obaluaiyê. Ele é ativo no fator terra e passivo no fator água.

Como esse fator terra-água é evolutivo ou transmutador, a incorporação dessa *onda fatoral magnetizada* destina-se a criar as condições para que a *onda magnética* eólica essencial transforme-se, mais adiante, em *onda eletromagnética*.

Quando ela é absorvida, a *onda magnética* eólica essencial projeta uma onda que alcança o Quarto Plano da Vida, fazendo surgir a hierarquia dos tronos ar-terra-água, que são ativos no elemento terra e são passivos no elemento água. São conhecidos como Oguns duais da Evolução ou tronos duais ordenadores da Evolução, também chamados de Oguns das Passagens de níveis vibratórios.

9ª Onda Fatoral Magnetizada

9ª) Onda Fatoral Vegetal Magnetizada: onda transportadora do fator Expansor, cuja função é expandir a *onda magnética* eólica essencial, dando-lhe condições de acumular em seu fluir reto, tanto suas essências quanto as ondas fatorais magnetizadas que está incorporando.

Após a incorporação dessa *onda fatoral magnetizada*, a *onda magnética* essencial eólica expande-se de tal maneira que se torna um fluxo gigantesco de essências.

Também, após incorporá-la, a *onda magnética* essencial projeta uma onda que alcança o Terceiro Plano da Vida e dá origem à hierarquia dos tronos eólico-vegetais ou Oguns elementais ordenadores do Conhecimento no Terceiro Plano da Vida.

Esses tronos ordenadores do Conhecimento são elementais e, em nível natural, nós os chamamos de Oguns Rompe-Matas.

A parte masculina positiva e ativa natural do fator expansor ativa o raciocínio dos seres e é regido pelo Orixá Natural Oxóssi. Já a parte feminina natural positiva e passiva é regida pela Orixá Natural Obá. Oxóssi aguça o raciocínio e expande as faculdades mentais dos seres e Obá apassiva as faculdades mentais e concentra o raciocínio dos seres.

As partes negativas desse fator são destinadas a aguçar ou apassivar os instintos das criaturas e espécies inferiores.

10ª Onda Fatoral Ígnea Magnetizada

10ª) Onda Fatoral Ígnea Magnetizada: onda transportadora do fator ígneo, equilibrador por excelência.

Essa onda fatoral ígnea magnetizada é absorvida pela *onda magnética* eólica essencial porque equilibrará o seu fluir natural, assim como regulará a geração de fatores pelas outras ondas e equilibrará a própria onda que a incorporou.

Ela é regida pelo Trono Essencial da Justiça, cuja essência é equilibradora de tudo e de todos.

No nível terra, o regente da parte masculina positiva do fator ígneo é o Orixá Natural Xangô. Já a sua parte feminina negativa é regida pela Orixá Natural Oro Iná.

Quando da incorporação da onda fatoral ígnea magnetizada pela *onda magnética* essencial eólica, esta projeta três ondas, dando origem a três hierarquias de tronos ordenadores da Razão ou três hierarquias de Oguns ígneos.

1ª Hierarquia dos Oguns elementais do Fogo;

2ª Hierarquia dos Oguns duais dos Raios;

3ª Hierarquia dos Oguns ordenadores da Justiça Divina.

— a 1ª hierarquia surge no Terceiro Plano da Vida (Elemental);

— a 2ª hierarquia surge no Quarto Plano da Vida (Dual);

— a 3ª hierarquia surge no Quinto Plano da Vida (Encantado).

11ª Onda Fatoral Aquática Magnetizada

11ª) Onda Fatoral Aquática Magnetizada: onda transportadora do fator Gerador, regida pelo Trono Essencial Aquático ou Trono Essencial da Geração e Criatividade.

Em nível terra, a regente natural da parte feminina positiva e passiva desse fator é a Orixá Yemanjá, chamada por nós de "Mãe da Vida".

A incorporação dessa onda fatoral aquática magnetizada tem por função saturar e dar maleabilidade à *onda magnética* essencial eólica, visando gerar as condições ideais para que ela se transforme em *onda eletromagnética*, pois só esse fator aquático magnetizado tem essa capacidade.

Quando da sua incorporação pela *onda magnética* essencial eólica, esta projeta duas ondas, dando origem a duas hierarquias de tronos eólico-aquáticos.

1ª Hierarquia: Tronos ordenadores da Geração, ou Oguns da Água, ou Oguns Marinhos;

2ª Hierarquia: Tronos ordenadores da Criatividade, ou Oguns da Criatividade, ou Oguns das Sete Ondas.

A onda que forma a hierarquia dos tronos ordenadores da Geração ou Oguns Marinhos encantados do mar projeta-se para o Quinto Plano da Vida.

A onda que forma a hierarquia dos tronos ordenadores da Criatividade ou Oguns das Sete Ondas é ordenador das "ondas" do mar.

Essas "sete ondas do mar" não são o que muitos imaginam: ondas do mar!, mas sim as sete ondas geradoras ou irradiações geradoras projetadas pela onda viva divina.

Cada uma dessas sete ondas vivas divinas geradoras projeta-se e é incorporada pelas outras ondas vivas divinas, dotando-as da capacidade de gerarem a si mesmas, multiplicando-se continuamente.

Ela volta a repetir-se no estágio encantado da Vida, que acontece no Quinto Plano da Vida, onde um Orixá a absorve, incorpora-a à sua estrela da vida e começa a multiplicar-se nos seus filhos encantados.

São essas "sete ondas geradoras" que dão aos Orixás encantados a possibilidade de multiplicarem-se nos seus "filhos e filhas", ou nos seres regidos por eles nas dimensões da Vida, paralelas à dimensão humana.

Um Orixá Encantado multiplica-se nos seres regidos por ele, que são suas cópias fiéis assim que alcançam certo grau evolutivo. Sendo que, se vermos uma encantada Oxum, estaremos vendo nela o Trono ou Orixá Oxum que a rege. E a repetição em todos os sentidos é tão marcante, que a vemos em todos os sentidos.

Por isso, se um médium diz: "Eu incorporo minha mãe Oxum das Cachoeiras", de certa forma está certo, pois a encantada das cachoeiras que ele incorpora é uma multiplicação e uma individualização do Trono Encantado Oxum das Cachoeiras.

E tudo porque a Orixá Oxum das Cachoeiras absorveu e incorporou uma dessas sete ondas vivas geradoras divinas e passou a gerar ondas e multiplicar-se por meio de sua estrela viva da vida, que projeta ondas vivas já em nível encantado, às suas filhas, que as absorvem por intermédio das suas estrelas vivas dentro de seus mentais, e tornam-se geradoras individuais das qualidades divinas do trono encantado Oxum que as rege e ampara suas evoluções no Quinto Plano da Vida, o plano onde os seres absorvem, via mental, as qualidades das divindades que os regem, tornando-se irradiadores encantados delas.

Essas "sete ondas do mar" são, em verdade, a repetição, em nível encantado, das sete ondas geradoras vivas de Deus, que dão às ondas fatorais a capacidade de multiplicarem-se continuamente, sempre se repetindo.

Como a repetição dessas sete ondas geradoras vivas divinas acontece no Quinto Plano da Vida, ou Plano Encantado, então nele também surge uma hierarquia de tronos ordenadores delas.

Esses tronos ordenadores são os tão conhecidos Oguns Sete Ondas do Ritual de Umbanda Sagrada.

Se um dia for permitida a abertura integral do Mistério "Orixás", vocês verão como o Ritual de Umbanda Sagrada, em sua teologia divina, é totalmente científico e diferente de muitas gêneses já escritas pelos pensadores religiosos.

"Sete ondas" também é sinônimo de sete irradiações.

Portanto, um Ogum Sete Ondas tanto pode potencializá-las como retirar-lhes a capacidade de irradiar-se ou de gerar religiosidade, caso em um centro de Umbanda estejam sendo usadas de forma incorreta ou distorcida pelos seus médiuns. Ele despotencializa o uso incorreto dos mistérios da Umbanda.

Saibam que é comum um Ogum Sete Ondas intermediador ativar seu mistério para enfraquecer ou anular trabalhos mediúnicos "tortos" ou muito à esquerda, assim como é comum eles projetarem ondas ordenadoras da criatividade religiosa de médiuns, desvirtuada porque aprenderam e assimilaram conceitos e princípios religiosos negativos. Ele despotencializa esses princípios e conceitos errôneos.

Tantos escrevem tanto sobre os sagrados Orixás, e no entanto ninguém, até agora, atinou com o verdadeiro sentido dos nomes simbólicos dados aos Tronos de Deus ou às suas hierarquias espirituais de trabalhos mediúnicos nos templos de Umbanda.

A mesma coisa aplica-se ao Trono Encantado Ogum do Mar, pois mar é sinônimo de "geração". Logo, Ogum Marinho ordena toda a geração no Quinto Plano da Vida.

O campo de ação do Orixá Ogum Marinho, um trono divino ordenador da Geração em nível encantado, é tão amplo que ele projeta suas ondas mentais ordenadoras da Geração a todas as 77 dimensões planetárias da Vida. E tudo ele faz mediante a projeção de ondas ordenadoras da geração "encantada".

Saibam que o Quinto Plano da Vida abriga tantos seres encantados que a casa dos trilhões de seres talvez seja pouco, de tantos que há nesse vastíssimo Plano Encantado da Vida.

O divino trono ordenador da geração "encantada" é um só, mas sua hierarquia divina, toda ela formada por encantados, é tão numerosa que chega à casa dos bilhões de seres encantados de Oguns, que são manifestadores do Mistério "Ogum do Mar". Só o número de membro de sua hierarquia divina é maior que toda a população da face da Terra somada aos "espíritos" que transitam na dimensão espiritual.

Só para que tenham uma ideia do tamanho da hierarquia divina do divino Ogum do Mar, saibam que o número de seus membros chega à casa dos 70 bilhões de seres manifestadores do Mistério "Ogum do Mar" ou "Ogum Marinho".

Portanto, médium vaidoso, quando incorporar seu Ogum Marinho "individual", não vá sair dizendo que incorpora o divino Ogum ordenador da Geração, que encanta porque ele é, em uma divindade de Deus, ordenador da Geração no Quinto Plano da Vida e é em si mesmo um mental divino planetário. Certo?

Saiba que você só é médium de um encantado Ogum Marinho, e não do divino Orixá Ordenador da Geração Encantada.

Escritores de Umbanda, alguns inconsequentes, "geraram" muitos conhecimentos errôneos, entre os quais dizer que Ogum Marinho, Ogum Sete Ondas, Ogum Beira-Mar, Ogum Yara e Ogum Sete Cachoeiras são todos iguais.

Leiam a correta interpretação do nome simbólico desses Oguns e terão condições de diferenciá-los perfeitamente:

Ogum Marinho => Ogum ordenador da Geração no Quinto Plano da Vida, ou Encantado.

Ogum Sete Ondas => Ogum ordenador das "Sete Ondas" geradoras e criativas no Quinto Plano da Vida.

Ogum Beira-Mar => Ogum ordenador da Evolução e da Geração encantada, ou ordenador dos seres encantados que vivem sob a irradiação do divino Trono da Geração Yemanjá Encantada.

Ogum Yara => Ogum ordenador das Agregações mineral-aquáticas no Quinto Plano da Vida, ou Encantado. Por agregações, entendam concepções, uniões, etc.

Ogum Sete Cachoeiras => Ogum ordenador das sete correntes eletromagnéticas minerais projetadas pelo divino Trono Mineral (agregador) Oxum das Cachoeiras, ou Orixá Oxum Encantada, regente divina das agregações no Quinto Plano da Vida.

Viu, agora, como os escritos sobre o Mistério "Orixás" nunca saiu do nível interpretativo terra, médium de Umbanda Sagrada?

12ª Onda Fatoral Magnetizada

12ª) Onda Fatoral Telúrica Magnetizada: onda transportadora do fator telúrico puro, que tanto dá forma quanto paralisa.

Esta onda é regida pelo Trono Essencial Telúrico, conhecido em nível terra como o Orixá Omulu, Orixá telúrico que, na verdade, é o regente da parte masculina negativa, ativa, cósmica e paralisante desse fator telúrico, que se contrapõe ou se polariza com a parte feminina passiva do fator aquático puro (Yemanjá) e fazem surgir a sétima irradiação "religiosa" do Ritual de Umbanda Sagrada, que é a Linha da Geração, onde ela estimula a geração e a criatividade e ele paralisa as gerações desequilibradas e a criatividade desvirtuadora dos princípios divinos da vida.

Nós já comentamos que Obaluaiyê rege sobre a parte masculina positiva do fator telúrico; que Nanã Buruquê rege sobre a parte feminina positiva; que Obá rege sobre a parte feminina negativa e, com Omulu, que rege sobre a parte masculina negativa, fechamos os quatro Orixás que regem sobre o fator telúrico ou fator evolutivo.

Sua distribuição no gráfico fatoral é esta:

Cuja leitura no quadrado do fator telúrico ou evolutivo, é esta: Obaluaiyê é "+ + -", onde:

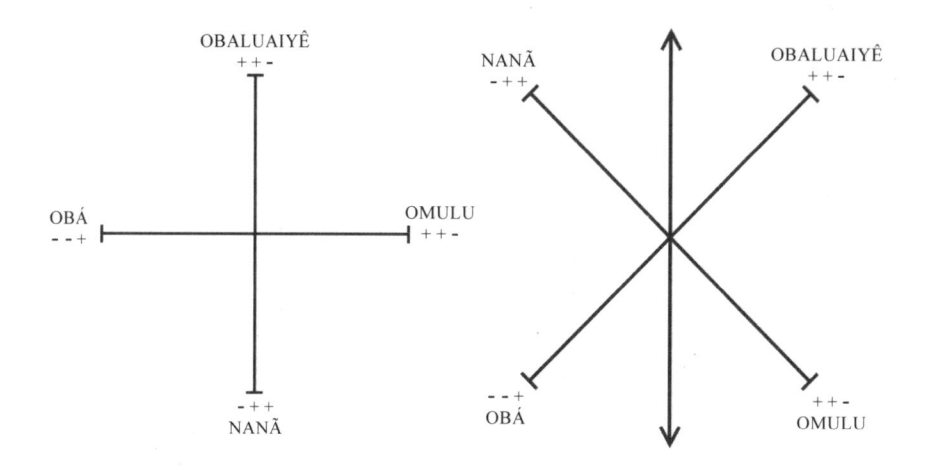

```
              OBALUAIYÊ                      NANÃ              OBALUAIYÊ
                + + -                        - + +                + + -

OBÁ                     OMULU
- - +                   + + -

                                             - - +              + + -
                - + +                        OBÁ                OMULU
                NANÃ
```

o primeiro "+" = masculino,
o segundo "+" = positivo,
o "-" = ativo.

Lemos esses sinais de Obaluaiyê assim: Obaluaiyê é o regente da parte masculina, positiva e ativa do fator evolutivo ou fator telúrico puro.

• Nanã é "- + +", onde:

"-" = feminina,
o primeiro "+" = positiva,
o segundo "+" = passiva.

Lemos esses sinais de Nanã Buruquê assim: Nanã Buruquê é a regente da parte feminina, positiva e passiva do fator evolutivo ou fator telúrico puro.

• Omulu é "+ - -", onde:

"+" = masculino,

o primeiro "-" = negativo,
o segundo "-" = ativo.

Lemos esses sinais de Omulu assim: Omulu é o regente da parte masculina, negativa e ativa do fator evolutivo ou fator telúrico puro.

Obá é "- - +", onde:
"-" = feminina,
"-" = negativa,
"+" = passiva.

Lemos esses sinais de Obá assim: Obá é a regente da parte feminina, negativa e passiva do fator evolutivo ou fator terra pura.

Obaluaiyê é terra-água e Nanã Buruquê é água-terra;
Omulu é terra pura e Obá é terra pura;
Obaluaiyê estimula a evolução dos seres equilibrados;
Nanã Buruquê decanta os seres emocionados;
Omulu paralisa a evolução dos seres viciados;
Obá concentra os seres desequilibrados.

Bom, continuaremos com nossa abordagem da onda fatoral telúrica magnetizada, regida pelo Trono Essencial da Evolução.

O fato é que a *onda magnética* essencial eólica de Ogum incorpora essa onda fatoral que gera o fator evolutivo em sua parte paralisante, pois ela tem por atribuição ou função paralisar o fluir ou a projeção reta da *onda magnética* que a absorveu.

Com isso, a onda reta de Ogum perde sua velocidade ou fluidez, parando em determinado local, onde a onda fatoral telúrica também abrirá uma passagem para outro plano da Vida, pois uma das funções do Orixá Omulu é esta: abrir passagens de um plano para outro, cujo maior simbolismo é o cemitério, local onde o corpo é devolvido à terra e o espírito que o animava é enviado ao mundo dos espíritos.

Dessa absorção da onda fatoral telúrica, a *onda magnética* essencial eólica projeta uma onda que segue direto para o Terceiro Plano da Vida, e projeta outra para o Quarto Plano da Vida, fazendo surgir a hierarquia do divino Trono Ordenador da Evolução no Terceiro Plano da Vida ou Plano Elemental, e fazendo surgir a hierarquia do divino Trono Ordenador da Lei no Quarto Plano da Vida, ou Plano Dual da Evolução.

O divino Trono Ordenador da Evolução no Terceiro Plano da Vida é um trono elemental, que chamamos de Ogum da Terra ou Ogum Telúrico, ordenador divino da Evolução dos seres no Terceiro Plano da Vida.

O divino Trono Ordenador da Lei no Quarto Plano da Vida é um trono encantado, que chamamos de Ogum das Sete Espadas ou Ogum Megê, ordenador divino da Lei no Quarto Plano da Vida ou Plano Dual da Evolução, onde os instintos naturais dos seres afloram e devem ser anulados, senão o ser ficará paralisado em sua evolução.

13ª Onda Fatoral Temporal-Cristalino Magnetizada

13ª) Onda Fatoral Temporal-Cristalina Magnetizada: onda transportadora do fator temporal-cristalino, cuja regente da sua parte feminina, positiva e ativa é, em nível terra, a Orixá Logunã, regente da religiosidade dos seres.

Essa onda fatoral temporal-cristalina magnetizada é regida pelo Trono Essencial da Fé e destina-se a criar as condições ideais para que, onde a onda magnética essencial eólica parou, o local seja cristalizado, magnetizado e forme um polo eletromagnético que é em si mesmo uma passagem para outros planos da Vida.

Sem essa *onda fatoral magnetizada* isso não seria possível, pois ao mesmo tempo que ela vai gerando e irradiando o fator temporalcristalino e criando um polo eletromagnético, vai magnetizando-o e puxando para seu centro magnético todas as ondas magnéticas essenciais eólicas que estejam passando por perto do novo polo eletromagnético, juntando-as todas em uma só corrente eletromagnética poderosíssima e hipermagnetizada.

A partir daí, o fluxo de ondas magnéticas é envolvido pelo magnetismo espiralado do polo e, no fluir, as ondas vão afunilando-se e fundindo-se em uma só onda, já eletrizada pelo atrito de tantas ondas magnetizadas.

Quando todas fundem-se, acontece uma mudança de padrão vibratório, já dentro dessa "espiral do Tempo" criada pelo fator temporal-cristalino em sua parte ativa. Dessa mudança de padrão vibratório, surge a *onda eletromagnética* elemental eólica, que se projeta para o Terceiro Plano da Vida ou Plano Elemental da Evolução, fluindo e multiplicando-se continuamente, projetando ondas elementais ordenadoras de tudo o que ali existe.

É algo maravilhoso, divino mesmo, essas passagens temporal-cristalinas que interligam o Segundo e o Terceiro Planos da Vida. Elas se parecem com rodamoinhos gigantescos, no qual uma espiral dupla gira o tempo todo.

Uma das espirais vem do Segundo Plano e outra volta para ele. A que vem do Segundo Plano traz ondas magnéticas essenciais eólicas carregadas de ondas fatorais magnetizadas, às quais vai fundindo e criando ondas eletromagnéticas elementais. A que retorna ao Segundo Plano conduz ondas eletromagnéticas elementais, às quais vai deseletrizando e liberando as ondas fatorais magnetizadas das ondas magnéticas essenciais, devolvendo tudo, e na mesma proporção que retirou, ao Segundo Plano da Vida ou Plano Essencial.

É algo divino, e nos mostra que um polo eletromagnético é como o pulmão humano, pois inspira ar e, após usá-lo, o devolve ao meio ambiente ainda que "carbonizado".

A forma de um polo eletromagnético é esta:

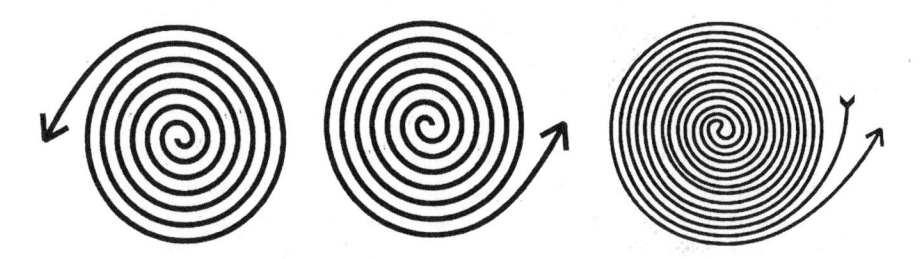

São duas ondas: uma que gira em um sentido; outra, no sentido contrário.

O fato é que, após a onda magnética essencial eólica incorporar a onda fatoral temporal-cristalina magnetizada, projeta uma onda rumo à dimensão atemporal da Vida, ou "dimensão do Tempo", e eis que surge a hierarquia do divino Trono Ordenador do Tempo, que, em nível terra, é conhecido como Ogum do Tempo ou Ogum Ordenador da Lei Maior na dimensão atemporal da Vida, regida pelo divino Trono do Tempo, que, em nível terra, tem como regente da parte feminina, positiva e ativa do seu fator temporal, a Orixá Logunã.

Tem como regente da parte masculina, positiva e passiva, o Orixá oxalá;

Tem como regente da parte masculina, negativa e ativa, o Orixá Oxumaré;

Tem como regente da parte feminina, negativa e ativa, um trono cósmico feminino que não foi humanizado em nenhuma das religiões atuais. Portanto, essa divindade cósmica feminina do Tempo não é conhecida na dimensão humana.

Conclusão

Em nossos comentários sobre as ondas fatorais magnetizadas absorvidas pela *onda magnética* essencial eólica, até ela transmutar-se em *onda eletromagnética* ou onda elemental.

Concluímos que as 13 ondas fatorais magnetizadas, absorvidas pela *onda magnética* essencial eólica, tanto dão origem às hierarquias diferenciadas dos tronos ordenadores como a habilitam a densificar-se na sua carga magnética devido ao atrito contínuo de ondas fatorais magnetizadas, cujas formas e velocidades diferentes vão sendo uniformizadas nessa *onda magnética* reta.

Essa uniformização acelera a velocidade de algumas e diminui a de outras, fazendo com que elas se atritem, fundindo fatores diferentes.

Essa "fusão fatoral" causa uma reatividade tão grande que, no espaço de um milímetro quadrado, a *onda magnética* essencial eólica projeta cerca de 100 bilhões de ondas fatorais magnetizadas polarizadas.

Lembrem-se de que estamos tratando de onda fatoral, que é a menor onda existente. Um fio de cabelo comportaria tantas ondas fatorais, que não conseguiríamos contá-las.

Um raio de sol, que é uma onda energética "essencial", pois transporta essências energizadas, é formado por sete feixes de ondas elementais, cada um com um comprimento de onda. Cada um desses feixes é formado por muitos milhares de ondas magnéticas, que são formadas por ondas fatorais, que são formadas por ondas divinas.

Lembrem-se de que estamos tratando com grandezas infinitamente pequenas, e que o Plano Essencial da Vida é tão "refinado" que, se um átomo "vagasse" nele, seu núcleo atravessaria milhões de ondas fatorais magnetizadas e milhares de ondas magnéticas essenciais.

Portanto, entendam que estamos tratando da segunda menor grandeza existente, não passível de comparação, já que a primeira menor grandeza são os próprios fatores divinos formados a partir da energia de Deus, que emana de Si essa energia que dá início a tudo o que existe.

Entendam que, quando dizemos que a *onda magnética* essencial eólica absorve uma *onda fatoral magnetizada* e projeta outra onda para outros Planos da Vida, na verdade estamos dizendo que, no seu fluir dentro do Segundo Plano da Vida, a *onda magnética* essencial eólica vai absorvendo um mesmo tipo de ondas o tempo todo, até que o número delas alcança um valor inimaginado por nós, mas que, aí sim, cria as condições magnéticas para a projeção de uma gigantesca onda "elétrica magnetizada" rumo a outro Plano da Vida, dando origem às ondas elementais magnetizadas.

Sinteticamente, descrevemos como uma *onda magnética* se transforma em uma onda elétrica magnetizada e esta transforma-se em uma *onda eletromagnética* elemental eólica.

Esta é a base do surgimento das ondas irradiadoras, sejam de fatores, essências, elementos ou energias naturais, pois é da fusão de muitas ondas de um tipo que surge uma onda de outro tipo.

O mesmo princípio se aplica a tudo mais, pois é a fusão de sete tipos de fatores que dá origem a um tipo de essência; sete tipos de essências, fundidas, dão origem a um elemento; sete tipos de elementos, fundidos, dão origem a um tipo de energia elemental; sete tipos de energias elementais dão origem a um tipo de energia mista ou dual; sete ... dão origem à energia natural, que é a energia que absorvemos como ar, água, sais minerais, etc.

Ao comentarmos essa *onda magnética* essencial eólica, também mostramos o surgimento de 21 hierarquias de tronos ordenadores, umas projetadas para o Terceiro Plano da Vida, outras para o Quarto Plano e outras para o Quinto Plano.

Aqui, limitamo-nos a mostrar unicamente algumas hierarquias ordenadoras, umas elementais, outras duais e outras trienergéticas ou encantadas, mas, na verdade, como a onda fatoral eólica multiplica-se, sempre, por 21 novas ondas, então existe em cada Plano da Vida 21 hierarquias de tronos "eólicos" masculinos ordenadores, ou 21 tipos de Oguns ou tronos ordenadores em cada Plano da Vida.

Portanto, se fôssemos descrevê-las em todos os planos, teríamos de nos alongar demais ou fazermos um livro para cada uma das sete irradiações divinas que nos chegam no nível terra como as Sete Linhas de Umbanda Sagrada.

Vamos listar os tronos ordenadores que foram surgindo em uma única *onda magnética* essencial eólica:

1ª ONDA FATORAL MAGNETIZADA ÍGNEA, quando incorporada pela onda magnética essencial eólica, faz surgir a hierarquia dos tronos duais arfogo ou Oguns duais do Fogo, ordenadores da Justiça no Quarto Plano da Vida;

2ª ONDA FATORAL MAGNETIZADA TEMPORAL AQUÁTICO-TELÚRICA, quando incorporada, faz surgir a hierarquia dos tronos duais eólico-aquáticotelúricos ou Oguns duais ordenadores da Evolução no Quarto Plano da Vida;

3ª ONDA FATORAL CRISTALINA MAGNETIZADA, quando incorporada, faz surgir a hierarquia dos tronos ordenadores das congregações ou Oguns ordenadores da Fé no Terceiro Plano da Vida;

4ª ONDA FATORAL TEMPORAL AQUÁTICO-MINERAL, quando incorporada, tem sua parte aquática fundida com a parte telúrica da segunda onda, fazendo surgir a hierarquia dos tronos trienergéticos ordenadores da Evolução e da Geração no Quinto Plano da Vida, ou Plano Encantado. Esses tronos são os Oguns Beira-Mar;

5ª ONDA FATORAL TEMPORAL AQUÁTICO-MINERAL, quando incorporada, tem sua parte mineral fundida com os fatores eólicos, fazendo surgir a hierarquia dos tronos duais ordenadores das agregações ou Oguns duais, do "Ferro";

6ª ONDA FATORAL EÓLICA MAGNETIZADA, quando incorporada pela *onda magnética* essencial eólica, faz surgir três hierarquias de tronos ordenadores:

    1ª Oguns eólicos puros ou Oguns de Lei-temporais;
    2ª Oguns eólicos elementais, ordenadores-direcionadores da Lei no Terceiro Plano da Vida, ou Oguns do Ar;

3ª Oguns duais do Ar, ordenadores das movimentações no Quarto Plano da Vida, também conhecidos como Oguns de Ronda.

7ª ONDA FATORAL MINERAL MAGNETIZADA, quando incorporada, faz surgir três hierarquias de tronos ordenadores:
1ª projeta-se para o Terceiro Plano da Vida e faz surgir os tronos elementais ordenadores das agregações, ou Oguns Minerais;
2ª projeta-se para o Quarto Plano da Vida e faz surgir a hierarquia dos tronos ordenadores da cristalização das agregações, ou Oguns das Pedras;
3ª projeta-se ao Quinto Plano da Vida e faz surgir a hierarquia dos tronos ordenadores mineral-aquáticos, ou Oguns encantados ordenadores das agregações e evoluções no Quinto Plano da Vida, os encantados Oguns Yara.

8ª ONDA FATORAL TEMPORAL TELÚRICO-AQUÁTICA, quando incorporada, faz surgir a hierarquia dos tronos trienergéticos ordenadores da Evolução no Quinto Plano da Vida, ou Oguns encantados das Passagens.

9ª ONDA FATORAL VEGETAL MAGNETIZADA, quando incorporada, faz surgir a hierarquia dos tronos elementais ordenadores do Conhecimento no Terceiro Plano da Vida. São os Oguns Rompe-Matas.

10ª ONDA FATORAL ÍGNEA MAGNETIZADA, quando incorporada, faz surgir três hierarquias de tronos ordenadores:
1ª hierarquia dos tronos ordenadores da Justiça no Terceiro Plano da Vida, ou Oguns elementais do Fogo da Justiça.
2ª hierarquia dos tronos duais ordenadores da Justiça no Quarto Plano da Vida, ou Oguns duais dos Raios.
3ª hierarquia dos tronos ordenadores da Justiça no Quinto Plano da Vida, ou Oguns encantados ordenadores da Justiça, os Oguns das Pedreiras.

11ª ONDA FATORAL AQUÁTICA MAGNETIZADA, quando incorporada, faz surgir duas hierarquias de tronos eólico-aquáticos ou ordenadores da Geração Divina:
1ª hierarquia dos tronos ordenadores da Geração no Quinto Plano da Vida, ou Oguns Marinhos encantados.
2ª hierarquia dos tronos ordenadores da Criatividade no Quinto Plano da Vida, ou Oguns Sete Ondas encantados.

12ª ONDA FATORAL TELÚRICA MAGNETIZADA, quando incorporada, faz surgir duas hierarquias de tronos ordenadores:
- 1ª hierarquia dos tronos eólicos telúricos elementais ou Oguns elementais ordenadores da Evolução no Terceiro Plano da Vida, os Oguns da Terra.
- 2ª hierarquia dos tronos eólico-telúricos duais ou Oguns telúricos, ordenadores da Evolução no Quarto Plano da Vida, os Oguns Megê.

13ª ONDA FATORAL TEMPORAL-CRISTALINA MAGNETIZADA, quando incorporada, faz surgir a hierarquia dos tronos ordenadores do Tempo, ou Oguns do Tempo.

Bem, aí têm o início das hierarquias dos tronos da Lei.

Muitas outras não listamos, senão fugiríamos do nosso comentário sobre os Planos da Vida. Só mostramos essas origens dos "Oguns" para que tenham uma noção do quanto é complexo o assunto "Orixás".

O que mostramos é a formação de uma *onda eletromagnética* elemental, cuja transmutação não acontece por um passe de mágica, mas após a incorporação de muitas ondas fatorais magnetizadas ou geradoras de fatores por uma *onda magnética* essencial.

Quando o polo eletromagnético alcança seu limite, projeta uma *onda eletromagnética* elemental que já sai dele bipolarizada, ou com dois tipos de magnetismos: um irradiante e outro absorvente. Um é positivo e outro é negativo, surgindo as hierarquias diferenciadas de tronos regentes de um mesmo elemento.

Mas isso é assunto para o Terceiro Plano da Vida, pois nele os seres são chamados de "elementais".

O Segundo Plano da Vida é formado por sete dimensões essenciais distintas:

Dimensão Essencial Cristalina
Dimensão Essencial Mineral
Dimensão Essencial Vegetal
Dimensão Essencial Ígnea
Dimensão Essencial Eólica
Dimensão Essencial Telúrica
Dimensão Essencial Aquática

O Terceiro Plano da Vida, elemental ou energético puro, destina-se a acolher os seres virginais ou essenciais que amadureceram, desenvolveram toda uma proteção magnética ao mental e estão prontos para dar início ao desdobramento genético dos seus "corpos", cujo primeiro corpo é o elemental básico.

Esse corpo elemental básico assemelha-se ao citoplasma de uma célula, porém alongado verticalmente. No início desse estágio da Vida, os seres o têm ainda pequeno, mas à medida que o corpo elemental básico vai crescendo, essa proteção também vai se expandindo e agindo como a parede de uma célula, que absorve os nutrientes e vai internalizandoos por osmose.

Os seres, já elementais, tanto absorvem energias elementais puras do meio onde vivem como recebem energias essenciais irradiadas pelos tronos responsáveis pelo seu amparo e evolução.

Os tronos elementais projetam ondas essenciais magnetizadas de suas estrelas da vida para todos os seres ligados a eles por cordões vivos, nutrindo-os com a quantidade exata de energias essenciais necessárias para que seus corpos básicos sejam bem formados.

Nesse estágio, os seres assemelham-se aos fetos no útero de suas mães, onde são alimentados pelo cordão umbilical.

Todo ser elemental é alimentado por um cordão energético puro, que vai afinando e perdendo sua utilidade à medida que o corpo elemental básico vai desenvolvendo seus órgãos básicos e vão surgindo os chacras ou órgãos captadores das energias elementais do meio onde vivem.

Quando os chacras alcançam a plenitude na captação e internalização das energias circulantes no meio onde vivem, os cordões energéticos se rompem e daí em diante eles adquirem liberdade de movimentação nas dimensões onde vivem.

Sim, o Terceiro Plano da Vida possui sete dimensões elementais básicas, cada uma com sete faixas vibratórias ou sete níveis de evolução, tal como a dimensão humana possui as suas, onde dentro de cada uma só permanecem os espíritos com o mesmo grau de evolução.

As sete dimensões elementais que formam o Terceiro Plano da Vida são:

Dimensão Elemental Básica Cristalina

Dimensão Elemental Básica Mineral

Dimensão Elemental Básica Vegetal

Dimensão Elemental Básica Ígnea

Dimensão Elemental Básica Eólica

Dimensão Elemental Básica Telúrica

Dimensão Elemental Básica Aquática

Essas dimensões são formadas por dois polos magnéticos que surgem devido à projeção polarizada das ondas eletromagnéticas, que já descrevemos como surgem.

A partir dos polos magnéticos de passagem do Segundo para o Terceiro Plano da Vida, as ondas eletromagnéticas partem em duas direções, sendo que uma é positiva e irradiante e a outra, negativa e absorvente.

Temos algo assim como ondas eletromagnéticas polarizadas:

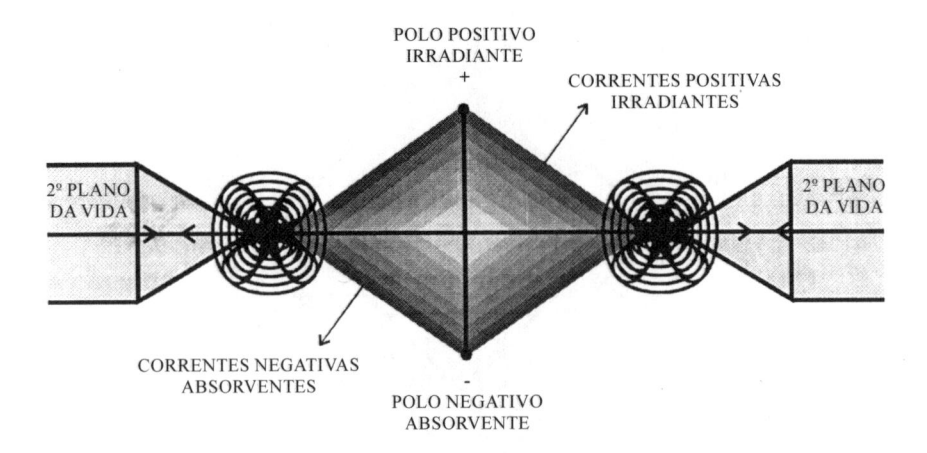

```
                    POLO POSITIVO
                     IRRADIANTE
                          +              CORRENTES POSITIVAS
                                              IRRADIANTES

2º PLANO                                                          2º PLANO
DA VIDA                                                           DA VIDA


    CORRENTES NEGATIVAS
        ABSORVENTES
                                   -
                              POLO NEGATIVO
                               ABSORVENTE
```

Esse esquema de entradas e saídas de correntes eletromagnéticas deu origem à mandala do "divino Trono das Sete Encruzilhadas", o regente planetário sustentador das 77 dimensões da Vida existentes no nosso planeta, onde cada ponto de cruzamento é um polo transmutador de ondas, formando o mais poderoso dos símbolos sagrados.

Só a partir do Terceiro Plano da Vida os tronos começam a ser diferenciados e já se mostram bem distintos uns dos outros, pois são elementais e suas irradiações magnéticas eletrizadas destinam-se a faixas vibratórias bem definidas, já que em um mesmo elemento e dimensão cada faixa acolhe somente os seres elementais, cujos magnetismos mentais estejam vibrando no mesmo grau magnético, estando em sintonia mental com seus tronos regentes, sustentadores e direcionadores de suas evoluções.

Essas sete faixas são duplas, tendo uma polaridade magneticamente positiva e irradiante e a outra magneticamente negativa e absorvente.

As faixas positivas e irradiantes expandem o magnetismo mental dos seres. As faixas negativas e absorventes concentram o mental dos seres, afixando-os em uma só qualidade ou faculdade mental, impedindo que se fixem em sentimentos ilusórios ou abstracionistas.

Essa dupla polaridade das faixas elementais é fundamental para que os instintos se resumam apenas ao indispensável à manutenção da vida no seu terceiro plano e estágio evolutivo.

O gráfico das entradas das ondas eletromagnéticas mostra essa bipolaridade nas faixas elementais. Graficamente, podemos demonstrá-las assim:

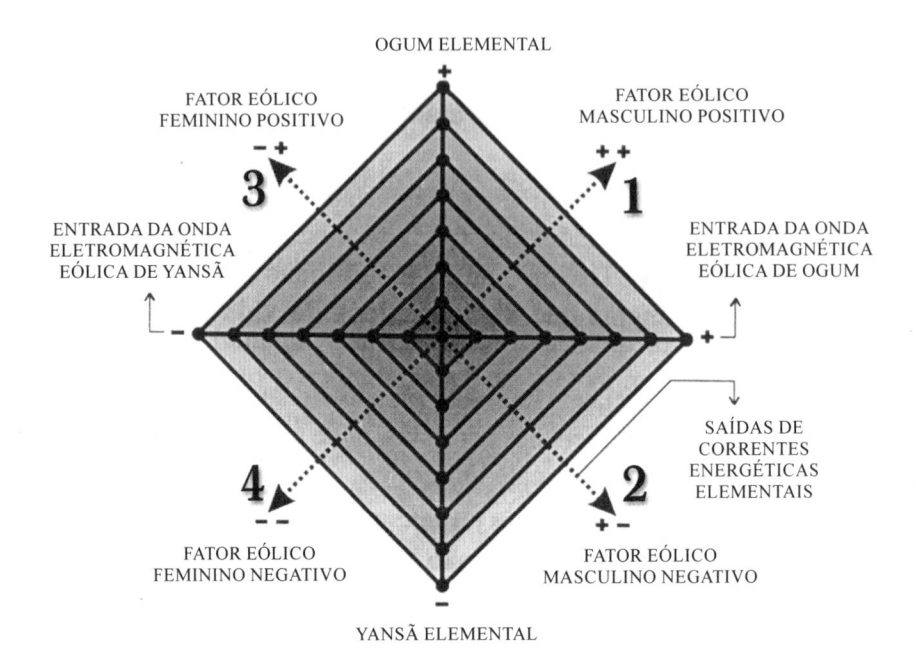

```
                        OGUM ELEMENTAL
                              +
    FATOR EÓLICO                         FATOR EÓLICO
    FEMININO POSITIVO                    MASCULINO POSITIVO
         - +                                  + +
           3                                  1
    ENTRADA DA ONDA                      ENTRADA DA ONDA
    ELETROMAGNÉTICA                      ELETROMAGNÉTICA
    EÓLICA DE YANSÃ                      EÓLICA DE OGUM
         -                                    +

                                         SAÍDAS DE
                                         CORRENTES
                                         ENERGÉTICAS
           4                                  2         ELEMENTAIS
         - -                                  + -
    FATOR EÓLICO                         FATOR EÓLICO
    FEMININO NEGATIVO                    MASCULINO NEGATIVO
                              -
                       YANSÃ ELEMENTAL
```

Observem que o gráfico tem quatro linhas pontilhadas indicando saídas para o Quarto Plano da Vida. Elas indicam correntes energéticas fatoradas ou correntes energéticas transportadoras de energias eólicas saturadas de fatores ordenadores e direcionadores, que energizarão o Quarto Plano da Vida ou Plano Dual.

Nele, os instintos dos seres aflorarão por meio do emocional e os conduzirão a um acentuado amadurecimento magnético. Será nesse Plano da Vida que os seres desenvolverão em definitivo suas naturezas para que, quando forem conduzidos ao Quinto Plano da Vida, já sejam passivos ou ativos, positivos ou negativos, policromáticos ou monocromáticos, universais ou cósmicos.

Cada Plano da Vida obedece a uma vontade do Divino Criador. E, se cada um é em si pleno de recursos para os que nele vivem, no entanto tudo na criação obedece a uma sucessão destinada a aumentar cada vez mais os recursos à disposição dos seres, para que possam evoluir sempre.

Vivendo hoje na dimensão humana da Vida, que só existe no Sexto Plano da Vida ou Plano Natural ou polienergético, nós estamos apenas nos preparando para alcançar o Sétimo Plano, que é o Plano Mental ou consciencial. Mas "ontem", vivemos e evoluímos no Quinto Plano, ou Plano Encantado. E "anteontem" vivemos no Quarto Plano, ou Plano Dual; e mais atrás ainda, já vivemos no Terceiro Plano, ou Plano Elemental.

Já o Segundo e o Primeiro Plano não estão "dentro" do nosso planeta, mas espalhados por todos os quadrantes do Universo. Da Dimensão Essencial "Divina", ou Segundo Plano da Vida, saem seres para todos os planetas que abrigam tipos de vida em suas muitas dimensões.

Cada planeta, seja ele habitado ou não em sua dimensão material, possui muitas outras dimensões paralelas, onde a vida acontece em graus magnéticos diferentes da escala horizontal.

O Sexto Plano da Vida possui 77 dimensões da Vida em nosso planeta, sendo que a dimensão "espiritual" é apenas uma delas.

Mas, em outros planetas, o Sexto Plano da Vida pode ser formado pelo mesmo número de dimensões ou não. Tudo depende da vontade divina do Divino Criador.

Para nós, os Planos da Vida possuem essas dimensões:

Primeiro Plano — uma dimensão fatoral da Vida;
Segundo Plano — sete dimensões essenciais da Vida;
Terceiro Plano — sete dimensões elementais básicas da Vida;
Quarto Plano — 33 dimensões duais da Vida;
Quinto Plano — 49 dimensões da Vida;
Sexto Plano — 77 dimensões da Vida;
Sétimo Plano — infinitas dimensões da Vida. Esse plano é celestial e abre-se para todo o Universo divino, e todos os seres que o alcançam nele estarão evoluindo rumo à divinização em todos os sentidos. E quando alcançarem isso, conquistarão o Plano Divino da Criação, pois todos serão, em si mesmo "Divindades de Deus".

Não importa quanto tempo precisaremos, mas um dia, no futuro, todos nós, hoje espíritos, um dia seremos Divindades de Deus, o nosso Divino Criador que nos fez à Sua imagem e semelhança e nos dotou com um código genético divino que, de desdobramento em desdobramento genético, nos conduz a essa divinização em nós mesmos.

Isso não quer dizer que nos tornaremos "deuses", mas que nos divinizaremos. Certo?

Bom, o fato é que as dimensões elementais básicas do Terceiro Plano da Vida projetam correntes eletromagnéticas energizadas para o Quarto Plano, onde se fundem e criam as dimensões elementais duais ou bienergéticas.

Os seres elementais desenvolvem nas sete dimensões básicas elementais os seus corpos elementais e magnetismos mentais. E quando estão aptos ao estágio dual da Evolução são conduzidos ao Quarto Plano da Vida, onde entrarão em contato com o seu segundo elemento. Esse segundo elemento dará formação ao seu emocional, que formará seu polo magnético negativo.

Vamos abordar essa absorção energética no Quarto Plano da Vida no próximo capítulo.

Quarto Plano da Vida: Plano ou Estágio Dual da Evolução

O Quarto Plano da Vida é conhecido como estágio dual da Evolução dos seres, porque é nele que um ser elemental do ar entra em contato com energias que acelerarão seu pulsar magnético, ou o desacelerarão.

O mesmo se aplica aos seres que vivem nas outras dimensões elementais básicas, onde um ser eólico vive em um meio eólico; um ser ígneo vive em um meio ígneo, etc.

O Quarto Plano da Vida é chamado de dual porque os seres "formados" em um elemento entrarão em contato e internalizarão um outro elemento, que não só o excitará ou apatizará como ajudará a formar seu emocional.

A dualidade entre razão e emoção é o objetivo da vida nesse plano, pois os seres ficam expostos aos instintos básicos de sobrevivência até adquirirem um equilíbrio entre os dois polos magnéticos mentais, que regularão sua evolução.

Todas as dimensões do Quarto Plano são formadas, preponderantemente, por dois elementos básicos, que se combinam ou se energizam.

Quando se combinam, nós os chamamos de elementos complementares. Quando se energizam, os denominamos de elementos polarizadores.

Ar e água se combinam, ar e fogo se polarizam.

Cristal e mineral se combinam, cristal e fogo se polarizam.

É dessa combinação ou polarização que se serve o Divino Criador para "amadurecer" os seres "elementais", ora emocionando-os e ora apatizando-os.

Esse processo não é desordenado e os tronos responsáveis pelo estágio dual da Evolução são os mais rigorosos, atentos e vigilantes em toda a classe de divindades "Tronos de Deus".

São vigilantes porque seus domínios são os dos instintos básicos, e têm de manter o equilíbrio interno à custa de uma vigilância permanente sobre os seres que regem.

São atentos porque um descuido pode dar origem a criaturas aberrantes.

São rigorosos porque tudo tem um limite na natureza, até mesmo a emotividade individual dos seres sob suas regências.

O estágio evolutivo dual é o mais difícil de todos, e assemelha-se à adolescência do plano material humano, onde a natureza instintiva aflora e cada jovem tem de ser "trabalhado" o tempo todo por seus pais e irmãos mais velhos, por causa da rebeldia natural contra os valores preestabelecidos como normas de conduta.

Os adolescentes são muito emocionais, aventureiros, sonhadores, apaixonados, embirrados, respondões, etc.

Transportem esse comportamento para seres instintivos e emotivos e terão uma ideia da complexidade do estágio dual da Evolução, que acontece nas 33 dimensões da Vida, em seu Quarto Plano.

Essas 33 dimensões são diferenciadas pelos seus elementos primários e os que os complementam, ou polarizam-se com eles.

Portanto, uma dimensão ar-fogo não é a mesma que uma dimensão fogo-ar.

Na dimensão ar-fogo vivem seres elementais eólicos que estão incorporando o seu segundo elemento, que, por ser ígneo, se polariza e reduz sua vibração magnética, aquietando-os.

Já, na dimensão fogo-ar, vivem seres ígneos que estão incorporando o seu segundo elemento, que, por ser eólico, se polariza e eleva suas vibrações magnéticas, emocionando-os.

Essa diferença deve ser observada, caso queiram entender o Quarto Plano da Vida.

Vamos listar as 33 dimensões duais do nosso planeta e classificar os seres que vivem e evoluem nelas. Pedimos que tenham em mente que o primeiro elemento dá a qualidade da natureza individual de um ser e que o segundo dá sua qualificação.

Portanto, atenção a esse detalhe!

Afinal, um ser eólico-ígneo é um ordenador da Justiça e um ser eólico cristalino é um ordenador da Fé.

Então, antes vamos listar os elementos e as qualidades divinas correlatas:

Elemento	Qualidade	Qualificativo	Sentido
Cristal	Fé	Congregador	1º
Mineral	Amor	Agregador	2º
Vegetal	Conhecimento	Expansor	3º
Ígneo	Justiça	Equilibrador	4º
Eólico	Lei	Ordenador	5º
Telúrico	Evolução	Transmutador	6º
Aquático	Geração	Criativo	7º

E sua associação com os sete chacras básicos:

Chacra	Sentido	Qualificativo	Campo de Vida
Coronal	1º	Congregador	Religiosidade
Frontal	3º	Expansor	Raciocínio
Laríngeo	5º	Ordenador	Caráter
Cardíaco	2º	Congregador	Concepções
Umbilical	4º	Equilibrador	Senso ou Noção
Esplênico	6º	Transmutador	Discernimento
Básico	7º	Gerador	Criatividade e Sexualidade

    É fundamental que interpretem corretamente as associações, pois o chacra laríngeo rege a fala, que é a expressão verbal da natureza e do caráter de um ser, assim como é um chacra "eólico", pois sem a passagem do ar pelas cordas vocais não há a verbalização dos pensamentos.

    Em nossa associação, só mostramos o primeiro elemento de cada chacra, ou o que ele mais absorve do prana, tanto na forma de energias quanto de essências. Mas outros seis tipos de elementos são absorvidos, formando um composto fundamental ao equilíbrio energético e rotatório dos chacras. Cada um absorve os sete tipos de elementos fundamentais aos seres.

As 33 Dimensões Duais que Formam o Quarto Plano da Vida

Essas dimensões são chamadas "duais", porque têm tudo o que as dimensões elementais básicas possuem, mas também possuem um segundo elemento que, complementando ou polarizando-se com um elemento básico, dão origem a um composto energético misto ou duplo, cuja finalidade é fazer aflorar os instintos básicos dos seres, os quais serão trabalhados até que o corpo emocional tenha se formado e alcançado um ponto de equilíbrio vibratório com o racional.

Esse corpo emocional é importantíssimo na vida dos seres, pois ele será um sinalizador que detectará tudo o que contrariar a natureza íntima de cada um.

Nós sabemos que cada ser tem seus gostos e predileções, assim como possui suas antipatias e indisposições "emocionais".

Essas coisas não são palpáveis ou concretas, porque ficam no campo das coisas abstratas, tais como a mente, a religiosidade, a fraternidade, a generosidade, os pendores ou dons naturais, as inclinações ou seus opostos.

Essas coisas abstratas estão codificadas como sentimentos ou faculdades mentais do ser, cuja origem está na sua "alma" ou natureza íntima, formando um conjunto de atitudes cujo fundo é a sua sobrevivência, visando preservar sua individualidade, acelerando a individualização e a formação de sua personalidade, moral e caráter.

Sim, quem vê um ser elemental aquático enxerga todos, pois são idênticos. Mas quem vê um ser do Quarto Plano já nota uma acentuada individualização, pois manifesta gostos e atitudes nem sempre compartilhadas pelos outros membros do seu grupo.

No Quarto Plano da Vida acontece essa individualização de forma ainda inconsciente, pois é instintiva e subconsciente. O ser não tem noção de suas reações a certas situações e reage por instinto. Seus sentidos alertam-no sobre qualquer alteração do meio onde vive, tal como uma criança se assusta com o que não conhece, ou como os animais que pressentem uma tempestade bem antes de nós, os seres "conscientes".

Tudo é instintivo, e as reações visam preservar o ser, que vai apurando cada vez mais a sua sensitividade ou percepção sobre seu meio, suas companhias, suas afinidades, etc.

A maioria das pessoas crê que Deus cria os espíritos já plenos em si e que é só encarnarem para que essa plenitude "espiritual" aflore na carne. Mas a verdade é outra e todo ser vai amadurecendo nos estágios evolutivos, cada um atendendo a um desdobramento da nossa gênese divina.

Portanto, o segundo estágio dos seres que vivem no planeta Terra (em suas 33 dimensões) acontece no Quarto Plano da Vida, ou Plano Dual e bienergético.

Esse estágio dual da Evolução possui em nosso planeta apenas 33 dimensões, umas paralelas às outras. Outros planetas possuem dimensões duais em maior ou menor número, mostrando-nos a grandiosidade da criação divina e que nós, os seres humanos encarnados, não somos a única criação superior de Deus. Apenas vivemos nossa realidade humana no plano material da Vida, e nada mais.

Se estamos limitados ao plano material ou ao plano espiritual da dimensão humana da Vida, outras existem e também atendem às necessidades da criação divina.

Vamos listar as 33 dimensões duais do Quarto Plano da Vida:

Dimensões Cristalinas:
1 — Cristalina — Mineral
2 — Cristalina — Vegetal
3 — Cristalina — Telúrica
4 — Cristalina — Ígnea
5 — Cristalina — Eólica
6 — Cristalina — Aquática

Dimensões Minerais:
7 — Mineral — Aquática
8 — Mineral — Cristalina
9 — Mineral — Ígnea
10 — Mineral — Telúrica

Dimensões Vegetais:
11 — Vegetal — Eólica
12 — Vegetal — Aquática
13 — Vegetal — Telúrica
14 — Vegetal — Cristalina
15 — Vegetal — Mineral

Dimensões Ígneas:
16 — Ígnea — Cristalina
17 — Ígnea — Mineral
18 — Ígnea — Eólica
19 — Ígnea — Telúrica

Dimensões Eólicas:
20 — Eólica — Cristalina
21 — Eólica — Aquática
22 — Eólica — Ígnea
23 — Eólica — Vegetal

Dimensões Telúricas:
24 — Telúrica — Aquática
25 — Telúrica — Vegetal
26 — Telúrica — Mineral
27 — Telúrica — Cristalina
28 — Telúrica — Ígnea

Dimensões Aquáticas: 29 — Aquática — Eólica
30 — Aquática — Cristalina
31 — Aquática — Vegetal
32 — Aquática — Mineral
33 — Aquática — Telúrica

Cada uma dessas dimensões é regida por um trono dual divino, que é auxiliado por outros tronos duais, sempre formando uma coroa regente de dimensão.

Como as dimensões duais são extremamente polarizadas por causa da fusão de duas energias elementais, são fechadas e os seus acessos a elas são vigiadíssimos por tronos guardiões portadores de "armas".

Para entrar em uma dimensão dual, é preciso obter autorização dos tronos guardiões dessas passagens. Se alguém tenta volitar para dentro de uma delas por conta própria, um tipo de rede eletromagnética o reterá. E não pensem que alguém vai libertá-lo, porque não vai!

Esses guardiões são rigorosos, sisudos e calados, limitando-se à comunicação mental indispensável à identificação, assemelhando-se muito aos sentinelas de bases militares do plano material. Entram ali somente os seres autorizados pelos tronos regentes de outras dimensões, e ainda assim por tempo limitadíssimo, restrito apenas à função que foram desempenhar.

Mas toda essa precaução tem sua razão, pois nessas dimensões duais os instintos mais primitivos dos visitantes podem aflorar e lançá-los em uma regressão consciencial e em uma exacerbação do emocional, dando origem a deformações assustadoras em seus órgãos energéticos dos sentidos, assim como a paralisação de suas faculdades mentais.

Vamos descrever as qualidades que os seres elementais acrescentam à sua natureza íntima:

1ª DIMENSÃO DUAL CRISTALINO-MINERAL: esta dimensão destina-se a acolher seres "elementais, cuja natureza congregadora também se mostra: agregadora da fé de seus semelhantes.

Esses seres cristalinos são congregadores, porque são de natureza "religiosa". E, se essa qualidade (a Fé) tende para a agregação, então são conduzidos para essa dimensão cristalino-mineral. Nela aflorarão seus instintos básicos religiosos e agregadores, tornando-os típicos seres religiosos que não conseguem afastar-se das coisas da fé, porque além de congregarem os seres (de congregação) ainda os agregam no sentido da Fé. São típicos "sacerdotes" concentradores.

Essa dimensão cristalino-mineral é regida pelo divino trono dual da Fé e do Amor, conhecido em nível terra como Oxalá Cristalino-mineral ou Oxalá Congregador do Amor.

2ª Dimensão dual, cristalino-vegetal: esta dimensão destina-se a acolher seres elementais cristalinos, cuja natureza congregadora também se mostra expansora da fé de seus semelhantes.

Sua natureza religiosa tenta expandir-se e seu raciocínio tende a racionalizar a qualidade da fé em seus semelhantes.

Então, tendo no elemento vegetal suprimento inesgotável da essência que expande o raciocínio, tornam-se ótimos doutrinadores religiosos, mestres religiosos e retóricos no sentido da Fé.

Essa dimensão é regida pelo divino trono dual da Fé e do Conhecimento, ou trono cristalino-vegetal, que em nível terra é conhecido como Oxalá Cristalino-vegetal ou Oxalá Congregador do Conhecimento.

3ª Dimensão dual cristalino-telúrica: esta dimensão destina-se a acolher os seres elementais cristalinos, cuja natureza religiosa também se mostra transmutadora dos sentimentos de seus semelhantes.

Sua natureza congregadora tenta transmutar os sentimentos de seus semelhantes, auxiliando-os na evolução e amadurecimento no sentido da Fé.

Então, tendo no elemento telúrico suprimento inesgotável da essência "evolutiva", absorvem e transmutam-na em irradiações capazes de afixar no sentido da Fé os seres dispersos em sua religiosidade. São típicos "catequizadores".

Essa dimensão dual cristalina telúrica é regida pelo divino trono dual cristalino telúrico ou Trono da Fé e da Evolução, conhecido em nível terra como o Oxalá do Saber, que transmuta os sentimentos religiosos dos seres.

4ª Dimensão dual cristalino-ígnea: esta dimensão destina-se a acolher os seres elementais cristalinos, cuja natureza congregadora também se mostra equilibradora da religiosidade de seus semelhantes.

Então, tendo no elemento ígneo suprimento inesgotável da essência equilibradora do raciocínio dos seus semelhantes no sentido da Fé, esses seres cristalino-ígneos são típicos orientadores religiosos e ótimos conselheiros no sentido da Fé.

Essa dimensão dual cristalino-ígnea é regida pelo divino trono dual cristalino-ígneo ou Trono da Congregação e do Equilíbrio, conhecido em nível terra como Oxalá do Fogo ou Oxalá da Justiça.

5ª Dimensão dual cristalino-eólica: esta dimensão destina-se a acolher os seres elementais cristalinos, cuja natureza também se mostra ordenadora e direcionadora da religiosidade dos seus semelhantes.

Esses seres elementais cristalinos têm no elemento eólico suprimento inesgotável da essência ordenadora e direcionadora, à qual internalizam e irradiam por meio de seus sentimentos religiosos, tornando suas irradiações mentais direcionadoras e ordenadoras da fé de seus semelhantes.

Esses seres cristalino-eólicos são típicos mestres sacerdotes ou ótimos encaminhadores dos seres que se desviaram do sentido da Fé.

Essa dimensão cristalino-eólica é regida pelo divino trono dual cristalino-eólico ou Trono Congregador da Ordem, conhecido em nível terra como Oxalá da Lei ou Oxalá do Ar.

6ª DIMENSÃO DUAL CRISTALINO-AQUÁTICA: esta dimensão destina-se a acolher os seres cristalinos, cuja natureza religiosa também é criativa e geradora de religiosidade em seus semelhantes.

Esses seres cristalinos têm no elemento aquático suprimento inesgotável da essência da geração e da criatividade, à qual internalizam e irradiam em seus sentimentos de fé, com os quais envolvem seus semelhantes e geram no íntimo deles uma religiosidade criativa. São típicos geradores da fé nos seus semelhantes.

Essa dimensão cristalino-aquática é regida pelo divino trono dual cristalino-aquático ou Trono da Fé e da Geração, conhecido em nível terra como Oxalá da Geração e da Criatividade ou Oxalá da Água.

Temos, assim, as seis dimensões cristalinas duais, assim como o início das seis hierarquias dos tronos cristalinos duais.

O Trono Elemental Cristalino puro rege a dimensão elemental básica cristalina.

Os seis tronos elementais cristalinos duais regem as seis dimensões cristalinas duais, onde polarizam-se com o Trono Elemental ígneo e com o Trono Elemental Eólico, e completam-se com os tronos elementais telúrico, aquático e vegetal.

Na polarização com o Trono Elemental ígneo surge uma energia cristalina incandescente e uma energia ígnea cristalina, ambas conduzidas ao Quinto Plano da Vida, ou Plano Encantado ou trienergético.

A distribuição das correntes eletromagnéticas cristalinas duais forma este gráfico:

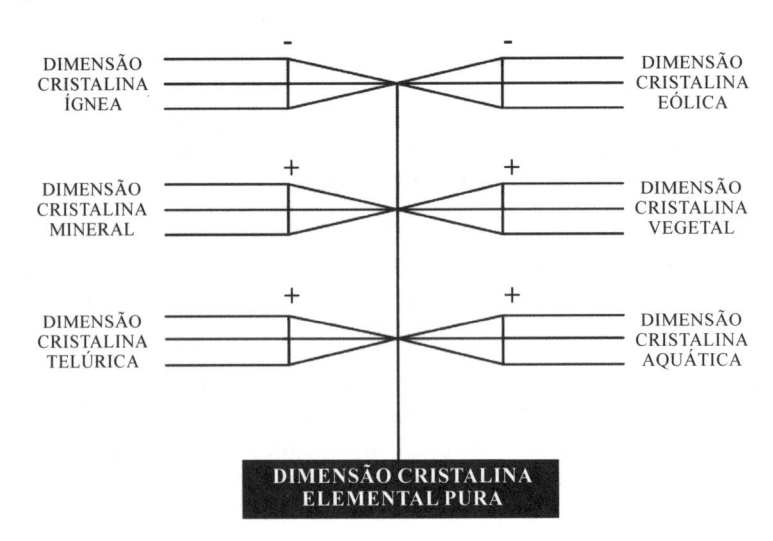

Dimensões duais onde o 1º elemento é o mineral

1ª DIMENSÃO DUAL MINERAL-AQUÁTICA: esta dimensão destina-se a acolher os seres elementais minerais, cuja natureza agregadora também mostra-se maternal, geradora e criativa.

Esses seres minerais congregadores sentem grande atração pelo elemento aquático puro e desenvolvem uma capacidade única de agregar a criatividade dos seus semelhantes, despertando neles sentimentos íntimos muito fortes em relação à vida, ou à sua geração.

Então, tendo no elemento aquático suprimento inesgotável da essência geradora, absorvem e internalizam-na, passando a irradiar um tipo de vibração que envolve seus semelhantes e desperta neles um amor à vida, aos seres e à concepção da própria vida. São típicas mães, de tão maternais que são!

Essa dimensão dual mineral-aquática é regida pelo Trono da Agregação e da Geração ou Trono do Amor e da Vida, conhecida em nível terra como Oxum da Água ou Oxum da Geração e da Criatividade.

2ª DIMENSÃO DUAL MINERAL-CRISTALINA: esta dimensão destina-se a acolher os seres cuja natureza agregadora também se mostra religiosa e congregadora das uniões religiosas dos seres.

Esta natureza agregadora tem no elemento cristalino suprimento inesgotável da essência religiosa da Fé, à qual absorvem e cristalizam suas irradiações minerais, tornando-as agregadoras da religiosidade dos seus semelhantes, que se congregam ao redor das divindades de Deus. São típicas mães religiosas.

Essa dimensão é regida pelo divino Trono da Agregação Religiosa ou Trono da Agregação e da Congregação, conhecida em nível terra como Oxum da Fé ou Oxum Cristalina.

3ª DIMENSÃO DUAL MINERAL-ÍGNEA: esta dimensão dual destina-se a acolher seres elementais, cuja natureza agregadora também se mostra equilibradora do amor de seus semelhantes, desequilibrados por sentimentos desvirtuadores ou apaixonados.

Então, tendo no elemento ígneo suprimento inesgotável da essência equilibradora da razão, absorvem-na e incandescem suas irradiações de amor, envolvendo seus semelhantes e despertando no íntimo deles sentimentos amorosos, equilibrados e virtuosos em todos os sentidos da Vida. São típicas amantes da justiça.

Essa dimensão é regida pelo divino trono dual mineral-ígneo ou Trono Agregador da Justiça, conhecido em nível terra como Oxum do Fogo ou Oxum da Justiça.

4ª DIMENSÃO DUAL MINERAL-TELÚRICA: esta dimensão dual destina-se a acolher os seres elementais minerais, cuja natureza agregadora e amorosa também se mostra transmutadora dos sentimentos íntimos dos seus semelhantes, e que estão paralisando suas evoluções. Então, tendo no elemento telúrico inesgotável suprimento da essência evolutiva e transmutadora, absorvem-na e tornam suas irradiações de amor em poderosas vibrações transmutadoras dos sentimentos íntimos dos seres paralisados porque se apegaram a sentimentos mesquinhos ou egoístas.

Essa dimensão é regida pelo divino trono dual da agregação e da Evolução ou Trono do Amor e do saber, conhecido em nível terra como Oxum da Evolução ou Oxum do Saber ou da Terra.

Temos aí as quatro dimensões minerais duais, assim como temos nelas o início de quatro hierarquias de tronos minerais duais.

O Trono Elemental Mineral puro rege a dimensão elemental básica mineral. Os quatro tronos minerais duais regem as quatro dimensões minerais duais, onde um trono mineral se polariza com o trono elemental ígneo e os outros três se complementam com os tronos elementais aquático, cristalino e telúrico.

Na polarização com o trono elemental ígneo, surge uma energia mineral líquida e incandescida. Na complementariedade com os tronos elementais da água, do cristal e da terra saem três energias mistas: mineralaquática, mineral-cristalina e mineral-telúrica, todas conduzidas ao Quinto Plano da Vida.

A distribuição das correntes eletromagnéticas minerais duais forma esse gráfico:

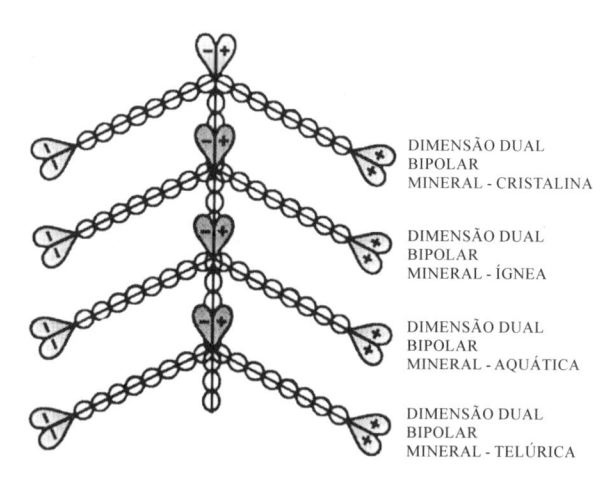

DIMENSÃO DUAL
BIPOLAR
MINERAL - CRISTALINA

DIMENSÃO DUAL
BIPOLAR
MINERAL - ÍGNEA

DIMENSÃO DUAL
BIPOLAR
MINERAL - AQUÁTICA

DIMENSÃO DUAL
BIPOLAR
MINERAL - TELÚRICA

Dimensões duais onde o 1º elemento é o vegetal

1ª DIMENSÃO DUAL VEGETAL-EÓLICA: esta dimensão dual destina-se a acolher os seres elementais vegetais, cuja natureza expansiva também se mostra ordenadora do raciocínio dos seus semelhantes.

Esses seres vegetais têm no elemento eólico suprimento inesgotável da essência ordenadora, que absorvem e irradiam junto com suas energias expansionistas do raciocínio dos seus semelhantes cuja faculdade apatizou-se ou paralisou-se. Então, eles os envolvem com suas irradiações, reordenam seu raciocínio e expandem neles essa faculdade. São típicos corregedores dos "pensamentos" desvirtuados.

Essa dimensão é regida pelo divino trono dual vegetal-eólico ou Trono do Raciocínio e da Ordenação, conhecido em nível terra como Oxóssi do Ar ou da Lei.

2ª DIMENSÃO DUAL VEGETAL-AQUÁTICA: esta dimensão destina-se a abrigar os seres elementais vegetais, cuja natureza expansiva também mostra-se geradora da criatividade no raciocínio dos seus semelhantes.

Esses seres vegetais têm no elemento aquático suprimento inesgotável da essência geradora da criatividade, que absorvem e se tornam irradiadores de vibrações que envolvem seus semelhantes e despertam neles a criatividade, gerando uma expansão na faculdade do raciocínio. São típicos filósofos e pensadores artísticos.

Essa dimensão vegetal-aquática é regida pelo divino Trono dual do Conhecimento e da Criatividade ou trono vegetal-aquático, conhecido em nível terra como Oxóssi da Água ou da Geração.

3ª DIMENSÃO DUAL VEGETAL-TELÚRICA: esta dimensão destina-se a acolher os seres elementais vegetais, cuja natureza expansiva e racionalista também mostra-se evolucionista.

Esses seres vegetais têm no elemento telúrico inesgotável suprimento da essência evolutiva, que absorvem e irradiam junto com suas vibrações expansionistas do raciocínio, envolvendo seus semelhantes cujo raciocínio dispersivo está paralisando suas evoluções. Eles concentram o raciocínio desses seres e o afixam em uma direção em que acelerará suas evoluções. São típicos psicólogos ou orientadores.

Essa dimensão é regida pelo divino trono dual vegetal-telúrico ou Trono da Expansão da Evolução, conhecido em nível terra como Oxóssi da Terra ou Oxóssi da Evolução, ou Oxóssi das "Almas".

4ª DIMENSÃO DUAL VEGETAL-CRISTALINA: esta dimensão elemental dual destina-se a acolher os seres elementais vegetais, cuja natureza expansiva e racionalista também se mostra congregadora ou religiosa.

Esses seres vegetais têm no elemento cristalino suprimento inesgotável da esência congregadora, que absorvem e se tornam irradiadores de vibrações que envolvem e despertam nos seres um aguçamento "religioso" em seus raciocínios, expandindo seus sentimentos de fé. São típicos teólogos.

Essa dimensão é regida pelo divino trono dual vegetal-cristalino ou Trono do Conhecimento da Fé, conhecido em nível terra como Oxóssi da Fé ou Oxóssi Cristalino.

5ª DIMENSÃO DUAL VEGETAL-MINERAL: esta dimensão destina-se a acolher seres elementais vegetais, cuja natureza expansiva também se mostra agregadora do raciocínio de seus semelhantes.

Esses seres elementais vegetais têm no elemento mineral suprimento inesgotável da essência agregadora, que absorvem e irradiam junto com suas vibrações expansionistas do raciocínio, despertando neles o amor ao conhecimento e densificando seus raciocínios.

Essa dimensão é regida pelo divino Trono dual do Conhecimento e do Amor ou trono vegetal-mineral, conhecido em nível terra como Oxóssi Mineral ou Oxóssi do Amor.

Observem que se há um Oxóssi elemental mineral não há uma Oxum elemental vegetal. Mas no Quinto Plano da Vida surge uma Oxum encantada, agregadora do Conhecimento, ou Oxum encantada vegetal.

A distribuição das correntes eletromagnéticas vegetais duais forma este gráfico:

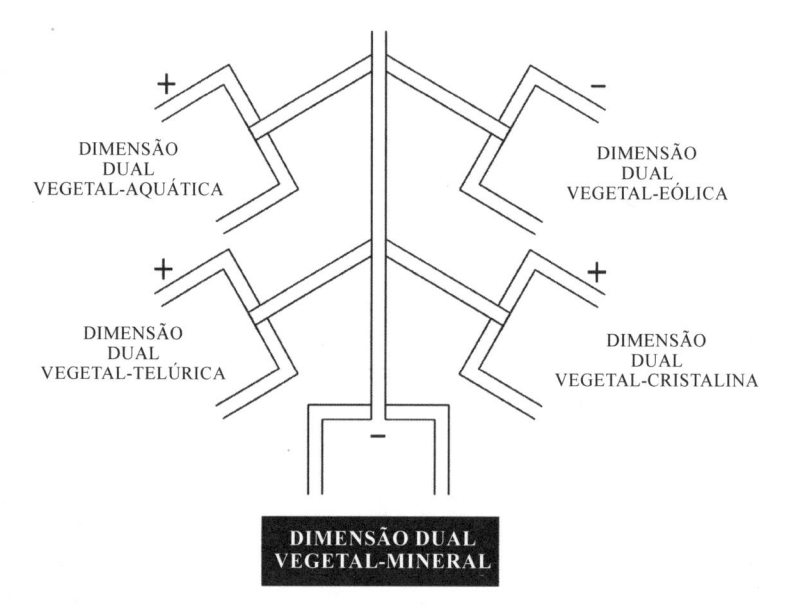

```
        +                          −
   DIMENSÃO                    DIMENSÃO
     DUAL                        DUAL
VEGETAL-AQUÁTICA            VEGETAL-EÓLICA

        +                          +
   DIMENSÃO                    DIMENSÃO
     DUAL                        DUAL
VEGETAL-TELÚRICA           VEGETAL-CRISTALINA

              −
      DIMENSÃO DUAL
     VEGETAL-MINERAL
```

Dimensões duais em que o 1º elemento é ígneo

1ª DIMENSÃO DUAL ÍGNEO-CRISTALINA: esta dimensão dual é destinada a acolher os seres elementais ígneos, cuja natureza equilibradora também se mostra congregadora e equilibradora da religiosidade de seus semelhantes.

Esses seres elementais ígneos têm no elemento cristalino o suprimento inesgotável da essência da Fé, que absorvem e irradiam em suas vibrações equilibradoras, com as quais envolvem seus semelhantes, auxiliando-os a se reequilibrar no sentido da Fé. São típicos purificadores da fé dos seres.

Essa dimensão é regida pelo divino trono dual ígneo-cristalino ou Trono da Chama da Fé, conhecido em nível terra como Orixá Xangô da Fé ou Xangô Cristalino.

2ª Dimensão dual ígneo-mineral: esta dimensão destina-se a acolher os seres elementais ígneos, cuja natureza equilibradora também se mostra agregadora dos seus semelhantes através da razão amorosa.

Esses seres elementais ígneos têm no elemento mineral inesgotável suprimento da essência agregadora, conceptiva e unidora dos seres, que absorvem e irradiam junto com suas vibrações ígneas purificadoras dos desequilíbrios emocionais de seus semelhantes desagregados, nos quais despertam o senso do equilíbrio e de sentimentos de amor puro e racional.

Essa dimensão é regida pelo divino trono elemental dual ígneomineral ou Trono da Justiça e do Amor, que em nível terra conhecemos como Xangô Mineral ou Xangô do Amor, da Concepção e das Uniões, as quais ele equilibra.

3ª Dimensão elemental dual ígneo-eólica: esta dimensão dual destina-se a acolher os seres elementais ígneos, cuja natureza racionalista também mostra-se ordenadora dos seus semelhantes cujas evoluções tenham se afastado da senda reta traçada a todos pela Lei Maior.

Esses seres elementais ígneos e equilibradores têm no elemento eólico suprimento inesgotável da essência eólica, à qual absorvem e irradiam, tornando-se equilibradores dos seus semelhantes, nos quais despertam sentimentos retos e firmeza de caráter, ordenando seus emocionais desvirtuados e recolocando-os nas sendas evolutivas.

Essa dimensão é regida pelo divino trono elemental dual ígneoeólico ou Trono Equilibrador da Lei, conhecido em nível terra como o Orixá Xangô do Ar ou Xangô da Lei.

4ª Dimensão elemental dual ígneo-telúrica: esta dimensão dual destina-se a acolher os seres elementais cuja natureza racionalista e equilibradora também mostra-se evolucionista ou transmutadora dos sentimentos íntimos de seus semelhantes.

Esses seres elementais ígneos têm no elemento telúrico suprimento inesgotável da essência evolutiva, que tanto afixa um ser num nível vibratório quanto altera seus sentimentos íntimos, transmutando-os. Eles a absorvem e a irradiam por meio de suas vibrações purificadoras e equilibradoras, fortalecendo os sentimentos virtuosos com essa essência telúrica e acelerando suas evoluções com vibrações mentais racionalizadoras.

Essa dimensão elemental dual ígneo-telúrica é regida pelo divino trono dual ígneo-telúrico ou Trono Equilibrador e Racionalizador da Evolução, conhecido em nível terra como Orixá Xangô da Terra ou Xangô da Evolução. A distribuição das correntes eletromagnéticas ígneas duais forma o seguinte gráfico:

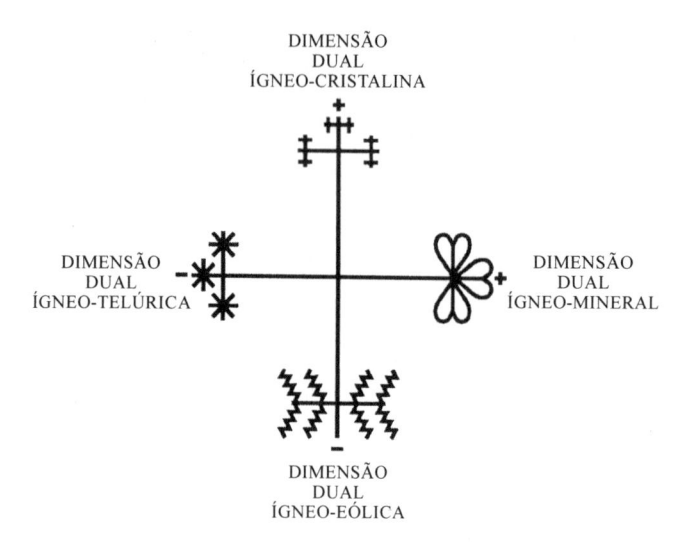

```
              DIMENSÃO
               DUAL
           ÍGNEO-CRISTALINA


DIMENSÃO                          DIMENSÃO
 DUAL                               DUAL
ÍGNEO-TELÚRICA                   ÍGNEO-MINERAL


              DIMENSÃO
               DUAL
            ÍGNEO-EÓLICA
```

Dimensões duais em que o 1º elemento é o eólico

1ª DIMENSÃO ELEMENTAL DUAL EÓLICA-CRISTALINA: esta dimensão destina-se a acolher os seres elementais eólicos, cuja natureza ordenadora também mostra-se congregadora.

Estes seres elementais ordenadores têm no elemento cristalino suprimento inesgotável da essência cristalina, congregadora, a qual absorvem e irradiam por meio de suas vibrações ordenadoras, que envolvem os seres "descrentes" ou apatizados, despertando neles sentimentos de retidão e religiosidade, ordenando-os através do sentido da Fé. São típicos ordenadores da Fé.

Essa dimensão elemental dual eólico-cristalina é regida pelo divino Trono Essencial dual da Ordem e da Fé ou trono dual eólico-cristalino, conhecido em nível terra como Ogum Cristalino ou Ogum da Fé.

2ª DIMENSÃO ELEMENTAL DUAL EÓLICO-AQUÁTICA: esta dimensão dual destina-se a acolher os seres elementais eólicos, cuja natureza ordenadora também se mostre criativa e geradora.

Esses seres elementais eólicos têm no elemento aquático suprimento inesgotável da essência que gera a criatividade, a qual absorvem e irradiam em suas vibrações ordenadoras, tornando-se ordenadores da Criatividade de seres desequilibrados em suas faculdades geradoras de energias, reordenando-as e redirecionando suas irradiações, antes emocionadas. São típicos ordenadores da criatividade dos seres.

Essa dimensão dual elemental eólico-aquática é regida pelo divino trono dual eólico-aquático ou Trono Ordenador da Geração e da Criatividade, conhecido em nível terra como Ogum da Água ou Ogum da Geração e da Criatividade.

3ª DIMENSÃO DUAL ELEMENTAL EÓLICO-ÍGNEA: esta dimensão dual destina-se a acolher os seres elementais eólicos, cuja natureza ordenadora também mostra-se equilibradora dos sentimentos desvirtuados ou viciados dos seus semelhantes.

Esses seres elementais eólicos têm no elemento ígneo suprimento inesgotável da essência ígnea, purificadora, a qual absorvem e irradiam em suas vibrações, envolvendo os seres viciados, aos quais purificam de seus vícios emocionais, reordenando suas faculdades mentais desequilibradas ou desvirtuadas. São típicos instrutores dos seres.

Essa dimensão dual elemental eólico-ígnea é regida pelo divino trono dual eólico-ígneo ou Trono Ordenador da Justiça, conhecido em nível terra como o Orixá Ogum do Fogo ou Ogum da Justiça.

4ª DIMENSÃO DUAL ELEMENTAL EÓLICO-VEGETAL: esta dimensão dual destina-se a acolher os seres elementais eólicos, cuja natureza ordenadora mostra-se ordenadora do conhecimento ou do raciocínio de seus semelhantes que estejam dispersos nesse sentido da Vida.

Esses seres elementais eólicos têm no elemento vegetal suprimento inesgotável da essência expansionista do raciocínio, a qual absorvem e a irradiam junto com suas vibrações ordenadoras, redirecionando o raciocínio dos seres dispersivos e afixando-os em uma direção reta do crescimento do conhecimento. São típicos inspetores "escolares", sempre à procura de alunos relapsos ou pouco interessados nos estudos fundamentais para o crescimento individual.

Essa dimensão dual eólico-vegetal é regida pelo divino trono eólico-vegetal ou Trono Ordenador do Conhecimento, conhecido em nível terra como Ogum do Conhecimento ou Ogum Vegetal.

A distribuição das correntes eletromagnéticas eólicas duais forma este gráfico:

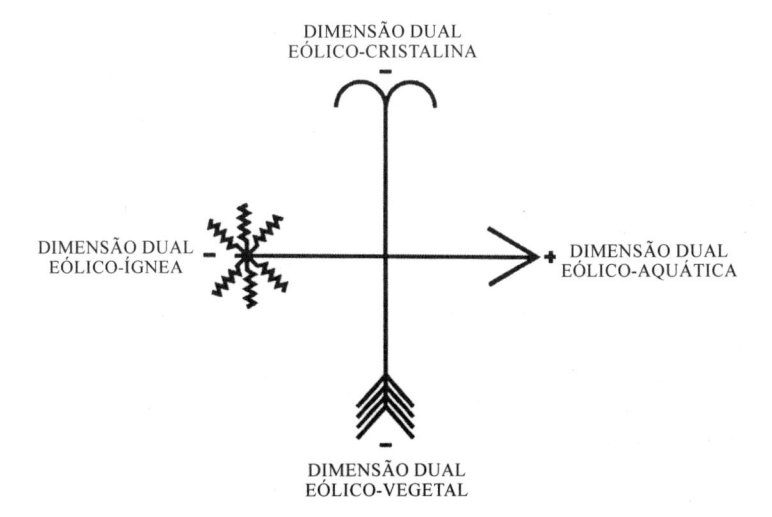

Dimensões duais em que o 1º elemento é o telúrico

1ª DIMENSÃO DUAL ELEMENTAL TELÚRICO-AQUÁTICA: esta dimensão dual destina-se a acolher os seres elementais telúricos, cuja natureza concentradora e meditativa também se mostra geradora e criativa.

Esses seres elementais telúricos têm no elemento aquático suprimento inesgotável da essência aquática, criativa e geradora de sentimentos sustentadores da vida, que absorvem, se descontraindo e irradiando tantas vibrações estabilizadoras da criatividade, que os seres, envolvidos por elas, adquirem estabilidade nas suas faculdades criativas, o que acelera suas evoluções. São típicos incentivadores da estabilidade nas faculdades criativas e equilibradores do sétimo sentido dos seres.

Essa dimensão dual elemental telúrico-aquática é regida pelo divino Trono Elemental dual da Evolução e da Geração ou Trono da Terra e da Água; conhecido em nível terra como Orixá Obaluaiyê da Água ou Obaluaiyê da Geração.

2ª DIMENSÃO DUAL ELEMENTAL TELÚRICO-VEGETAL: esta dimensão destina-se a abrigar os seres elementais telúricos, cuja natureza concentradora também mostra-se indagativa e têm o raciocínio apurado.

Esses seres telúricos têm no elemento vegetal suprimento inesgotável da essência que dá sustentação ao pensamento e expande as faculdades do raciocínio. Eles absorvem essa essência vegetal e aceleram suas vibrações mentais, que usam visando aperfeiçoar as faculdades mentais e o raciocínio de seus semelhantes, paralisados pela excessiva concentração telúrica.

Essa dimensão é regida pelo divino trono dual elemental telúricovegetal ou Trono Telúrico do Conhecimento, conhecido em nível terra como Obá Vegetal ou do Conhecimento.

3ª DIMENSÃO DUAL ELEMENTAL TELÚRICO-MINERAL: esta dimensão destina-se a acolher os seres telúricos, cuja natureza concentradora também se mostra agregadora.

Esses seres telúricos têm no elemento mineral suprimento inesgotável da essência agregadora, que os torna atratores de seres dispersos ou desagregados.

Esta dimensão dual telúrico-mineral é regida pelo divino trono dual elemental telúrico-mineral ou Trono da Evolução e da Agregação, conhecido em nível terra como Obá Mineral ou Obá do Amor.

4ª DIMENSÃO DUAL ELEMENTAL TELÚRICO-CRISTALINA: esta dimensão destina-se a acolher os seres elementais telúricos, cuja natureza concentradora também mostra-se religiosa ou congregadora.

Esses seres têm no elemento cristalino suprimento inesgotável da essência congregadora, que desperta a religiosidade e irmana os seres muito individualizados.

Essa dimensão é regida pelo divino trono dual telúrico-cristalino ou Trono Concentrador da Religiosidade, conhecido em nível terra como Orixá Omulu do "Cruzeiro" ou da Fé.

5ª DIMENSÃO DUAL TELÚRICO-ÍGNEA: esta dimensão destina-se a acolher os seres elementais telúricos, cuja natureza concentradora também se mostra equilibradora.

Esses seres telúricos têm no elemento ígneo suprimento inesgotável da essência ígnea, equilibradora do racional dos seres, a qual eles absorvem e irradiam junto com suas vibrações que concentram seres emocionados, redirecionando-os em um dos sete sentidos da Vida para que amadureçam nele e não se dispersem.

Essa dimensão é regida pelo divino trono dual telúrico-ígneo ou Trono da Evolução da Razão, que não é conhecido em nível terra, porque sua hierarquia nunca foi "humanizada". Então nós recorremos à Orixá Obá do Fogo ou Obá da Razão para distinguir essa hierarquia divina em nível terra, porque ela é um dos tronos auxiliares do divino trono telúricoígneo ou divino Trono da Evolução da Razão.

Dimensões duais em que o 1º elemento é o aquático

1ª DIMENSÃO DUAL AQUÁTICO-EÓLICA: esta dimensão destina-se a acolher os seres elementais aquáticos, cuja natureza criativa também se mostra ordenadora.

Esses seres elementais criativistas têm no elemento eólico suprimento inesgotável da essência ordenadora, a qual absorvem e irradiam em suas vibrações, ordenando as faculdades criativas de seus semelhantes cuja criatividade esteja desordenada ou indefinida. Essas vibrações envolvem os seres e despertam em seu íntimo sentimentos de respeito à vida, assim como abrem faculdades mentais relacionadas com a criatividade.

Essa dimensão elemental dual é regida pelo divino Trono da Geração e da Ordenação ou trono aquático-eólico, conhecido em nível terra como Yemanjá do Ar ou da Geração e da Ordenação.

2ª DIMENSÃO DUAL AQUÁTICO-CRISTALINA: esta dimensão destina-se a acolher seres elementais cuja natureza geradora também mostra-se congregadora ou religiosa.

Esses seres elementais "geradores" têm no elemento cristalino suprimento inesgotável da essência da Fé, a qual absorvem e irradiam em suas vibrações geradoras, que envolvem os seres e despertam neles suas faculdades "religiosas", assim como geram sentimentos de fé.

Essa dimensão elemental dual é regida pelo divino trono dual aquático-cristalino ou Trono da Geração da Fé, que em nível terra é conhecido como Yemanjá Cristalina ou da Fé.

3ª Dimensão elemental dual aquático-vegrtal: esta dimensão destina-se a acolher os seres elementais cuja natureza criativa também se mostra especulativa.

Esses seres elementais criativos têm no elemento vegetal suprimento inesgotável da essência que expande o raciocínio, a qual absorvem e elevam sua criatividade ao máximo, tornando-se verdadeiros gênios da criatividade.

Essa dimensão dual aquático-vegetal é regida pelo divino trono dual aquático-vegetal ou Trono Gerador do Raciocínio, conhecido em nível terra como Yemanjá Vegetal ou Yemanjá do Conhecimento.

4ª Dimensão elemental dual aquático-mineral: esta dimensão destina-se a acolher os seres cuja natureza geradora e criativa também se mostra agregadora e conceptiva.

Esses seres elementais aquáticos têm no elemento mineral fonte inesgotável da essência agregadora, a qual absorvem e irradiam junto com suas vibrações geradoras da criatividade, envolvendo-os e despertando neles sentimentos agregadores da vida.

Essa dimensão elemental dual é regida pelo divino Trono da Geração e da Concepção ou trono aquático-mineral, conhecido em nível terra como Yemanjá do Arco-íris ou Yemanjá do Amor.

5ª Dimensão elemental dual aquático-telúrica: esta dimensão destina-se a acolher os seres elementais aquáticos, cuja natureza criativa também mostra-se evolutiva ou transmutadora do íntimo de seus semelhantes.

Esses seres elementais criativos têm no elemento telúrico suprimento inesgotável da essência evolutiva, a qual absorvem e irradiam com suas vibrações geradoras da criatividade, com a qual envolvem e abrem em seus semelhantes faculdades voltadas para o crescimento interior ou evolução individual.

Essa dimensão é regida pelo divino Trono da Geração da Evolução ou trono aquático-telúrico, conhecido em nível terra como Orixá Nanã Buruquê ou Orixá Aquático-telúrico.

Aí temos as 33 dimensões duais, regidas por esses divinos tronos duais ou tronos bielementais, que são assistidos por outros tronos duais, aos quais não temos autorização para abrir seus mistérios ao plano material humano, ou mesmo comentá-los.

Esses tronos duais estão presentes no Ritual de Umbanda Sagrada, pois suas hierarquias são gigantescas e fundamentais para a evolução planetária, já que os seres que "regridem" acabam retornando ao estágio dual da Evolução, no Quarto Plano da Vida, onde são afixados em alguma faixa vibratória de uma dessas dimensões, na qual só uma faculdade será trabalhada pelo ser, sempre visando seu benefício.

Esses tronos duais são respeitadíssimos pelos seres encantados do Quinto Plano da Vida e temidos pelos seres naturais do Sexto Plano, pois se um deles começar a atrair alguém aos seus "domínios" no Quarto Plano da Vida, é porque esse alguém está falhando em algum sentido da Vida.

A primeira vivenciação dos seres elementais nas dimensões duais é sinal de evolução. Mas um retorno forçado a alguma delas é sinal de regressão. Logo, todos as evitam, as temem e só vão até elas se for a serviço dos tronos encantados ou dos tronos naturais, ou se forem atraídos pelos seus regentes, sempre vigilantes sobre os seres que já estagiaram evoluíram sob suas divinas irradiações duais.

Afinal, dizem os tronos duais, "um litro de água cristalina não purifica meio copo de água podre, mas uma gota de água podre suja e envenena um litro de água cristalina".

Quinto Plano da Vida: o Plano Encantado

Este Plano da Vida é formado por 49 dimensões, todas paralelas umas às outras. Isso em nosso planeta, pois em outros o número de dimensões encantadas pode ser maior ou menor.

Mas o fato é que o nosso planeta tem no Quinto Plano da Vida suas 49 dimensões trienergéticas, pois o "meio ambiente" delas é formado por combinações de energias elementais puras amalgamadas com energias mistas das dimensões elementais duais.

As bases dessas dimensões encantadas são as energias mistas que, acrescidas de uma terceira energia elemental pura, criam as condições ideais para que no Quinto Plano da Vida os seres, já com o emocional desenvolvido e equilibrado, apurem a sensibilidade, a sensitividade e a percepção, depurando suas faculdades mentais dos vícios dos instintos básicos da vida.

Essas dimensões trienergéticas são distribuídas assim:

Sete Cristalinas
Sete Minerais
Sete Vegetais
Sete Ígneas
Sete Eólicas
Sete Telúricas
Sete Aquáticas

Visto que, tal como nas dimensões duais, esses elementos são básicos ou os primeiros elementos. Quanto aos outros dois, o segundo repete as dimensões duais e o terceiro entra como elemento neutralizador, ativador ou apassivador.

Todas as hierarquias são polarizadas porque as dimensões encantadas destinam-se a abrir os sentidos e as faculdades dos seres e definir sua diferenciação e individualização segundo as vibrações mentais das divindades que regem essas dimensões trienergéticas.

Assim sendo, se um ser dual era um elemental ordenador da Fé ou eólico-cristalino, no Quinto Plano da Vida manterá sua qualidade ordenadora (eólica), sua qualificação congregadora (cristalina), mas acrescentará um campo bem definido, onde se distinguirá, se afixará e permanecerá, até que todas as faculdades mentais de um dos sete sentidos tenham aflorado e sido trabalhadas, conscientizando-o sobre si mesmo, pois já não é um ser movido pelos instintos, mas por um dos sete sentidos da Vida.

Assim, se acrescentarmos ao ser elemental eólico-cristalino o elemento vegetal, ele será ordenador (eólico), congregador (cristalino) e expansor do raciocínio.

Então será um ser cuja natureza ordenadora congregará os seres (sentido da Fé) e expandirá o raciocínio, abrindo-lhes a faculdade do conhecimento religioso.

Podemos definir esse ser encantado, já desenvolvido, como sendo um ordenador religioso do Conhecimento ou um ser ordenador da Fé nos campos abstratos do raciocínio dos seres.

Saibam que um ser, quando deixa o Quarto Plano da Vida e é conduzido ao Quinto, já tem bem definido o terceiro elemento que irá amoldá-lo e direcionar sua evolução "encantada".

Se denominamos esse estágio evolutivo de "Encantado", é porque no Quinto Plano da Vida os tronos regentes atuam por meio dos "sentidos" dos seres, conduzindo-os de tal forma que as faculdades relacionadas a um sentido afloram e amadurecem, expandindo sua capacidade mental.

Para que se tenha uma ideia do que estamos revelando, esse despertar das faculdades de um sentido é como se alguém começasse a estudar música ainda jovem e só se dedicasse ao seu estudo e nada mais, vivendo no universo da música o tempo todo, estudando canto, dança, teoria, praticando nos mais diversos instrumentos, chegando a um ponto em que entenderia tudo sobre música ou sobre todos os tipos de instrumentos musicais.

Assim é a evolução dos seres no Quinto Plano da Vida, todo regido pelos divinos tronos encantados e suas numerosíssimas hierarquias, todas voltadas para o amparo e a evolução dos seres que ali vivem o estágio encantado da Vida, onde um ser vivencia um dos sentidos da Vida e tem a abertura de todas as faculdades mentais relacionadas com ele.

Como cada sentido está relacionado a um fator, uma essência, um elemento, uma energia, um magnetismo planetário e uma vibração divina, então nós chamamos esses seres do Quinto Plano da Vida de:

Encantados Cristalinos
Encantados Minerais
Encantados Vegetais

Encantados Ígneos
Encantados Eólicos
Encantados Telúricos
Encantados Aquáticos

— os seres cristalinos são associados ao sentido da Fé;
— os seres minerais são associados ao sentido do Amor;
— os seres vegetais são associados ao sentido do Conhecimento;
— os seres ígneos são associados ao sentido da Justiça;
— os seres eólicos são associados ao sentido da Lei;
— os seres telúricos são associados ao sentido da Evolução;
— os seres aquáticos são associados ao sentido da Geração.

Portanto, como cada elemento multiplica-se por sete dimensões da Vida, o Quinto Plano é formado por 49 dimensões, todas paralelas umas às outras e formadas por "reinos" regidos por tronos encantados.

Cada um desses reinos está voltado para o despertar de uma faculdade relacionada com um sentido da Vida. Se pertencer a uma dimensão da Fé ou cristalina, ali o ser só desenvolverá uma faculdade da fé, e nada mais.

Isso ocorre porque no Quinto Plano os seres deixaram de ser guiados pelos instintos e começam a ser guiados pelos sentidos da Vida, que são mentais, enquanto os instintos são regidos pelo emocional. Os seres do Quinto Plano da Vida vão se tornando, cada vez mais, senhores de suas faculdades mentais relacionadas com um dos sete sentidos da Vida, ao ponto de chegar um momento em que se tornam irradiadores naturais de vibrações mentais capazes de movimentar energias relacionadas a eles, assim como tornam-se geradores naturais de um composto energético triplo, mas no qual predomina a energia que o distingue. Se é um ser mineral, será a energia mineral que predominará nas suas gerações e irradiações energéticas, capazes de envolver alguém e despertar de imediato sentimentos relacionados com a energia que irradia o tempo todo.

Se um ser encantado cristalino aproximar-se de nós, imediatamente somos inundados por vibrações congregadoras que despertam no íntimo os nobres sentimentos religiosos, e nos voltamos para Deus e Suas Divindades da Fé.

Se um ser encantado do ar aproximar-se de nós, imediatamente somos inundados por vibrações ordenadoras que despertam no íntimo os nobres sentimentos de retidão, caráter, lealdade e nos voltamos para Deus e Suas Divindades da Lei.

Sim, um ser encantado plenamente desenvolvido nas muitas faculdades de um dos sete sentidos da Vida é, em si mesmo, manifestador natural desse sentido da Vida, irradiando uma energia que é absorvida pelo nosso sentido correspondente, e que faz com que aflorem em nós sentimentos relacionados com o "encanto" do ser encantado.

Na falta de um termo que defina melhor isso que acontece no Quinto Plano da Vida, podemos defini-lo como sendo um estágio "encantado", porque se um espírito (nós) for envolvido pelas irradiações de um ser encantado que irradie a fé, este espírito se voltará totalmente para as coisas da fé. Então, ele irá viver sua fé com ardor, ou se sentirá infeliz.

Sim, é isso mesmo!

Encantamento é sinônimo de fascinação. E alguém que foi encantado pelo "seu" amor, ou o vivencia, ou se sentirá vazio, infeliz e inútil, perdendo todo o gosto pela vida, pelos amigos, pelo trabalho, etc.

Os tronos encantados exercem essa função: encantar os seres colocados sob sua regência divina. Logo, um ser, encantado por um trono encantado cristalino ou Trono da Fé, só se sentirá pleno em si mesmo se vivenciar intensamente sua religiosidade, toda voltada para o Mistério da Fé irradiado pelo seu trono regente, chamado por ele de "Pai" ou "Mãe".

Sim, os tronos são chamados de "Pai" ou "Mãe" pelos seres que vivem sob sua irradiação direta; são chamados de "Senhor meu Pai" ou "Senhora minha Mãe" pelos seres que vivem sob sua irradiação inclinada; e são chamados de "meu Senhor" ou "minha Senhora" pelos seres que vivem sob outras irradiações.

Os espíritos encarnados recebem as irradiações inclinadas dos Tronos de Deus, e vivem discutindo-os, por que não os veem. Mas os seres do Quinto Plano da Vida não discutem as divindades que os regem, porque as veem o tempo todo e não têm por que duvidar de sua existência. Logo, o "ateísmo" não existe no Quinto Plano da Vida.

Nele, os seres vivem suas divindades com tanta intensidade, que quando um ser encantado vem visitar a dimensão espiritual tem dificuldade para entender por que os espíritos encarnados vivem duvidando da existência de Deus e de Suas divindades.

Mas assim que descobrem que até eles, caso voltem os olhos para seus regentes encantados, os verão inclinados, se conformam com as dificuldades dos espíritos encarnados em internalizar as irradiações das divindades, assim como entendem a importância que os templos assumem em nossa vida nos aspectos da Fé, pois dentro de um, aí sim, as divindades de Deus são vistas de frente e parecem estar bem diante de nós, os espíritos encarnados.

Outra forma de termos de frente para nós uma divindade é "assentando-a" em nosso templo ou irmos ao ponto de forças da natureza onde ela tem seu santuário natural e podemos oferendá-la e reverenciá-la naturalmente.

Esse é o fundamento das divindades na Umbanda: elas são reverenciadas em nosso templo ou nos pontos de forças da natureza, pois nesses dois locais elas estarão de frente para seus filhos de Fé.

Bem, o fato é que o Quinto Plano da Vida é formado por 49 dimensões trienergéticas e cada dimensão possui sete faixas vibratórias positivas e irradiantes, sete faixas vibratórias negativas e absorventes e uma faixa neutra, que é a entrada para os seres que superaram o estágio dual do Quarto Plano da Vida.

Em cada uma dessas faixas vibratórias existem tantos "reinos" encantados, que é impossível quantificá-los. Cada um desses reinos está ligado ao trono regente da faixa vibratória onde ele se localiza.

Cada reino encantado é em si uma "morada divina", com uma espécie de governo local, formado por tantos tronos auxiliares, que nenhum aspecto da vida dos seus habitantes deixa de ter um responsável.

Estes tronos responsáveis pelos aspectos da vida dos seres são chamados de pais ou mães pequenos. Já os responsáveis por vários aspectos da vida dos seres são chamados de pais e mães intermediários, e os tronos responsáveis por todos os aspectos dos seres são chamados de pais e mães superiores. Já os tronos regentes dos níveis vibratórios dentro de uma mesma faixa são chamados de pais e mães maiores.

Os tronos regentes das faixas vibratórias são chamados de pais e mães divinos, "filhos do Pai" ou manifestadores diretos dos mistérios de Deus, pois esses tronos divinos são todos eles manifestadores diretos de qualidades divinas que são eles mesmos, as divindades de Deus individualizadas nos Seus tronos divinos: os Sagrados Orixás!

Bem, aqui finalizamos nosso comentário sobre o Quinto Plano da Vida, pois não é permitido listar suas 49 dimensões trienergéticas a partir dos três elementos fundidos em uma só energia viva e divina.

Saibam que são 49 dimensões, são 49 tronos divinos positivos e 49 tronos divinos negativos que as regem, pois são dimensões bipolares.

Cada um desses 98 tronos divinos possui sua hierarquia regente de faixas, ou seus sete tronos intermediários, e estes têm suas hierarquias de tronos intermediadores regentes dos níveis vibratórios de uma mesma faixa.

Portanto, para cada dimensão encantada temos dois tronos divinos, já que um é positivo e irradiante e o outro é negativo e absorvente.

Depois, temos sete tronos intermediários positivos e irradiantes e sete tronos intermediários negativos e absorventes, regentes das faixas vibratórias.

Depois, temos 49 tronos intermediadores positivos e irradiantes e 49 tronos intermediadores negativos e absorventes.

Depois, dentro dos sete níveis vibratórios, temos tantos tronos regentes de reinos encantados que não temos como quantificá-los.

Esses tronos regentes de reinos encantados têm seus auxiliares, que formam verdadeiros conselhos.

Enfim, cada dimensão tem toda a sua regência bem definida e hierarquizada, onde ninguém invade o domínio alheio ou questiona a autoridade ou o grau dos regentes, fato que não se repete na dimensão humana, tanto em seu lado material quanto espiritual, pois os "espíritos" (nós) são movidos por uma natureza questionadora.

Mas isso é assunto para os comentários sobre o Sexto Plano da Vida, ou Plano Natural, que é onde os seres vivem um estágio evolutivo, cuja finalidade é despertar em si uma sólida consciência, capaz de sustentar suas ações individuais, assim como tomar iniciativas por conta própria, sustentando seus desdobramentos, sejam eles positivos ou negativos.

Sexto Plano da Vida: Plano Natural ou Estágio do Desenvolvimento da Consciência Plena

O Sexto Plano da Vida é o mais complexo porque nele vivem os seres cujo estágio evolutivo destina-se ao desenvolvimento da consciência plena.

Nesse estágio, o livre-arbítrio permite que os seres tomem iniciativas por conta própria. Por outro lado, devem arcar com as consequências que advirão, caso transgridam os limites impostos a todos pela Lei Maior.

Saibam que o livre-arbítrio não é ilimitado e muitos, ao ultrapassarem a tênue linha do permissível, sofrem os fatídicos choques de retorno, pois para cada ação acontece uma reação.

O Sexto Plano da Vida é formado por 77 dimensões naturais, todas erigidas em paralelo, cujo eixo magnético central junge todas ao divino Trono das Sete Encruzilhadas, o amado regente divino do nosso planeta e das suas muitas dimensões.

Desde o Terceiro Plano da Vida, ou estágio elemental da Evolução, tudo e todos são regidos pelo divino Trono das Sete Encruzilhadas, pois ele é em si mesmo a individualização de Deus que deu origem ao planeta "Terra".

Cada um desses planos está ligado a ele, em cujas telas magnéticas multidimensionais ressonam as vibrações dos seres, das criaturas e das espécies, formando um todo indivisível de si mesmo.

Nós, sabendo disso, temos a impressão de que as lendas acerca da criação divina referem-se ao divino Trono das Sete Encruzilhadas e à gênese do planeta Terra.

O fato é que é a partir de seu eixo magnético natural que o divino regente planetário rege as 77 dimensões naturais do Sexto Plano da Vida. Sua regência é de tal forma sincronizada, que as correntes eletromagnéticas transportadoras de energias naturais fatoradas formam uma tela energética tão complexa, que temos a impressão de que tudo é parte de um todo.

As 77 dimensões naturais da Vida têm nesse eixo magnético divino uma corrente energética comum a todas e onde descarregam os excessos, energéticos que, se forem positivos, sobem por ele, e se forem negativos, descem.

Com isso dito, deduzimos que dois fluxos percorrem o eixo magnético regido pelo Trono Planetário que os direciona e envia energias terrenas fatoradas para outros dois universos, um acima e outro abaixo deste que vemos e no qual vivemos e evoluímos.

Estes "acima e abaixo" não são posições físicas, mas vibratórias e graus magnéticos dentro da Escala Divina, demonstrando mais uma vez a interligação e a complementariedade em tudo o que Deus gerou, reforçando a ideia de que ninguém é autossuficiente ou plenamente individualista.

Então temos que o Sexto Plano da Vida é formado por 77 dimensões, paralelas umas às outras, que têm em comum a interligação através do eixo magnético regido pelo divino Trono Planetário, denominado Trono das Sete Encruzilhadas, porque seu eixo tem início ou origem energética a partir das sete dimensões elementais básicas.

O Primeiro e o Segundo Planos da Vida são comuns a toda a criação divina, composta de muitos universos, todos paralelos uns aos outros e separados por graus dentro da Escala Divina. Esses universos estão distribuídos horizontalmente nesta escala.

Quanto às dimensões da Vida, estas estão "dentro" dos universos paralelos e sua distribuição é vertical, e às vezes limitadas a um planeta ou a um sistema planetário do tipo do nosso, que é solar.

Saibam que o nosso planeta também está "ligado" ao Primeiro e Segundo Planos da Vida por meio das ondas fatorais magnetizadas e das correntes eletromagnéticas essenciais, mas individualiza-se como "morada divina" a partir do Terceiro Plano da Vida ou estágio elemental puro. Então, as sete dimensões elementais assumem a condição de "básicas", porque são a base energética desse nosso amado planeta, nossa morada divina neste Universo, infinito em si mesmo e coalhado de incontáveis moradas divinas, todas habitadas por muitos seres. Se não os vemos na vibração "material", é porque vivem nas dimensões paralelas, que são energéticas ou etéreas.

Só para que tenham ideia da grandeza do nosso Sol, saibam que o Logos Solar rege um eixo magnético que sustenta verticalmente 7.777 dimensões, todas paralelas entre si.

O divino Trono das Sete Encruzilhadas, ou o "nosso" Logos Planetário, rege um planeta com 77 dimensões naturais, que desembocam em sete dimensões celestiais.

Essas sete dimensões celestiais estão entre as 7.777 dimensões solares, que por sua vez são comuns a todas as "estrelas" da mesma magnitude. Já nas de menor magnitude, menos dimensões celestiais encontramos, e nas de maior magnitude, outras mais estão presentes.

Portanto, todo "sol" que possuir 7.777 dimensões ligadas ao seu eixo magnético com certeza é regido por um trono estelar, ou "Logos Solar", semelhante ao nosso amado "Pai Solar", que é em si um "Oxalá Estelar".

Bom, o fato é que o Terceiro Plano da Vida é formado por sete dimensões elementais puras.

O Quarto Plano da Vida é formado por 33 dimensões duais ou bienergéticas.

O Quinto Plano da Vida é formado por 49 dimensões trienergéticas ou encantadas.

O Sexto Plano da Vida é formado por 77 dimensões polienergéticas ou naturais.

O Sétimo Plano da Vida é formado por sete dimensões celestiais, já ligadas ao eixo magnético solar do divino Trono Estelar, regente do corpo celeste que dá sustentação ao sistema planetário, ao qual a Terra pertence.

Bem, aí temos a descrição simplificada do nosso "planeta", que poderíamos mostrar graficamente, mas teríamos de mostrar também quais as vertentes que vão dando origem às dimensões dos Planos da Vida, e isso não é permitido.

As 77 dimensões naturais abrigam tantos seres que é impossível quantificá-los. E todos estão vivenciando um estágio evolutivo semelhante ao nosso, o espiritual humano, pois todos estão "conscientizando-se".

Por "conscientizar-se" entendam o ser trabalhando a si mesmo e lidando com o seu meio, de forma a individualizar-se sem dissociar-se de nada ou de ninguém à sua volta. Se temos consciência de que a água que bebemos é absorvida pelo nosso organismo e parte dela é absorvida pelas células, sangue e linfa, que são tecidos vivos do nosso corpo, então passamos a vê-la como parte de nós e fundamental à vida.

Essa conscientização é algo difícil de ser comentado, porque o próprio grau de entendimento das pessoas torna nosso comentário algo vago ou abstrato. Então dizemos que, se no estágio dual da Evolução, que acontece no Quarto Plano da Vida, os seres são instintivos e o que é trabalhado são os instintos básicos de sobrevivência, pois os seres são muito "emocionais" e sensíveis, no estágio natural da Evolução, que acontece no Sexto Plano da Vida, os seres trabalham a consciência, porque são racionais e perceptivos.

Com isso em mente, podemos estabelecer algumas comparações entre o emocional e o racional, ou entre o estágio dual e o estágio natural da Evolução.

Vamos a algumas comparações:

1º) Estágio Dual, que acontece no Quarto Plano da Vida:
Os seres bebem água para saciar a sede e só a veem e entendem com essa finalidade;
Os seres só se relacionam sexualmente, porque as sensações são agradáveis e não têm outra noção além dessa, e quando se relacionam é quase compulsivo;
Os seres só se aproximam de coisas que os atraiam ou lhes são úteis e só preservam os relacionamentos que lhe interessam;
Os seres "fecham-se" muito facilmente, paralisando suas faculdades e isolando-se até do meio onde vivem.

2º) Estágio Natural, que acontece no Sexto Plano da Vida:
Os seres vão descobrindo que a mesma água que sacia a sede também serve aos vegetais, peixes, aves, etc., e é indispensável à vida como um todo;
Os seres se relacionam sexualmente porque as sensações são agradáveis, mas sabem que o sexo é apenas um componente no amplo espectro das relações intragrupais e depende de profundos sentimentos de afeição mútua e de afinização em vários dos sentidos da Vida.

> **Observação:** Tanto os espíritos quanto os seres naturais que vivem nas dimensões paralelas à dimensão humana relacionam-se sexualmente, pois trocam energias geradas no sétimo sentido da Vida. Isso não é vergonhoso, e o ato de trocar energias entre seres de sexos opostos é algo que Deus estabeleceu como poderoso elo de união, visando à preservação da vida e sublimação dos sentimentos de amor, onde o desejo é o estímulo fundamental, porque cada uma dessas energias geradas nos sentidos tem um modo de ser irradiada, descarregada ou trocada.

As energias geradas no sétimo sentido são de dois tipos:

Geracionista
Criacionista
- as energias geracionistas destinam-se ao corpo energético;
- as energias criacionistas destinam-se ao mental;
- as energias geracionistas magnetizam o ser e excitam seus centros nervosos, tensionando-o e dando-lhe um padrão vibratório que o torna receptivo ao contato físico com outros seres, emocionando-o;
- as energias criacionistas desmagnetizam o ser e adormecem seus centros nervosos, relaxando-o e dando-lhe um padrão vibratório que o torna criativo e avesso ao contato físico com

outros seres, preferindo um relacionamento mental, racionalizando-o;

— os seres se aproximam com facilidade de tudo o que é novo ou diferente, porque a curiosidade é grande. E ainda que certas coisas ou relacionamentos não sejam bons, o ser tenta mudá-los ou adaptar-se a eles;

— os seres não conseguem isolar-se e buscam ligar-se a novos grupos, com os quais aprendem e expandem a capacidade mental, abrindo muitas faculdades.

Observem que o ser, no Sexto Plano da Vida, tem consciência de si e do meio onde vive e evolui e tenta influir na sua própria evolução, porque não é movido pelos instintos e sim pela razão.

Naturalmente, ele vai buscando o que sente que é bom para si, mas também vai acumulando experiências sem se deixar paralisar pelas que foram ruins ou desagradáveis. Então, lentamente o ser vai amadurecendo e seu instinto de sobrevivência vai dando lugar a uma natureza preservacionista da vida e do meio onde vive e evolui.

Essa natureza preservacionista da vida não se limita só a um aspecto, pois ela é abrangente e exterioriza-se por meio dos sete sentidos da Vida.

Com isso acontecendo em seu íntimo, ele vai sentindo-se parte do todo e desenvolvendo faculdades que o direcionam em um rumo onde, pouco a pouco, vai sublimando seus relacionamentos e seu emocional via transmutando-se, tornando-se unicamente um identificador natural do que preserva a vida e do que a anula.

Essa transmutação do emocional é fundamental para a consciência, pois enquanto ela não acontecer o ser está sujeito a quedas vibratórias, choques emocionais, desequilíbrios mentais e ao instintivismo, porque sua consciência não terá a estabilidade necessária para que possa trabalhar racionalmente suas dificuldades ou as de seus semelhantes.

Nós temos exemplos clássicos de pessoas tidas como exemplos pelos seus pares que, de repente, fraquejaram diante de certas dificuldades e suicidaram-se. Outras dementam-se e outras cometem atos inimagináveis.

Temos também, como exemplo dessa não transmutação do emocional, o caso de casais que não se amam, não se suportam, não se tocam e vivem se agredindo física e verbalmente, em vez de se separarem e redirecionarem suas vidas.

Outro exemplo clássico são os furtos praticados por pessoas que acham que o que tiram de seus semelhantes, à socapa ou violentamente, ficará impune diante da Lei Maior, já que na lei dos homens conseguem fugir.

Saibam que o eixo magnético do divino Trono Planetário projeta telas eletromagnéticas sensibilíssimas, nas quais todos os pensamentos ressonam e automaticamente são identificados como "retos" ou "tortos".

Todos os pensamentos, atos e palavras ressonam nas telas eletromagnéticas planetárias e multidimensionais, onde são armazenadas, tal como em uma fita magnética, e só deixarão de retornar aos seres quando cada um, conscientemente, reparar seus erros, falhas e pecados e anular toda ressonância identificada como negativa na sua tela eletromagnética individual, que é o disco eletromagnético existente em torno do seu mental.

Todos os seres têm um finíssimo cordão magnético ligando-o ao eixo eletromagnético do divino Trono Planetário e às suas sete telas refletoras multidimensionais.

Então, assim que alguém vibra ódio contra um semelhante, essa vibração ressona no eixo e em alguma das telas que, no retorno vibratório, grava no disco eletromagnético uma vibração dissonante e desarmônica, que ficará impressa e ressonando na mente da pessoa que projetou mentalmente a vibração de ódio.

Com o tempo e o despertar da consciência, essa ressonância a incomodará, ainda que disso ela não se aperceba.

Enfim, o Sexto Plano da Vida é magnífico, porque nele os seres assumem suas responsabilidades para com a vida e tornam-se auxiliares do Divino Criador e Senhor nosso Deus.

Sétimo Plano da Vida: o Plano Celestial

Como já comentamos antes, o Sétimo Plano da Vida é onde se processa a evolução "celestial" dos seres. Quem vive nesse plano excelso, já está em um estágio de desligamento do nosso planeta e sendo conduzido a uma "mentalização" em todos os sentidos, onde se abrirão faculdades sequer imaginadas pelos seres que vivem a realidade do Sexto Plano.

Até onde é permitido revelar, saibam que este Sétimo Plano é realmente o sétimo céu, pois todos os seres que vivem nele sublimaramse nos sete sentidos da Vida e são tidos como irradiadores vivos deles.

Nós não podemos comentar muito sobre o Sétimo Plano da Vida. Mas, até onde nos é permitido, comentaremos.

O fato é que é neste Plano da Vida que vivem os espíritos ascensionados, muitos dos quais deslocam-se para os outros planos anteriores só para auxiliarem os divinos tronos regentes da Evolução, ou para ajudarem as divindades humanizadas e responsáveis por grandes contingentes de espíritos, ainda no ciclo reencarnacionista.

Os Mestres Ascensionados regentes dos raios divinos provêm deste Sétimo Plano;

Os Mestres Crísticos provêm dele;

Os Mestres da Luz regentes das linhas da direita do Ritual de Umbanda Sagrada provêm dele, e assentaram-se à direita dos divinos tronos naturais;

Os semeadores de religiões provêm dele e, se retornam à carne em missões divinas, é porque amam a humanidade.

Enfim, os seres do Sétimo Plano da Vida são aqueles que transmutaram seus emocionais e tornaram-se seres mentais hiperconscientes, divinizando-se em todos os sete sentidos da Vida.

São seres irradiadores mentais de Fé, Amor, Conhecimento, Justiça, Ordem, Evolução, Transmutação, Criatividade e Geração.

Eles são muito requisitados pelos Anjos e Arcanjos, e muitos angelizaram-se ou arcangelizaram-se, integrando-se às hierarquias divinas desses seres excelsos.

Já os divinos tronos regentes, estes têm neles uma elite mental capaz de auxiliá-los em todos os quadrantes de suas telas eletromagnéticas e os requisitam quando precisam acelerar a evolução dos seres colocados sob suas regências divinas.

No Sétimo Plano da Vida "desembocam" as nossas 77 dimensões naturais, que enviam para ele todos os seres que se sublimam nos sete sentidos da Vida.

Este plano é formado por sete dimensões celestiais que, como já comentamos, transcendem nosso planeta e se espalham por uma vastíssima extensão do Universo.

Dessas sete dimensões celestiais, umas abrangem alguns planetas do nosso Sistema Solar e outras abrangem outros, mas todas estão nas dimensões solares, que são muitas.

O que nos interessa é que as nossas sete dimensões celestiais estão entre as dimensões celestiais regidas pelo divino Trono Estelar que rege o "nosso" sol da vida, o qual muitas religiões antigas descreviam como o Deus Hélios ou Deus Sol, o regente do Sistema Solar que, para quem não sabe, é só um macroátomo no Universo de Deus, cuja grandeza supera tudo o que possamos imaginar e é mil vezes maior, porque não está só neste Universo visível aos nossos olhos.

Não! Deus também está presente nos muitos universos paralelos ao nosso.

Observem que não estamos falando de dimensões planetárias contidas em um mesmo planeta, ainda que elas se abram ao infinito e estejam dentro do nosso Universo. As dimensões da Vida podem estar limitadas só ao nosso planeta ou abrir-se para muitos outros. Já os universos paralelos ao nosso são infinitos em todos os sentidos, pois não têm começo ou fim. Sendo outros universos, atendem a outras vontades e objetivos do nosso Divino Criador.

Livro 3
Teogonia de Umbanda

A Teogonia Umbandista

"Teogonia: conjunto de divindades cujo culto constitui o sistema religioso de um povo; genealogia dos deuses."

A Umbanda é uma religião, e como tal tem sua teogonia, fundamentada em Deus e Suas divindades, em Olorum e nos Orixás!

Olorum é o Divino Criador de tudo o que existe e está em tudo o que criou. Já os Orixás são em si mesmos as qualidades divinas manifestadas por meio de individualizações do Divino Criador.

Assim sendo, fica fácil explicarmos o panteão divino da Umbanda, porque cada Orixá rege um dos aspectos da natureza, da vida dos seres e até das criaturas.

Uma divindade é em si mesma manifestação de Deus mediante uma de Suas qualidades divinas. Logo, se adoramos Ogum, que é em si mesmo a qualidade ordenadora de Olorum, então estamos adorando o Orixá que rege sobre a Ordem e é o aplicador da Lei Maior em todos os aspectos da criação.

Sim, porque a qualidade ordenadora de Olorum está presente em todos os aspectos da Sua criação divina. E tanto a encontramos na Fé quanto no Amor, tanto na Justiça quanto na Geração.

Portanto, Ogum é a divindade unigênita de Olorum, ao qual foi incumbido a manifestação de Sua qualidade ordenadora.

Ogum é em si mesmo a qualidade ordenadora do Divino Criador Olorum e, como divindade regente da Ordem, é o aplicador da Lei Maior em todos os aspectos da criação.

Um ser manifestador de uma qualidade divina só assume a condição de divindade se for em si mesmo essa qualidade.

Um músico não é a música em si, mas tão somente uma pessoa que tem o dom ou faculdade de harmonizar os sons e torná-los melódicos e agradáveis aos nossos ouvidos.

Um juiz não é a justiça em si mesma, mas tão somente uma pessoa que tem o dom ou a faculdade de lidar com as leis e dar-lhes uma interpretação abalizada.

Já o mesmo não acontece com uma divindade, pois ela tanto é uma qualidade divina como é sua manifestadora unigênita.

Por unigênita entendam que é aquela divindade que está associada a Deus justamente porque é parte d'Ele, e é em si mesma a manifestadora de um de Seus aspectos.

Ogum é a divindade unigênita, ou a única gerada, que é em si mesmo a ordenação divina. Logo, Ogum não pode ser dissociado de Deus, pois se clamamos pela Lei Maior, Ogum é quem se manifesta como divindade aplicadora dela em nossa vida. E mesmo que não clamemos pelo seu auxílio, ainda assim será ele o seu aplicador, pois é em si mesmo a divindade que a rege e a aplica em todos os aspectos da criação e da vida, já que ele é a Lei Maior em si mesmo.

Deus é o todo em Si mesmo, mas nas partes que formam esse todo divino, nós vemos Suas divindades, que são indissociadas das Suas qualidades formadoras desse todo, que é Ele em Si Mesmo.

Se dissociarmos uma divindade de Deus, nós estaremos descaracterizando-a e alterando o seu caráter divino, indissociável de uma qualidade Sua?

A Umbanda cultua todo um panteão divino, porque entende que em cada uma das divindades desse seu panteão está Deus, e cada uma delas é em si mesma uma de Suas qualidades?

O umbandista entende que tanto pode clamar à Lei Maior quanto a Ogum que estará clamando ao mesmo aspecto de Deus, já que o que caracteriza Ogum é esta sua qualidade divina e sua condição de aplicador divino da Lei Maior, sempre associado ao próprio caráter ordenador do Divino Criador.

Então sintetizamos e definimos Ogum desta forma: "Ogum é em si mesmo a ordenação divina; é a divindade manifestadora da Lei Maior e seu aplicador, tanto na criação divina quanto na vida dos seres".

Observem que a Umbanda herdou dos cultos de nação toda uma teogonia, ensinada por meio das lendas e dos mitos africanos, mas as reinterpretou e as adaptou à sua concepção de como devemos entender as divindades de Deus, os nossos amados e adorados Orixás.

Surgiu, então, toda uma nova teogonia, já adaptada à religião de Umbanda que, sem renegar sua origem, no entanto reservou para si o melhor modo de ensinar suas divindades aos fiéis.

Aos poucos, os Orixás foram manifestando suas qualidades, e quem as transmitiram foram os guias espirituais que se manifestam durante os trabalhos de incorporação. Com isso, Ogum foi sendo recomendado como a divindade a ser evocada para quebrar uma demanda, para abrir os caminhos, etc., pois é o aplicador da Lei Maior em todos os aspectos da criação. É o ordenador divino!

Uma demanda é um choque cármico. Logo, Ogum é a Lei ordenadora dos carmas.

Um caminho é uma senda evolutiva. Logo, Ogum é o direcionador da evolução ou do caminho a ser seguido ordenadamente pelos seres.

E assim, de recomendação em recomendação dadas pelos guias espirituais, os umbandistas foram dando novas feições aos Orixás, que foram assumindo caráter bem definido dentro da nova religião.

Ogum assumiu sua condição de guardião da Lei na Umbanda e sua natureza reta e justiceira amoldou suas linhas de trabalhos espirituais e o caráter justo e vigoroso dos seus caboclos de Umbanda.

Ou alguém imagina que antes do advento da religião de Umbanda, nos antigos terreiros de Candomblé, baixava Caboclo, Preto-Velho ou Exu para dar consulta, realizar desobsessões, dar passes, etc.?

Isso não acontecia e o que tínhamos era o culto puro aos Orixás. Já essas coisas, hoje realizadas pelos espíritos-guias de Umbanda, eram realizadas segundo a tradição herdada da África e feitas segundo preceitos e oferendas já há muito estabelecidas como a forma correta de ativar um Orixá e conseguir sua ajuda.

Mas à maioria passou despercebido que a nova maneira de alcançar os mesmos objetivos estava adaptando-os aos tempos modernos, onde seus fiéis seriam pessoas vivendo em cidades e com difícil acesso à natureza imaculada, que era onde cultuavam-se as divindades.

Toda uma transformação estava acontecendo no modo de cultuar e evocar os Orixás, assim como na forma de oferendá-los, pois as antigas práticas estavam sendo substituídas por novas e muito mais simples. Mas isso se chocava os tradicionalistas, no entanto atendia a esta vontade, manifestada pelos próprios Orixás, que já viam seus futuros fiéis residindo em gigantescas metrópoles, morando em apartamentos ou casas isoladas da natureza, onde eram oferendados segundo a tradição africana.

Então os Orixás foram assumindo novas características e feições, todas direcionadas com a nova religião, e atendendo do mesmo modo aos clamores de seus fiéis adoradores. Ou alguém acredita realmente que só um "pai de santo" raspado no Candomblé tem acesso a eles?

Se acredita nisso, então está precisando, e rápido, de todo um conhecimento acerca de Deus e de Suas divindades e da forma como atuam na nossa vida.

Sim, porque uma divindade é anterior aos seus adoradores e superior, em todos os sentidos, aos seus sacerdotes. Se bem que é comum ouvirmos pessoas dizerem "Eu vou 'mandar' meu Orixá te ajudar".

Será que alguém manda realmente em uma divindade? Ou será que estão enganados e o modo correto de se expressar seria este: "Eu vou clamar e solicitar o auxílio do Orixá que me rege e pedir-lhe, reverente, que o ajude a superar logo suas dificuldades, meu irmão!"

Sim, porque as divindades de Deus são o que são: divindades de Deus! Elas independem de nós para ser o que são e atuar em nossa vida. Elas são as divindades de Deus. Elas são as partes divinas d'Ele, enquanto nós, cada um de nós, somos uma de Suas partes humanas.

As divindades nos regem, e não o contrário. Logo, sem elas para dar--nos sustentação, somos nulos no campo religioso.

Voltando ao nosso comentário inicial, então temos em Deus todas as qualidades e temos nas suas divindades os Seus manifestadores delas, já como mistérios divinos, pois estão em todo o Universo como qualidades do Criador, integradas à Sua criação.

Por isso a religião de Umbanda incorporou um número limitado desses mistérios, porque os identificou como as divindades irradiadoras deles e regentes das sete irradiações divinas que regem a vida dos seres em evolução neste nosso planeta.

Aos poucos, a espiritualidade foi se afixando em torno de uns poucos nomes de divindades e a partir delas deu início à formação da teogonia de Umbanda Sagrada, adotando um conjunto de Orixás, que forma um sistema religioso coeso e sustentador de todas as manifestações espirituais que acontecem nas tendas de Umbanda.

Com isso em mente, vamos comentar o caráter e a natureza das divindades que formam o universo religioso da Umbanda:

- Olorum é o Princípio Incriado, que dá origem a tudo, pois tudo é gerado n'Ele ou por Ele. Logo, Ele está na origem de tudo e de todos;
- Olorum atua na vida de todos e a ninguém desampara em momento algum, pois todos estão n'Ele;
- Mas Olorum também atua sobre os seres por meio de Suas divindades, que são manifestadoras de Suas qualidades divinas;
- As divindades só são manifestadoras das qualidades de Olorum, porque são em si mesmas as individualizações delas;
- Uma qualidade de Olorum é um mistério da criação. Logo, é um mistério criador, pois é parte ativa da criação;
- Se uma divindade é manifestadora de uma qualidade de Olorum porque é ela em si mesma, então todas as divindades são mistérios da criação e são mistérios criadores, ativos nas partes que formam no todo, que é Olorum em Si;
- Olorum manifesta-se a todos o tempo todo e durante todo o tempo, pois Ele é o princípio, o meio e o fim de tudo, e tudo o que acontece, ocorre n'Ele;

- Logo, a finalidade das divindades é manifestar Olorum através do mistério que elas são em si mesmas, porque são individualizações das Suas qualidades;
- Na Umbanda, cada divindade é responsável por um aspecto divino que rege a criação. Assim, Ogum cuida da Lei; Xangô da Justiça; Oxóssi do Conhecimento; Oxalá da Fé; etc.;
- Logo, a Umbanda não é politeísta, porque entende que cada Orixá é apenas a divindade responsável por uma parte da criação; é a manifestadora de uma qualidade do Criador e é a aplicadora de um dos aspectos divinos na vida dos seres, das criaturas e das espécies.
- Os Orixás não são deuses, mas divindades de Deus, e não chamam para si o fim último dos seres, mas tão somente os amparam até que evoluam, desenvolvam seus dons naturais, alcancem seus fins em Deus e tornem-se, também, manifestadores das qualidades divinas d'Ele.

Com isso explicado, então temos a base fundamental da religião de Umbanda.

- Um Deus Criador na origem de tudo e de todos, inclusive dos Orixás, que são as divindades unigênitas manifestadoras das Suas qualidades;
- Em Deus tudo tem sua origem e nada pode ou deve ser dissociado d'Ele, porque fora d'Ele nada existe por si só;
- Logo, todas as divindades estão em Deus, porque, se não estiverem, não só perdem sua condição de divindades como deixam de existir;
- Na Umbanda, adoram-se as divindades porque ao adorá-las estamos adorando as próprias qualidades de Deus. Esse procedimento tem sido estimulado desde os primórdios da humanidade. Foi com esta finalidade que Ele individualizou Suas qualidades e as multiplicou em Suas divindades, que passaram a manifestá-Lo segundo Sua vontade para com cada uma delas;
- Olorum, o Divino Criador, é tão infinito em Si mesmo, que temos a necessidade de recorrer às Suas divindades, pois é por meio delas que conseguimos vislumbrar Sua grandeza, magnitude e infinitude.

Vemos a grandeza da Lei Divina em Ogum. E porque a divindade Ogum é ordenadora da criação, das criaturas e das espécies, então vemos a sua qualidade ordenadora atuando em toda a criação divina.

Vemos Ogum ordenando o comportamento das pessoas, dos espíritos e das outras divindades, mas o vemos ordenando a gênese de um ser, de um vegetal, de um planeta e mesmo do Universo, pois ele é em si mesmo essa qualidade de Deus, cujo caráter divino é ordenador e tudo o que Deus cria obedece a uma ordem preexistente em Si mesmo, pois Sua condição única de Criador implica estar na raiz de Suas criações, que só assumem essa condição de criação divina se não forem caóticas, e sim ordenadas.

Então o culto e a adoração de Ogum são o culto e a adoração à qualidade ordenadora de Divino Criador Olorum, cujo caráter ordenador dá origem e sustentação à Lei Maior, ordenadora de tudo o que existe.

E assim, por intermediário das qualidades de Deus, vão surgindo Suas divindades, que na Umbanda são denominadas de Orixás, os Senhores do Alto ou dos níveis superiores da Criação.

Na Umbanda não existe politeísmo, porque ela herdou dos cultos de nação apenas o caráter divino dos Orixás, aos quais reinterpretou e deu-lhes novas feições e novos atributos divinos, já que uma qualidade divina é infinita em si mesma, justamente por ser o que é: uma qualidade de Deus.

A partir daí surgiram as hierarquias intermediárias, repetidoras e multiplicadoras da qualidade original das divindades de Deus, que são em si a individualização de um de Seus aspectos.

Assim, se Deus dá origem a tudo, e deu origem a Ogum, já como seu aspecto ordenador, então Ogum O repete e se multiplica, dando origem aos Oguns intermediários, que são os aplicadores de sua qualidade ordenadora, mas já nos campos de atuação das outras divindades do Divino Criador.

Então a divindade ou a qualidade divina de Ogum faculta-lhe a capacidade de repetir-se como ordenador, já em níveis intermediários da criação e de multiplicar-se nos campos das outras divindades, que darão suas qualidades individuais à qualidade geral, ordenadora, que Ogum é em si mesmo.

Daí vermos na Umbanda, Ogum e seus comandados ou seus Orixás Oguns intermediários, que também são divindades porque são manifestadores da qualidade ordenadora de Deus, mas aplicadas aos campos das outras divindades, que se não são em si mesmas essa qualidade ordenadora, no entanto são em si as outras qualidades divinas.

Logo, se Oxum é a divindade do Amor ou da Agregação, tudo o que Oxum conceber, pois é em si mesma a agregação ou concepção divina, agregará e conceberá ordenadamente.

Assim, se tudo o que Oxum agrega, agrega de forma ordenada, então Ogum está em Oxum como a qualidade divina que ordenará tudo o que ela agregar. E se Oxum é a concepção divina em si mesma, então Ogum está nela como a qualidade ordenadora das suas concepções. E se Oxum é em si mesma o Amor Divino, então Ogum está em Oxum como a qualidade ordenadora do seu amor, pois se assim não fosse tanto as agregações quanto as concepções e os amores seriam caóticos, perderiam sua condição de qualidades divinas e não existiriam por si mesmos, pois não preexistiriam em Deus, que tem em Oxum Sua qualidade agregadora, conceptiva e amorosa.

Enfim, a teogonia de Umbanda foge do senso comum e recorre ao senso divino para poder interpretar corretamente as divindades de Deus que formam seu panteão divino.

Portanto, se as lendas sobre os Orixás os trouxeram para a terra, a teogonia de Umbanda os devolve aos seus devidos lugares e os reassenta à direita ou à esquerda de Deus.

— à direita significa que atuam passiva e permanentemente, de forma contínua e estável na vida dos seres;

— à esquerda significa que atuam ativa e condicionalmente, de forma alternada e não estável.

Como exemplo do que acabamos de citar, recorremos a Oxalá, o Orixá da Fé, que irradia fé o tempo todo a todos os seres. Sua atuação é passiva e não emociona a religiosidade de ninguém. É permanente e contínua. Não se torna mais ou menos intensa, porque é estável.

Já Logunã é a divindade de Deus que se mostra na Umbanda como um Orixá do Tempo e só atua sobre os seres sob certas condições, tais como nos casos de fanatismo religioso. Sua atuação é alternada, e tanto intensifica a fé quando ela se enfraqueceu, quanto a paralisa quando se tornou muito apaixonada ou emocionada; e não é uma atuação estável, pois atua sobre seres religiosamente desequilibrados, fanatizados ou emocionados.

A partir dessa dupla característica (ativa-passiva) as divindades formam a dupla polaridade do Divino Criador e vão assumindo campos de atuação distintos. Se manifestam qualidades diferentes, no entanto são complementares, pois Oxalá e Logunã são as duas "faces" do Mistério da Fé.

Oxalá e Logunã são os dois lados de um mesmo mistério de Deus, mas ocupam polos magnéticos opostos na irradiação divina que, partindo de Deus, está em toda a Sua criação e em tudo o que é "animado", manifestando-se como um sentimento de unidade em torno d'Ele, o nosso Pai Divino.

A Umbanda não interpreta sua teogonia como sendo formada por divindades dissociadas umas das outras e não as vê como antagônicas, como é o caso da teogonia Lorubá, pois sabe que na criação nada se antagoniza. Em verdade, tudo se complementa, dando forma e coesão à criação, às espécies, aos seres e às divindades.

Logunã não faz oposição a Oxalá, mas somente atua em um campo oposto ao dele nos aspectos da fé e no campo da religiosidade.

Assim, assentando em seu panteão as divindades magneticamente opostas, mas em verdade complementares, a Umbanda nos mostra uma teogonia magnífica. Em nenhum momento, os aspectos divinos deixam de ser visíveis através do próprio caráter e natureza dos Orixás que a formam.

Em momento algum as divindades se chocam, pois são em si mesmas os aspectos do Divino Criador que estão sendo mostrados a nós, cada uma atuando em um campo próprio e só seu, ainda que nele todos os aspectos divinos estejam presentes. Assim como mostramos que Ogum está em Oxum, e vice-versa, também Ogum e Oxum (a ordenação e a agregação) estão em Oxalá e Logunã (a fé e a religiosidade). A fé de um ser é permanente, já a sua religiosidade muda com o tempo. E este qualifica Logunã como um Orixá do Tempo, eterno em si mesmo mas sujeito às mudanças que ocorrem com a evolução dos seres no campo da Fé.

Com isso explicado, então o número de divindades cultuadas deixa de ser confuso porque a unidade religiosa da Umbanda não está nos seus Orixás, mas em Olorum, o Deus Criador que deu origem a tudo, inclusive a eles, que são Seus mistérios divinos e manifestadores individuais de Suas qualidades originais, todas aplicadas à vida dos seres e identificados na criação através da natureza das coisas criadas.

Vamos, agora, comentar cada uma das divindades de Deus que denominamos de Orixás ou Senhores das Coroas, e que regem a religião de Umbanda e o ori (cabeça) dos umbandistas.

- Olorum, o Divino Criador, individualiza-Se nas Suas divindades, todas manifestadoras de Suas qualidades;
- Na Umbanda, sete irradiações divinas dão origem às suas sete linhas de forças, todas bipolarizadas;
- Em cada polo está assentada uma divindade, manifestadora de uma qualidade de Olorum;
- O universo religioso da Umbanda, a sua teogonia, é composto por 14 divindades assentadas em seus pontos de forças naturais, de onde regem a natureza planetária, que é multidimensional;
- Esses 14 Orixás dão origem a 14 hierarquias divinas, limitadas às atuações nos níveis vibratórios intermediários;
- Essas hierarquias estão ligadas aos 14 Orixás. Umas são de natureza passiva, irradiante, contínua e atuam permanentemente na vida dos seres; outras são ativas, absorventes, alternadas e atuam temporariamente;
- As sete irradiações divinas são: Fé, Amor, Conhecimento, Justiça, Lei, Evolução, Geração;
- Essas sete irradiações são manifestadas para tudo o que existe, porque, em nível de criação divina, elas estão na gênese ou nos processos criativos. Mas nós as absorvemos continuamente por meio dos nossos sete sentidos capitais;
- Essas sete irradiações são captadas pelo Trono Planetário, que é

em si mesmo a divindade de Deus que dá sustentação ao nosso planeta e a tudo o que aqui existe;

— Ele capta as irradiações de Deus, as adapta ao magnetismo e à vibração planetária, depois as irradia, dando origem às sete irradiações gerais, que são captadas por sete Tronos de Deus;

— Os sete Tronos de Deus são estes:

Trono da Fé ou Orixá da Fé

Trono do Amor ou Orixá do Amor

Trono do Conhecimento ou Orixá do Conhecimento

Trono da Justiça ou Orixá da Justiça

Trono da Lei ou Orixá da Lei

Trono da Evolução ou Orixá da Evolução

Trono da Geração ou Orixá da Geração

— Nesses sete tronos têm início as sete irradiações divinas que, na Umbanda, são as suas sete linhas de força;

— As sete linhas de força se polarizam e adquirem bipolaridade, formando 14 polos magnéticos planetários e multidimensionais, tendo em cada um uma divindade, que é em si mesma uma qualidade de Deus e um mistério divino em si mesma;

— Essas 14 divindades são os Orixás Ancestrais, aos quais todos estamos ligados por meio dos sete sentidos capitais e aos quais estamos sujeitos, pois a atuação deles em nossa vida independe de querermos ou não. Eles são mistérios de Deus, e atuam conosco tanto conscientes de sua existência quanto inconscientes;

— Eles são Tronos de Deus, que na Umbanda assumem a denominação de Orixás. Mas em outras religiões têm outros nomes, sem perderem suas qualidades divinas e suas atribuições, que é a de regerem sobre tudo o que aqui existe, seja o meio onde vivemos ou tudo o que vive nesse meio, que é o nosso planeta;

— Por isso um ser, pertença à religião que for, sempre estará sujeito às mesmas coisas (Fé, Amor, etc.), pois esses Tronos de Deus estão na origem de tudo o que aqui existe, inclusive das religiões, nas quais eles atuam por meio das divindades intermediárias que as iniciam mediante suas divindades intermediadoras. A Umbanda nasceu de uma vontade divina manifestada pelo divino Trono Planetário, que se refletiu nos sete Tronos de Deus, que a manifestaram por meio de Suas sete vibrações mentais, que alcançaram os 14 Orixás assentados nos seus polos magnéticos. Estes, por sua vez, as vibraram e toda uma nova religião nasceu naquele mesmo instante, faltando apenas a sua codificação e imantação divina para tornar-se em si mesma, uma senda religiosa pela qual evoluirão milhões de seres. Isso foi providenciado no mesmo instante pelas divindades ou Orixás intermediários, que mentalmente ativaram suas hierarquias intermediadoras. Estas ativaram suas hierarquias elementais, encantadas, naturais e espirituais, que imediatamente deram início à codificação humana da nova religião, nascida de uma vontade manifestada pelo divino Trono Planetário, também denominado de divino Trono das Sete Encruzilhadas, o Logos Planetário;

— Com isso explicado, então fica entendido que a Umbanda teve sua origem divina no mesmo trono que tem dado origem a todas as outras religiões. Apenas que sua teogonia tem uma dinâmica própria que a diferencia de todas as outras religiões, inclusive daquela que serviu como base para o assentamento das divindades que regeriam seus aspectos religiosos: o Candomblé;

— A religião que serviu de base para a Umbanda é a africana, com seus cultos de nação;

— Em um culto de nação, a mesma divindade se mostra com um nome, mas no de outro povo africano ela se mostra com outro, sem perder sua qualidade de regente da coroa (cabeça) de seus filhos (seus adoradores);

— Os nomes das divindades que formam a teogonia de Umbanda são os mesmos que tinham nos cultos de nação, e os que se fixaram com mais facilidade são nomes iorubás, já conhecidos por muitos há vários séculos, mas que, por meio da Umbanda, são conhecidos hoje em nível nacional até pelos adeptos das outras religiões;

— Alguns desses nomes são originais, tais como: Ogum, Xangô, Oxum, Yemanjá, Yansã. Já outros são adaptações de nomes iorubás para divindades cultuados por outras nações africanas, tais como Oxumaré, Obaluaiyê, Nanã Buruquê;

— Enfim, os 14 tronos planetários assumiram, na Umbanda, sua denominação iorubá, e foi assim que, pouco a pouco, foram se fixando na mente e no coração dos umbandistas, já que ela nasceu dentro dos cultos de nação e foi se destacando e assumindo feições próprias porque incorporou como natural as práticas de incorporação de espíritos de índios, de velhos sacerdotes africanos, de encantados infantis, de Exus e Pombagiras, e de espíritos oriundos de outras partes do mundo, todos congregados na nascente religião espiritualista;

- Esses 14 tronos planetários pontificam as sete irradiações divinas, já polarizadas em polos ativos e passivos; masculinos e femininos; positivos e negativos; irradiantes e absorventes; universais ou cósmicos. Esses tronos são divindades de Deus e independem de nós para existir e ser o que são: mistérios manifestadores de qualidade divinas, encontradas n'Ele;
- Sete irradiações divinas; sete Tronos de Deus; sete linhas de forças; 14 Orixás regendo-as.

Primeira Linha de Forças Divinas, ou Irradiação da Fé

É formada por dois Orixás que se polarizam nos campos da religiosidade. Oxalá e Logunã são seus nomes, sendo Oxalá irradiante, positivo, passivo e atua por meio de seu magnetismo cujas ondas são retas, e vibra fé o tempo todo.

Logunã é cósmica, absorvente, negativa, temporal, e sua irradiação magnética é alternada em duas espirais: uma intensifica a religiosidade e a outra a esgota. A irradiação que projeta é estimuladora da religiosidade. Já a que absorve é esgotadora dos desequilíbrios religiosos nos seres.

Estudando sua natureza, podemos descrevê-los assim:

- Oxalá é uma divindade passiva da Fé e é em si mesmo esse mistério divino, pois gera fé o tempo todo e a irradia de forma reta, alcançando tudo e todos. Sua natureza religiosa não deve ser dissociada de Deus, pois é esta qualidade d'Ele que o individualizou em seu Trono da Fé, para poder ser visualizado por todos os seres cuja fé é reta e a religiosidade é virtuosa;
- Logunã é uma divindade ativa da Fé e é em si mesma esse mistério divino, pois gera religiosidade o tempo todo e a irradia ou a absorve conforme as necessidades. Se o ser está apático, ele a recebe, e se está emocionado, a tem esgotada.

A Fé é uma qualidade de Deus, já a religiosidade é uma qualidade dos seres criados por Ele. Logo, Oxalá irradia essa qualidade divina denominada Fé, e Logunã ativa ou paralisa a qualidade religiosa dos seres movidos pelos sentimentos de fé.

Observem que não são iguais no Mistério da Fé, porque ele a irradia de forma contínua e ela estimula ou paralisa esse sentimento nos seres. Por isso diferenciamos esses dois tronos da Fé e os classificamos da seguinte maneira:

— Oxalá é um trono universal, pois suas irradiações retas e contínuas são projetadas a todos, o tempo todo e durante todo o tempo;

— Logunã é um trono cósmico, pois suas irradiações espiraladas são alternadas e direcionadas, só alcançando os seres apatizados ou emocionados em seus sentimentos religiosos.

Ele é um trono universal porque está se irradiando de forma contínua e estável. Já ela é um trono cósmico, porque em sua irradiação alternada uma espiral magnética projeta-se e estimula a religiosidade enquanto a outra espiral magnética, que ela absorve, vem esgotando o emocional dos seres que estão vibrando sentimentos religiosos desequilibrados.

Com isso explicado, então fica fácil entender por que o Orixá Oxalá é amado e a Orixá Logunã é respeitadíssima, temida mesmo pelos que já sofreram sua atuação esgotadora dos seus desequilíbrios religiosos.

As hierarquias de Oxalá são formadas por seres naturais descontraídos, profundamente religiosos e amorosíssimos. Já as hierarquias de Logunã são formadas por seres naturais circunspectos, glacialmente religiosos e muito respeitosos, não admitindo arroubos religiosos de espécie alguma à sua volta.

Podemos dizer que as hierarquias de Oxalá são calorosas e as de Logunã são glaciais, frias mesmo;

Oxalá é o calor das estrelas e Logunã é o frio do espaço cósmico;

Oxalá é o calor do sol da fé e Logunã é o frio do vácuo religioso, ou da religiosidade de um ser;

Oxalá é abrasador e Logunã é enregelante;

Oxalá é a fé permanente e Logunã é a alternância religiosa;

Oxalá é o raio reto e Logunã é a espiral;

Oxalá é o caminho reto que conduz a Deus e Logunã é a onda circular que colhe todos os que se desviaram da retidão religiosa, a única que conduz a Deus.

Todo ser que prega a fé como um sentimento puro de amor a Deus e a vivencia com virtuosismo, está sob a irradiação de Oxalá. Já o ser que a prega com emotividade e a vivencia com fanatismo, está sob a irradiação de Logunã.

Todo ser que faz da prática da caridade religiosa um ato de fé em Deus, é amparado por Oxalá com sua irradiação abrasadora. Já todo ser que faz de suas práticas religiosas um ato de exploração da boa-fé de seus semelhantes, será punido por Logunã, e será esgotado em seus enregelantes domínios cósmicos.

Por isso ela é uma divindade temida. Ela é o rigor de Deus para com seus filhos desvirtuados que deturpam uma Sua qualidade divina (a Fé) e a partir de seus vícios e desequilíbrios ludibriam a boa-fé de seus semelhantes.

Sintetizamos, dizendo que Oxalá é o calor da fé abrasadora e Logunã é a paralisadora da religiosidade fanatizante ou mercantilista.

Por isso as hierarquias de Oxalá são envolventes e as de Logunã são glaciais, arredias às evocações inconsequentes e aos clamores falsos dos que costumam oferendá-la no tempo. E não são poucos os que, movidos pela maldade e pela ignorância, evocam os mistérios do "Tempo" com fins negativos, e no mesmo instante começam a ser esgotados em sua religiosidade desvirtuada, sendo paralisados no sentido da Fé.

Saibam que tanto a atuação de Oxalá quanto a de Logunã são permanentes na criação e na vida dos seres, independendo de nossa vontade para atuarem. Os rituais de magia e de oferendas têm o poder de acelerar essas atuações, e por isso a Umbanda recorre a eles como parte de sua própria dinâmica religiosa aceleradora da evolução dos seres.

Assim sendo, devemos orar a Oxalá para que ele fortaleça cada vez mais a nossa fé em Deus, e devem orar a Logunã, pedindo a ela que nos ampare na fé e não permita que desvirtuemos nossa fé em Deus e nossos sentimentos religiosos.

Saibam que um pedido desses, feito com fé, respeito e convicção na atuação desses dois Orixás, vale mais que ouvir dez sermões inflamados proferidos por fanáticos religiosos ou mercadores da boa-fé alheia.

Uma evocação e um clamor íntimo dessa natureza dignificam o ser diante das divindades, e elas tudo farão para atender quem assim proceder, pois é um pedido codificado pela Lei Maior como um procedimento reto, diante da balbúrdia religiosa a que todos estão sujeitos no dia a dia, em que falsos sacerdotes, ignorantes mesmo, prometem o céu, a quem lhes pagar mais, ou curas miraculosas a troco do vil metal, causa primeira da maior doença na vida dos seres: a ambição!

Na teogonia da Umbanda, Oxalá é interpretado como Orixá irradiador da Fé e Logunã é interpretada como Orixá retificador da religiosidade desvirtuada.

Segunda Linha de Forças Divinas, ou Irradiação do Amor

O Amor é uma qualidade de Deus, e Oxum é a Sua divindade unigênita, pois é em si mesma esse Amor Divino que agrega tudo e todos em torno do Divino Criador Olorum.

Oxum não existe por si só e não pode ser dissociada de Deus, pois ela é esse amor que Ele gera em Si mesmo como uma de Suas qualidades.

Assim sendo, porque uma qualidade divina está em tudo e em todos, então Oxum, que é o Mistério do Amor Divino, está em tudo o que Deus criou. Ela está na formação do átomo como a força ou o magnetismo que o agrega, assim como está nas constelações como o magnetismo universal que agrega todas as suas estrelas em torno de um ponto fixo no Universo.

As lendas sobre os Orixás os limitou, pois só os aplicou na vida material dos seres. Assim, eles assumiram feições humanas e perderam parte dos seus caracteres e naturezas divinas. Mas nós sabemos que, se Oxum é tida como o Orixá do Amor ou do coração, ou da concepção, é porque ela é em si mesma o Amor Divino e o manifesta a partir de si mesma, dando origem às agregações.

Oxum, a partir das agregações, dá origem à concepção das coisas, já que ela é a própria concepção divina enquanto qualidade do Divino Criador, que individualizou essa Sua qualidade nela, a Sua divindade do Amor, que agrega e concebe.

Oxum é unigênita porque é em si uma qualidade divina que desperta o amor nos seres, os agrega e dá início à concepção da própria vida. Por isso é tida como a divindade que rege a sexualidade, pois é através dela que a vida é concebida na carne, multiplicando-se.

Esse aspecto dessa divindade de Deus não está restrito só à sexualidade porque, por ser uma qualidade divina, está em tudo o que foi criado e em todos os aspectos da criação, seja ela animada (seres) ou inanimada (substâncias). Oxum é agregadora, e por ser uma divindade, também atua nos seres por meio dos sentidos, despertando neles sentimentos de amor e atração natural, o que costuma ocorrer em todos os campos e aspectos da vida.

O elo que une os seres sob uma mesma crença religiosa é o magnetismo agregador de Oxum.

O elo que une os átomos e dá origem a uma substância é o magnetismo de Oxum.

Enfim, tudo o que se liga, só se liga por causa dessa qualidade agregadora, da qual ela é a divindade irradiadora.

Se Oxum, a Orixá dos cultos de nação, só foi interpretada em uns poucos aspectos da vida dos seres, na Umbanda procuramos abrir esse Mistério do Amor Divino e mostrar que ele está na origem da própria gênese, já que tudo o que Deus gera em Si, ou a partir de Si, é agregador e destina-se a um objetivo maior dentro da criação.

Então não devemos limitar Oxum ao campo da sexualidade humana ou à concepção da vida, pois ela, por ser em si mesma a qualidade agregadora do Divino Criador, está no Amor, está na Fé, está na Lei, etc.

Sim, Oxum está em tudo e em todos como a qualidade agregadora de Deus, que individualizou Seu Amor Divino nesta Sua divindade agregadora, conceptiva e amorosa.

As lendas a caracterizaram como a Orixá da riqueza, senhora do ouro e das pedras preciosas. Nós interpretamos isso como correto, desde que expliquemos sua qualidade agregadora, que é um "fator" de natureza mineral, e que realcemos que só acumulando bens a riqueza surge.

Portanto, se Oxum é agregadora em todos os campos e aspectos da vida, também no campo da riqueza material ela atua, pois agrega os bens que tornam um ser rico, materialmente falando.

Esse aspecto de Oxum é muito ativado pelos seus fiéis adoradores, porque ela realmente responde, caso quem a invoque seja merecedor.

Quanto à sua atuação no campo da sexualidade, ela só ampara as uniões regidas pelos sentimentos de amor. Já as uniões regidas apenas pelo desejo ou pela paixão, estas estão fora de seu campo de atuação e não recebem suas irradiações vivas, que se limitam a amparar as concepções, caso venha a acontecer a geração de uma criança.

Oxum agrega no Amor, na Fé, no Conhecimento, na Lei, na Evolução e na Geração. Ela está em todas as outras qualidades de Deus, em todos os sentimentos, em toda a criação, em todos os seres, em todas as criaturas e em todas as espécies.

Observem algumas criaturas (cães, ovelhas, cobras, etc.) e verão esta qualidade "Oxum" no amparo e no amor que as mães dessas espécies dedicam à sua prole.

Temos a certeza de que verão a semelhança entre esse amor e o das mães humanas, pois essa qualidade divina está em tudo e em todos.

Oxum é a Divina Mãe do Amor e da Concepção, pois com seu magnetismo agregador gera as uniões em todos os sentidos.

Já o Trono de Deus que polariza com ela é o Orixá Oxumaré, que é um Orixá ativo, cósmico e temporal, que só entra na vida dos seres caso as ligações (agregações) entrem em desequilíbrio, desarmonia ou emocionem-se. Sim, Oxumaré é em si a qualidade de Deus que "desfaz" o que perdeu sua condição ideal de existência e deve ser diluído para ser reagregado já em novas condições.

Oxumaré é temporal, é cósmico, é ativo e sua atuação é alternada porque seu magnetismo é negativo e dilui todas as agregações que perderam sua condição ideal ou sua estabilidade natural.

A lenda sobre o Orixá Oxumaré foi muito mal interpretada e até hoje recorrem à sua bipolaridade para justificar certos desequilíbrios emocionais ou sexuais. Mas somente pessoas desinformadas ou de má-fé fazem isso, pois quem entende o sentido da palavra "divindade" não só não aceita tal coisa como a condena com veemência.

Saibam que o magnetismo de Oxumaré é composto de duas ondas entrecruzadas que seguem em uma mesma direção, criando uma irradiação ondeante e diluidora de todas as agregações não estáveis.

São duas ondas: uma dilui as agregações cujo magnetismo agregador é de natureza masculina; outra dilui as agregações de natureza feminina, dissolvendo compostos energéticos, alterando estruturas elementares e modificando sentimentos.

Mas o Mistério Oxumaré não se limita somente a diluir as agregações instáveis, pois seu fator renovador traz em si a qualidade de renovar um meio ambiente, uma agregação, uma energia, um elemento e até os sentimentos íntimos dos seres.

Seu campo de atuação é tão amplo que resumimos a descrição de Oxumaré e o sintetizamos assim:

O divino Trono da Renovação da Vida é a divindade unigênita em Deus que a traz em si, e é em si mesmo, o Orixá que tanto dilui as causas dos desequilíbrios quanto gera de si as condições ideais para que tudo seja renovado, já em equilíbrio e harmonia.

Oxumaré é unigênito porque é a única divindade de Deus que é em si mesmo a renovação. Outras divindades, porque estão na renovação, também participam do seu mistério Renovador. Mas se participam das renovações, no entanto essa qualidade é ele em si mesmo que, antes de renovar algo ou alguém, também dilui as causas que levaram ao desequilíbrio esse algo ou alguém.

O fator divino Oxumaré está neste livro, pois ele está diluindo conceitos religiosos e genéticos arcaicos e desequilibrados, renovando todo um conhecimento sobre Deus e Suas divindades, criando toda uma nova teologia e gênese, que tanto renova os Orixás quanto os explica de forma científica e religiosa, fortalecendo a fé dos umbandistas e direcionando a religiosidade dentro da Umbanda.

Sem negar as lendas sobre os Orixás, aqui o fator Oxumaré está diluindo conceitos nada religiosos (brigas, ciúmes entre os Orixás) e interpretando-as a partir da ciência divina. Com isso, dilui as caracterizações humanas sobre os Orixás e lhes dá uma nova feição, já em acordo com a vontade maior que tem direcionado essa renovação: devolver os Orixás aos domínios de Deus, renová-los na mente e nos corações de seus fiéis e adoradores, e mostrá-los como são, pois são em si mesmo, todos eles, unigênitos de Deus que manifestam em tudo e a todos as qualidades divinas que os distinguiram em sua geração divina.

A Umbanda não aceita um Xangô mulherengo e repudia com veemência um médium que alega infidelidade só porque em sua ancestralidade está o Orixá Xangô. E procede da mesma forma com um médium que alegar que sua homossexualidade tem a ver com sua ancestralidade localizada no Orixá Oxumaré.

Pessoas que justificam seus desequilíbrios emocionais dessa forma são dignas de pena e devem ser afastadas do culto aos Orixás, pois são um mal que descaracteriza suas qualidades divinas.

Saibam que Deus, ao gerar em Si suas divindades, procede como o corpo humano, que tem na multiplicação celular sua formação. Então Deus, quando gera em Si uma de Suas divindades, age como uma célula que, pela cissiparidade, se multiplica na nova célula gerada, que é igual em tudo a que a gerou.

Deus, ao gerar uma divindade, a gera nessa Sua qualidade, e terá nela a multiplicação e a repetição dessa Sua qualidade, que é viva e divina e traz em Si a força e o poder de realização de quem Se multiplicou e Se repetiu nela: Deus!

Já quando Deus <u>gera de Si</u>, então o que Ele gerar se realizará por meio de Sua natureza divina, que distinguirá cada coisa ou cada ser com uma qualidade natural só sua e intransferível, pois essa Sua geração não traz em si a força e o poder de autorrealizar-se e multiplicar-se.

Nós, os espíritos não nos autorrealizamos, não temos a capacidade de multiplicarmo-nos a partir de nós mesmos. Já uma divindade gerada em Deus multiplica-se e repete-se nas suas próprias hierarquias divinas.

E, se nos colocarmos sob a irradiação direta ou vertical de uma, então ela se multiplicará e se repetirá em nós, amoldando nosso caráter segundo o dela, que é divino, e remodelando nossos sentimentos conforme os que sua qualidade divina desperta em nosso íntimo.

Saibam que, assim como Deus gera tanto em Si quanto de Si, as divindades também o fazem, e a qualidade divina que elas são em si, tanto as geram em si como as geram de si ... na natureza e no íntimo dos seres que se colocam sob suas irradiações diretas ou verticais.

Vemos parcialmente no reino vegetal essa dupla geração de Deus, onde algumas espécies geram em si e outras geram de si.

Gerar em si, nos vegetais, significa que dão brotos que são replantados e logo estão em condições de gerar novos brotos que serão replantados, ou crescerão por si só, se repetirão e se multiplicarão.

Gerar de si, nos vegetais, significa que nasce de uma semente que germinou, cresceu, floresceu, deu novas sementes, que trazem uma genética que a replicará e a multiplicará.

Deus, ao gerar em Si, gera seres divinos que O repetem e O multiplicam na Sua qualidade onde foram gerados. Já ao gerar de Si, então gera sementes ou centelhas vivas que trazem em si toda uma genética que especifica a classe a que pertencem, e essas centelhas vivas germinarão, crescerão, amadurecerão e florescerão na Sua natureza divina, ou no Seu exterior.

Os Orixás são identificados como divindades regentes da natureza justamente porque regem os seres, as espécies e as criaturas que foram geradas por Deus, mas germinarão e crescerão na Sua natureza divina.

Muitos creem que os Orixás só regem sobre a natureza física, mas estão enganados. Eles regem sobre todas as naturezas, ou sobre a natureza de tudo o que existe, seja animado ou inanimado. A natureza qualifica a criação divina e as suas criações, e os Orixás são associados a tudo o que Deus criou e a todos os seres.

Logo, não estamos descrevendo os Orixás e renovando os conceitos sobre eles de algo abstrato, mas sim a partir de algo concreto, sensível e palpável: nós mesmos!

Portanto, essa nossa gênese e teologia de Umbanda é muito mais profunda que todas as outras já descritas no decorrer das eras, e muito mais verdadeira porque não se fundamenta em lendas ou mitos, mas na ciência divina, regida e velada pelos Senhores Orixás regentes, que agora a abriram para os umbandistas e para as outras religiões os seus mistérios.

Observem que mal abordamos o Mistério Oxumaré num contexto teológico e genésico, e todo um fluxo de informações começou a nos chegar, diluindo conceitos arcaicos e já superados no tempo e na religiosidade, renovando esses mesmos conceitos, livrando-os das lendas e dos mitos e deixando bem patente a ciência divina na gênese e na teologia que explica as divindades, formando toda uma teogonia de Umbanda, superior a outras existentes, já superadas pela evolução geral da humanidade, que vem acontecendo em todos os sentidos da Vida.

Saibam que o que mais caracteriza Oxumaré é sua dualidade: às vezes, ele se mostra como a diluição de tudo o que está em desequilíbrio ou foi superado pelo tempo e pela evolução; em outras vezes, se mostra como o renovador de tudo e em todos os seus aspectos.

Por isso ele é o Orixá que forma um par natural com Oxum, Orixá da Agregação.

Onde ela agregou, mas já foi superada ou entrou em desequilíbrio com o resto da criação, aí entra Oxumaré, diluindo tudo e gerando em si, e de si, as condições ideais para que tudo se renove e, mantendo suas qualidades originais e sua natureza individual, continue a fazer parte do todo, que é Deus.

Resumindo a segunda linha de Umbanda e sintetizando os aspectos teogônicos das divindades que melhor a caracterizam, temos que:

— Oxum: Trono do Amor Divino que agrega e concebe as coisas animadas e inanimadas;

— Oxumaré: Trono da Renovação que dilui todas as agregações desequilibradas e renova o meio onde elas acontecem, criando novas condições para que novamente sejam reagregados, já em equilíbrio e harmonia com o todo, que é Deus, a vida e a religiosidade dos seres.

Terceira Linha de Forças Divinas, ou Irradiação do Conhecimento

O Conhecimento é uma qualidade de Deus e Oxóssi é sua divindade unigênita, pois ele é em si mesmo o Conhecimento Divino que ensina todos a conhecer a si mesmos a partir do conhecimento sobre nosso Divino Criador.

Olorum gerou em Si o conhecimento sobre tudo o que criou e porque tem conhecimento sobre toda a Sua criação, então o Conhecimento assumiu a condição de uma qualidade Sua, à qual Ele imantou como um dos mistérios da Criação, já que gera em Si o Conhecimento, e é em Si onisciente ou conhecedor de tudo e de todos.

E Olorum gerou em Si uma Sua divindade que assumiu essa Sua qualidade, tornando-o em Si mesmo o Seu Conhecimento Divino.

Então surgiu Oxóssi, divindade unigênita, pois é em si mesmo essa qualidade divina que denominamos Conhecimento.

O Conhecimento está em tudo e em todos, e tudo e todos se revelam mediante o conhecimento sobre si.

Deus gera porque sabe gerar e tem ciência de tudo o que gera, pois é em Si mesmo a geração de tudo e de todos, e o próprio conhecimento sobre o que gera em Si ou de Si. E Oxóssi é em si o Mistério do Conhecimento, pois foi gerado em Deus como essa Sua qualidade divina.

Portanto, Oxóssi rege sobre o Conhecimento e o irradia o tempo todo a todos, porque é em si mesmo o Conhecimento Divino, ou a onisciência de Deus.

Oxóssi, por ser unigênito na qualidade divina do Conhecimento, também gera em si conhecimentos divinos e gera de si conhecimentos sobre a gênese das coisas de Deus.

Este livro está sendo gerado mediante o conhecimento que Oxóssi gera de si, pois foi absorvendo-o que nos habilitamos a agregá-lo (Oxum), ordená-lo (Ogum), renová-lo (Oxumaré), direcioná-lo (Yansã), cristalizá-lo (Oxalá), equilibrá-lo (Xangô) e transmiti-lo ao plano material a fim de acelerarmos a evolução (Obaluaiyê) dos umbandistas.

Oxóssi, por ser a divindade manifestadora do Conhecimento Divino, está em todas as qualidades de Deus manifestadas pelas Suas outras divindades, assim como todas estão em Oxóssi, que é em si mesmo o Conhecimento.

Seu magnetismo expande as faculdades dos seres, aguça o raciocínio e os predispõe a buscar a gênese das coisas (o conhecimento sobre elas). Logo, Oxóssi é o estimulador natural dessa busca incessante sobre nossa própria origem divina. E quanto mais sabemos sobre ela, maior é o nosso respeito para com a criação e mais sólida é nossa fé em Deus, pois passamos a encontrá-Lo em nós mesmos.

Então Oxóssi tanto está na natureza, como nos conhecimentos sobre a Criação, como está na fé porque nos esclarece sobre nossa origem divina e nos ensina a conhecer Deus racionalmente.

Por sua natureza expansiva e seu grau de divindade guardiã dos mistérios da natureza, Oxóssi é descrito nas lendas como um Orixá caçador e ligado às matas (os vegetais). Enquanto divindade, ele é o estimulador da busca do conhecimento e guardião dos segredos medicinais das folhas.

Enfim, Oxóssi é a divindade doutrinadora que esclarece os seres e a partir do conhecimento vai religando-os ao Pai Maior, o Divino Criador.

Por isso, e porque o Conhecimento está em tudo e em todos, assim como está nas outras qualidades divinas, Oxóssi é interpretado como a divindade que atua nos seres aguçando o raciocínio, esclarecendo-os e expandindo as faculdades mentais ligadas ao aprendizado das coisas religiosas, estimulando-os a buscar Deus sem fanatismo ou emotividade, mas com conhecimento e fé.

O magnetismo de Oxóssi expande a capacidade de raciocinar e fortalece o mental do ser, pois o satura com a sua essência e energia vegetal, curadoras das doenças emocionais e dos desequilíbrios energéticos que surgem a partir da vivenciação de conceitos errôneos paralisadores da evolução como um todo na vida das pessoas.

Oxóssi não pode ser dissociado do Divino Criador, pois é em si mesmo essa qualidade d'Ele, que a gera em Si mesmo e a emana para toda a Sua criação, assim como qualificou Oxóssi como Sua divindade, ligado ao raciocínio, ao conhecimento e que também o gera em si e de si.

Sim, Oxóssi gera conhecimentos a partir de si e os irradia a todos o tempo todo. Por isso ele polariza e se complementa com Obá, divindade cósmica gerada em Deus na Sua qualidade concentradora, que dá consistência e firmeza a tudo o que cria.

Obá é a divindade unigênita que possui um magnetismo negativo, atrator e concentrador, que polariza com Oxóssi e atua como concentradora do raciocínio dos seres, expandido por ele.

Ela é unigênita porque é em si mesma a qualidade concentradora do Divino Criador, qualidade esta associada à Verdade, já que só o que é verdadeiro tem em si mesmo uma densidade e uma resistência própria que o eterniza no tempo e na mente dos seres.

Obá, nas lendas, é tida como a "Orixá da Verdade".

Este é um mistério de Deus corretamente interpretado, pois ela é a divindade que é, em si mesma, a qualidade divina que esgota os seres cujo raciocínio se desvirtuou, gerando falsos conceitos religiosos, paralisadores da evolução e desequilibradores da fé.

Obá é circunspecta, de caráter firme e reto, de poucas palavras e de uma profundidade única nas suas vibrações retificadoras do raciocínio dos seres.

Oxóssi é visto como o doutrinador pensante, é expansivo. Já Obá é vista e interpretada como a mãe rigorosa, inflexível e irredutível nos seus pontos de vista (conceitos sobre a verdade). Ela não é envolvente, mas absorvente. Ela não é amorosa, mas corretiva, e não se peja se tiver de esgotar toda a capacidade de raciocinar de um ser que se emocionou e se desequilibrou mentalmente.

Obá, por ser em si a qualidade concentradora do criador Olorum, também gera em si suas hierarquias, racionalistas e circunspectas, e gera de si sua qualidade, que é passada aos seus filhos, que a absorvem e tornam-se racionalistas, circunspectos, muito observadores e pouco falantes.

Sintetizando Oxóssi e Obá, os regentes da irradiação do Conhecimento Divino, dizemos que:

- Oxóssi é, em si, a qualidade divina que rege sobre os conhecimentos e atua na vida dos seres, expandindo em cada um sua capacidade de raciocinar;
- Obá é, em si, a qualidade divina que rege sobre os conhecimentos e atua na vida dos seres, concentrando cada um em uma linha de raciocínio e abrindo sua mente para as verdades maiores, só encontradas em Olorum, o Divino Criador!

Quarta Linha de Forças Divinas, ou Irradiação da Justiça Divina

Olorum gera tudo em Si, e uma de Suas gerações é a Justiça Divina, que dá o devido equilíbrio a tudo o que gera.

Essa Sua qualidade equilibradora está em tudo e em todos, e mantém toda a criação divina em equilíbrio e harmonia, dando a tudo um ponto de equilíbrio.

Olorum gerou nessa Sua qualidade equilibradora de tudo e de todos uma Sua divindade que é em si mesma o equilíbrio divino que dá sustentação a tudo que existe, tanto animado quanto inanimado, surgindo o Trono da Justiça Divina, divindade unigênita porque é o Orixá do equilíbrio, da razão e do juízo divino.

Deus é justo e tudo o que gera, gera com equilíbrio, pois tudo atende a uma vontade Sua, às suas criaturas, espécies e seres. E Xangô, o Orixá da Justiça, independe de nossa vontade para atuar sobre nós, já que ele é em si mesmo essa qualidade equilibradora do nosso Divino Criador.

Xangô, por ser unigênito e ter sido gerado em Deus, é em si mesmo a Justiça Divina que purifica nossos sentimentos com sua irradiação incandescente, abrasadora e consumidora das emotividades.

Mas Xangô, enquanto qualidade divina, está na própria gênese das coisas como a força coesiva que dá sustentação à forma que cada agregado assume, ou seja, ele está na natureza das coisas como o próprio equilíbrio, pois só assim elas não deixam de ser como são. Ele tanto é o ponto de equilíbrio que dá sustentação à estrutura atômica de um átomo, como é a força que dá estabilidade ao Universo e a tudo o que nele existe, seja animado ou inanimado.

Xangô, por ser uma divindade gerada em Deus, também gera em si a qualidade onde foi gerado. Mas ele também gera de si essa sua qualidade equilibradora e a transmite a tudo e a todos.

Quem absorvê-la, torna-se racional, ajuizado e ótimo equilibrador, tanto dos que vivem à sua volta como do próprio meio em que vive. Um juiz é um exemplo bem característico dessa qualidade equilibradora irradiada por Xangô, e não importa que o juiz seja um "filho" de outro Orixá, pois a manifestará naturalmente, já que a justiça humana é a concretização da Justiça Divina no plano material.

Um juiz não consegue dissociar-se da qualidade da Justiça, à qual serve com toda a sua capacidade mental e intelectual, mas nunca emotivamente, pois é um racionalista nato.

Essa qualidade equilibradora está presente em todos os processos divinos (criação e geração). Por isso, assim que algo alcança seu ponto de equilíbrio, o processo criador ou gerador é paralisado e o que foi criado ou gerado estabiliza-se e adquire uma definição só sua que o qualificará dali em diante.

Com isso explicado, podemos entender a importância que tem essa qualidade divina, que na Umbanda a vemos nos procedimentos retos, justos e ajuizados dos caboclos de Xangô, Orixá da Justiça Divina, da razão e do equilíbrio. Por isso, quando evocamos sua presença, só o fazemos se for para devolver o equilíbrio e a razão aos seres e procedimentos desequilibrados e emocionados, ou para clamar pela justiça Divina, que atuará em nossa vida anulando demandas cármicas, magias negras, etc., devolvendo-nos a paz, a harmonia e o equilíbrio mental, emocional, racional e até nossa saúde, pois para estarmos saudáveis devemos estar em equilíbrio vibratório também no corpo físico.

Observem que o equilíbrio proporcionado por Xangô não se limita só a um aspecto de nossa vida, já que ele, enquanto qualidade equilibradora, está em todos.

Xangô é o Trono de Deus gerador e irradiador do fator equilibrador, mas o limitamos quando deixamos de recorrer a ele para ajudar-nos em todos os aspectos e só o fazemos para anular demanda ou impor a Justiça Divina na vida dos seres desequilibrados.

Mas sempre que a Justiça Divina é ativada, tanto seu polo positivo quanto seu polo negativo são ativados, e aí surge Yansã, regente da Lei nos campos da Justiça.

Yansã é a divindade da Lei, cuja natureza eólica expande o fogo de Xangô e, assim que o ser é purificado de seus vícios, ela entra em sua vida redirecionando-o e conduzindo-o a outro campo onde retomará sua evolução.

Uma das qualidades de Deus é o Direcionamento que está presente e ativo em tudo o que Ele gera e cria.

É nesta Sua qualidade direcionadora de tudo o que existe, tanto animado quanto inanimado, que Ele gerou Yansã.

Então Yansã é unigênita porque é em si mesma essa qualidade do Divino Criador, que a gerou em Si e tornou-a essa Sua qualidade divina.

Yansã, enquanto qualidade de Deus, está em tudo e em todos, e é a força móvel que direciona a Fé (Oxalá), a Justiça (Xangô), a Evolução (Obaluaiyê), a Geração (Yemanjá), a Agregação (Oxum), a Lei (Ogum).

Ogum é a Lei, a via reta, mas Yansã é o próprio sentido de direção da Lei, pois ela é um mistério que só entra na vida de um ser caso a direção que este esteja dando à sua evolução e sua religiosidade não siga a linha reta traçada pela Lei Maior (Ogum).

Por isso ela não depende de nós para atuar em nossas vidas. Basta "errarmos" para que sua qualidade divina nos envolva numa de suas espirais, impondo-nos um giro completo e transformador dos nossos sentimentos viciados. Com isso, ela nos coloca novamente no caminho reto da vida, ou nos lança no Tempo, onde nossa religiosidade desvirtuada será paralisada e esgotada em pouco tempo.

Sua atuação é cósmica, ativa, negativa, mobilizadora e emocional, mas não é inconsequente ou emotiva porque ela é o sentido da Lei, que não é apenas punidora, mas também é direcionadora.

Xangô paralisa e purifica; Yansã movimenta e direciona.

São Orixás que formam a quarta irradiação divina, porque suas qualidades e elementos se complementam.

Resumidamente, podemos definir Xangô e Yansã assim:

— Xangô é o fogo que nos purifica de nossos próprios vícios emocionais, reequilibrando-nos;
— Yansã é o ar que areja nosso emocional e nos proporciona um novo sentido da Vida e uma nova direção ou meio de vida.

Quinta Linha de Forças Divinas, ou Irradiação da Lei

Olorum gera em Si mesmo uma Sua qualidade que é ordenadora de tudo e de todos, até mesmo de Sua geração divina.

Nessa Sua qualidade ordenadora, Ele gerou Ogum, que é em si mesmo essa qualidade divina de Olorum.

Ogum é sinônimo de Lei Maior, Ordenação Divina e retidão em todos os sentidos, porque é unigênito e gerado na qualidade ordenador, do Divino Criador.

Ogum não pode ser dissociado da Lei Maior, pois ele é a divindade que a aplica em tudo e a todos. Ele é a Ordenação Divina em si mesmo: ele ordena a Fé, o Amor, o Conhecimento, a Justiça, a Evolução e a Geração. Por isso está em todas as outras qualidades divinas.

Ogum, por ser unigênito e ser em si mesmo a ordenação divina, gera em si e de si.

Na sua geração em si, ele gera suas hierarquias. Na sua geração de si, ele gera sua qualidade à qual transmite aos seus filhos.

Já comentamos antes, mas vale a pena repetirmos: Ogum é a força que ordena tudo e todos, e tanto está presente na estrutura de um átomo, ordenadíssima, como na estrutura do Universo, divinamente ordenado.

Sua qualidade ordena a evolução, e por isso ele é tido como o Senhor dos Caminhos (das vias evolutivas).

Seu outro aspecto divino é o de aplicador "religioso" da Lei Maior, e independe de nós para aplicá-la e atuar em nossa vida, pois basta sairmos do caminho reto para ser tolhidos pelas suas irradiações retas e cortantes.

Suas irradiações retas são simbolizadas por suas "Sete Lanças" e as cortantes são simbolizadas pelas suas "Sete Espadas".

Sua proteção "legal" é simbolizada pelos seus "Sete Escudos", etc.

Bem, Ogum é em si mesmo a qualidade ordenadora e a divindade aplicadora dos princípios da Lei Maior.

Ele é eólico e polariza com Oro Iná, Orixá do Fogo e trono consumidor dos vícios e dos desequilíbrios.

Oro Iná é muito mais conhecida como uma das qualidades de Yansã do que como uma divindade do Fogo Cósmico, porque as lendas a definiram como uma Yansã. Mas isso não é verdade, porque ela é fogo em seu primeiro elemento e o expande no "ar" de Ogum, que é ordenador. Nele, ela é o raio que, onde cair, consumirá tudo à sua volta.

Uma das dificuldades de interpretarmos os Orixás só a partir do legado religioso africano é devido a essa indefinição do trono ocupado por cada um. Então, juntam-se vários Orixás ao redor de um e aí, bem, tudo se confunde.

Porém, não nos guiamos só pelas lendas, e recorremos à ciência divina, que nos ensina que Oro Iná é uma divindade ígnea, consumidora dos seres desequilibrados.

Quando evocamos Ogum para atuar em nosso favor e nos defender das investidas dos seres desequilibrados, poucos sabem disso, suas hierarquias policromáticas ativam seus pares opostos assentados nos polos magnéticos negativos, ativos e cósmicos da irradiação da Justiça Divina, cujos magnetismos são esgotadores dos desequilíbrios, das injustiças e do irracionalismo.

Como a Justiça Divina é o fogo que purifica os sentimentos desvirtuados, então surge uma divindade cósmica ígnea, que é em si mesma o fogo da purificação dos viciados e dos desequilibrados: Oro Iná!

Essa divindade cósmica da Justiça Divina é, em si mesma, o Fogo da Purificação. Ela é unigênita porque foi gerada nessa qualidade cósmica do Divino Criador Olorum, e tanto a gera em Si como de Si.

Então temos na Umbanda Oro Iná, Orixá cósmica consumidora dos vícios e dos desequilíbrios; purificadora dos meio ambientes religiosos (templos), das casas (moradas) e do íntimo dos seres (sentimentos).

Oro Iná é Orixá ígnea, de magnetismo negativo, seu fogo é cósmico e consumidor, enquanto o de Xangô é universal e abrasador.

O fogo de Xangô aquece os seres e os torna calorosos, ajuizados e sensatos;

O fogo de Oro Iná consome as energias dos seres apaixonados, emocionados, fanatizados ou desequilibrados, reduzindo a chama interior de cada um (sua energia ígnea) a níveis baixíssimos, apatizando-os, paralisando-os e anulando seus vícios emocionais e desequilíbrios mentais, sufocando-os.

Olorum gera em Si o Fogo Consumidor, que é uma de Suas qualidades, pois é cósmico, está espalhado por toda a Sua criação e criaturas e onde surgir um desequilíbrio o próprio magnetismo negativo do ser desequilibrado já começa a atrair, condensar e acumular esse fogo que, quando atingir seu ponto de incandescência consumista, o esgotará e o anulará.

Oro Iná é, em si, esse fogo cósmico que está em tudo o que existe, mas diluído. Para ela atuar em nossa vida, não depende de nós, mas tão somente que nos tornemos "irracionais", apaixonados e desequilibrados. Na Umbanda, ela é evocada para purificar os seres viciados, as magias negras, as injustiças, etc.

Resumimos Ogum e Oro Iná assim:

— Ogum é a ordenação divina e a lei que rege a vida dos seres;
— Oro Iná é a divindade cósmica da Justiça que polariza com Ogum e é em si mesma o aspecto punitivo da Lei Maior regida por ele.

Sexta Linha de Forças Divinas, ou Irradiação da Evolução

Olorum tudo cria e a tudo gera. Na Sua criação, está Sua estabilidade e nos seres está Sua mobilidade ou evolução incessante.

Estabilidade e evolução, eis a sexta irradiação divina que está em tudo e todos, porque é uma qualidade do Divino Criador.

Essa Sua qualidade, Sua estabilidade, proporciona o meio ideal para os seres viverem, e na Sua mobilidade gera os recursos para os seres evoluírem.

Sem estabilidade, um ser não evolui, pois tem de tê-la em todos os aspectos de sua vida.

Então Olorum gerou nessa Sua qualidade, uma divindade dual ou de dupla qualidade, tornando-a em si mesma essa Sua qualidade estabilizadora e evolutiva.

E surgiu Obaluaiyê, Orixá dual por suas duas qualidades divinas, que rege a evolução dos seres.

Mas essa dupla qualidade está na própria gênese, pois sem estabilidade nada se sustenta e sem transmutação tudo fica paralisado.

Obaluaiyê é essa dupla qualidade, que tanto sustenta cada coisa no seu lugar como conduz cada uma a ele.

Ele está no próprio Universo, pois é a estabilidade que sustenta cada corpo celeste no seu devido lugar, como é o movimento da mecânica celeste, que mantém todos os corpos em movimento contínuo.

Por isso Obaluaiyê é passivo na sua qualidade estabilizadora e ativo na sua qualidade mobilizadora.

Obaluaiyê não é Omulu, pois esse Orixá paralisa os processos genéticos ou a vida dos seres desequilibrados.

Bom, retomando nosso comentário, o fato é que evoluir é crescer mentalmente, é passar de um estágio para outro, é ascender em uma linha de vida de forma contínua e estável. E tudo isso a qualidade dual de Deus proporciona aos processos genéticos e aos seres.

Então surge Obaluaiyê, divindade unigênita gerada nessa qualidade do Divino Criador, que o torna em si mesmo a estabilidade e a mobilidade de tudo o que existe, seja animado ou inanimado.

Então vemos surgir o divino Trono da Evolução, que é em si mesmo essa qualidade dual de Deus.

Por que ela é dual?

Porque ela tanto proporciona a estabilidade quanto o movimento, condições imprescindíveis à evolução da vida.

Obaluaiyê está em todas as outras qualidades divinas como a estabilidade ou a eternidade de cada uma delas e como a mobilidade ou a atuação delas em tudo o que existe.

Ele, por ter sido gerado nessa qualidade dual e por sê-la em si mesmo, também a gera de si, fazendo surgir a hierarquia dos tronos da Evolução, como gera de si, irradiando sua qualidade a tudo e a todos, despertando em cada um essa vontade irresistível de seguir adiante, de alcançar um nível de vida superior, de chegar mais perto de Deus.

Sim, Obaluaiyê, na sua irradiação aceleradora da vida, dos níveis e dos processos genéticos, desperta tudo isso nos seres.

Então ele não é só o Orixá da Cura, mas também do bem-estar, da busca de dias melhores, de melhores condições de vida, etc.

Na Umbanda, Obaluaiyê é evocado como Senhor das Almas, dos meios aceleradores da evolução delas, e todos sentem uma calma e um bem-estar incrível quando um ser natural de Obaluaiyê baixa em um médium e gira no templo, pois ele traz em si a estabilidade, a calmaria, mas também traz a vontade de avançar, de seguir adiante e de ir para mais perto dos Tronos de Deus.

É certo que, por ser uma divindade, nos auxilia em todos os sentidos. E, se um povo da África o cultuou como o "Deus" da varíola, é porque ele cura mesmo os enfermos.

Essa natureza medicinal de Obaluaiyê tem sido muito evocada na Umbanda e muitos têm sido curados após clamar por sua intercessão em favor dos enfermos.

Obaluaiyê é, também, um Orixá curador. E a Linha das Almas ou Corrente dos Pretos Velhos é regida por ele, que podemos vislumbrar quando conversamos com espíritos dessa corrente: eles nos transmitem paz, confiança e esperança, e quando os deixamos, após consultá-los, temos a impressão de que tudo se transformou e nos sentimos bem.

Obaluaiyê gera de si, e os pretos velhos são os espíritos que captam direto dele suas irradiações, tornando-se, também, irradiadores dessa qualidade divina que estabiliza e transmuta a vida de quem os consultar.

A própria forma dos Pretos-Velhos incorporarem já e um reflexo dessa qualidade dual de Obaluaiyê, diante da qual todos se curvam, se aquietam e evoluem calmamente.

Todo ser natural de Obaluaiyê incorpora curvado e o mesmo acontece com os espíritos que atuam sob sua irradiação divina. O peso que parecem carregar não é fruto da idade avançada ou velhice, mas é a ação da qualidade estabilizadora desse Orixá, telúrica na estabilidade e aquática na mobilidade.

Obaluaiyê é um Orixá terra-água.

Terra = estabilidade
Água = mobilidade

Então vemos os Pretos-Velhos caminharem curvados, parecendo cansados. Mas quando se assentam em seus banquinhos para as consultas, aí são vivazes, observadores e sábios, sem deixarem de ser simples.

O modo peculiar que cada linha de Umbanda tem ao incorporar e ao se comunicar com os encarnados, tem a ver com a irradiação do Orixá que a rege, e não com a raça dos espíritos que se manifestam.

Tantas bobagens já foram escritas como sendo conhecimentos acerca dos Orixás e das linhas de Umbanda, que o melhor a fazer é decantar todo esse falso conhecimento e absorver o que temos transmitido via psicografia.

E quem melhor para decantá-los, senão Nanã Buruquê?

Sim, se Obaluaiyê é estabilidade e movimento, Nanã Buruquê é maleabilidade e decantação, pois ela é um Orixá água-terra que polariza com ele, dando origem à irradiação da Evolução.

Nanã Buruquê é cósmica, dual e atua por atração magnética sobre os seres, cuja evolução está paralisada e o emocional está desequilibrado.

Então ela faz com que a evolução do ser seja retomada, decantandoo de todo o negativismo, afixando-o no seu "barro" e deixando-o pronto para a atuação de Obaluaiyê, que o remodelará, o estabilizará e o colocará novamente em movimento ou em uma nova senda evolutiva.

Uma das falhas dos que abordam os Orixás é a mania que têm de achar que um Orixá é um fim em si mesmo e realiza tudo sozinho, dispensando a ação dos outros.

Isso é pura ignorância acerca dos Orixás, pois quando um assume uma ação todos os outros participam, ainda que de forma passiva. Se todos são qualidades divinas, então todos estão presentes em uma ação ativada por um deles.

Mas não é isso que transparece nas lendas e o que vemos é um individualismo pernicioso, contraproducente mesmo. Não é raro um filho de um Orixá achar-se superior aos filhos dos outros Orixás, chegando ao cúmulo de, se um estiver incorporado com o ser natural encantado de Ogum, por exemplo, outros filhos de Ogum não poderem incorporar, porque "Ogum" já está em terra.

Criaram tantos bloqueios contraproducentes, que em alguns casos chegam à beira do contrassenso religioso, muitos acham que incorporam o próprio Orixá Ogum, quando na verdade todos incorporam seres naturais de Ogum, ou de outros Orixás.

Observando com atenção as "verdades" transmitidas de boca em boca, chegamos à conclusão que ou os Orixás se renovavam na Umbanda ou uns poucos se apropriariam dos seus mistérios, e aí, bem diriam que eram os donos deles.

A renovação aconteceu e nenhum Orixá ficou bloqueado pela ação de uns poucos seres possessivos e vaidosos, espalhando horizontalmente o culto a esses mistérios do Criador e da Criação Divina.

Bem, viram como Nanã Buruquê atua?

Se escrevemos sobre ela, imediatamente sua irradiação nos envolve e sua qualidade decantadora começa a fluir nos nossos escritos, apontando os contrassensos praticados pelos que melhor poderiam abordá-los, mas não o fazem, pois os ocultam, os desvirtuam e os humanizam em excesso, atribuindo a eles até os vícios dos seus adoradores desvirtuados e desequilibrados.

Essas nossas colocações críticas sobre o que andam ensinando como conhecimentos sobre os Orixás é uma reação despertada por essa qualidade maleável e decantadora do Divino Criador que gerou nela, Nanã Buruquê, e a tornou em si essa Sua qualidade dual, ativando-a contra todos os conceitos errôneos, tirando deles suas "estabilidades" para, a seguir, decantá-los e enterrá-los no lodo da ignorância humana acerca das coisas divinas.

Nanã Buruquê é unigênita, pois foi gerada nessa qualidade dual do Divino Criador que a tornou Sua qualidade, aquela que desfaz os excessos e decanta ou enterra os vícios.

Nanã Buruquê, por ser essa qualidade em si, também a gera em si, multiplicando-se nos seres e repetindo-se na qualidade divina que lhes transmite pela sua hereditariedade divina.

Ela forma com Obaluaiyê um par natural e são os Orixás responsáveis pela evolução dos seres.

Nanã Buruquê é dual porque manifesta duas qualidades ao mesmo tempo. Uma vai dando maleabilidade, desfazendo o que está paralisado ou petrificado, outra vai decantando tudo e todos dos seus vícios, desequilíbrios ou negativismos.

Por essa sua qualidade, ela é a divindade ou o mistério de Deus que atua sobre o espírito que vai reencarnar, pois ela decanta todos os seus sentimentos, mágoas e conceitos, e o adormece para que Obaluaiyê o reduza ao tamanho do feto no útero da mãe que o reconduzira à luz da carne.

Observem que tudo isso acontece com a maioria dos espíritos sem que tenham consciência de que isso está acontecendo, porque, como qualidades de Deus, Nanã Buruquê e Obaluaiyê fazem o que têm de realizar sem que saibamos que, ou como estão atuando sobre nós, sempre visando nosso bem-estar e nossa evolução contínua.

Resumidamente, definimos Obaluaiyê e Nanã Buruquê assim:

— Obaluaiyê, Orixá que rege a evolução dos seres e é o Senhor das Passagens dos estágios e dos Planos da Vida;
— Nanã Buruquê, Orixá que rege sobre a Evolução, decanta os seres de seus vícios e desequilíbrios e os adormece, preparando-os para a reencarnação.

Sétima Linha de Forças Divinas, ou Irradiação da Geração Divina

Olorum cria e gera em Si mesmo tudo o que existe e tem nesta Sua faculdade criativa e geradora uma de Suas qualidades, pela qual Sua gênese divina vai surgindo e concretizando-se, já como o meio e como os seres que nele vivem.

A qualidade genésica do Divino Criador é a Fonte da Vida e das coisas que dão sustentação a ela.

Olorum cria e gera em Si mesmo, e criou e gerou nessa Sua qualidade uma divindade criativa e geradora, que é essa Sua qualidade em si mesma.

Então surgiu Yemanjá, divindade unigênita gerada na qualidade criativa e geradora de Olorum, que a tornou em si mesma a Sua qualidade criativa e geradora.

Ela é unigênita e por isso gera tanto em si quanto de si.

Quando gera em si, dá origem à sua hierarquia de tronos da Criação e tronos da Geração, que são divindades que manifestam uma dessas duas naturezas de Yemanjá.

Quando gera de si, ela irradia essa sua dupla faculdade, e quem a absorve torna-se criativo e gerador no aspecto da vida a que se dedicar.

A lenda nos diz que Yemanjá é tida como a mãe de todos os Orixás, e ela está relativamente certa, já que se algo existe é porque foi gerado. E, porque Yemanjá é em si mesma essa qualidade geradora do Divino Criador, então ela está na origem de todas as divindades.

Mas as coisas de Deus não acontecem assim, e Ele, quando começou a gerar, já havia ordenado sua geração. Então Ogum já existia e ordenava a geração de Yemanjá. Oxum já existia e agregava o que ela estava gerando, etc.

Bem, o caso é que Yemanjá é a "Mãe da Vida", e como tudo o que existe só existe porque foi gerado, então ela está na geração de tudo o que existe.

Ela tem nessa sua qualidade genésica um de seus aspectos mais marcantes, pois atua com intensidade na geração dos seres, das criaturas e das espécies, despertando em cada um e, em todos, um amor único pela sua hereditariedade.

O amor maternal é uma característica marcante dessa divindade da Geração e quem se coloca de forma reta sob sua irradiação logo começa a vibrar esse amor maternal, que aflora e se manifesta com intensidade.

Yemanjá, por ser em si a Geração, está na gênese de tudo como os próprios processos genéticos. E se a qualidade Oxum agrega, ou funde o espermatozoide e o óvulo, Yemanjá é o processo genético que inicia a multiplicação celular, ordenada por Ogum, comandada por Oxóssi, direcionada por Yansã, equilibrada por Xangô, estabilizada por Obaluaiyê e cristalizada num novo ser por Oxalá.

Viram como um Orixá não dispensa a atuação dos outros e como todos são fundamentais e indispensáveis a tudo o que existe?

Bem, Yemanjá, a nossa Mãe da Vida, é por demais conhecida em alguns de seus aspectos. Mas em outros é totalmente desconhecida.

Ela, por ser em si mesma a qualidade criativa e geradora de Olorum, então gera de si duas hierarquias divinas: uma é regida pelo Trono da Criatividade, que gera em si mesmo essa qualidade e a irradia de forma neutra a tudo o que vive, tornando todos os seres, criaturas e espécies muito criativos e capazes de se adaptar às condições e meios mais adversos; outra, "é regida pelo Trono da Geração, que é em si mesmo a qualidade genésica do Divino Criador, e gera e irradia essa qualidade a tudo e a todos, concedendo a tudo e a todos a condição de se fundir com coisas ou seres afins para multiplicar-se e repetir-se.

— minerais afins fundem-se e dão origem aos minérios;
— elementos afins fundem-se e dão origem a novos elementais;
— energias afins fundem-se e dão origem a novas energias;
— cores afins fundem-se e dão origem a novas cores;
— seres afins (machos e fêmeas de uma mesma espécie) fundem-se e dão origem a novos seres.

Os tronos da Geração regem sobre esse aspecto da gênese, e não só sobre o sexo em si mesmo. O campo desses tronos é tão vasto na vida dos seres e na criação divina, que os definimos melhor se simplesmente dissermos: "Os tronos da Geração estão na gênese de tudo e de todos porque são uma das características de Yemanjá, que é em si mesma a Geração Divina".

Portanto, Criatividade e Geração são os dois lados de uma mesma coisa: Gênese Divina!

E Yemanjá as manifesta em suas duas hierarquias de tronos: os da Criatividade e os da Geração.

Por ser a divindade da Criatividade e da Geração, Yemanjá está em todas as outras qualidades divinas, mas polariza com o Orixá Omulu e faz surgir a irradiação da Geração, que tem nele o recurso de paralisar todo processo criativo ou gerativo que se desvirtuar, se degenerar, se desequilibrar, se emocionar ou se negativar.

Deus tanto cria e gera quanto paralisa a criação que não mais atende aos Seus desígnios e paralisa a geração que não atende à Sua vontade. Essa Sua qualidade é um recurso para paralisar tudo e todos que estiverem criando ou gerando em sentido contrário (desvirtuado) ao que Ele estabeleceu como correto (virtuoso).

E aí surge Omulu, divindade unigênita gerada nessa qualidade de Olorum, que o tornou em si mesmo esse seu recurso paralisador de toda a criação ou geração desvirtuada.

Omulu, divindade unigênita, gera tanto em si como de si.

Quando gera em si, faz surgir sua hierarquia de tronos cósmicos, ativos, negativos, secos, implacáveis e rigorosíssimos com toda criatividade e geração desvirtuada, desequilibrada, emocionada ou contrária aos sete sentidos da Vida.

Religiosidade contrária ao sentido da Fé, lá está o Omulu Cristalino para paralisá-la e esgotá-la;

Amor apassionado, lá esta o Omulu Mineral para desapassioná-lo e esgotá-lo;

Conhecimento desvirtuador das verdades, lá está o Omulu Vegetal para anulá-lo e esgotar quem o está difundindo.

Enfim, Omulu, como qualidade paralisante, também está em todas as outras qualidades e será ativado assim que seus irradiadores ou os seus beneficiários se excederem ou se omitirem.

O Mistério Omulu transcende a tudo o que possamos imaginar e as lendas o limitaram a alguns de seus aspectos, na maioria negativos, tornando-o temido e evitado por muitos adoradores dos Orixás.

Se Omulu rege sobre o "cemitério" e sobre os espíritos dos "mortos", é porque esses espíritos atentaram contra a vida ou algum dos seus sentidos. Logo, só deve temê-lo quem assim proceder, pois aí, queira ou não, será alcançado por sua irradiação paralisadora que atuará sobre seu magnetismo e o enviará a um meio, onde só seus afins desequilibrados vivem.

"A cada um segundo seu merecimento", é o que diz a Lei. Já o Mistério Omulu aplica esse princípio em seu aspecto negativo e o define assim: "A cada um segundo seus atos. Se positivos, que sejam conduzidos à luz da vida, mas se negativos, que sejam arrastados para os sombrios domínios da morte dos sentidos e sentimentos desvirtuadores da vida".

Resumidamente, definimos Yemanjá e Omulu assim:

— Yemanjá é a Mãe da Vida, pois gera vida em si mesma;
— Omulu é o Guardião da Vida, pois paralisa todos que atentarem contra ela, e os pune com um rigor único.

Consideração Final sobre a Teogonia de Umbanda

Bem, temos aqui toda uma teogonia das divindades que se manifestam na Umbanda, formando um tratado teológico sobre as divindades de Deus, pois o que aqui comentamos não se baseou nas lendas sobre os Orixás, mas sim nas suas qualidades divinas, às quais manifestam o tempo todo e as irradiam, pois são em si essas qualidades d'Ele.

Jamais um Orixá deve ser dissociado de Deus, pois ele é parte d'Ele e só deve ser visto e adorado como tal, nunca como o próprio Deus, pois só um Deus existe, e está na gênese de tudo e de todos, de Suas qualidades divinas e das divindades manifestadoras delas.

Recomendamos que leiam e estudem as lendas dos Orixás e as gêneses que nos legaram nossos irmãos africanos, assim como as de outras religiões e continentes. Temos a certeza de que, no final, ao comparálas com o que aqui comentamos, encontrarão na nossa descrição das divindades o que nas outras teogonias está colocado de forma hermética, ou está velada, ou sequer foi colocado.

Afinal, cada teogonia serve a um tempo, a um povo, a uma cultura e a uma religião, e obedece à capacidade interpretativa de quem a formatiza e a concretiza como um todo sagrado a ser adorado e reverenciado, pois é a manifestação do Divino em nossa vida, fé e crença em Deus e nas Suas divindades.

Livro 4
Androgenesia Umbandista

Introdução

"Androgenesia: ciência que estuda o desenvolvimento físico e moral da espécie humana."

Nós, aqui, não limitaremos a androgenesia só aos seres humanos, mas nos apropriaremos do termo e o aplicaremos a todos os Orixás sobre os quais teceremos comentários que justificarão nossa hereditariedade divina, assim como a veracidade das lendas dos Orixás, quando creditam a eles nossa descendência e nos colocam como seus filhos verdadeiros, seus beneficiários e herdeiros diretos.

As lendas limitaram-se a alguns aspectos que, quando comparados ao conhecimento que nos transmite a ciência divina, demonstra claramente que a cosmogonia iorubá foi a que melhor descreveu a criação do mundo e a origem dos seres, das criaturas, das espécies e dos elementos formadores da natureza.

Assim como a Astrologia e a Numerologia, a androgenesia iorubá também é científica, ainda que esteja velada por mitos e lendas.

Aqui ressaltaremos apenas o que já vem sendo defendido pela religião iorubá há vários milênios e que tem se mostrado como uma verdade divina que nunca deixará de ser visível. A Umbanda renovou o culto aos Orixás, mas não descaracterizou essa verdade, e ainda a adotou totalmente, pois só ela explica nossa natureza, tão distinta e tão afim com a das divindades de Deus.

A androgenesia divina iorubá nos diz que descendemos dos Orixás e que uns são filhos de Ogum, outros são filhos de Oxóssi, etc.

Na parte dessa obra em que comentamos a gênese, abrimos o mistério dos Fatores Divinos e os descrevemos à exaustão. Logo, recomendamos que os releiam, pois será a partir dos fatores que desenvolveremos toda a teoria que descreverá nossa hereditariedade divina, as características de cada uma dessas hereditariedades, a personalidade dos Orixás e de seus filhos e sua natureza íntima.

Ao final, veremos que Deus não criou o homem só do "barro", assim como não tirou uma costela dele para criar a mulher, assim como não expulsou ninguém do paraíso, não condenou e nem condena ninguém ao inferno.

Enfim, em comentários bem sintéticos, abordaremos o aspecto androgenésico dentro da teologia de Umbanda.

Tenham uma boa leitura e um ótimo aprendizado!

Comentário sobre a Hereditariedade Divina dos Seres Humanos

Com Ogum e Yansã nos alongaremos nos comentários paralelos, pois precisamos desenvolver uma estrutura para a abordagem das características hereditárias dos filhos dos Orixás, gerados por Deus em Suas ondas fatorais. Depois, descreveremos somente as outras ondas, os seus fatores, os Orixás que ocupam seus dois polos magnéticos e as características de seus filhos.

Com isso, cremos que ficará mais fácil o entendimento e a fixação da androgenesia dos seres, pois as características que herdamos das divindades que nos fatoraram em nossa origem se aplicam a todos os seres humanos, e não só aos adoradores dos Orixás. Afinal, as divindades estão no todo que é Deus, e são em si Suas qualidades. Logo, limitá-los só aos umbandistas é um contrassenso.

Saibam que as características hereditárias de uma divindade são encontradas em todos os seres humanos, não importando sua cor, raça, religião ou cultura, e mesmo a época em que viveram.

Saibam também que um fator tem uma parte positiva e outra negativa, e que cada parte tem seu polo macho e seu polo fêmea. Se o mostrarmos graficamente, teremos o seguinte:

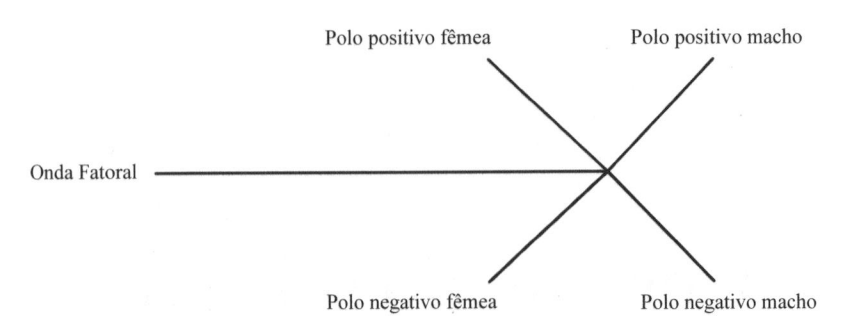

```
        Polo positivo fêmea        Polo positivo macho
                    \              /
                     \            /
                      \          /
Onda Fatoral  ─────────────X────────────
                      /          \
                     /            \
                    /              \
        Polo negativo fêmea        Polo negativo macho
```

Essa distribuição dos polos de um fator está na origem da "Ciência do X" ou dos entrecruzamentos, mostrada por nós no livro O Código de Umbanda.

Uma onda fatoral divina é tão completa em si, que rege todas as coisas originadas em sua qualidade; influi sobre a formação de tudo o que tem nela sua origem; alcança tudo e todos em todos os quadrantes do Universo, ou da tela plana, que demonstra o lugar ocupado por cada divindade; e está presente na vida de todos os seres.

A parte positiva de um fator rege sobre a razão e a parte negativa rege sobre os instintos. A parte positiva rege sobre os seres e a parte negativa rege sobre as criaturas, que normalmente chamamos de animais irracionais.

Por isso, cada Orixá tem os seus animais, que em verdade são criaturas instintivas geradas por Deus em Suas ondas fatorais.

Uma onda fatoral é uma faculdade criadora do Divino Criador; que gera nela os seres, as criaturas e as espécies que serão regidas por essa Sua irradiação divina.

Em animal, em uma folha, em uma raiz, em um elemento, em uma substância, etc., nós encontraremos a qualidade que a onda traz em si. E porque uma onda está em tudo o que Deus cria, então encontraremos Sua presença em algum aspecto do que estudarmos.

Se o que estudarmos foi gerado na onda fatoral que dá origem à irradiação da Lei Maior, aí encontraremos a qualidade dessa onda como a principal característica do objeto do nosso estudo. Já as qualidades das outras ondas, as encontraremos como qualidades secundárias.

As alternâncias são tantas que é impossível sermos taxativos quanto à natureza de um ser. Suas reações são previsíveis em um quadro geral, mas são imprevisíveis em um quadro individual, particular e pessoal.

Como exemplo, podemos citar o caso das formigas e das cobras: no geral, as formigas cortam as folhas dos vegetais para extrair alimentos, e as cobras se alimentam de algumas espécies animais que conseguem capturar. No entanto, cada espécie de formiga aprecia mais uma espécie vegetal e cada espécie de cobra aprecia mais uma espécie de animal, que captura com mais facilidade.

Algumas formigas apreciam folhas cítricas, pois contêm alto teor de PHD e outras apreciam folhas de leguminosas, que têm baixo teor de PHD.

Certos vegetais têm mais cálcio, outros têm mais fósforo, outros mais potássio e isso os tornam mais atraentes para uma espécie de formigas, e menos para outras.

O mesmo se aplica às cobras em relação às suas presas preferidas.

Trazendo esse raciocínio para os seres, vemos tudo se repetir no comportamento humano, pois uma pessoa aprecia mais uma fruta, e outra aprecia mais outra. Uma pessoa aprecia estudar uma matéria escolar, e outra aprecia outra.

Esse raciocínio se aplica a todos os seres, a todas as criaturas e a todas as espécies, já que até entre as bactérias vemos isso acontecer. Nos vegetais, o mesmo se repete, pois em um solo uns se desenvolvem bem e outros não; em um clima uns dão muitos frutos e outros não dão nenhum.

Do mesmo modo, vemos pessoas que gostam de coisas religiosas, outras de esportes, outras de física, outras de matemática, etc.

No comportamento, vemos uns que gostam de roupas alegres e outros adoram roupas sóbrias, etc.

No sexo, vemos uns que gostam de pessoas alegres, extrovertidas, apaixonantes, outros que apreciam pessoas discretas, introvertidas e bem racionais, etc.

Pensem bem sobre o que aqui estamos comentando, porque isso está nas características que herdamos das divindades e distingue nossa natureza individual, nos marcando e diferenciando de todas as outras pessoas que são nossos semelhantes, mas não são nossos iguais.

Essa androgenesia divina, que adquirimos nas ondas fatorais, está na nossa hereditariedade e é a base da Astrologia, da Numerologia, da Cabala, do Tarô, da Quiromancia, da Radiestesia, da Magnetologia, da Química, da Física, etc., porque está na base da criação divina que gerou tudo o que existe, seja animado ou inanimado, e está na base ou origem dos elementos, das energias, das naturezas, do Universo e das divindades de Deus.

É certo que o meio altera alguns aspectos ou características de algo ou de alguém, mas a sua qualidade original e o seu caráter básico sempre aflorarão e se mostrarão ao bom observador.

Os caldeus desenvolveram a Astrologia para conhecer os seres, as criaturas e as espécies e para atuar sobre os fatores imponderáveis;

Os israelitas desenvolveram a Cabala com o mesmo objetivo;

Os egípcios desenvolveram as lâminas do Tarô.

Já os adoradores dos Orixás estudaram os seres a partir de suas descendências divinas, classificando-os pela hereditariedade divina, desenvolveram o jogo de búzios, os odus ou destinos, e foram mais fundo nessa linha de estudo, pois por meio do búzios são capazes de descobrir qual divindade rege a coroa de uma pessoa, como ela é e o que tem de fazer para alinhar-se com seu regente ancestral, com o de sua presente encarnação e com o dos seus instintos básicos.

Os búzios não são limitados como a Astrologia, a Numerologia, a Quiromancia ou o Tarô, pois antes de mais nada mostram a filiação divina, a hereditariedade de quem vai consultá-los e diz se as dificuldades que o consulente está encontrando se deve ao distanciamento do seu regente ancestral.

Fiéis de outras religiões, por desconhecimento de causa, chamam os adoradores dos Orixás de ignorantes, mas se observassem a magnificência da ciência dos Orixás, se calariam, pois Cabala, Tarô, Astrologia e Numerologia não revelam nossa ancestralidade. Já os búzios revelam o passado, o presente e o futuro de uma pessoa, porque estão fundamentados na "androgenesia" divina dos seres.

Para alguém ser filho de Ogum não é preciso ser africano ou ter nascido na Nigéria, pois Ogum é uma divindade de Deus que é em si Sua qualidade ordenadora, e todo ser que for manifestador dessa qualidade de Deus só a manifesta porque foi fatorado em sua origem com ela por Ogum, a Ordenação Divina.

Logo, seja chinês, hindu, judeu, italiano, grego, árabe, polinésio, brasileiro ou nigeriano, se foi fatorado por Deus na sua qualidade ordenadora, então sua natureza é ordenadora e sua ancestralidade divina é encontrada em Ogum, o Orixá que rege sua coroa, seu ori.

Saibam que temos sete chacras principais, que estão distribuídos assim:

Coronário	—	no topo da cabeça ou ori
Frontal	—	na testa, um pouco acima dos olhos
Laríngeo	—	na garganta
Cardíaco	—	no peito, sobre o coração
Umbilical	—	um pouco abaixo do umbigo
Esplênico	—	sobre o baço
Básico	—	na região sacra

Nenhum desses chacras pertence, exclusivamente, a um só Orixá, mas, dependendo do Orixá que fatorou e rege a ancestralidade de uma pessoa, aí esse Orixá é o regente do ori, da cabeça do médium e do chacra coronário. E nesse mesmo chacra, os outros Orixás estarão presentes, mas como qualidades secundárias, pois a principal sempre será a do Orixá que o fatorou.

O mesmo acontecerá nos outros seis chacras, pois se Oxóssi, por exemplo, reger o coronário, ao redor dele estarão os outros Orixás, em uma distribuição que forma uma coroa, ou roda, só encontrada naquela pessoa, pois no chacra frontal será outro Orixá que o regerá e formará nova coroa frontal, ou roda, com nova distribuição de qualidades que secundarão a principal, que se sobressairá e marcará a evolução do ser.

Só para que entendam isso, digamos que Oxóssi rege o chacra coronário e o ser é regido pela irradiação do Conhecimento, sendo sua qualidade original o fator do raciocínio. A Fé, a Justiça, a Lei, a Evolução, a Geração e o Amor serão qualidades secundárias neste ser regido por Oxóssi, e uma delas qualificará seu conhecimento que, caso seja o fator de Oxalá, aí o chacra frontal será regido por esse Orixá que rege sobre a Fé, pois é em si essa qualidade de Deus.

Então Oxóssi o regerá e Oxalá o direcionará, pois é um ser ligado verticalmente à irradiação do Conhecimento Divino, mas que sente atração pelas coisas religiosas, que lhe chegarão por meio da corrente eletromagnética cristalina, regida por Oxalá.

Saibam que só os chacras coronário e básico captam as irradiações verticais, já que o coronário capta de um polo positivo ou do "alto", e o básico capta de um polo negativo ou do "embaixo". Já os chacras laríngeo, cardíaco, umbilical, esplênico, e no nosso exemplo o frontal, só captam as correntes eletromagnéticas, que são captações horizontais.

Como esse ser do nosso exemplo é regido por Oxóssi e guiado por Oxalá, ele é estimulado pela irradiação do Conhecimento e guiado na busca dos conhecimentos religiosos, então sua natureza íntima será especulativa nos assuntos da Fé, e ele será um teólogo, um místico, um sacerdote ou um profundo religioso.

Porém, se sua coroa for regida por Oxóssi, mas for Xangô quem rege seu chacra frontal, aí tudo muda, porque em vez de ser atraído e guiado para os assuntos da Fé, ele será atraído pela Justiça, e será um buscador dos conhecimentos jurídicos, aos quais aplicará no seu dia a dia. E, com certeza, este ser será um consultor jurídico, um advogado, um conselheiro, um professor de assuntos jurídicos, etc.

Observem bem o que comentamos, pois o mesmo acontecerá no chacra laríngeo, no cardíaco, no umbilical e no esplênico. Já o chacra básico influenciará a distribuição que acontecerá em sentido inverso, ou de baixo para cima.

Essas distribuições principais e secundárias dos Orixás nos sete chacras dão tantas combinações, que uma pessoa nunca será 100% igual a outra em todos os sentidos, e sempre haverá alterações na distribuição dos Orixás, de pessoa para pessoa, caracterizando-as mesmo!, diferenciando-as.

Se todos são semelhantes no aspecto geral, no individual ninguém é igual a ninguém, justamente por causa dessas alterações.

Saibam que o que aplicamos aos chacras aplica-se à Astrologia: se um ser nasce sob a regência de um planeta, no entanto outros também influirão sobre sua natureza íntima, diferenciando-o de alguém nascido sob a regência do mesmo planeta, mas em outra hora ou dia.

Nós já comentamos que uma qualidade está em todas as outras, e que um Orixá gera em si suas divindades intermediárias, que geram em si suas divindades intermediadoras.

Assim, se a irradiação do Conhecimento rege o chacra coronário ou o ori de uma pessoa, no entanto essa irradiação receberá todas as outras e o veremos assim:

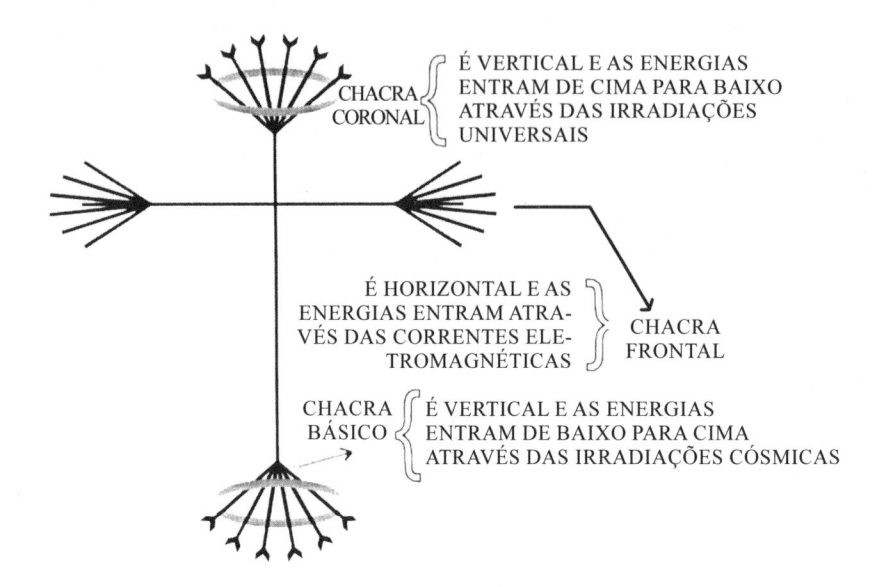

CHACRA CORONAL: É VERTICAL E AS ENERGIAS ENTRAM DE CIMA PARA BAIXO ATRAVÉS DAS IRRADIAÇÕES UNIVERSAIS

CHACRA FRONTAL: É HORIZONTAL E AS ENERGIAS ENTRAM ATRAVÉS DAS CORRENTES ELETROMAGNÉTICAS

CHACRA BÁSICO: É VERTICAL E AS ENERGIAS ENTRAM DE BAIXO PARA CIMA ATRAVÉS DAS IRRADIAÇÕES CÓSMICAS

Por intermédio do gráfico podemos visualizar como é a captação dos chacras e a posição dos dois que captam irradiações verticais e dos outros seis, que em verdade são 12, pois são bipolares e pela frente captam energias positivas e por trás captam energias cósmicas.

Com isso comentado, então podem imaginar o imenso número de combinações possíveis. Mesmo que aconteça a repetição de combinações em um chacra, nos outros dificilmente elas se repetirão. Com isso, cada ser dentro de uma natureza geral tem a sua, que é individual e o torna único entre todos os seres.

Então temos de nos manter dentro de certos limites nos quais as características dos seres podem ser identificadas pela observação e comprovadas pelas atitudes e reações de cada um. Foi isso que fizeram os babalaôs africanos quando formularam a "androgenia" ou hereditariedade divina dos filhos dos Orixás, pois viram que em alguns aspectos gerais os filhos de um Orixá se pareciam, assim como suas atitudes e reações tinham a ver com as dos seres naturais (Orixás individuais) que eles incorporavam.

Então criaram todo um conhecimento simples e funcional para comprovar o que os búzios revelavam no jogo de Ifá.

Portanto, não estamos criando nada de novo nesse campo do conhecimento religioso africano mas, sim, acrescentaremos os fatores, as qualidades divinas e diferenciaremos os filhos das divindades. Filhas de Logunã não são filhas de Yansã, e filhos de Omulu não são filhos de Obaluaiyê, ainda que tenham certas características comuns. Como já ressaltamos, uma qualidade está em tudo o que existe, até nas divindades de Deus.

Também advertimos que não devem levar ao pé da letra a descrição das características aqui colocadas, pois todos estão em contínua evolução, superando suas características negativas e apurando as positivas. Afinal, evolução é transformação contínua e todos estamos evoluindo o tempo todo!

A Hereditariedade na Irradiação da Lei

Ogum e Yansã — Orixás Eólicos

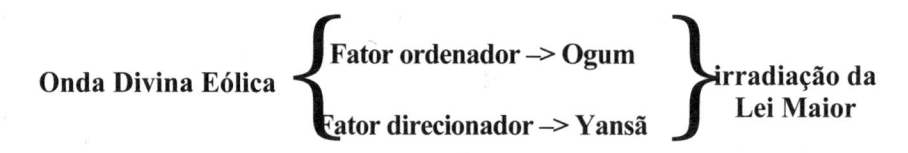

Onda Divina Eólica $\begin{cases} \text{Fator ordenador} \rightarrow \text{Ogum} \\ \text{Fator direcionador} \rightarrow \text{Yansã} \end{cases}$ irradiação da Lei Maior

    Deus cria e gera tudo, e tudo foi criado e gerado n'Ele, que está na origem de tudo o que existe, seja animado ou inanimado, material ou imaterial, concreto ou abstrato.

    Deus tanto gerou o Universo quanto os átomos e os fatores que dão início às suas gerações.

    Os fatores de Deus estão na origem de tudo e é a partir deles que a geração divina deve ser estudada e interpretada.

    A natureza de Deus é composta pelos Seus fatores, aos quais também denominamos de qualidades divinas que, se forem individualizadas, darão origem a naturezas distintas umas das outras e caracterizadoras daquilo que se originar neles, os fatores de Deus.

    Com isso entendido, então:

    Deus gera em Si, e gera de Si;

    Na geração em Si, Ele Se repete e Se multiplica porque em Si só gera Suas qualidades divinas, fatoradas e naturalizadas como Suas partes divinas, partes estas que O formam e O tornam o que é: o Divino Criador de tudo e de todos!

Na geração de Si, Ele Se irradia e vai dando origem a tudo o que existe e a todos os seres, criaturas e espécies, pois gera em uma de Suas qualidades, que fatora Sua geração divina e cuja gênese se desdobra no Seu exterior, que é a Natureza ou Seu corpo exterior. Sim, o corpo exterior de Deus é o Universo e tudo que o compõe. Já Seu corpo interno é Sua faculdade criadora e geradora, que também está na Sua criação, nos seres, nas criaturas e nas espécies. Comparemos o macro (Deus) com o micro (células):

No interior de uma célula, está seu núcleo e no interior desse núcleo, o seu DNA. Já no seu exterior, está a própria célula como um todo, ainda que microscópico. No DNA está a gênese da célula, e nela, como um todo, estão os meios para sua multiplicação e sua repetição.

No tecido epitelial só são geradas células epiteliais;
No tecido sanguíneo só são geradas células sanguíneas;
No tecido muscular só são geradas células musculares.

Observem que as multiplicações não acontecem de forma aleatória e em um tecido não acontecem desvios genéticos, já que no tecido epitelial não se geram células sanguíneas, e vice-versa.

Com isso explicado, então temos no núcleo celular o "interior" de Deus, e no citoplasma, o seu "exterior", que só existe porque antes ja existia um DNA que comandou sua geração, seu tamanho e forma.

Um espermatozoide e um óvulo são duas células, uma masculina e outra feminina, cuja fusão ou fecundação desencadeia todo um processo genético, cujo resultado final é um novo ser perfeitamente formado. A partir daí, suas células só se multiplicarão para manter todos os órgãos e tecidos em perfeito funcionamento.

Um ser humano não é como uma célula, que gera outra "em si". Ele gera "de si", pois gera um espermatozoide que leva todo um código genético: que multiplicará seu corpo carnal, mas não sua natureza individual. Logo, um homem não pode dizer que está no seu filho, porque este desenvolverá sua própria natureza.

Já o seu espermatozoide, que é uma célula e gera em si, o repetirá em muitos aspectos e algumas de suas características ou traços fisionômicos serão detectados no seu filho, embora esteja sujeito a alterações, porque ele herdará traços fisionômicos de sua mãe. Logo, não herdará todos só de um ou só de outro. Às vezes, reproduzirá características fisionômicas de seus avós ou bisavós, também presentes na sua herança genética.

Quanto à natureza de cada um, bem, somos espíritos e fomos gerados por Deus e fatorados em uma de suas qualidades, com a qual fomos imantados e a desenvolveremos no seu exterior ou sua natureza, que é o meio onde evoluímos continuamente.

Deus gera os seres de Si, fatora-os com uma de Suas imanências ou qualidades, magnetiza e os coloca em uma de suas ondas vibratórias ou irradiações divinas, onde evoluirão e se desenvolverão até que tenham plena consciência de si mesmos e possam desenvolver suas próprias qualidades divinas, pois desde nossa geração as temos em nós mesmos, mas ainda adormecidas ou em estado potencial, só precisando que criemos em nós mesmos as condições ideais para que se desdobrem e aflorem por meio dos nossos sentidos.

Então, Deus gera os seres em uma de Suas qualidades, que os distinguirá e os naturalizará durante suas evoluções. Deus, antes, gerou em Si Suas próprias qualidades e elas assumiram Sua natureza divina, tornando-se seres divinos ou divindades de Deus.

Ao gerá-las, deu vida à Sua própria qualidade, na qual começou a gerar de si, e começaram a surgir os seres, já naturais dessas Suas qualidades. Então Deus gerou em Si sua divindade Ogum, e a partir dessa Sua qualidade ordenadora, nela começou a gerar de Si os seres cuja natureza será ordenadora, pois foram gerados na sua qualidade Ogum, cuja natureza ordenadora os naturalizará como ordenadores natos, imantando-os com um magnetismo qualificado como ordenador e distinguindo-os com uma ancestralidade ordenadora só encontrada em Ogum, que é em si mesmo a qualidade ordenadora do Divino Criador.

O que diferencia este ser gerado por Deus na Sua qualidade Ogum, do próprio Ogum, é que este tanto foi gerado em Deus como formou-se e cresceu no núcleo d'Ele, e se multiplicou n'Ele, repetindo-O como a própria ordenação divina da gênese. Por isso Ogum é um fator de Deus que fatora todos os seres gerados por Ele nessa qualidade ordenadora, que é uma qualidade de Deus individualizada em Ogum, o Ordenador Divino.

Da geração de Deus em Ogum, ou na Sua qualidade ordenadora, surgirá uma vasta hereditariedade que não se limitará a seres, criaturas e espécies ordenadoras, mas também surgirão qualidades ordenadoras qualificadas pelas outras qualidades, princípios ordenadores, processos e procedimentos ordenadores, recursos e meios ordenadores e, finalmente, surgirão finalidades ordenadoras.

Deus gera Sua qualidade ordenadora e surge Ogum que, por ser em si mesmo a ordenação divina, tem de estar em todas as outras qualidades. Então Ogum gera em si suas divindades manifestadoras para as outras qualidades, que qualificarão esses Oguns, que assumirão a condição de divindades ordenadoras das qualidades das outras divindades, que são em si mesmas as qualidades que eles ordenarão a partir de si, já que são a multiplicação e a repetição de Ogum, o ordenador da gênese divina.

Esses Oguns seus são em si núcleos geradores, que gerarão Oguns auxiliares que atuarão como o RNA mensageiro gerado para ordenar as gerações exteriores ou que acontecerão no citoplasma divino, ou no corpo de Deus, que é a natureza.

Esses Oguns auxiliares, por terem sido gerados em Deus como Sua qualidade ordenadora dos processos exteriores, também geram em si a ordenação divina e a geram de si, transmitindo-a a todos os seres, ainda inconscientes de si, que forem atraídos por seus poderosos magnetismos mentais, pois são divinos, e os ampararão até que tomem consciência de que são naturais de Ogum e podem desenvolver em si essa qualidade divina.

Esses Oguns só atraem os seres cujo magnetismo original foi imantado com o fator ordenador do Divino Criador, que é a divindade Ogum, pois este é ela em si mesmo e imanta sua hereditariedade, com ela, pois foi nela que Deus os gerou.

Na gênese dos seres, os Orixás masculinos, que são qualidades de Deus, só fatoram seres machos. E os Orixás femininos, que são qualidades de Deus, só fatoram seres femininos.

Por isso, um ser macho tem sua ancestralidade num Orixá masculino e um ser fêmea tem sua ancestralidade num Orixá feminino.

Mas tal como acontece com o corpo humano masculino, que também herda certas características da mãe, na geração dos seres, se um Orixá masculino o imanta com seu fator divino, um Orixá feminino qualificará esse fator e passará à sua natureza íntima algumas características de sua qualidade essencial, e vice-versa, abrandando sua natureza individual, para que ela não seja tão marcante.

Sim, uma divindade, que é em si mesma uma qualidade de Deus, tem uma natureza muito marcante, que, se não for abrandada na sua hereditariedade, não só individualizará demais o ser, como o isolará de todos os outros, pois a exteriorizará em todos os sentidos, momentos, condições, situações e sentimentos.

Os seres divinos, por serem gerados "em Deus", desenvolvem uma natureza pura, totalmente identificada com o fator que os imantou em sua geração.

Já os seres gerados "por Deus" são como a geração do corpo humano, que tem características do corpo do ser que o gerou, mas não tem todas e não tem a mesma natureza que ele.

Logo, um filho de Ogum tem algumas de suas características naturais (de natureza) que o distinguirão. Mas outras só aflorarão à medida que for evoluindo e criando em si os sentimentos pelos quais elas fluirão ou serão irradiadas.

Até aqui temos que:

— Deus gera em Si Suas divindades, como Suas qualidades divinas;

— Deus gera de Si os seres, as criaturas, as espécies, os elementos, as energias. Já os Seus fatores são gerados pelas Suas divindades;

— Deus gera seres ou sementes divinas e os envia por meio de Suas ondas vivas irradiadas de Si. Nelas, os seres são imantados pelos fatores que os distinguirão e serão magnetizados pelas Suas qualidades, ou Suas divindades, das quais herdarão algumas características e outras permanecerão adormecidas, só aflorando com a evolução;

— Um ser, em sua semente original, já traz uma herança genética herdada de Deus, imantada por um fator e magnetizada por uma divindade, cuja qualidade divina o ser manifestará em alguns aspectos, mostrando em qual qualidade foi magnetizado, qual a divindade que o sustentará e qual fator o distinguirá, pois está na sua imantação divina.

Com isso em mente, e porque Deus gera tudo em duas partes, uma positiva e outra negativa, uma macho e outra fêmea, uma irradiante e outra absorvente, uma universal e outra cósmica, concluímos que até as Suas divindades foram geradas aos pares, formando ondas ou irradiações divinas puras, mas bipolarizadas.

Em um dos polos está uma divindade masculina e na outra uma divindade feminina; uma é de magnetismo positivo e outra é de magnetismo negativo; uma é ativa e a outra é passiva.

As Características das Divindades da Lei (Ogum e Yansã)

Vamos comentar a irradiação divina que faz surgir as divindades responsáveis pela aplicação da Lei Maior: Ogum e Yansã!

Nessa irradiação, ele é passivo, pois seu magnetismo irradia-se em ondas retas, em corrente contínua e seu núcleo magnético gira para a direita ou em sentido horário. Seu fator é ordenador.

Já Yansã é ativa, e seu magnetismo irradia-se em ondas curvas, em corrente alternada e seu núcleo magnético gira em sentido anti-horário, ou para a esquerda. Seu fator é direcionador.

Ogum ordena e Yansã direciona;

Ogum irradia continuamente uma mesma qualidade. Yansã irradia alternadamente, pois nessa alternância, quando irradia em ondas curvas, direciona os seres, e quando absorve, também em ondas curvas, esgota o emocional dos seres. Na sua alternância como aplicadora da Lei, ela tanto direciona o ser que está em um "caminho", e o conduz a outro onde evoluirá melhor, quanto pode esgotá-lo, caso absorva o elemento eólico que lhe dá mobilidade, apatizando-o.

As Características dos Seres Regidos por Ogum e Yansã

Na onda divina imantadora e fatorada dos seres regidos pelas divindades aplicadoras da Lei Maior, os machos são magnetizados por Ogum e assumem sua natureza ordenadora e reta. Já as fêmeas são magnetizadas por Yansã e assumem sua natureza direcionadora e movimentadora.

Tanto os seres machos quanto os seres fêmeas serão regidos pela Lei Maior, mas os de natureza "Ogum" serão machos e os natureza "Yansã" serão fêmeas.

Os filhos de Ogum são irredutíveis e tentam se impor a todo custo;

As filhas de Yansã são emotivas e se não se impõem revoltam-se e abandonam quem não se submete a elas, e logo estão estabelecendo novas ligações... onde se imporão;

Os filhos de Ogum, no negativo, são possessivos, rigorosos com os outros, insensíveis, aguerridos, encrenqueiros, implacáveis, irredutíveis em seus pontos de vista e são irascíveis. Já no positivo, são leais, vigorosos no amparo aos seus afins, protetores, ciumentos dos seus, não abandonam um amigo à própria sorte e dão a vida para salvar alguém;

As filhas de Yansã, no negativo, são apaixonadas, bravas, emotivas, de pavio curto, falantes, briguentas, intolerantes, não perdoam quem as magoa e são explosivas. Já no positivo, são envolventes, risonhas, alegres, amorosas, mas sem pieguice, possessivas com os seus, amigas e companheiras leais, mulheres atiradas que tomam iniciativas ousadas, expeditas, ágeis no pensar e no falar, objetivas, lutadoras e líderes natas;

Os filhos de Ogum se afinizam bem com os filhos de Omulu, de Xangô e de Oxalá; e com as filhas de Yemanjá, de Oro Iná, de Obá e de Logunã;

As filhas de Yansã se afinizam bem com as filhas de Yemanjá, de Logunã, de Oxum e de Nanã Buruquê; e com os filhos de Oxalá, de Omulu, de Obaluaiyê, de Oxóssi e de Xangô;

Os filhos de Ogum apreciam viagens, competições, esportes violentos, discussões acaloradas, comidas e bebidas fortes, e mulheres que se apaixonam por eles, claro! Não apreciam a monotonia, o sedentarismo, as músicas suaves ou melancólicas, o trabalho onde devem ficar incomunicáveis ou presos a um mesmo lugar, repetitivo mesmo;

As filhas de Yansã apreciam festas, pessoas falantes e alegres, ambientes alegres e multicoloridos, viagens a passeio, homens envolventes, trabalhos agitados. Não apreciam homens introvertidos, reuniões monótonas, amizades egoístas, ambientes conservadores, trabalhos ou deveres monótonos, comidas pesadas, roupas sóbrias, a "prisão" da vida doméstica, a repetição das mesmas coisas no seu dia a dia;

Os filhos de Ogum são de estatura média e de compleição física forte e voluntariosa, tendendo para o musculoso;

As filhas de Yansã são de estatura média e de compleição curvilínea bem delineada, tendendo para o sensualismo;

Os filhos de Ogum, apesar de detestarem o sedentarismo, gostam de ter seu canto, para onde retornam ao fim do seu dia muito ativo;

As filhas de Yansã não são muito apegadas às suas moradas, apreciam ficar com suas amigas íntimas, com as quais se dão bem e apegam com facilidade.

Bem, vamos parar por aqui, senão continuaremos a listar características cada vez mais íntimas dos filhos de Ogum e de Yansã. Podemos acrescentar apenas que os filhos de Ogum são muito volúveis quanto ao sexo e se apaixonam muito facilmente, assim como logo estão em busca de nova paixão. Já as filhas de Yansã são muito seletivas e se apaixonam de fato se o homem for muito envolvente. Do contrário, assim como os atrai os dispensa com uma rapidez impressionante.

Bem, aí vocês têm as características mais marcantes dos seres regidos pela irradiação da Lei, e por Ogum e Yansã. Outras mais, eles podem revelar ou vocês podem descobrir observando-os.

Saibam que:

- na Astrologia, os filhos de Ogum são regidos por Marte e as filhas de Yansã são regidas pelo Sol;
- na Numerologia, Ogum é o número sete e Yansã é o número 13;
- nos elementos, Ogum é o ar que refresca e a brisa que acalenta enquanto Yansã é o vendaval, que desaba e a ventania que faz tudo balançar;
- na irradiação da Lei, Ogum é o princípio ordenador inquebrantável e Yansã é a Lei atuando no sentido de redirecionar os seres que se desequilibraram;
- na fé, Ogum é o dogma e Yansã é a novidade que a renova na mente e no coração dos seres;
- na vida, Ogum é sua defesa e Yansã é a busca de melhores condições de vida para os seres;
- na criação divina, Ogum é a defesa de tudo o que foi criado enquanto Yansã é a busca de adaptação do ser ao meio onde vive.

E vamos parar por aqui, pois, como já dissemos, uma qualidade está em tudo e em todos os aspectos dos seres.

Hereditariedade na Irradiação da Justiça Divina

Xangô e Oro Iná – Orixás Ígneos

Onda Geradora Ígnea $\begin{cases} \text{Fator equilibrador} \longrightarrow \text{Xangô} \\ \text{Fator consumidor} \longrightarrow \text{Egunitá} \end{cases}$

A irradiação da Justiça Divina é uma onda viva que nasce em Deus e alcança tudo e todos.

Ela é bipolar e tem em sua parte ou polo positivo um magnetismo que é irradiado na forma de raios retos, estáveis, passivos; sua corrente é contínua e equilibradora. O Orixá que a pontifica é Xangô, divindade gerada em Deus e que é em si a Justiça Divina que equilibra tudo, desde a gênese das coisas até o sentimento dos seres.

Já sua parte ou polo negativo é cósmico, consumidor dos desequilíbrios, das injustiças e dos vícios. Seu magnetismo é alternado e, em uma onda irradiada por propagação, seu fator consumidor imanta o que está desequilibrado, incandescendo-o e queimando sentimentos negativos, agregações desequilibradas e injustiças ou vícios emocionais.

Oro Iná é em si a divindade cósmica da Justiça Divina cujo fator ígneo consome tudo, ou retira o calor de tudo, resfriando o objeto sob sua atuação e paralisando seus desequilíbrios. Ela é, em si, o Fogo da Purificação e gera em si toda uma hereditariedade de divindades cósmicas desse fogo.

Xangô é passivo e seu magnetismo gira para a direita. Oro Iná é ativa e seu magnetismo gira para a esquerda;

Xangô irradia-se em raios retos e Oro Iná irradia-se por propagação;

Xangô é irradiação contínua e chega a todos o tempo todo, não deixando ninguém sem o amparo da Justiça Divina. Oro Iná propaga-se cosmicamente e suas fagulhas ígneas começam a imantar tudo o que está desequilibrado, até que se forme uma condensação magnética ígnea. Aí surgem labaredas cósmicas que consomem os desequilíbrios, anulando sua causa e paralisando quem estava desequilibrado. Esse fogo purificador de Oro Iná tem o poder de consumir tudo onde se condensou e em certos casos fica apenas um vazio cósmico onde ele atuou;

Xangô é a chama da Justiça Divina que aquece o racional dos seres e abrasa os sentimentos íntimos relacionados com as coisas da justiça. Oro Iná é o fogo da purificação que consome os vícios e esgota o íntimo dos seres viciados.

Esses Orixás, por terem sido gerados por Deus em Si mesmo, assumem a condição de irradiadores da qualidade de Deus onde foram gerados, pois são ela em si mesmos, e a geram de si. Então Xangô gera e irradia o Fogo da Justiça Divina e Oro Iná gera e irradia o Fogo da Purificação.

— Xangô gera o equilíbrio da justiça;
— Oro Iná gera o fogo que consome os desequilíbrios;
— Xangô é o número três;
— Oro Iná é o número nove;
— Xangô é a chama universal;
— Oro Iná é a labareda cósmica;
— Xangô é o raio solar gerador de vida;
— Oro Iná é a chama solar que consome todos os elementos em sua massa incandescente;
— Xangô é abrasador;
— Oro Iná é incandescente;
— Ambos são Orixás "Solares".

Enfim, são duas divindades ígneas, sendo Xangô a justiça universal, racionalista e equilibrador, e Oro Iná é a justiça cósmica, reativa, consumidora dos desequilíbrios emocionais.

Ele, por ser passivo, envia a todos os seus raios aquecedores dos sentimentos equilibrados. Ela, por ser ativa, tanto envia suas labaredas incandescentes quanto retira todo o calor de um ser e o congela no Tempo.

As Hereditariedades de Xangô e Oro Iná

Xangô e Oro Iná fatoram os seres gerados por Deus na Sua qualidade equilibradora, e os imantam com os seus magnetismos ígneos, dando-lhes Suas qualidades puras, ígneas e judiciosas.

Xangô fatora os seres machos e Oro Iná fatora os seres fêmeas.

— Os filhos de Xangô, se positivos, são passivos, racionais, meditativos e observadores atentos, mas pouco falantes e geniais;

— As filhas de Oro Iná, se positivas, são ativas, emotivas, impulsivas, reparadoras, falantes e geniosas;

— Os filhos de Xangô, se negativados, são reclusos, calados, rancorosos, implacáveis nos seus juízos, intratáveis;

— As filhas de Oro Iná, se negativadas, são egoístas, briguentas, intrigantes, vingativas, insensíveis e teimosas;

— Os filhos de Xangô apreciam a leitura, a música, os discursos, a boa companhia e a companhia de mulheres vivazes, o aconchego do lar e a boa mesa;

— As filhas de Oro Iná apreciam as conversas reservadas, os espetáculos emotivos, as reuniões direcionadas, tais como reuniões de estudo, de orações, políticas, etc. Apreciam a companhia de pessoas passivas e a de homens que as incandesçam, gostam de passear, pois não suportam o isolamento do lar;

— Os filhos de Xangô não apreciam festas arrivistas, reuniões emotivas, companhias desequilibradas ou mulheres apáticas, os egoístas e os soberbos;

— As filhas de Oro Iná não apreciam homens presunçosos, arrivistas e preguiçosos, não adoram festas monótonas, conversas tolas, comidas sonsas e bebidas adocicadas;

— Os filhos de Xangô apreciam se vestir bem, mas com sobriedade;

— As filhas de Oro Iná gostam de se vestir bem, mas com roupas coloridas ou de cores fortes;

— Os filhos de Xangô são judiciosos;

— As filhas de Oro Iná são belicosas;

— Os filhos de Xangô se afinizam bem com os filhos de Oxalá, de Ogum, de Oxóssi, e com as filhas de Yansã, de Yemanjá, de Oxum e de Logunã;

— As filhas de Oro Iná se afinizam bem com as filhas de Yansã, de Logunã e de Nanã Buruquê, e com os filhos de Ogum, de Omulu, de Oxalá e de Oxumaré;

— Os filhos de Xangô são de estatura baixa ou média, de compleição robusta ou atarracada;

— As filhas de Oro Iná são de estatura média alta ou de compleição longilínea ou magras.

A Hereditariedade na Irradiação do Amor Divino

Oxum e Oxumaré

Onda Geradora Mineral { Fator agregador —> Oxum

Fator diluidor e renovador —> Oxumaré

A irradiação do Amor Divino é uma onda que nasce em Deus e alcança tudo e todos como a concepção divina das coisas.

Ela é uma onda bipolar, que tem em seu polo positivo um magnetismo agregador e em seu polo negativo, um magnetismo dual, que ora dilui as agregações, ora renova os meios e os sentimentos.

Em sua parte positiva temos Oxum, Orixá do Amor, da concepção e das agregações universais;

Em sua parte negativa temos Oxumaré, Orixá da Renovação da Vida e da diluição das agregações desequilibradas.

Oxum tem um magnetismo positivo que é irradiado em fluxos de raios retos que consolidam as agregações, concebendo tudo e todos, pois ela é a divindade gerada por Deus em Sua qualidade agregadora e conceptiva, o que faz dela essa qualidade divina. Mas Oxum também se irradia em ondas "coronais" (de coração) que vão ligando as substâncias, os elementos, as essências, os sentimentos e unindo os seres afins entre si, pelo elo do amor.

Já Oxumaré tem um magnetismo negativo, que é dual e bipolar, irradiado de forma ondeante. Em uma de suas ondas, dilui tudo, enquanto na outra flui seu fator renovador, que vai reagrupando tudo para que Oxum venha a seguir e imante o que ele reagrupou, agregando tudo novamente, mas em novas e renovadas condições.

— Oxum é o mineral, agregadora e conceptiva;
— Oxumaré é temporal, diluidor e renovador;
— Oxum é o amor que une os seres e a concepção que gera vidas;
— Oxumaré é o Tempo que dilui as agregações desequilibradas e o "Arco-Íris" que anuncia que a vida continua, já renovada;
— Oxum é o amor agregador;
— Oxumaré é o diluidor das paixões;
— Oxum rege sobre a concepção da vida;
— Oxumaré rege sobre a genética renovadora da vida;
— Oxum e Oxumaré são regidos pelo planeta Vênus, que é um planeta misto;
— Oxum, na Numerologia, é o número dois e Oxumaré é o número 11;
— Oxum é o amor à vida e Oxumaré é a sua renovação;
— Oxum é a fecundidade e Oxumaré é a sexualidade fecunda;
— Oxum é o mineral que enobrece a vida e Oxumaré é o tempo que dilui a riqueza que desvirtua;
— Oxum é a divindade do Amor e Oxumaré é a divindade que o renova na vida dos seres.

E se são assim é porque foram gerados em Deus e são em si o Amor e a Renovação da Vida, a agregação e a diluição do emocional apassionado que desequilibra as uniões.

Por serem assim, Oxum imanta e magnetiza os seres fêmeas gerados por Deus na sua onda fatoradora mineral ou do amor, dando-lhes sua qualidade agregadora. Já Oxumaré imanta e magnetiza os seres machos gerados por Deus na sua onda temporal, fatorando-os com uma qualidade dual, que tanto dilui as agregações quanto renova os meios e os sentimentos.

Então surgem as hereditariedades de Oxum e de Oxumaré, amorosas e renovadoras, qualidades mais marcantes dessas filiações divinas.

— As filhas de Oxum, no positivo, são amorosas, delicadas, meigas, sensíveis, perceptíveis, perfeccionistas, cuidadosas, amáveis, protetoras e maternais;
— Os filhos de Oxumaré, no positivo, são extrovertidos, falantes, galantes, envolventes, comunicativos, criativos, amáveis, educados, curiosos, interrogativos e alegres;

— As filhas de Oxum, no negativo, são ciumentas, agressivas, vaidosas, insuportáveis, intratáveis, vingativas, não esquecem uma ofensa e não perdoam uma mágoa;

— Os filhos de Oxumaré, no negativo, são apáticos, mórbidos, fechados, sombrios, isolacionistas, solitários, autopunidores, venenosos e aziagos;

— As filhas de Oxum apreciam festas familiares, danças, recitais românticos, poesias, medicina, crianças, assim como serem professoras, conselheiras, donas de casa amorosas;

— Os filhos de Oxumaré apreciam as ciências, os estudos filosóficos, passeios em grupo, reuniões agitadas ou festivas, discursos eloquentes e emocionantes, a política, a liderança, ser expoente no seu meio e criar coisas novas e revolucionárias, e gostam de mulheres descontraídas e descompromissadas, pois são volúveis;

— As filhas de Oxum não apreciam a solidão, homens autoritários ou agressivos, reuniões monótonas, estudo das ciências exatas, política, lugares tristes ou monótonos, homens ciumentos e mulheres egoístas;

— Os filhos de Oxumaré não apreciam a monotonia ou a repetitividade no seu dia a dia, mulheres ciumentas, a mesma comida todo dia, locais fechados ou abafados, pessoas inoportunas (os aproveitadores), pessoas de natureza iracunda, irritante ou mal-humorada;

— As filhas de Oxum são regidas por Vênus, o que realça nelas a feminilidade e o charme, e os filhos de Oxumaré também são regidos por esse planeta, o que estimula neles a libido e os sentimentos amorosos;

— As filhas de Oxum são de compleição delicada, sensíveis e alegres;

— Os filhos de Oxumaré são do tipo esbelto, solto e ágil;

— As filhas de Oxum se afinizam bem com as filhas e os filhos de todos os Orixás;

— Os filhos de Oxumaré só não se afinizam bem com os filhos de Omulu e de Xangô;

— As filhas de Oxum apreciam as coisas religiosas ou da fé, e os filhos de Oxumaré apreciam as coisas místicas e mágicas.

A Hereditariedade na Irradiação do Conhecimento

Oxóssi e Obá

Onda Geradora Vegetal { Fator expansor —> Oxossi / Fator concentrador —> Obá

Orixás regentes da irradiação divina que rege sobre o Conhecimento.

Deus tem no Conhecimento uma de Suas qualidades divinas e gerou nela Suas duas divindades do Conhecimento, que são em si essa qualidade divina.

Oxóssi é um Trono de Deus cujo magnetismo é positivo, sua natureza é ativa e sua irradiação é contínua, irradiando o tempo todo ondas magnéticas estimuladoras do raciocínio, facilitando a abertura das faculdades mentais.

Obá é um Trono de Deus cujo magnetismo é negativo, sua natureza é passiva e sua irradiação é alternada, pois tanto ela irradia ondas magnéticas, que concentram o raciocínio dos seres, quanto absorve as ondas mentais dos seres cujo raciocínio se desequilibrou e que estão dando um mal uso às suas faculdades mentais.

Oxóssi, por ter sido gerado em Deus na Sua qualidade do Conhecimento, gera em si o fator divino que qualifica os seres machos gerados por Ele nessa sua irradiação viva.

Obá, por ter sido gerado em Deus na Sua qualidade do Conhecimento, gera em si o fator divino que qualifica os seres fêmeas gerados por Ele nessa sua irradiação viva.

Os filhos de Oxóssi são imantados com um magnetismo expansivo e as filhas de Obá são imantadas com um magnetismo concentrador. Eles são qualificados como filhos do Conhecimento e elas são qualificadas como filhas da Verdade.

— os filhos de Oxóssi são curiosos e sentem atração por tudo o que for interessante;
— as filhas de Obá são reservadas e sentem atração pelo que for prático;
— os filhos de Oxóssi apreciam viajar, estudar, fazer muitas amizades e confiam muito facilmente;
— as filhas de Obá apreciam a vida doméstica, a segurança do lar e são muito reservadas com suas amizades, preferindo falar da vida alheia que da própria e desconfiam ao primeiro sinal de alerta interior;
— os filhos de Oxóssi não apreciam pessoas ignorantes, lugares fechados, a monotonia, conversas tolas e pessoas falsas;
— as filhas de Obá não apreciam pessoas soberbas, lugares ou reuniões agitadas, conversas chulas, pessoas vaidosas ou rompantes;
— os filhos de Oxóssi, se no positivo, são galanteadores, verborrágicos, confiáveis, leais, sensíveis às necessidades alheias e muito prestativos;
— as filhas de Obá, se no positivo, são humildes, boas ouvintes dos nossos problemas, conselheiras, capazes de dar o próprio pão a alguém que nada tenha para comer, são resignadas e esperançosas;
— os filhos de Oxóssi, se no negativo, são críticos ácidos, linguarudos e respondões, vingativos, são perigosos e brigam por qualquer motivo;
— as filhas de Obá, se no negativo, são intrigantes, ficam remoendo uma ofensa recebida, são cruéis, traiçoeiras e se vingam na primeira oportunidade que surgir;
— os filhos de Oxóssi se afinizam bem com os filhos de Oxalá, Ogum, Xangô, Oxumaré e Omulu, e têm reservas quando em contato com os filhos de Obaluaiyê e se afinizam facilmente com as filhas de Yemanjá, Oxum, Logunã e Yansã, mas têm reservas com as filhas de Obá, Oro Iná e Nanã Buruquê;

— as filhas de Obá se afinizam bem com os filhos de Ogum, Obaluaiyê, Oxalá e Xangô, mas não se afinizam muito com os filhos de Oxumaré, Oxóssi e Omulu e se afinizam com as filhas de Yemanjá, de Nanã Buruquê e de Oxum, não se afinizam facilmente com as filhas de Oro Iná, de Logunã, de Yansã;
— os filhos de Oxóssi são regidos pelo planeta Mercúrio;
— as filhas de Obá são regidas pelo planeta Urano;
— Oxóssi é o número cinco e Obá é o número 14;
— Oxóssi é a descontração e Obá é a observação.

A Hereditariedade na Irradiação da Fé

Oxalá e Logunã

Irradiação Cristalina { Fator cristalizador ou magnetizador –> Oxalá
Fator desmagnetizador ou temporal –> Logunã

A irradiação da Fé é uma onda que nasce em Deus e irradia-se bipolar.

Em Sua onda passiva, positiva e cristalizadora da Fé, Deus gerou em Si Oxalá, que é em si mesmo a qualidade divina denominada Fé.

Em Sua onda ativa, negativa e magnetizadora da religiosidade, Deus gerou em Si Logunã, que é em si mesma a religiosidade dos seres.

A Fé é uma qualidade divina e nela Deus gerou, em Si, Oxalá e Logunã, tornando-os essa Sua qualidade aceita por todos como a principal ou maior, pois tudo tem de ter por princípio a fé n'Ele e na Sua divindade criadora e geradora, já que tudo foi gerado por Ele e em tudo Ele está, pois é em Si mesmo tudo o que existe.

Oxalá é visto por todos como o principal Orixá, pois sem a fé não existiria a religião e a crença em Deus. Logunã é temida por todos porque seu mistério atua sobre os descrentes, os fanáticos religiosos e os enganadores da boa-fé alheia, desmagnetizando o mental desvirtuado, anulando suas faculdades e paralisando seu emocional, esvaziando-o em todos os sentimentos capitais. Um blasfemador, um ofensor das divindades, um mercador da fé, estes são os candidatos a conhecer Logunã mediante seus aspectos negativos.

Deus gera de Si em Sua onda geradora cristalina ou irradiação da Fé os seres que são imantados com Sua qualidade "magnetizadora" ou cristalina.

Os seres masculinos são imantados por Oxalá, que gera em si o fator congregador de Deus e transmite-lhes sua qualidade, que é cristalizadora da fé na vida de um ser. Os seres femininos são imantados por Logunã, que gera em si o fator temporal de Deus, e transmite-lhes sua qualidade, que é cristalizadora da religiosidade na vida de um ser.

Na fé, o ser sempre buscará Deus.

Na religiosidade, o ser sempre será atraído pelas coisas da fé, ou de Deus.

Oxalá é o Orixá da Fé e Logunã é o Orixá do Tempo, pois é o tempo que atua no ser, acelerando sua busca pela fé ou afastando-o das coisas religiosas, direcionando sua evolução para outros sentidos da Vida, tais como: Conhecimento, Lei, Justiça, Amor, Geração ou Evolução do saber.

Oxalá é passivo no seu magnetismo de corrente contínua, cuja irradiação estimuladora da fé chega a todos o tempo todo.

Logunã é ativa no seu magnetismo de corrente alternada, onde uma onda espiralada estimula a religiosidade, enquanto a outra onda a esgota na vida do ser emocionado, fanatizado ou desequilibrado.

— Oxalá é o Sol da vida e Logunã é o Tempo, onde tudo se realiza;
— Oxalá é a fé abrasadora e Logunã é o gélido Tempo, onde são desmagnetizados os desequilibrados nas coisas da fé;
— Oxalá é o pai amoroso que fortalece o íntimo dos seres e os conduz ao encontro do Divino Criador, e Logunã é o Tempo por onde caminham os seres que estão buscando-o;
— Oxalá é a fé de Deus nos seus filhos e Logunã é o rigor divino para com os filhos que lhe voltaram as costas;
— Oxalá, na Numerologia, é o número um e Logunã é o número dez;
— Oxalá é o Sol e Logunã é o Tempo;
— os filhos de Oxalá são regidos pelo Sol e os filhos de Logunã são regidos pelo Tempo;
— os filhos de Oxalá, se no positivo, são amorosos, alegres, compenetrados em tudo o que fazem, emocionam-se facilmente, compadecem-se com o sofrimento alheio, acreditam em todos e são persistentes;
— as filhas de Logunã, se no positivo, são simpáticas, discretas, silenciosas, observadoras, amigas e conselheiras, emotivas, mas guardam suas emoções para si em vez de exteriorizá-las, são lutadoras e muito sinceras;
— os filhos de Oxalá, no negativo, são ranzinzas, briguentos, frios, perversos, perigosos, agressivos e vaidosos;

— as filhas de Logunã, no negativo, são retraídas, ciumentas, possessivas, evasivas, fugidias, descrentes, desconfiadas, não perdoam uma ofensa, mesmo que seja inconsciente, são glaciais nos seus envolvimentos emocionais;
— os filhos de Oxalá apreciam festas, reuniões "calorosas", passeios, a boa mesa, roupas da moda e a companhia de pessoas alegres e leais, mulheres inteligentes e decididas;
— as filhas de Logunã apreciam as coisas religiosas, o estudo, a música suave ou romântica, um pouco de isolamento, conversas construtivas, a companhia de pessoas discretas e de homens maduros, reservados e amorosos;
— os filhos de Oxalá não apreciam pessoas falsas, emotivas, arrivistas, roupas conservadoras, conversas chulas, trabalhos pesados, recintos fechados, horários rígidos e comida picante;
— as filhas de Logunã não apreciam pessoas imaturas, "improdutivas", muito falantes e grosseiras, roupas berrantes, discussões inconsequentes, intrigas, lugares muito agitados, muitas companhias e não gastam seu tempo à toa;
— os filhos de Oxalá se afinizam bem com os filhos de Oxóssi, de Oxumaré e de Ogum; e com as filhas de Nanã Buruquê, de Yemanjá, de Oxum, de Yansã e de Logunã;
— as filhas de Logunã se afinizam bem com as filhas de Yemanjá, Oxum, Obá e Oro Iná; e com os filhos de Ogum, de Xangô, de Oxumaré e de Obaluaiyê;
— os filhos de Oxalá são solares e geniosos;
— as filhas de Logunã são temporais, persistentes, tenazes e introspectivas.

A Hereditariedade na Irradiação da Evolução

Obaluaiyê e Nanã Buruquê

Onda Divina Evolutiva $\begin{cases} \text{Fator evolutivo} \longrightarrow \text{Obaluaiyê} \\ \text{Fator decantador} \longrightarrow \text{Nanã Buruquê} \end{cases}$

Olorum gera em Si mesmo uma onda viva que estimula a evolução, e nela gerou dois Orixás, que são os regentes da irradiação viva que rege sobre a Evolução em todos os aspectos da criação e em todos os sentidos.

Então surgem Obaluaiyê e Nanã Buruquê, Orixás regentes da Evolução.

Obaluaiyê é positivo, ativo no elemento terra e passivo no elemento água. Sua irradiação magnética é bipolar, alternada em paralelo e contínua em raios retos.

Nanã Buruquê é negativa, passiva no elemento terra e ativa no elemento água. Sua irradiação magnética é bipolar, pontual no polo aquático e reta no polo telúrico.

Obaluaiyê estimula a evolução e rege sobre as passagens de um estágio para outro. Já Nanã Buruquê atua como afixadora dos seres nos estágios em que estão, até que estejam livres das reações instintivas e dos sentimentos emotivos.

Obaluaiyê gera em si o fator evolutivo transmutador e o irradia a todos o tempo todo, por isso sua atuação é contínua. Já Nanã Buruquê gera em si o fator decantador dos instintos e do emocional e sua atuação é alternada, ora dando amparo aos seres ainda frágeis mentalmente, ora decantando os seres muito instintivos ou emocionados.

— na Numerologia, Obaluaiyê é o número quatro e Nanã Buruquê é o número seis;

— Obaluaiyê é telúrico-aquático e Nanã Buruquê é aquático-telúrica;

— Obaluaiyê e Nanã Buruquê são associados à sapiência e à maturidade, à razão e à ponderação, pois são os Orixás regentes da Evolução;

— os filhos de Obaluaiyê são regidos pelos magnetismos terráqueos e jupiteriano e as filhas de Nanã Buruquê são regidas pelos magnetismos venusiano e terráqueo;

— no positivo, os filhos de Obaluaiyê são cordiais, corteses, falantes, criativos, imaginosos, elegantes e generosos;

— no positivo, as filhas de Nanã Buruquê são calmas, conselheiras, orientadoras, religiosas, emotivas, muito simpáticas;

— no negativo, os filhos de Obaluaiyê são prepotentes, autoritários, mesquinhos, vaidosos, desleais, intrigantes, vingativos, pedantes, bajuladores e mulherengos;

— no negativo, as filhas de Nanã Buruquê são intratáveis, ríspidas, tagarelas, fuxiqueiras, vingativas e perigosas;

— os filhos de Obaluaiyê apreciam a boa mesa, companhias interessantes, ser o centro das atenções, festas, roupas elegantes, viagens, reuniões animadas e bebidas suaves;

— as filhas de Nanã Buruquê apreciam a boa mesa, companhias falantes e alegres, reuniões familiares e religiosas, pessoas que lhes dediquem afeto e respeito, e vestes multicoloridas;

— os filhos de Obaluaiyê não apreciam a monotonia, o silêncio, a solidão, as companhias tolas ou inconsequentes e o trabalho repetitivo ou em ambientes fechados;

— as filhas de Nanã Buruquê não apareciam pessoas egoístas, mesquinhas ou geniosas. Não apreciam festas e reuniões agitadas, crianças peraltas, roupas espalhafatosas, desperdício, preguiçosos e exibicionistas;

— os filhos de Obaluaiyê se afinizam bem com os filhos de Oxalá e de Oxóssi, e com as filhas de Yemanjá, de Oxum e de Yansã;

— as filhas de Nanã Buruquê se afinizam bem com as filhas de Yemanjá, Oxum e Obá, e com os filhos de Ogum, Xangô, Oxalá e Omulu.

A Hereditariedade na Irradiação da Geração

Yemanjá e Omulu

Onda Divina da Criatividade e da Geração $\begin{cases} \text{Fator gerador} \rightarrow \text{Yemanjá} \\ \text{Fator paralisador} \rightarrow \text{Omulu} \end{cases}$

Olorum gera em Si mesmo, e gerou em Sua onda da Criatividade e da Geração os Orixás Yemanjá e Omulu.

Yemanjá é o polo positivo, passivo, irradiante, criativista e gerador dessa onda viva e divina. Já Omulu é seu polo negativo, ativo, absorvente e paralisador da criatividade desvirtuadora e da geração desequilibrada ou degenerada.

Aparentemente são dois Orixás opostos em tudo, e no entanto são complementares em todos os sentidos, pois ela é a regente divina da Geração e ele é o regente responsável pelo equilíbrio na Criação Divina.

Saibam que o fator paralisante gerado e irradiado por Omulu é fundamental para o equilíbrio da vida e da geração, pois onde acontecer uma geração ou criação desvirtuada ou desvirtuadora, ele é o mistério de Deus que paralisa tudo e esgota a energia caótica ou a criação degenerada ou viciada.

Yemanjá é a irradiação viva do Divino Criador que chega a todos, sempre estimulando a criatividade e o amparo à vida. Seu magnetismo é irradiante e suas ondas são retas. Já o magnetismo de Omulu é absorvente e suas ondas são alternadas.

Olorum gera em Si, e gerou Yemanjá e Omulu. Olorum gera seres na Sua onda viva da Criatividade e da Geração, que são imantados com essa Sua qualidade. Então Yemanjá magnetiza os seres fêmeas com sua qualidade divina, estimuladora da criatividade e da maternidade. Já Omulu magnetiza os seres masculinos gerados nessa onda viva com sua qualidade paralisante e protetora dos princípios retos da geração de vidas.

Yemanjá rege sobre a vida enquanto Omulu paralisa quem atenta contra ela. Yemanjá é a mãe autoritária e Omulu é o pai rigoroso.

- na Numerologia, ela é o número oito e ele é o número 12;
- as filhas de Yemanjá são regidas pelo planeta Netuno e os filhos de Omulu são regidos por Plutão;
- o mistério de Yemanjá é aquático-cristalino e o de Omulu é telúrico-temporal;
- ela é a Mãe da Vida, maternal mas autoritária;
- ele é o Guardião da Vida, rigoroso mas compreensivo, ainda que não o demonstre;
- as filhas de Yemanjá são típicas matronas, robustas, vigorosas, impulsivas, autoritárias, impositivas e até possessivas, pois sempre prevalece sua natureza maternal;
- os filhos de Omulu são ranzinzas, turrões, inflexíveis, autoritários, inamovíveis nos seus princípios, aziagos nos seus relacionamentos, são ótimos mestres instrutores, pois são muito organizados em tudo o que fazem, levando suas empreitadas até o fim, sem se importarem com o preço a ser pago, geralmente são magros e de traços físicos bem definidos;
- as filhas de Yemanjá, no positivo, são alegres, leais, fiéis, generosas, trabalhadoras, muito diligentes em tudo o que fazem e são muito ativas;
- os filhos de Omulu, no positivo, são alegres mas reservados, resolutos, observadores, perspicazes e orientadores;
- as filhas de Yemanjá, no negativo, são respondonas, irritantes, intolerantes, briguentas e despeitosas;
- os filhos de Omulu, no negativo, são perigosos, violentos, intolerantes, cruéis e insensíveis à dor alheia;
- as filhas de Yemanjá apreciam a vida doméstica, o trabalho produtivo, o respeito, a fidelidade, a religiosidade firme, o estudo, vestes sóbrias e elegantes, a companhia de homens firmes nas decisões e de natureza forte;
- os filhos de Omulu apreciam a vida errante, o trabalho descompromissado, como se a qualquer momento fossem partir,

o ensino, o misticismo, a magia e as coisas religiosas, roupas discretas mas bem alinhadas, a boa mesa e companhias inteligentes;

— as filhas de Yemanjá se afinizam bem com todas as filhas e filhos dos outros Orixás, desde que não sejam contrariadas nem atrapalhadas, senão não suportam a companhia de ninguém;

— os filhos de Omulu se afinizam bem com os filhos de Oxalá, Xangô e Ogum, e não se afinizam com os filhos de Oxumaré, Oxóssi e Obaluaiyê. Se afinizam com as filhas de Yemanjá, Oxum, Nanã Buruquê e não se afinizam com as filhas de Logunã, Oro Iná, Obá e Yansã.

Livro 5
A Ciência Divina dos Tronos de Deus

Os Tronos de Deus

Este trabalho de revelação do Mistério "Tronos de Deus" é fruto de uma Vontade Maior que tem se manifestado por meio de minha psicografia mediúnica, pela qual uma nova abordagem dos mistérios divinos tem sido feita pelos Mestres da Luz.

Eu o considero fundamental, porque é o coroamento de um trabalho meticuloso, levado a bom termo, pois os muitos livros psicografados sempre trouxeram conhecimentos novos e de nível superior aos então existentes dentro da Umbanda, mais preocupados com a parte ritualística e prática.

Aos poucos um raio do conhecimento superior foi nos enviando parte da ciência divina e o Mistério "Orixás" foi sendo revelado de forma admirável. Se antes só tínhamos as lendas para estudá-los e entendermos a divindade de sua natureza, aos poucos fomos juntando as peças fundamentais que sustentam as religiões: os Tronos de Deus!

Sim, essa classe de divindades, ao contrário dos Anjos e Arcanjos, ainda não havia se revelado a nós, os espíritos encarnados, e o que tínhamos sobre esse mistério era o seu enquadramento como uma classe de anjos.

Sabemos que Deus gerou em Si várias classes de divindades, e também que umas complementam as outras na sustentação da criação divina, na manutenção dos princípios que a regem e na realização das vontades maiores manifestadas pelo nosso Divino Criador.

Os anjos já vêm sendo descritos há muitos milênios e são conhecidos da humanidade muito antes do surgimento das atuais religiões, que só tiveram o trabalho de incorporá-los às suas teogonias.

Serafins, Querubins, Tronos, Dominações, Potências, Virtudes, Principados, Arcanjos, Anjos e Gênios são classes de divindades de Deus e regem sobre os muitos aspectos da obra divina.

Até onde nos foi revelado, podemos comentá-las da seguinte maneira:

Serafins: classe de divindades que cuidam da criação divina como um todo;

Querubins: classe de divindades que cuidam dos seres da natureza e lidam com as suas energias vitais;

Tronos: classe de divindades fatorais, responsáveis pela evolução dos seres, das criaturas e das espécies;

Dominações: classe de divindades que cuidam dos domínios de Deus, mas em nível localizado, já que a criação divina é infinita;

Potências: classe de divindades que vigiam as correntes eletromagnéticas divinas, pelas quais fluem as energias vivas geradas por Deus;

Virtudes: classe de divindades que velam os princípios divinos;

Principados: classe de divindades responsáveis pelos sistemas mecânicos celestes;

Arcanjos: classe de divindades responsáveis pela manutenção do equilíbrio na criação divina;

Anjos: classe de divindades responsáveis pela vigilância, em todos os aspectos da criação divina;

Gênios: classe de divindades responsáveis pelas fontes de energias vivas geradas por Deus.

Não nos deteremos nas outras classes, mas tão somente na dos Tronos de Deus, as divindades responsáveis pela natureza como um todo e que cuidam dos seres, das criaturas e das espécies que nela vivem, pois nela crescem e evoluem continuamente.

Os tronos são a classe de divindades que estão mais próximas de nós porque são os responsáveis pela vida e evolução dos seres, assim como são as divindades geradoras dos fatores de Deus.

Os fatores de Deus estão na própria gênese divina e os encontramos como a natureza individual de uma substância ou de um ser.

Portanto, os tronos estão na origem de tudo. Estão na ancestralidade dos seres e no próprio ser, porque sua natureza íntima é análoga à do trono que gera o fator, em cuja onda divina foi gerado.

Um trono é em si uma qualidade divina e a manifesta por meio de seu magnetismo, sua vibração, sua irradiação energética, seu grau hierárquico, seu mental, sua natureza e seus sentidos.

Cada trono é um mistério em si mesmo porque foi gerado em Deus, em uma de Suas qualidades e tornou-se um gerador natural dela a partir de si.

Deus é todas as qualidades em Si e seus tronos são os geradores naturais delas.

Por isso eles são denominados de "divindades naturais" e de regentes "das naturezas".

Natureza é a qualidade de uma coisa. Assim sendo, a natureza da terra é sólida e sua qualidade é a firmeza. Mas a terra também é seca. Logo, a qualidade da terra é seca e firme.

E se acrescentarmos água à terra, aí teremos uma substância mista, pois a água é úmida e maleável.

Como são dois elementos, então surge uma substância mista que nem é água nem é terra, mas terra úmida ou água terrosa.

Com os tronos acontece o mesmo, pois uns são de um só elemento ou tronos puros, e outros são tronos mistos, ou de vários elementos. Isso faz com que suas hierarquias se multipliquem, alcançando todos os níveis da criação, não deixando nada fora de sua regência natural.

Assim sendo, temos tronos nos vários níveis da criação:

Tronos Fatorais
Tronos Essenciais
Tronos Elementais
Tronos Encantados
Tronos Naturais
Tronos Estrelados
Tronos Celestiais
Tronos Planetários
Tronos Solares
Tronos Galácticos
Tronos Universais

Os tronos fatorais são puros e cada um gera de si uma das qualidades de Deus. Eles estão na origem da gênese e no início das ondas vivas, que dão sustentação às irradiações divinas e às correntes eletromagnéticas que por sua vez dão origem e sustentação às faixas vibratórias onde vivem os seres em evolução.

No início são ondas fatorais que vão absorvendo essências. A seguir, saturadas de essências, dão origem às correntes elementais. Essas dão origem às correntes energéticas, que dão origem às irradiações naturais.

No início de cada uma dessas etapas estão os Tronos de Deus, dando origem e sustentando o fluir natural de cada uma delas em um nível vibratório específico, pois em cada nível acontece um estágio da Evolução.

- Os seres que vivem totalmente inconscientes no nível dos tronos fatorais são centelhas vivas;
- Os seres que vivem ainda inconscientes no nível dos tronos essenciais são seres virginais;
- Os seres que vivem no nível dos tronos elementais são intuitivos;
- Os seres que vivem no nível dos tronos duais são instintivos;
- Os seres que vivem no nível dos tronos encantados são sensitivos ou semiconscientes;
- Os seres que vivem no nível dos tronos naturais são conscientes;
- Os seres que vivem no nível dos tronos estrelados são hiperconscientes;
- Os seres que vivem no nível dos tronos celestiais são mentais;
- Os seres que vivem no nível dos tronos planetários são seres celestes;
- Os seres que vivem no nível dos tronos solares são celestiais e mentais irradiadores de energias fatoradas, às quais geram em seus mentais e as irradiam por vibrações puras.

Acreditamos que já deu para entender que a classe dos Tronos de Deus começa nos tronos fatorais e vai se desdobrando e se multiplicando nos planos da criação, onde cada plano se mostra mais dotado de recursos, porque se presta a sustentar um estágio da Evolução já superior ao seu anterior. Mas o início dessa classe de divindades está no plano dos tronos fatorais, pois anterior a eles só Deus.

Com isso entendido, saibam que, para nós, os tronos são as divindades mais importantes, fundamentais mesmo, pois nunca deixaremos de estar sob a irradiação de um deles, que é o nosso regente, e do meio onde estagiamos e evoluímos.

Nós, hoje seres humanos, fomos gerados por Deus em uma de suas ondas vivas, onde fomos imantados com um de seus fatores divinos, o qual nos deu uma qualidade ou dom natural e nos magnetizou com um sentimento divino que formará nossa natureza íntima direcionadora de nossa evolução.

Essa nossa natureza íntima é uma individualização da natureza divina de um trono essencial. Por isso a natureza de um ser é a sua essência, e vice-versa.

Se hoje somos seres humanos, é porque em nossa origem fomos gerados em uma onda viva, cujo fator do trono que a rege é ígnea, ou eólica, ou telúrica, etc. Porém, a onda do trono essencial que nos passou sua qualidade e natureza é humana.

A qualidade e natureza humana é sétupla, e só somos como somos porque o "sopro" essencial que nos qualificou foi o sopro humano, que é um amálgama essencial formado por sete essências.

Esse sopro ou fluxo essencial é diferente dos outros, e os seres qualificados por ele já trazem desde seu estágio essencial essa natureza e qualidade "humana", que aflorará no estágio encantado da Evolução e se consolidará no nosso estágio humano da Evolução.

Então, a partir desse estágio, somos afastados da evolução natural e conduzidos à dimensão humana da Vida, que é dupla, pois tem uma parte ou lado etéreo (espiritual) e outra parte ou lado material ou denso.

Um ser que recebeu esse sopro sétuplo não consegue seguir adiante na sua evolução natural, pois sua natureza humana tornará a dimensão humana da Vida tão atraente e desejada, que o magnetismo dela começará a desviá-lo da dimensão natural onde vive, atraindo-o para ela, onde será adormecido e iniciará seu ciclo encarnacionista no estágio humano da Evolução, o qual só concluirá quando o "mundo" já não atraí-lo mais e o único desejo que estará vibrando será o de retornar à morada do "Pai".

Na Bíblia isso está bem descrito na história do filho pródigo. Leiamna, não como uma história comum, mas como a viagem metafísica e evolutiva de um ser humano durante seu estágio evolutivo e temos a certeza de que entenderão que o estágio humano é fundamental a nós, porque nos concede o livre-arbítrio, mas nos cobra uma conscientização excepcional.

Bem, os Tronos de Deus regem a natureza em seu sentido mais amplo, onde ela é o meio onde vivem os seres, mas também é a natureza individual e íntima de cada ser, atuando por meio dos sete sentidos da Vida, direcionando-o ora para um, ora para outro, sempre visando livrálo do fascínio do mundo material ou do materialismo.

A vida "materialista" é tão atraente que, se os tronos não atuarem com intensidade sobre um ser humano, este paralisa sua evolução e retrocede ao estágio dual da Evolução, onde os instintos predominavam e norteavam sua vida instintiva, muito parecida com a dos animais que vivem em seus nichos ecológicos.

Todas as religiões naturais, ou regidas por divindades associadas à natureza, são sustentadas pelos tronos naturais.

Já as religiões abstratas ou mentalistas são regidas por "tronos humanos" que dispensam os recursos naturais e recorrem aos recursos mentais humanos.

Os recursos naturais são uma forma de amadurecer o ser e de conscientizá-lo sem dissociá-lo da natureza e do meio onde vive e evolui, mostrando-lhe sempre que ele é parte de um todo, e que esse todo o tem como mais uma de suas partes.

Já as religiões abstratas ou mentalistas procuram acelerar sua evolução e pulam várias etapas da evolução natural. Com isso, o ser é dissociado da natureza que o cerca e o sustenta, e passa a entendê-la como algo que existe só para proporcionar-lhe os meios de subsistência, do qual se desvencilhará assim que desencarnar.

São duas vertentes evolutivas dentro de um mesmo estágio e ambas atendem à humanidade como um todo.

Enquanto a vertente natural amadurece o ser lentamente e vai relegando-o às hierarquias naturais, a vertente mentalista o religa a Deus e pula várias etapas da evolução, muitas vezes tornando-o um fanático religioso.

As religiões mentalistas são um recurso da Lei Maior para amparar seres já paralisados na sua evolução natural e que estavam retornando ao "instintivismo".

Esse "instintivismo" o faz buscar os resultados imediatos, pois não aceita com resignação a espera por dias melhores. Logo, é um ser emocionalmente frágil e de fácil indução ao dogmatismo, fanatismo ou "messianismo", que solucionará todos os problemas do mundo por meio da inflamada oratória religiosa de seus líderes maiores, que os manipulam em "nome de Deus".

A abertura do Mistério "Tronos" ao plano material visa recolocar as verdades religiosas no seu devido lugar, dar às práticas religiosas espirituais o seu devido valor e trazer para o plano material uma verdadeira ciência divina.

Meditem sobre o que temos transmitido e perceberão que uma crença fundamentada em valores verdadeiros trará ao vosso íntimo grande paz e confiança em Deus, o Senhor do Mistério "Tronos".

As Divindades e as Religiões

As divindades, ou Orixás, são os Tronos de Deus que respondem pela sustentação dos espíritos que evoluem sob a orientação de suas doutrinas religiosas. Cada divindade regente de uma religião tem uma doutrina religiosa fundamentada no seu mistério maior, nas suas qualidades divinas, nas suas atribuições junto aos seres e nos seus próprios atributos, enquanto ser gerado em Deus justamente para auxiliá-Lo no amparo divino à Sua criação.

Umas divindades regem os seres elementais, outras regem os seres encantados, outras regem os seres naturais, outras humanizam parte dos seus mistérios e dão amparo aos espíritos.

Saibam que o ato de "humanizar uma divindade" significa que ela abriu para o plano material parte do seu mistério divino, dando origem a um culto ou religião. Então, toda uma doutrina e um conhecimento sagrado começam a surgir e a atrair pessoas que se identificam com sua mensagem religiosa.

Aos poucos, todo um ritual de adoração e uma mística relacionada a ela vai se espalhando e popularizando, até que sua presença invisível e sua influência divina conquiste todo um povo, que tem nela sua divindade nacional, ou sua "Padroeira", ou seu "Santo", ou seu Orixá, e em casos extremos elevam-na à condição de "seu Deus".

No passado, muitas divindades extrapolaram as fronteiras de um país e tornaram-se conhecidas de muitos povos, visto que em cada um assumiu um nome, mas manteve suas qualidades, atributos e atribuições, adaptando-se às culturas e religiosidade de povos muito díspares.

Essa expansão do culto às divindades atende ao amparo que ela deve dar às pessoas que se identificam com sua doutrina humana e sua mensagem divina.

Não raro, uma divindade tem uma aceitação tão grande, que sua expansão é vertiginosa e seu culto vai substituindo o de outra mais antiga, ou de outras, como é o caso daquelas cujo culto implica a renúncia completa a tudo que antes formava a religiosidade do ser, pois visam transformar toda uma sociedade e uma cultura.

Quando é uma divindade natural que está crescendo em uma região, sua expansão é gradual e acontece de forma natural, não sendo imposta. Mas quando é "humana", ou ela é imposta, ou não cresce.

Saibam que uma divindade natural atrai seus adeptos com o seu magnetismo e suas qualidades divinas. Já uma divindade humana atrai por sua mensagem divina, transformadora e renovadora da fé em Deus.

Ambas atendem à vontade de Deus, que recorre às Suas divindades para melhor amparar Seus filhos.

Toda divindade natural é associada à natureza, porque em determinado nível vibratório das hierarquias divinas ela rege tanto a natureza quanto os seres, as criaturas e as espécies que vivem nela.

Por isso as lendas dos Orixás os associam tanto à natureza física quanto à individual. Com isso, temos os seus filhos, suas ervas, suas pedras, seus animais, suas cores, etc., tudo em uma correspondência natural.

Se estudarmos uma divindade natural, descobriremos que um elemento, um dia, um magnetismo, uma vibração, uma irradiação, um chacra, um sentido, etc., tudo em perfeita correspondência, é regido por ela, que tem uma hierarquia, só sua, manifestando suas qualidades porque são portadores de seus atributos e são aplicadores "naturais" do seu mistério na vida dos seres regidos por ela.

Cada divindade natural está regendo o nível vibratório por onde se manifesta seu mistério desde que este planeta teve origem e o regerá por toda a eternidade, pois foi gerada em Deus e é em si mesma manifestadora natural de um mistério da criação e regente de seres, criaturas e espécies, assim como do meio natural onde a vida flui continuamente.

O nível vibratório regido por uma divindade natural não se localiza em uma única dimensão da Vida, mas interpenetra algumas, muitas ou todas as 77 dimensões que formam o nosso planeta.

Existem divindades naturais que regem um nível vibratório em sete dimensões, outras regem 13, ou 21, ou 33, ou 49, 63 ou nas 77 dimensões.

As divindades naturais planetárias são multidimensionais, e porque regem as sete irradiações divinas (de Deus) estão em todas as dimensões e em todos os níveis vibratórios. Suas hierarquias divinas estão distribuídas verticalmente em todas elas. Mas horizontalmente, nem todas as hierarquias assentadas nos níveis vibratórios alcançam todas as dimensões.

A Umbanda cultua os Orixás Naturais que são chamados de Orixás da natureza, os quais são os regentes planetários das sete irradiações divinas.

Esses Orixás Maiores regem as sete irradiações e formam 14 polos energomagnéticos que se polarizam dois a dois.

Com isso surge uma hierarquia de divindades naturais:

Essas sete irradiações sempre existiram e essas divindades, ainda que não respondessem por esses nomes, sempre as regeram e as aplicaram na natureza, nas espécies, na vida dos seres e das criaturas.

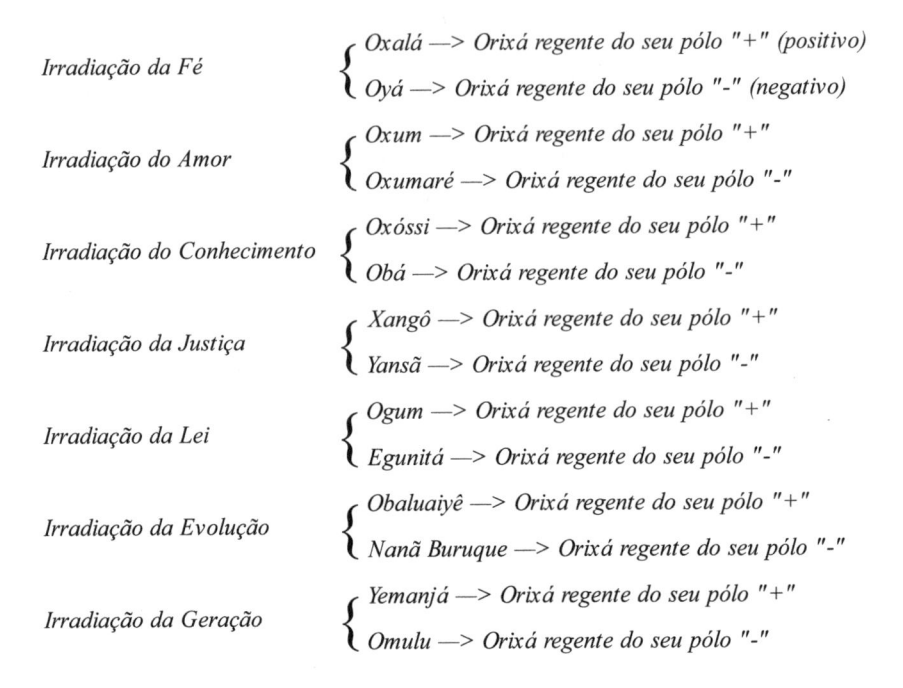

Irradiação da Fé
- *Oxalá* —> *Orixá regente do seu pólo "+" (positivo)*
- *Oyá* —> *Orixá regente do seu pólo "-" (negativo)*

Irradiação do Amor
- *Oxum* —> *Orixá regente do seu pólo "+"*
- *Oxumaré* —> *Orixá regente do seu pólo "-"*

Irradiação do Conhecimento
- *Oxóssi* —> *Orixá regente do seu pólo "+"*
- *Obá* —> *Orixá regente do seu pólo "-"*

Irradiação da Justiça
- *Xangô* —> *Orixá regente do seu pólo "+"*
- *Yansã* —> *Orixá regente do seu pólo "-"*

Irradiação da Lei
- *Ogum* —> *Orixá regente do seu pólo "+"*
- *Egunitá* —> *Orixá regente do seu pólo "-"*

Irradiação da Evolução
- *Obaluaiyê* —> *Orixá regente do seu pólo "+"*
- *Nanã Buruque* —> *Orixá regente do seu pólo "-"*

Irradiação da Geração
- *Yemanjá* —> *Orixá regente do seu pólo "+"*
- *Omulu* —> *Orixá regente do seu pólo "-"*

Os 14 Orixás são os tronos regentes do planeta e suas hierarquias se distribuem por todas as dimensões e em todos os seus níveis vibratórios. Suas hierarquias são formadas por divindades de nível ou regentes de níveis vibratórios.

São essas divindades regentes de níveis que se humanizam, ou humanizam-se. Humanizar significa criar na dimensão humana um culto próprio; significa que a divindade desloca-se para a dimensão humana, reveste-se de um plasma cristalino neutro, encarna e assume a condição de espírito humano, passando a manifestar seu mistério para os espíritos aos quais regerá através da doutrina religiosa que semeará na face da Terra.

Só que isso tem escapado aos teólogos por duas razões:

1ª Ignorância acerca de como Deus atua em nossa vida, nosso planeta, em suas muitas dimensões e de como faz surgir Suas divindades;

2ª Por acreditarem que nós somos seres "acabados", plenos em nossa geração, não nos concedendo estágios anteriores onde evoluímos até alcançarmos a condição de espíritos humanos, chegando mesmo a negar outras realidades além da humana, palpável e visível a todos. Até existem aqueles que negam algo além do que veem ou conhecem.

Mas o fato é que esses 14 Orixás planetários e multidimensionais sempre atuaram e atuarão sobre nós.

Eles possuem suas hierarquias de divindades intermediárias, regentes de níveis vibratórios que atuam intensamente sobre nós, sempre visando nossa evolução e o despertar de nossa consciência, e se servem das suas hierarquias de tronos intermediadores, cuja função é atuar junto aos seres, induzindo-os a retornar ao caminho reto que os reconduzirá às esferas excelsas.

As muitas religiões que apareceram na face da Terras só surgiram por causa da necessidade desse despertar da consciência dos seres, adormecida pelo mistério da carne. E são esses tronos intermediadores que dão início às doutrinas religiosas e ao culto às divindades.

Uns atuam junto aos espíritos que orientam, protegem e direcionam, assim como outros adormecem seus mistérios e encarnam, pois no plano material eles serão despertados, aflorarão como dons naturais, e será mais fácil reagregar seres dispersos, doutriná-los e recolocá-los na linha reta da evolução.

Estes tronos intermediadores são seres dotados de faculdades superiores e de dons ligados às divindades da Fé, que os ativam aqui na carne, direcionando-os em um ou em outro sentido, onde realizarão um intenso trabalho agregador de seres afins com seus mistérios pessoais adormecidos.

Nós os encontramos nas figuras dos grandes capitães da fé, nos grandes profetas, nos sábios mestres doutrinadores, nos grandes médiuns, nos inquebrantáveis sacerdotes, etc., pois são os luminares religiosos da humanidade, que sempre estão a "serviço" de uma divindade.

São os divulgadores de Deus e de Seus mistérios; são os que semeiam doutrinas religiosas que dão fundamentos aos cultos a Deus e às Suas divindades; são Tronos de Deus que se humanizaram, espiritualizando-se, para poderem falar de frente e de viva voz aos homens, mostrando-lhes o quanto é importante a comunhão permanente com Deus e Suas divindades.

Mas de vez em quando semeiam doutrinas distorcidas, cultos desvirtuadores da fé ou fundam religiões de curta duração, que mais atrapalham que ajudam os seres. A partir daí, entram em desequilíbrio vibratório, emocional e mental, quando então arrastam consigo legiões de seguidores e se refugiam em bolsões sombrios do astral. Mas, algum tempo depois, retornam à carne, reiniciam-se no serviço religioso às divindades e criam doutrinas maravilhosas, amadurecidas no âmago da chama imortal que os anima nas coisas da Fé.

As divindades naturais são eternas, mas são semeadas na face da Terra por seus mensageiros espiritualizados que as ensinam, divulgam, popularizam e as tornam atraentes ao maior número de pessoas que lhes for possível, e no menor tempo que conseguirem.

Outras vezes, quando uma doutrina envelheceu no tempo, voltam à carne e a renovam, arejam e adaptam aos novos tempos e às novas condições sociais, tornando-as mais uma vez atraentes aos espíritos, tanto aos encarnados quanto aos desencarnados, que mais uma vez têm a oportunidade de renovar a fé e suas práticas religiosas.

Estudem Ogum, o Orixá ordenador da Criação e aplicador divino da Lei Maior, e o encontrarão em todas as religiões.

Em umas, o verão como um dos deuses do Olimpo; em outras, como um "Orixá"; em outra, como um Arcanjo, um Deva, um Djin, ou um Santo, pois São Jorge é um trono intermediador de Ogum, servindoo no Cristianismo.

Saibam que o mesmo se aplica a todos os outros tronos planetários. E caso estudem as religiões, aos poucos irão encontrando nelas seus intermediadores, só humanizados ou também espiritualizados, porque entraram no ciclo encarnacionista.

Mistérios: o que São e como Atuam em Nossa Vida

  Mistério é algo de difícil definição porque pertence a Deus e é um recurso d'Ele para atuar em um campo bem definido, mas de difícil identificação. Quando algo se mostra ativo, mas indefinido, logo o classificamos como um mistério.
  A origem da vida, do Universo, dos planetas, etc., tudo é mistério de Deus, porque nos faltam as informações que a esclareça. Mas os religiosos podem identificá-la e explicá-la, caso tenham a chave interpretativa.
  Vamos tentar passá-la, sem incorrermos na revelação de algo interditado pela lei do silêncio sobre os mistérios divinos. Certo?
  Tudo é energia e vibra, pois tudo tem seu magnetismo individual que o identifica e o distingue.
  Não há dois seres com o mesmo magnetismo individual, ainda que existam seres magneticamente opostos e afins. Uns são repelentes e outros são atratores; uns são magneticamente ativos e outros são passivos; uns são positivos e outros são negativos. E isso no magnetismo, onde não cabem as palavras bom, ruim, bem, mal, etc., que servem para definir caracteres, comportamentos, sentimentos ou atitudes. Certo?
  Magnetismo é a qualidade divina que dá origem a tudo. Mesmo um átomo, que é a menor parte da matéria, e uma célula, que é a unidade básica da vida, possuem um magnetismo "pessoal".
  O magnetismo de um átomo de Oxigênio não é o mesmo de um átomo de Hidrogênio ou Hélio. Essa individualização magnética, que acontece na menor unidade da matéria, é a responsável pela ordem na criação e faz uma coisa ser como é, pois é a combinação de magnetismos que lhe dá origem.

Todo magnetismo corresponde um fator divino, e tal como no DNA dos seres, onde está sua herança genética, que é uma combinação de "fatores", a gênese divina combina fatores ou magnetismos e dá origem às coisas (matéria, seres, criaturas e espécies).

Saibam que os fatores divinos, ou os magnetismos "puros", são as unidades básicas da gênese, e tudo tem início na associação entre fatores combinantes, que dão origem às coisas (criações de Deus).

Um mistério é a combinação de fatores ou magnetismos, tanto puros como mistos, que dão forma a outro magnetismo "composto", que vibra em um padrão ou grau só seu e de mais nenhum outro mistério.

Fatores combinantes dão origem às moléculas e células, em cujo interior estão novos magnetismos que distinguem a substância "água" de todas as outras, e uma célula epitelial de todos os outros tipos de células.

Se juntarmos a substância água com a substância ferro, não haverá combinação e com o passar do tempo a água corroerá o ferro e este a deixará ferruginosa. Então temos magnetismos opostos combinantes, pois se anulam e descaracterizam, mas dão origem a uma nova substância.

Se colocarmos cristal e água, não haverá mistura e nada irá se originar. Então temos magnetismos repelentes.

Se misturarmos vários tipos de cristais, nada acontecerá e teremos magnetismos neutros.

Enfim, algumas coisas se combinam, outras se neutralizam e outras se anulam e combinam, dando origem a novas coisas.

Nos magnetismos que se anulam, surgem novas coisas. Ferro + água é igual a ferrugem ou a água ferruginosa.

Nos magnetismos repelentes, temos a perenidade da criação e a estabilidade do que tem que ser permanente.

Nos magnetismos neutros, coisas diferentes se tocam e não criam nada novo e não se anulam.

Com os mistérios acontece a mesma coisa. Uns anulam outros, uns combinam-se com outros e outros irradiam-se ao lado de outros, mas não se anulam ou se combinam porque, entre eles, são neutros.

Todo mistério é a vibração de um tipo de magnetismo, o qual flui em uma faixa vibratória particular, localizada dentro de uma escala onde há várias faixas, pelas quais fluem vários mistérios.

Alguns mistérios são unipolares e fluem em uma só direção, ou irradiação, ou vibração.

Outros são bipolares e fluem em duas direções, ou irradiações, ou vibrações.

Outros são tripolares e fluem em duas direções, ou irradiações; ou vibrações, mas também possuem um polo neutro que facilita sua atuação, já que ele recorre a esse seu polo para fluir lado a lado com outros mistérios sem anulá-los, combinar-se com eles, alterá-los ou ser alterado por eles.

Saibam que até com as divindades isso acontece. Dessa forma uma não "invade" a faixa de atuação da outra.

Bem, voltando aos mistérios religiosos de Deus, estes são irradiados por Ele e dão sustentação a todos, o tempo todo.

Observem que o magnetismo que sustenta um planeta é inalterável e o mantém estável.

O magnetismo que mantém um código genético se mantém inalterado e a sua multiplicação é estável, seja na multiplicação de uma célula, de um vegetal ou de um ser humano.

Sendo assim magneticamente estável, um mistério irradia-se e vai multiplicando-se dentro da faixa por onde fluem suas vibrações, ou ondas energizadas.

Sim, como todo magnetismo tem sua forma de irradiar-se, e irradia-se por meio de ondas condutoras de energias, também denominadas de "ondas energizadas", então fica fácil entender por que elas não se tocam: como cada magnetismo é irradiado em um padrão vibratório próprio, suas ondas têm comprimentos diferentes, não se tocando, ou se misturando, ou se anulando. Com isso, não criam um caos vibratório e energético.

Os mistérios são regidos pelos Tronos de Deus, os quais recebem o nome de "Tronos" justamente porque essa classe de divindades está assentada em tronos energéticos, formando as hierarquias divinas responsáveis pela sustentação da evolução dos seres, pela manutenção da harmonia dentro da faixa vibratória, pela qual fluem suas irradiações energéticas estimuladoras de vibrações e sentimentos íntimos nos seres sob seu amparo "religioso".

As divindades "Tronos" estão assentadas em tronos energéticos que são unipolares, bipolares ou tripolares. Esses tronos são, em si, poderosíssimos polos magnéticos, cujas vibrações ocupam a faixa onde estão localizados.

Existem tronos que se irradiam no sentido vertical, horizontal ou perpendicular, à direita ou à esquerda.

Vejamos as irradiações:

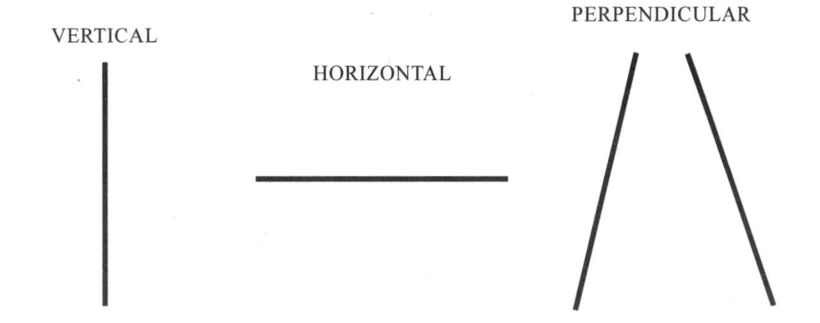

VERTICAL   HORIZONTAL   PERPENDICULAR

| — /\

O trono, dependendo do tipo de sua irradiação, assume uma classificação.

Irradiação Vertical: Regente de Irradiação
Irradiação Horizontal: Regente de Faixa
Irradiação Perpendicular: Equilibradora

Orixá pode ser regente de uma irradiação ou de uma hierarquia, pois seu magnetismo vai "descendo" por meio dos graus vibratórios, alcançando tudo e todos, mas também pode ser regente de toda uma dimensão, na qual seu magnetismo é básico e dá sustentação aos Orixás regentes dos graus magnéticos de sua escala "pessoal".

Esses graus magnéticos formam as faixas vibratórias onde vivem os seres regidos pelos Orixás equilibradores, que por sua vez possuem outra escala magnética "interna" só da faixa que regem, e cujos graus assumem a denominação de "subníveis vibratórios", nos quais estão localizadas as moradas dos seres sob o amparo dos regentes de faixas.

Esses subníveis são regidos por regentes de subníveis vibratórios, e se assumem essa condição é porque são os polos de interseção entre as irradiações verticais com as horizontais, irradiando-se sempre perpendicularmente a elas.

Exemplo:

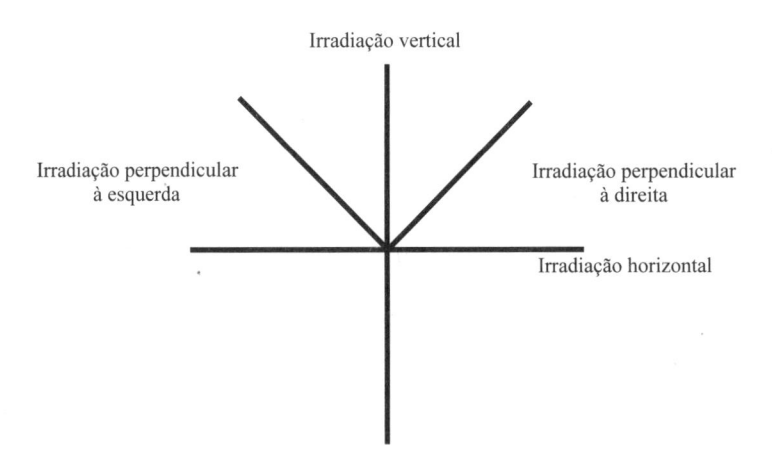

Irradiação vertical

Irradiação perpendicular à esquerda

Irradiação perpendicular à direita

Irradiação horizontal

Esses Orixás tanto atraem seres para os seus subníveis vibratórios como os direcionam para outros níveis, tanto mais acima do seu quanto mais abaixo, caso isso seja necessário à sua evolução.

Uma irradiação vertical alcança todos os seres de uma dimensão. Ela apenas vai passando por adaptações magnéticas aos níveis ou faixas, e aos subníveis ou subfaixas vibratórias.

Já a irradiação horizontal destina-se a criar nos seres uma harmonia total. Se durante a evolução, um ser for conduzido a uma nova faixa vibratória pelo regente do subnível onde estagiava, terá de permanecer nela até que seus sentimentos íntimos alcancem afinidade total com os irradiados pelo seu novo regente, cujo magnetismo individual começa a atuar assim que ele entra em sua faixa vibratória. E só deixará de influenciá-lo e retê-lo dentro dela quando ele tiver se afinizado magnética, energética, vibratória e emocionalmente como o mistério irradiado pelo orixá regente da nova faixa vibratória que o acolheu, amparou, instruiu, sustentou e irá encaminhá-lo a uma nova faixa.

Vamos dar, agora, uma tela com uma irradiação, as suas faixas e subfaixas vibratórias:

Escala magnética da irradiação de Ogum na tela plana geral dos Orixás.

Irradiação de Ogum

Faixas vibratórias ou correntes eletromagnéticas	1ª	Faixa vibratória cristalina, regida pelo Ogum Cristalino
	2ª	Faixa vibratória mineral, regida pelo Ogum Mineral
	3ª	Faixa vibratória vegetal, regida pelo Ogum Vegetal
	4ª	Faixa vibratória ígnea, regida pelo Ogum Ígneo
	5ª	Faixa vibratória eólica, regida pelo Ogum Eólico
	6ª	Faixa vibratória telúrica, regida pelo Ogum Telúrico
	7ª	Faixa vibratória aquática, regida pelo Ogum Aquático

Observem que a irradiação do Orixá Ogum desce e vai cruzando sete faixas vibratórias, e estas também estão subdivididas em sete subfaixas, que são regidas pelos Orixás regentes de subníveis. Vamos destacar a faixa vibratória cristalina, regida pelo Orixá Ogum Cristalino, e verão repetir-se a mesma escala magnética, mas já em um subnível ou subfaixa.

Faixa vibratória dividida em sete subníveis vibratórios.

Subfaixas vibratórias	1º subnível	Subfaixa vibratória cristalina, regida pelo Ogum Cristalino
	2º subnível	Subfaixa vibratória mineral, regida pelo Ogum Mineral
	3º subnível	Subfaixa vibratória vegetal, regida pelo Ogum Vegetal
	4º subnível	Subfaixa vibratória ígnea, regida pelo Ogum Ígneo
	5º subnível	Subfaixa vibratória eólica, regida pelo Ogum Eólico
	6º subnível	Subfaixa vibratória telúrica, regida pelo Ogum Telúrico
	7º subnível	Subfaixa vibratória aquática, regida pelo Ogum Aquático

Observem que cada faixa repete, em seus subníveis ou subfaixas vibratórias, a mesma escala magnética regida pelo Ogum Maior, só que na escala de uma faixa, quem a rege é um Ogum Hierarquizado.

Por isso nós, em nível terra, vemos os "guias de Lei" se apresentando com nomes simbólicos, análogos os dos Orixás regentes das faixas: eles são os manifestadores, para a Umbanda, de mistérios manifestados pelos Orixás hierarquizados, que por sua vez são manifestadores de mistérios dos Orixás regentes das irradiações verticais ou linhas de forças dimensionais.

Saibam que, na verdade, é sempre um mistério maior do nosso Divino Criador que está fluindo por meio de ondas verticais, correntes eletromagnéticas horizontais e de subcorrentes existentes dentro das faixas vibratórias, que é onde os seres em contínua evolução vão se afixando, estagiando e depois ascendendo.

Por isso, no nosso exemplo, tanto o Trono Fatoral ordenador da criação, das criaturas e das espécies é um Ogum, como o Trono Planetário responsável pela ordenação interna da vida em nosso planeta é um Ogum, e o mesmo acontece com o Trono aplicador da Lei Divina, que em todas as religiões continua a ser um Ogum, assim como os tronos intermediários e intermediadores aplicadores da ordenação divina e da Lei Maior também são Oguns.

Ogum é sinônimo de ordenação e Lei Maior. Logo, não importa em que grau magnético, faixa ou subfaixa um trono esteja ordenando os procedimentos e aplicando a Lei Maior, pois ele sempre será um mistério em si mesmo, porque é o manifestador "local" da ordenação e da Lei Maior.

Se dizemos que ele é um mistério em si mesmo, é porque com uma simples vibração mental todo um processo ordenador e aplicador da Lei Maior é colocado em ação e só deixará de atuar quando o que estava desordenado voltar à ordem, e o que estava fora da Lei voltar a ser regido e amparado por ela.

Saibam que só é "Trono" o ser que é gerador e manifestador de um mistério de Deus, mas afeto ao nível onde está assentado seu trono energético. Nesse nível, ele é o Ogum responsável pela ordenação divina e pela aplicação da Lei Maior na vida dos seres que vivem sob sua irradiação, seja ela vertical, horizontal ou inclinada.

Logo, podem deduzir facilmente que os nomes simbólicos usados tanto pelos guias de Lei da Direita quanto pelos guias de Lei da Esquerda (Exus e Pombagiras), são nomes relacionados com mistérios.

Sim, porque nenhum mistério manifesta-se em um nível, se o mesmo não for manifestado tanto em um nível maior como pelo próprio Deus.

É por isso que insistimos em alertá-los: "Filhos, vocês são mistérios de Deus!"

Aqui não vamos esmiuçar mistério por mistério dos que manifestam-se "religiosamente" no Ritual de Umbanda Sagrada. Vamos apenas pedir que voltem a ler o capítulo referente aos "Fatores de Deus" que verão sete mistérios d'Ele, manifestados por sete tronos positivos e por outros sete tronos negativos, que se multiplicam por 49 tronos intermediários positivos assentados nos entrecruzamentos das correntes eletromagnéticas positivas e irradiantes com as sete irradiações verticais positivas e irradiantes, e por outro tanto assentados nos entrecruzamentos das correntes eletromagnéticas negativas e absorventes com as irradiações verticais negativas e absorventes de energias.

Os sete entrecruzamentos positivos formam 49 degraus irradiantes ou positivos;

Os sete entrecruzamentos negativos formam os 49 degraus absorventes ou negativos;

Os degraus irradiantes são chamados de tronos intermediários universais ou positivos, e os degraus absorventes são chamados de tronos cósmicos ou negativos;

As linhas de "guias de Lei" são regidas pelos mistérios manifestados pelos tronos universais;

As linhas de "exus de Lei" são regidas pelos mistérios manifestados pelos tronos cósmicos;

Os "guias de Lei" atuam a partir da direita dos médiuns de Umbanda, e são regidos pelos princípios universais;

Os "exus de Lei" atuam a partir da esquerda dos médiuns de Umbanda, e são regidos pelos princípios cósmicos.

Portanto, quando forem consultar-se com o guia de um médium, tratem-no com respeito, pois ele é o manifestador, em nível terra, de mistérios de Deus.

E, ainda que o vejam só como um espírito, saibam que ele já despertou para a grandeza da criação divina, e justamente por isso se dignou incorporar em um médium para transmitir palavras de consolo, conforto e esclarecimento.

Todo o Ritual de Umbanda Sagrada foi fundamentado nos mistérios divinos, e assim será como religião aceleradora da evolução e direcionadora dos seres que se colocarem sob sua irradiação religiosa e divina.

Saibam que o nome simbólico de um "Guia de Lei" ou de um "Exu de Lei" está sinalizando o seu campo de atuação na vida dos seres, e mostra parcialmente sob qual das sete irradiações verticais ele atua e de qual mistério é o seu manifestador "religioso" em nível terra.

Sim, porque se um "Exu de Lei" Tranca-Ruas for ativado magística ou religiosamente, com certeza ele bloqueará, em algum sentido, a vida de quem for alcançado por suas vibrações magnéticas absorventes e suas irradiações energéticas negativas. Se for ativado para abrir os caminhos de alguém, este os terá aberto mesmo, e com toda a certeza, mas só até onde for merecedor, em ambos os casos. Certo?

— ativação magística é a evocação do manifestador de um mistério em seu ponto de forças;

— ativação religiosa é uma solicitação de ajuda, feita ao manifestador dele quando estiver incorporado e dentro de uma sessão de trabalhos espirituais.

Se usamos "Exu Tranca-Ruas" como exemplo de como um mistério pode abrir ou fechar a evolução de alguém, foi com a permissão do trono intermediador manifestador desse mistério para o Ritual de Umbanda Sagrada que, assentado em seu trono energético, rege a evolução "cósmica" de alguns milhões de espíritos e seres naturais colocados sob sua irradiação pela Lei Maior, pois ele os absorveu, os redirecionou e os tornou manifestadores naturais do seu Mistério "Tranca-Ruas", que é ele em si mesmo, pois é o trono cósmico da Lei, regido pelo Trono Ogum "Sete Lanças" ou "sete vias evolutivas".

Bom, esperamos que da próxima vez que forem consultar um guia de Lei da Umbanda, seja ele da Direita ou da Esquerda, tratem-no com o devido e merecido respeito, pois de alguma forma, e dentro da faixa onde seu mistério flui naturalmente, ele realmente os ajudará. Como comentamos no início deste capítulo, se nas hierarquias uns não se tocam com os outros, pois cada um flui por uma onda vibratória própria, no entanto nas suas atuações magísticas e religiosas, nós os direcionamos para atuar em nossas vidas e entrar, para nos ajudar, na faixa onde nós vivemos e nosso próprio mistério flui, ainda que estejamos inconscientes dessa nossa qualidade e faculdade divinas.

Reflitam, irmãos!

Se são filhos de Deus, e são!, então são os herdeiros humanos de Seus mistérios divinos. Certo?

O Mistério das Divindades

1ª Parte

Divindades são seres manifestadores dos mistérios de Deus, e são em si mesmas os mistérios que manifestam.

Uma divindade associada à Lei Maior é em si esse mistério de Deus e o manifesta mediante suas vibrações mentais e irradiações energéticas.

Há tantas divindades manifestadoras de mistérios, que não temos como descrever todas. Então as reunimos sob as irradiações gerais que englobam toda a criação divina.

Sim, ou fazemos isso e hierarquizamos as divindades ou teremos de criar um panteão tão vasto quanto o iorubá, o grego, o egípcio ou o hindu, em que cada localidade, tribo ou nação tinham ou têm uma divindade só sua; como se Deus gerasse para cada grupo um ser manifestador de algumas de Suas qualidades.

Nós sabemos que não é assim, que Deus age na vida dos seres, e o que acontece realmente é que uma de Suas irradiações tem toda uma hierarquia formada por muitas divindades, todas manifestadoras de um mesmo mistério.

As irradiações divinas são muitas, mas a nossa dimensão humana da Vida e as dimensões naturais paralelas a ela recebem só sete, já polarizadas pelas ondas fatoriais sustentadoras de tudo o que aqui existe.

As sete irradiações divinas são as seguintes:
    Irradiação da Fé
    Irradiação do Amor
    Irradiação do Conhecimento

Irradiação da Justiça
Irradiação da Lei
Irradiação da Evolução
Irradiação da Geração

Essas sete irradiações emanadas de Deus cobrem todos os aspectos da criação dos seres, das criaturas e das espécies, não deixando nada ou ninguém de fora.

Cada uma é regida por um Trono de Deus, os quais identificamos como:

Divino Trono da Fé
Divino Trono do Amor
Divino Trono do Conhecimento
Divino Trono da Justiça
Divino Trono da Lei
Divino Trono da Evolução
Divino Trono da Geração

Esses tronos, se os interpretarmos em nível Terra, os encontramos como:

Orixá Oxalá
Orixá Oxum
Orixá Oxóssi
Orixá Xangô
Orixá Ogum
Orixá Obaluaiyê
Orixá Yemanjá

Mas, se sabemos que são só sete irradiações emanadas por Deus e os Orixás conhecidos são tantos, então temos de adentrar os mistérios das irradiações, senão muitos ficarão sem um lugar definido, e teremos de fazer como muitos já fizeram: interpretar alguns Orixás planetários e multidimensionais como se fossem caboclos ou caboclas daqueles que escolhemos para pontificar as sete irradiações emanadas por Deus!

Não faremos isso porque temos a ciência divina a nos esclarecer sobre as irradiações e as hierarquias divinas, que atuam como manifestadoras dos mistérios de Deus, e que são regidos pelos sete tronos já mostrados por nós.

Assim, uma irradiação abarca um grande número de divindades, muitas já conhecidas por meio das religiões existentes no plano material, ou das que já se recolheram, porque cumpriram sua missão junto aos espíritos.

Sabemos que uma hierarquia divina alcança todos os sete planos da Vida, todas as dimensões planetárias e todos os seus níveis e subníveis vibratórios, não deixando nada ou ninguém fora da sua irradiação, que flui em uma vibração específica sem interferir com as outras seis irradiações e chegando a tudo e todos o tempo todo.

Portanto, no caso das divindades de uma irradiação, o que as diferencia são os graus magnéticos onde atuam horizontalmente.

Sim, uma divindade tanto atua na irradiação vertical quanto na horizontal, e também na perpendicular.

Quando uma divindade atua na vertical, ela está irradiando o seu mistério original a partir de uma dimensão ou de determinado grau magnético.

Agora, quando ela está atuando na horizontal, é porque rege uma faixa vibratória, ou um dos seus níveis ou subníveis.

As divindades "humanizadas" são regentes de faixas, níveis ou sub-níveis vibratórios dos graus magnéticos da escala divina que delimita nosso planeta e suas muitas dimensões da Vida.

Por divindades "humanizadas", entendam as que assumiram feições humanas porque seus mistérios foram abertos ao plano material, para que elas pudessem atuar de frente para seus filhos encarnados.

As lendas dos Orixás são uma forma de humanização das divindades, o que facilitou sua afixação na mente e no coração dos seus adoradores.

Muitas divindades, além de humanizarem-se, também espiritualizaram-se, pois encarnaram e assumiram a condição de espíritos.

Jesus Cristo, Buda, Akhnaton, Maria, Hermes Trismegisto, etc., são seres que encarnaram e assumiram a condição de espíritos, pois consagraram seus mistérios aos espíritos.

"Humanizar" significa passar por uma concepção e idealização que conferem à divindade feições humanas.

Uns e outros mostram gravuras de jovens seminuas, associandoas às divindades Oxum, Yansã ou Yemanjá, nas quais vemos traços sensualistas ou erotizantes. Essa interpretação depende de quem faz tais gravuras e não das divindades em si, pois, além de darem a elas feições humanas, recorrem ao próprio imaginário erótico humano. Certo?

Quanto a nós, não nos confundimos, e descrevemos essas divindades femininas como Tronos de Deus, manifestadoras naturais do Mistério Agregador (Oxum), do Mistério Direcionador (Yansã) e do Mistério Gerador (Yemanjá).

Saibam que uma divindade é, em si, um mistério de Deus e o manifesta naturalmente por meio de uma vibração específica e imutável.

Portanto, se temos cantos, rituais, evocações e oferendas, isso tudo nos ajuda a entrarmos em sintonia vibratória com a "nossa" divindade.

Cada religião desenvolveu todo um ritual específico para que seus fiéis possam entrar em comunhão religiosa com a divindade que a rege.

A Religião Cristã tem seu ritual e sua liturgia;

A Igreja Ortodoxa adora o mesmo Jesus Cristo, mas tem seu próprio ritual e liturgia;

Os Pentecostais também adoram e, no entanto, têm seus rituais e liturgia;

O Judaísmo atém-se a Deus e seus Anjos (outra classe de divindades), e tem seu ritual e sua liturgia;

O Budismo tem seu ritual e sua liturgia;

O Bramanismo (hinduísmo) tem seu ritual e sua liturgia;

O jovem Espiritismo adora Jesus Cristo, e já tem seu ritual e sua liturgia;

O Candomblé adora Olorum e os Orixás (os Tronos de Deus), e tem seu ritual e sua liturgia;

A jovem religião de Umbanda adora Olorum (Deus) e os Orixás (os Tronos de Deus), e já tem seu próprio ritual e liturgia;

O Xintoísmo, ainda que com outros nomes, também adora os Tronos de Deus.

Muitas religiões adoram Deus e suas divindades (os Tronos de Deus), e cada uma tem seu próprio ritual e liturgia, não dependendo de rituais ou liturgias alheias. E se assim é, é porque cada religião propagase em uma vibração só sua, e tanto a evocação das suas divindades quanto o ritmo do culto a elas têm de estar afinizados com a sua vibração.

Deus, quando cria uma nova religião, também cria uma tela magnética planetária multidimensional, na qual refletirão todos os atos, palavras e pensamentos dos que se afiliarem a ela.

Essa tela magnética "religiosa" interliga-se às dos sete Tronos de Deus, pois nessas telas divinas tudo refletirá e retornará ao ponto onde uma ação, uma palavra ou um pensamento foi vibrado inicialmente, respondendo aos clamores, orações e louvores ou às ofensas, injúrias e blasfêmias.

Eis por que cada religião tem sua própria vibração e tela magnética multidimensional: para amparar ou punir seus adeptos fiéis ou infiéis.

Portanto, cada religião tem seu ritual e liturgia, porque vibra em um grau específico e afim com o mistério e magnetismo da divindade que a rege.

Como cada divindade pode assumir a "feição" que seus fiéis precisam, então vemos no Cristianismo católico um Jesus Cristo "filho de Deus" ou um Jesus Cristo divindade de Deus. Já no Espiritismo vemos um Jesus Cristo humano e curador; e no Protestantismo vemos um Jesus Cristo aguerrido e combativo, pronto para punir com o fogo do inferno os que não são "crentes".

Mas ... como será o verdadeiro Jesus Cristo, divindade de Deus, manifestador "humano" dos mistérios do Amor e da Fé?

Que cada um o interprete, o idealize e o conceba segundo seu grau evolutivo, seu entendimento pessoal e suas necessidades íntimas. Certo?

O mesmo recomendamos aos adoradores dos Orixás (os Tronos de Deus), pois se uns os concebem só a partir das suas lendas, outros não se satisfazem com essas concepções antiquíssimas, e desejam adorá-los segundo o nosso atual estágio evolutivo e nossa cultura religiosa moderna, já livre dos antigos tabus que assustavam e subjugavam seus adoradores em vez de convertê-los e congregá-los sob as irradiações divinas que emanam para todos nós, os Sagrados Orixás, os Tronos de Deus.

Saibam que, como cada mistério se propaga num grau magnético próprio e através de ondas fatorais, a divindade que o manifesta, pois é ele em si, o irradia numa vibração específica e só sua.

Por isso mesmo é que no culto aos Orixás, realizado tanto no Candomblé quanto na Umbanda, para cada um há um "toque", um tipo de canto, um ritmo, uma dança, um modo de oferendá-lo, um local próprio que é seu santuário natural ou seu ponto de forças, uma indumentária característica, uma forma de incorporação, uma saudação específica, etc. Tudo bem delineado, delimitado e definido pelos reais cultuadores dos Orixás, os Tronos de Deus.

Quanto às muitas formas rituais e litúrgicas que ainda acontecem na Umbanda, deve-se ao fato de ser uma religião nova, que ainda não se definiu totalmente nesses campos. Mas o tempo fará isso ... e sabiamente!

Agora já sabem por que cada religião tem de ter sua própria identidade religiosa: é porque cada uma destina-se a acolher pessoas cujos magnetismos mentais estão vibrando dentro da faixa vibratória da divindade que a rege, e porque seus fiéis estão sendo atraídos pelo magnetismo do mistério que dá sustentação divina a ela ... e aos seus adeptos.

A Umbanda absorveu das religiões africanas o culto aos Orixás e o adaptou à nossa sociedade pluralista, aberta e moderna, porque só assim um culto ancestral poderia renovar-se no meio humano, sem que a identidade básica dos Orixás fosse perdida.

Com isso, a Umbanda conservou as principais características religiosas de cada um e acrescentou outras que correspondem às nossas necessidades atuais e expectativas, muito diferentes dos nossos ancestrais irmãos africanos de 1.500 anos atrás.

Deus em sua infinita bondade e generosidade, quando preciso, renova as feições humanas e o culto às Suas divindades. E fez isso com os Sagrados Orixás por intermédio da Umbanda, que é a renovação do culto a eles, e sua perpetuação deles na mente e no coração dos homens ... e dos espíritos.

O Mistério das Divindades

2ª Parte

"As divindades são manifestadoras dos mistérios de Deus porque elas são em si esses mistérios divinos!"

Essas manifestações têm vários campos onde podem ocorrer:

— campo religioso
— campo mágico
— campo teúrgico
— campo divino

Esses campos são bem definidos, e uma mesma divindade pode atuar simultaneamente em todos eles porque para ela atuar em um campo não precisa parar de atuar em outro.

Saibam que toda divindade é seu mistério em si mesma, e o manifesta conforme foi evocada.

Para que entenda o que estamos comentando, vamos dar um exemplo recorrendo à divindade Ogum, o Trono da Lei Maior, no campo da magia.

O Orixá Ogum é o Trono de Deus responsável pela aplicação dos princípios divinos da Lei Maior, e caso seja evocado para atuar "magisticamente", ele acelerará ou retardará uma ação neste campo, pois Ogum é em si a divindade de Deus que aplica a Lei Maior em todos os seus aspectos.

Logo, se for um bem para quem evocá-lo, ele tanto acelerará quanto retardará uma ação da Lei Maior.

Vamos ao exemplo:

Uma pessoa vive sendo atormentada por outra, com quem tem ligações cármicas negativas. A pessoa atormentada tenta afastar-se do seu perseguidor, mas em vão, porque ele insiste em incomodá-la, pois, ainda que inconsciente, sente um prazer mórbido ao atormentá-la.

Esse tipo de perseguidor é um típico obsessor, só que encarnado.

Então a pessoa perseguida faz uma oferenda mágica ao Orixá Ogum e pede a ele que afaste de sua vida aquela pessoa que a vive perseguindo.

Caso Ogum veja que quem o evocou magisticamente deve ser auxiliado, pois já deu provas de que não se afastará mais da linha reta de conduta, com certeza o perseguidor deixará de sentir prazer em perseguila e pouco a pouco ou repentinamente a deixará em paz, voltando sua atenção a outras pessoas com as quais não tem cobranças cármicas.

Essa mesma evocação magística pode ser aplicada contra um obsessor desencarnado ou contra uma atuação magística negativa iniciada por uma magia negra, assim como ela pode ser feita caso a pessoa sinta que bloqueios inidentificáveis estejam paralisando sua evolução espiritual ou prosperidade material.

A evocação magística tem por objetivo acelerar ou retardar os acontecimentos da vida de uma pessoa. Se alguém realizou uma magia negativa contra um seu desafeto, este também pode realizar uma magia positiva com o Orixá Ogum, que tanto a anulará como punirá com rigor a pessoa que ativou um mistério negativo contra um semelhante, que é um irmão aos olhos de Deus... e de Ogum.

Toda divindade natural atua nos campos que mostramos: religioso, mágico, teúrgico e divino.

- — o campo religioso é onde as pessoas professam sua crença e dão vazão à sua fé;
- — o campo mágico é onde as pessoas aceleram ou paralisam certos acontecimentos ou certas faculdades mentais;
- — o campo teúrgico é onde as pessoas recorrem, diretamente aos regentes planetários multidimensionais e suas atuações extrapolam a dimensão espiritual humana, podendo alcançar até esferas extra-humanas.

Ser um teurgo significa lidar "religiosamente" com os Tronos de Deus assentados nas duas coroas divinas: a coroa positiva, universal e irradiante; e a coroa negativa, cósmica e absorvente.

Aquele que realmente consegue unir em si mesmo essas duas coroas e tornar-se um ativador humano dos seus mistérios divinos, este sim é um verdadeiro teurgo. Aqueles que se dizem teurgos, mas que lidam apenas com alguns aspectos negativos dos tronos cósmicos, são somente magos negros, e nada mais.

Um teurgo verdadeiro traz em si mesmo todos os recursos (mistérios) que tanto poderá ativar como deixá-los latentes ou potencializados, prontos para ser usados quando for necessário.

Saibam que magos negros são instrumentos negativos dos tronos cósmicos, os quais os usam para ajustes cármicos, cobranças da Lei, punições da Justiça, etc.

Esses magos negros, alguns até inconscientes, são usados pelos tronos cósmicos, que liberam para eles alguns de seus aspectos negativos, aos quais eles recorrem para atingir quem deve ser reajustado, punido ou cobrado.

Esses magos negros, geralmente, vieram das faixas vibratórias negativas (trevas) e retornarão a elas após desencarnar, porque são instintivos, negativos, insensíveis à dor alheia e desrespeitadores dos princípios divinos, assim como desvirtuadores das religiões e da religiosidade das pessoas, servindo como captores de encarnados e desencarnados que sejam seus afins.

Ou não é verdade que só uma pessoa sem escrúpulos paga a um mago negro para que este faça uma magia negativa contra seus desafetos?

Para combater os magos negros, temos os magos brancos. Para anular os fatores negativos ativados por eles, temos a teurgia, que é a magia divina dos Tronos de Deus, os Senhores Orixás. Isso quando os processos de reajuste, cobrança ou punição estão ultrapassando os limites estabelecidos pela Lei Maior e pela Justiça Divina, pois como a magia negra é ativada e movida pelos instintos dos magos negros, estes não reconhecem seus próprios limites desumanos ou antinaturais.

Já no campo divino, uma divindade não tem feições "humanas", pois é um mistério de Deus que atua em benefício do todo, não particularizando sua irradiação, e sim, projetando-a para tudo e para todos.

O campo divino é superior a tudo que possamos imaginar e transcende nossa limitada capacidade de só raciocinarem acima de coisas concretas, palpáveis e "humanas".

Assim sendo, uma mesma divindade, ao atuar religiosamente, está respondendo à fé dos seus adoradores.

— ao atuar magisticamente, está respondendo à evocação magística de seus crentes;

— ao atuar teurgicamente, está contendo os excessos e os instintos dos seus servos, encarnados ou não;

— ao atuar divinamente, está servindo a Deus por meio do mistério que ela é em si mesma, indistintivamente da "feição" humana que tenha recebido de nós, os humanos.

Só para que entendam a atuação divina de uma divindade, saibam que a concepção humana do Orixá Ogum deu-lhe atribuições bem definidas dentro da religião de Umbanda, pois nela ele atua "religiosamente". Mas na sua atuação divina, ele é em si mesmo todos os aspectos positivos, retos e universais da "Lei Maior", o mistério de Deus que rege tudo e todos o tempo todo.

O Trono da Lei é a divindade de Deus que sustenta os princípios divinos e pune quem desvirtuá-los, independendo de qual é a religião do desvirtuador, já que, enquanto Trono de Deus, ele é anterior e superior a todas as religiões humanas fundamentadas nas feições humanas das divindades de Deus. Ele é o aplicador divino da Lei Maior em todas as religiões, pouco importando o nome "humano" que tenham lhe dado.

"Isso é atuação divina de uma divindade: ela está servindo a todos, independente da crença religiosa que professem!"

Vamos dar mais um exemplo dessa atuação divina de uma divindade:

Oxum é identificada no Candomblé como um Orixá da riqueza, do amor e é vista como uma mãe amorosa, uma moça coquete e uma esposa ciumenta.

Já a ciência divina nos explica essas suas feições humanas dessa forma: Oxum é o Trono de Deus que rege sobre a parte positiva e ativa do fator agregador; ela gera uma onda fatoral mineral (riqueza) que atua nas agregações de tudo o que existe (o amor é agregador); seu magnetismo ativo e positivo a torna extremamente irradiadora de ondas minerais agregadoras (seu aspecto coquete ou atraente); ela atua magneticamente na agregação celular no momento da fecundação do óvulo pelo espermatozoide (seu aspecto sexual); ela atua como agregadora familiar (seu aspecto maternal).

A ciência divina não nega ou renega as lendas dos Orixás, apenas substitui suas feições humanas pelos seus aspectos e caracteres divinos, devolvendo as divindades no nível divino dos mistérios de Deus.

Logo, na Umbanda, Oxum é tida e entendida como um Orixá do Amor e da maternidade, exuberante e propiciadora da abundância, tanto a material quanto a espiritual, pois ela é realmente o Mistério Agregador do nosso Divino Criador.

Enquanto mistério Agregador, ela atua na fecundação de todos os óvulos, independente das religiões, assim como atua na fecundação de uma abelha rainha pelo zangão, na fecundação de uma flor, etc.

Sua atuação divina extrapola o campo religioso e abarca toda a criação divina, não sendo restrita a este ou àquele campo, delimitado por suas feições humanas ou sua concepção religiosa, dada a ela há muitos milênios por seus intérpretes humanos.

Esperamos que tenham entendido as formas de atuação das divindades, e por que umas assumem certas particularidades e outras assumem outras, sempre visando atenderem a nossas necessidades "humanas".

Irradiações e Correntes Eletromagnéticas

As irradiações divinas e as correntes eletromagnéticas são a base da ciência divina, em seu capítulo de estudo das hierarquias dos Tronos de Deus, os Sagrados Orixás da Umbanda.

Cada irradiação é uma onda viva que nasce em Deus e projeta-se em uma vibração única, alcançando toda a Sua criação, seja ela animada (seres) ou inanimada (substâncias). Uma onda divina não tem um lugar específico para estar, porque ela está em tudo como uma imantação magnética.

Deus, ao gerar em Si uma onda, gera-a com dupla polaridade e a irradia polarizada em onda passiva e onda ativa.

A onda passiva é denominada de positiva ou universal, cuja vibração magnética é contínua e irradiante;

A onda ativa é denominada de negativa ou cósmica, cuja vibração magnética é alternada e absorvente.

Uma onda pode ser irradiada de muitas formas por causa do seu magnetismo. Umas seguem em linha reta, outras em linhas ondeantes, ou espiraladas, ou raiadas, ou em fluxos, etc.

Uma onda, assim que cruza com outra em determinado ponto, cria um polo magnético, onde uma assume a condição de "irradiação energética" e a outra assume a condição de "corrente eletromagnética".

Na ciência divina, toda linha vertical é vista como uma irradiação direta;

As linhas perpendiculares são vistas como irradiações indiretas ou inclinadas;

As linhas horizontais são vistas como correntes eletromagnéticas, que dão origem a níveis ou faixas vibratórias e a subníveis ou subfaixas vibratórias.

Deus é infinito em todos os sentidos e não temos como quantificar as ondas vivas que gera em Si e de Si irradia, dando origem à Sua criação divina.

Então nos limitaremos ao estudo de sete ondas vivas, que dão sustentação aos sete sentidos da Vida, tal como os denominamos:

Sentido da Fé

Sentido do Amor

Sentido do Conhecimento

Sentido da Justiça

Sentido da Lei

Sentido da Evolução

Sentido da Geração

Esses sete sentidos são as sete irradiações vivas que dão sustentação a tudo o que existe em nosso planeta, em todas as suas dimensões.

As sete irradiações começam em Deus e chegam até nós mediante as ondas vivas, transportadoras de fatores, essências, elementos e energias.

— no Primeiro Plano da criação divina, ou Plano Virginal, são denominadas de ondas fatorais, pois transportam fatores divinos;

— no Segundo Plano da criação ou Plano Essencial, são denominadas de vibrações essenciais, pois transportam essências divinas;

— no Terceiro Plano da criação ou Plano Elemental, são denominadas de irradiações elementais, pois transportam elementos puros;

— no Quarto Plano da criação ou Plano Dual, são denominadas de irradiações bipolares, pois transportam energias elementais bipolarizadas;

— no Quinto Plano da criação ou Plano Encantado, são denominadas de vibrações energéticas;

— no Sexto Plano da criação ou Plano Natural, são chamadas de irradiações energéticas naturais, pois transportam energias da natureza;

— no Sétimo Plano da criação ou Plano Celestial, são denominadas de vibrações mentais geradoras de energias, elementos, essências, fatores, magnetismos e vibrações.

No Sétimo Plano da criação, em nível planetário, estão os sete Tronos de Deus, assentados ao redor do Logos Planetário, denominado de divino Trono das Sete Encruzilhadas. Ele absorve diretamente do Primeiro Plano da criação as ondas vivas irradiadas por Deus, criando em si as condições ideais para que aqui, em nível planetário, se reproduza novamente os sete planos da criação divina.

Com isso, em nível local e dentro de um universo infinito, a criação divina se repete e se multiplica, gerando todas as condições e recursos necessários para que a vida (seres, criaturas e espécies) aqui se reproduza e se multiplique infinitamente.

O divino Trono das Sete Encruzilhadas não deve ser entendido senão como um mental planetário, no qual Deus Se individualizou parcialmente, concentrando nesse mental muitas de Suas qualidades divinas, capazes de, por si só, gerar tudo o que for necessário para que exista vida, e os meios ideais para que ela se multiplique.

O nosso estudo se limitará, por enquanto, ao nosso planeta e às sete irradiações planetárias multidimensionais que repetem os sete planos da criação, mas já em nível planetário.

O divino Trono das Sete Encruzilhadas recebe, diretamente de Deus, muitas ondas vivas transportadoras de fatores divinos capazes de gerar de si tudo o que aqui for necessário à vida e ao meio onde ela se desenvolverá.

Quando estudamos os Fatores de Deus, abrimos esse mistério da criação, antes nunca ensinado no plano material humano. No momento, interessa o estudo das sete irradiações divinas planetárias, que dão início à repetição local dos sete planos da criação e às sete linhas de forças planetárias sustentadoras de tudo o que aqui existe.

O divino Trono das Sete Encruzilhadas absorve diretamente de Deus sete ondas vivas fatorais e internaliza-as em si, pois é um mental divino cujo grau hierárquico é o de Trono Planetário.

Após absorver e internalizar essas sete ondas vivas vindas diretamente de Deus, ele as irradia a partir de si, adaptando-as ao seu magnetismo mental, que é gerador e irradiador em nível planetário.

Ele irradia essas sete ondas vivas e dá início à repetição e multiplicação dos sete planos da criação.

O Primeiro Plano é o Fatoral

O Segundo Plano é o Essencial

O Terceiro Plano é o Elemental

O Quarto Plano é o Dual ou Energético

O Quinto Plano é o Encantado ou Mental

O Sexto Plano é o Natural

O Sétimo Plano é o Celestial ou Divino

Essas sete ondas irradiadas pelo Trono Planetário formam, em seu primeiro plano vibratório, o Plano fatoral regido pelos sete tronos fatorais.

Esses sete tronos fatorais fatoram tudo e todos com suas imantações, que dão qualidades às coisas.

Então temos os sete tronos virginais fatorais:

    Trono Fatoral da Fé ⇨ Fator Cristalizador

    Trono Fatoral do Amor ⇨ Fator Agregador

    Trono Fatoral do Conhecimento ⇨ Fator Expansor

    Trono Fatoral da Justiça ⇨ Fator Equilibrador

    Trono Fatoral da Lei ⇨ Fator Ordenador

    Trono Fatoral da Evolução ⇨ Fator Evolucionista

    Trono Fatoral da Geração ⇨ Fator Gerador

Cada um desses tronos irradia ondas fatorais planetárias e multidimensionais, limitadas ao nosso planeta e contidas dentro do campo magnético do Logos Planetário. Suas ondas fatorais estão na base das sete irradiações divinas que dão sustentação a tudo o que aqui existe, seja animado ou inanimado.

No Segundo Plano da criação planetária surgem os tronos essenciais, que tanto absorvem essências divinas que fluem pelo Universo como geram em si as essências necessárias ao planeta como um todo e aos seres, criaturas e espécies que aqui vivem.

Eles absorvem essências divinas, internalizam-nas, adaptam-nas ao magnetismo planetário e depois as irradiam junto com suas vibrações essenciais, sustentadoras de tudo o que aqui existe, em nível de essências, assim como estimulam os sentimentos, que chamamos de sentidos da Vida.

São sete os tronos essenciais e sete os sentidos da Vida:

    Trono Essencial Cristalino - sentido da Fé

    Trono Essencial Mineral - sentido do Amor

    Trono Essencial Vegetal - sentido do Conhecimento

    Trono Essencial Ígneo - sentido da razão

    Trono Essencial Eólico - sentido da Ordem

    Trono Essencial Telúrico - sentido da Evolução

    Trono Essencial Aquático - sentido da Geração

No Terceiro Plano da criação, em nível planetário, temos os sete tronos elementais, que absorvem essências, internalizam-nas, amalgamam-nas e dão início à geração e irradiação de energias elementais bipolarizadas, nas quais uma onda é passiva, reta, contínua e irradiante e a outra é ativa, curva, alternada e absorvente.

- as irradiações passivas são classificadas como positivas;
- as irradiações ativas são classificadas como negativas.
- as irradiações positivas sutilizam o magnetismo mental dos seres que as captam, abrindo suas faculdades mentais;
- as irradiações negativas densificam o magnetismo mental dos seres que as captam, fechando suas faculdades mentais.

No Quarto Plano da criarão, em nível planetário, temos os tronos duais ou bipolares, cujos magnetismos são ativos e passivos ao mesmo tempo, pois um dos polos é irradiante e o outro é absorvente. Também são chamados de tronos energéticos, pois absorvem elementos e irradiam energias.

Resumindo-os, dizemos que são os tronos planetários que regem os sete vórtices ou chacras planetários, atuando sempre no sentido de manter o suprimento de energias nas muitas dimensões que formam o nosso planeta. Essa coroa regente formada por tronos duais é gigantesca e distribui-se por todas as dimensões e por todos os níveis e subníveis vibratórios delas, não deixando um só quadrante sem suas irradiações energéticas.

No Quinto Plano da criarão, em nível planetário, temos os tronos encantados ou mentais.

Uns são irradiantes e outros absorventes, atuando intensamente, tanto sobre a natureza quanto sobre os seres.

Os tronos encantados regem sobre os seres no despertar de seus sentidos e faculdades naturais.

No Sexto Plano da criação, em nível planetário, temos os tronos naturais, regentes da natureza planetária e multidimensional.

Temos sete irradiações passivas e sete ativas.

- as irradiações passivas são universais, contínuas e são estimuladoras dos sentidos, das faculdades e conscientizadoras;
- as irradiações ativas são cósmicas, alternadas e fixadoras, cada uma de um sentido, uma faculdade e um nível consciencial, pois visam afixar os seres que estavam se desequilibrando.

Os tronos naturais atuam por meio do magnetismo e dos sentidos da Vida, sempre mediante irradiações e vibrações naturais.

No Sétimo Plano da criação, em nível planetário, temos os tronos celestiais que são geradores e irradiadores de fatores, essências, elementos, energias, vibrações e magnetismos.

Um trono celestial gera e irradia um fator, essência, etc., de forma vertical, reta e contínua, e gera e irradia de forma inclinada, alternada ou contínua todos os outros seis fatores, essências, etc.

Aqui, descrevemos muito rapidamente os sete Planos da Vida, em nível planetário, que para nosso objetivo já é suficiente, porque fica entendido que a mesma onda viva ou vibração, irradiada pelo trono regente do planeta, dá sustentação a todos e às hierarquias de tronos divinos que os regem.

A mesma onda viva e ordenadora da criação que ordenou a formação do planeta ordena a formação das hierarquias, das consciências, do conhecimento e ordena a evolução, a geração, etc.

Enfim, a mesma onda viva gerada por Deus, e que ordena todo o Universo, foi absorvida pelo divino Trono Planetário, que a internalizou em si e depois a irradiou para todo o seu campo de ação, limitado ao nosso planeta e às dimensões que o formam.

Isso significa que ele absorveu a onda viva que ordena todo o Universo e a adaptou ao seu magnetismo planetário, para que ela ordenasse tudo o que existe dentro de seu campo de ação e atuação, que é o nosso planeta e suas dimensões, fazendo surgir hierarquias de tronos ordenadores em cada um dos sete Planos da Vida, limitados ao planeta Terra.

Com isso, uma mesma onda viva irradiada por Deus chega até nós ordenando nossa vida, nossa evolução e a formação de nossa consciência reta, virtuosa e ordenada, segundo princípios divinos.

Esperamos que tenham entendido que uma onda viva, cuja irradiação é ordenadora aqui no plano material e vista como "a Lei", é a mesma que Deus irradiou como sua Lei Maior, ordenadora de tudo o que existe, porém adaptada ao nosso grau magnético, ao nosso padrão vibratório e ao nosso modo de vida.

Por isso dizemos que existem sete irradiações divinas que regem os sete sentidos da Vida e dão sustentação a tudo o que aqui existe, tanto animado quanto inanimado.

As sete irradiações divinas formam o Setenário Sagrado, regido pelo divino Trono das Sete Encruzilhadas que, a partir de si, projeta sete irradiações, fazendo surgir sete hierarquias divinas, regidas pelos sete Tronos de Deus, que não são seres na acepção dessa palavra, mas são sete mentais divinos cujas irradiações vão sendo adaptadas aos graus magnéticos internos da nossa escala planetária, e aos seus níveis e subníveis vibratórios.

Com isso, surgem sete Planos da Vida, sete hierarquias de Tronos e sete irradiações que chegam a tudo e a todos em todos os graus magnéticos e a todos os níveis e subníveis vibratórios.

As irradiações, como já comentamos, são verticais e vão "descendo" pelos sete Planos da Vida, que são, graficamente, vistos assim:

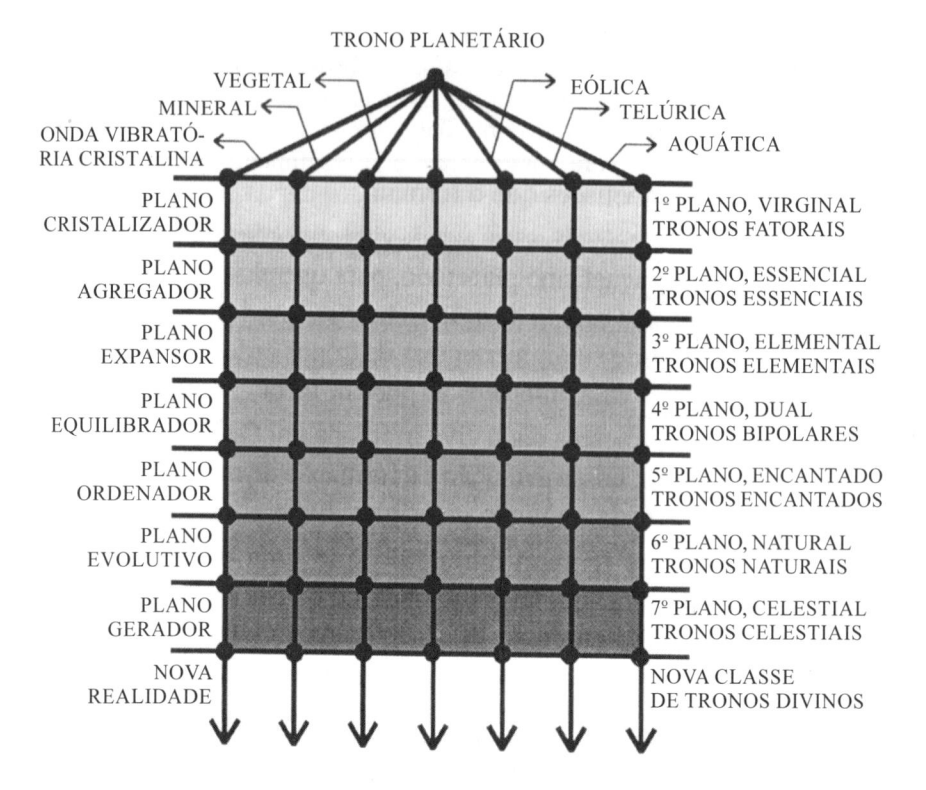

```
                          TRONO PLANETÁRIO
              VEGETAL ←         → EÓLICA
              MINERAL ←         → TELÚRICA
ONDA VIBRATÓ- ←                 → AQUÁTICA
RIA CRISTALINA
```

PLANO CRISTALIZADOR	1º PLANO, VIRGINAL TRONOS FATORAIS
PLANO AGREGADOR	2º PLANO, ESSENCIAL TRONOS ESSENCIAIS
PLANO EXPANSOR	3º PLANO, ELEMENTAL TRONOS ELEMENTAIS
PLANO EQUILIBRADOR	4º PLANO, DUAL TRONOS BIPOLARES
PLANO ORDENADOR	5º PLANO, ENCANTADO TRONOS ENCANTADOS
PLANO EVOLUTIVO	6º PLANO, NATURAL TRONOS NATURAIS
PLANO GERADOR	7º PLANO, CELESTIAL TRONOS CELESTIAIS
NOVA REALIDADE	NOVA CLASSE DE TRONOS DIVINOS

Observem que temos um Trono Planetário que se projeta, originando sete irradiações e fazendo surgir os Planos da Vida dentro do nosso planeta.

As sete irradiações, em cada plano, são regidas por tronos, cujas irradiações também são de alcance planetário, mas são limitadas ao plano da Vida onde estão assentados e à irradiação que os qualifica.

Assim, um trono virginal ou fatorial da Fé não atua verticalmente nas outras seis irradiações, não interfere nas atribuições dos seis outros tronos virginais e não extrapola suas próprias atribuições, limitadas aos aspectos da Fé, já que seu campo de atuação é a religiosidade ou irradiação divina que congrega e cristaliza, amoldando tudo segundo Deus já havia pensado antes que algo existisse.

Sim, tudo, antes de existir, já havia sido pensado por Deus, e a irradiação da Fé é a "guia" ou direcionadora, que facultará, ao que já foi pensado, sua concretização, sua individualização e sua materialização no plano que lhe foi designado por Deus.

O ser humano-carne, tal como somos, só existe no plano material da Vida e em nenhum outro plano existirá. A substância água, tal como existe no plano material da Vida, só existe aqui e não a encontraremos em nenhum outro plano da Vida. O minério ferro, tal como existe no plano material, só aqui existe e não será encontrado em nenhum outro plano da Vida. Poderemos encontrar a energia mineral ferruginosa, o elemento mineral ferrosa, a essência mineral e o fator mineral ferrosa, mas nunca encontraremos fora do plano material da Vida, o minério ferro. Certo?

Em cada plano da Vida, podemos encontrar algo similar, mas nunca encontraremos algo igual, pois cada plano tem sua própria formação, suas próprias leis e sua própria dinâmica da vida à qual ele se destina.

Com isso entendido, saibam que esse gráfico com os sete planos da Vida, dentro do nosso planeta, é uma repetição dos sete planos de Deus, que se estende a toda a Sua criação: universos, seres, criaturas e espécies.

Ele sempre se repetirá, pois em Deus tudo se repete e tudo se multiplica, tanto no sentido do macro para o micro como do micro para o macro. Logo, dentro de cada plano, tudo se repete, e surgem sete subplanos ou sete faixas vibratórias que se repetem e fazem surgir, dentro de cada uma, sete subfaixas vibratórias.

Este gráfico com os planos da Vida faz surgir uma tela plana, que é a base do estudo das hierarquias divinas formadas pelos Tronos de Deus.

Uma irradiação, ao descer os sete planos, vai abaixando seu magnetismo e com isso faz surgir polos eletromagnéticos, onde o trono regente do novo grau está assentado.

Esses polos eletromagnéticos, todos os sete vibrando em um mesmo grau, criam um nível vibratório horizontal que faz surgir toda uma linha de forças horizontais que, por estar vibrando em um mesmo grau, qualificam a irradiação vertical. Irradiação vertical e corrente eletromagnética, eis a base da ciência divina, denominada por nós de "Ciência dos Entrecruzamentos" ou "Ciência do X".

Sim, uma irradiação e uma corrente formam isto "+", que colocado dentro de um círculo forma isto ⊕, ou um polo eletromagnético. As sete irradiações verticais são estas:

        Irradiação da Fé ⇨ onda cristalina
        Irradiação do Amor ⇨ onda agregadora
        Irradiação do Conhecimento ⇨ onda expansora
        Irradiação da Justiça ⇨ onda equilibradora
        Irradiação da Lei ⇨ onda ordenadora
        Irradiação da Evolução ⇨ onda transmutadora
        Irradiação da Geração ⇨ onda criativa

As sete correntes eletromagnéticas horizontais são:

        Corrente cristalina ⇨ magnetismo da religiosidade
        Corrente mineral ⇨ magnetismo da conceptividade
        Corrente vegetal ⇨ magnetismo do raciocínio
        Corrente ígnea ⇨ magnetismo da razão

Corrente eólica ⇨ magnetismo da ordem
Corrente telúrica ⇨ magnetismo da consciência
Corrente aquática ⇨ magnetismo da criatividade ou geracionismo

No entrecruzando das irradiações verticais com as correntes eletromagnéticas horizontais, temos:

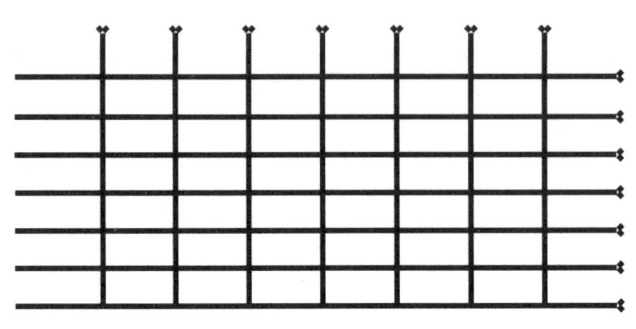

TELA PLANA

Observem que a primeira irradiação à esquerda (irradiação da Fé) se repete como a primeira corrente eletromagnética horizontal ou cristalina, que qualifica os seus graus magnéticos, em cujos polos estão assentados tronos responsáveis pela religiosidade. Eles vibram fé o tempo todo e suas irradiações energéticas, ao serem captadas pelos seres que vivem sob o amparo divino deles, começam a vibrar fé e a se voltar para a origem de tudo: Deus!

Com isso, os sete tronos assentados nesta corrente eletromagnética qualificam seus atributos e atribuições. Então nós os denominamos assim:

São sete tronos cristalinos voltados para o sentido da Fé, o único sentimento que cristaliza a crença em Deus. Então surgem estes tronos:

Trono Cristalino da Fé - cristalizador da Fé

Trono Mineral da Fé - agregador da Fé

Trono Vegetal da Fé - expansor da Fé

Trono Ígneo da Fé - equilibrador da Fé

Trono Eólico da Fé - ordenador da Fé

Trono Telúrico da Fé - evoluidor da Fé

Trono Aquático da Fé - gerador da Fé

Como na Umbanda Sagrada cada sentido ou irradiação é regido por um Orixá, então temos a seguinte classificação:

Trono Cristalino ou da Fé - Oxalá
Trono Mineral ou do Amor - Oxum
Trono Vegetal ou do Conhecimento - Oxóssi
Trono Ígneo ou da Justiça - Xangô
Trono Eólico ou da Lei - Ogum
Trono Telúrico ou da Evolução - Obaluaiyê
Trono Aquático ou da Geração - Yemanjá

Assim, temos os sete Tronos de Deus assentados na corrente eletromagnética horizontal cristalina, estimuladora da religiosidade, que são:

Oxalá da Fé - irradia a fé em Deus
Oxum da Fé - irradia o amor a Deus
Oxóssi da Fé - irradia o conhecimento de Deus
Xangô da Fé - irradia a justiça de Deus
Ogum da Fé - irradia a lei de Deus
Obaluaiyê da Fé - irradia a evolução em Deus
Yemanjá da Fé - irradia a geração em Deus

Já a segunda corrente eletromagnética, agregadora e conceptiva, é a repetição da 2ª irradiação vertical, que é a do sentido do Amor. Por ser mineral, é regida por Oxum, o Trono do Amor, mineral, conceptiva e agregadora.

O Magnetismo dos Orixás

Apresentação

O texto a seguir é transcrição dos Capítulos 6 e 7 do Livro 2 de O Código de Umbanda, intitulado Orixás: Os Tronos de Deus.

Muito embora os livros tenham finalidades diferentes na formulação teológica do Ritual de Umbanda Sagrada, o tema "O Magnetismo dos Orixás" é totalmente pertinente ao presente livro.

O assunto é de suma importância dentro do contexto da Gênese Divina de Umbanda Sagrada enquanto base para o entendimento do processo de polarização dos Orixás na formação de sua hereditariedade, na sua manifestação nos vários planos da Vida e das formas de irradiação e captação vibratória, tanto pelo nosso mental quanto pelos nossos chacras.

Também é por intermédio do magnetismo dos Orixás que eles vão assumindo as mais diversas cores nos níveis vibratórios pelos quais descem suas irradiações verticais. Além do mais, toda a magia cabalística, ou Magia dos Pontos Riscados, está fundamentada na forma como os Orixás se irradiam por meio dos seus magnetismos.

O Magnetismo dos Orixás, os Tronos de Deus

Magnetismo: a Base Fundamental dos Símbolos Sagrados

Comentar sobre o magnetismo é abrir ao conhecimento religioso material um dos mistérios mais fechados da criação. Portanto, nos manteremos dentro de um limite estreito e bem vigiado, pois foi o que nos recomendou o regente do mistério "Guardião dos Símbolos Sagrados".

O fato é que em um dos nossos contos herméticos (*Hash-Meir, O Guardião dos Sete Portais de Luz*), abordamos o mistério "Sete Símbolos" mas não abrimos nenhum, pois ali não era possível ou permitido. Mas aqui, em um comentário só agora permitido, abriremos algumas frestas estreitas pelas quais passarão raios de luz do saber que iluminarão o desconhecido universo dos símbolos sagrados, presentes na vida de toda a criação, que envolve as coisas, os seres e as criaturas.

"Por que os símbolos sagrados estão assim, tão presentes em tudo?", perguntarão vocês.

Bom... — respondemos nós — É porque, assim como o planeta Terra tem um centro gravitacional que dá sustentação à formação da própria matéria que o torna sólido, todas as criações, criaturas e seres possuem seus centros gravitacionais, que dão sustentação à individualização de cada um. Logo, o magnetismo está para esses três aspectos como a herança genética está para a hereditariedade. Um ser "será" o que herdar de seus pais, assim como um planeta será o que herdar de seu magnetismo, e só conseguirá conter dentro de seu centro gravitacional o que ele conseguir absorver e gerar.

Sim, o planeta Terra é como seu magnetismo absorve energias e, amalgamando-as em seu centro neutro, dá formação a muitos tipos de matérias, todas obedecendo a um princípio gerador imutável.

Portanto, se temos vegetais, é porque o magnetismo planetário absorve energias e, após amalgamá-las, dá origem ao elemento vegetal, que precisa da presença de outros compostos elementares para subsistir, senão após ser irradiado pelo seu centro neutro, dilui-se e perde as qualidades e atributos que o tornam vegetal.

Logo, todo o "meio" próprio para o desenvolvimento dos vegetais, que há na terra, só existe porque o magnetismo planetário, através da gravidade, retém dentro do todo planetário as energias que dão sustentação ao elemento vegetal e à sua própria materialização no denso plano da matéria.

Outros planetas não possuem vegetais porque seus magnetismos não absorvem a energia ou essência vegetal que flui por todo o nosso Universo, e também nos universos paralelos.

Essa energia ou essência está em todos os lugares, mas só se torna elemento vegetal onde existe um magnetismo que a absorve, amalgama e depois a irradia, já como energia composta ou elemental que, absorvida por centros magnéticos individualizados de natureza vegetal (sementes), desdobra-se geneticamente e dá origem às plantas e aos vegetais.

O magnetismo vegetal de uma semente é o sustentador de sua herança genética e provê o crescimento da planta, pois ele vai se multiplicando em cada célula vegetal e se concentrará novamente nas sementes que ela irá gerar.

O magnetismo que mantinha átomos agregados na forma de uma semente continua a existir no núcleo das células vegetais, e depois se reproduz nas novas sementes. O "crescei e multiplicai" não se aplica só ao homem, criado à imagem e semelhança de Deus.

Magnetismo e gravidade se completam, pois são dois dos componentes de uma só coisa: a gênese!

Mas existem outros componentes da gênese, tais como essência, energia, cor, vibração, pulsação, forma, irradiação, atração, repulsão, etc. A gênese de qualquer coisa, ou de todas as coisas, tem de possuir no mínimo esses componentes, senão ela não acontecerá.

Em nosso planeta temos sete tipos de magnetismos reunidos em um só, que dão forma a tudo o que aqui existe, tanto na forma animada (vida) quanto na inanimada (matéria).

Até o nosso modo de pensar obedece ao magnetismo terrestre, que regula até a gênese das ideias, que é algo imaterial, mas é energia pulsante que se propaga a partir do magnetismo mental de quem as gerou.

Bem, esperamos que tenham entendido a função do magnetismo na gênese, pois, em religião, a fé é algo imaterial mas é pulsante, irradiante, gravitacional, magnética, energética, essencial em um ser, vibratória, colorida, atrativa, repulsiva, etc.

Vamos explicar o sentido que esses termos assumem aqui em nosso comentário sobre os símbolos sagrados, para que possam nos entender corretamente:

Pulsante (de pulsação) - SE algo pulsa, é porque existe, ainda que seja imaterial. E a fé é algo imaterial, pois é um sentimento. Já uma estrela pulsa e é algo material; um átomo pulsa e é material.

Irradiante (de irradiação) - SE algo existe, então ele se irradia para além do seu campo gravitacional. Um planeta ou estrela só nos é visível porque se irradia além do seu limite, e o que nossos olhos veem não são os planetas ou as estrelas, e sim suas irradiações, que chegam aos nossos olhos e impressionam o cristalino, tornando-se "visíveis".

Cor (de cor) - CADA irradiação assume uma cor, pois cada "coisa" irradia-se em um padrão vibratório. O padrão vibratório do azul não é o mesmo do vermelho ou do verde. A irradiação de uma cor obedece à própria escala vibratória das energias, pois a cor é a visualização da energia que algo ou alguém gera e irradia. E, em cada faixa ou grau vibratório dentro de um mesmo padrão, uma cor pode ser mais densa ou mais rarefeita.

Se vemos os vegetais com a cor verde, é porque suas energias estão sendo irradiadas dentro de um padrão em que tudo se mostra verde. E, porque a maior parte de um vegetal se mostra verde; então estabelecemos que o verde é a cor vegetal. Mas nem todos os vegetais são totalmente verdes, pois um mesmo vegetal possui partes que não são verdes. Logo, uma mesma planta irradia em vários padrões vibratórios, certo?

Energética (de energia) - TUDO o que existe é um composto energético. Até uma ideia possui sua energia, pois quando alguém está pensando, sua mente, que é imaterial, está absorvendo essências (imateriais) que vão se amalgamando e dando formação ao pensamento, que vai assumindo a forma de uma ideia, um discurso ou uma linha de raciocínio que está sendo irradiado mentalmente pelo ser.

Essencial (de essência) - TUDO tem sua origem nas essências. Nosso planeta só existe e subsiste porque, através da sua gravidade, absorve continuamente as essências e as conduz ao seu centro neutro, de onde, já amalgamadas e transformadas em elementos, vão sendo irradiadas por causa do tipo de magnetismo que aqui existe, que é de tripla polaridade (positivo, negativo e neutro).

Vibratório (de vibração) - TUDO o que existe, só existe porque se formou dentro de uma faixa vibratória específica que dá, em seu interior, a qualidade que distingue o que se forma dentro dela do que se forma com outro tipo de vibração, em outra faixa.

Cada religião surge dentro de uma faixa vibratória e assume qualidades que a distingue de todas as outras religiões, ainda que todas sejam regidas pela linha da Fé.

Nas matérias, a vibração que dá qualidades à água é diferente da vibração que dá qualidades à terra, ao ar, etc.

Mal comparando, podemos dizer que as vibrações são como as faixas de ondas de um rádio: ao girarmos o botão de sintonia, mudamos de estação, pois uma está na casa dos 1000 kHz, outra está na casa dos 1020 kHz, etc.

Entendam que, assim como todas as rádios emitem suas ondas sonoras e todas fluem dentro de um mesmo espaço, mas em comprimentos de ondas diferentes, as essências também fluem por um mesmo espaço, mas em diferentes graus vibratórios ou diferentes ondas.

Logo, uma essência não toca as outras, pois dentro de um mesmo espaço todas fluem de forma diferente, ou em diferentes padrões vibratórios.

Costumamos dizer que o céu e o inferno estão muito mais próximos um do outro do que pensa nossa vã imaginação, já que basta uma mudança de polo magnético para deixarmos de estar sintonizados com um e sintonizarmos o outro, que é seu oposto. Basta deixarmos de vibrar o amor e começarmos a vibrar o ódio para sairmos da faixa vibratória luminosa do amor e entrarmos na faixa escura do ódio. E tudo acontece sem sairmos do lugar onde nos encontramos.

A simples troca de uma vibração por sua oposta já nos colocou em sintonia mental com outra faixa vibratória que começará a nos inundar com suas irradiações energéticas, que nos sobrecarregarão e nos tornarão um micropolo magnético irradiador das energias que estamos absorvendo desta nova faixa vibratória com a qual nos sintonizamos.

Nós temos em nosso mental dois polos magnéticos, sendo um de sinal positivo (ou "+") e outro de sinal negativo (ou "-").

Nossos sentimentos acessam um deles e, no mesmo instante, entramos em sintonia com uma das suas sete faixas vibratórias, que é por onde fluem as sete essências ou as sete irradiações divinas.

Mas, porque essas sete irradiações nos chegam na forma de energias já polarizadas, então podemos nos ligar ao polo positivo ou negativo delas, mas nunca aos dois ao mesmo tempo. Se alguém está vibrando sentimentos de ódio, então está em seu polo magnético negativo e não capta a essência que estimula o sentimento de amor.

Dois polos magnéticos e dois sinais opostos. Somos semelhantes a um ímã, só não sendo iguais porque o nosso magnetismo é imaterial e situa-se no campo da mente, que é imaterial.

Saibam que, se no plano físico do corpo humano o cérebro comanda todas as funções biológicas, no plano etéreo do espírito quem comanda tudo é a mente.

Saibam que um cérebro com disfunções ou deficiências funcionais prejudica os sentidos físicos, tais como: tato, olfato, audição, visão e paladar, e uma mente em desequilíbrio altera o magnetismo, a consciência, as vibrações e o raciocínio, que são qualidades do espírito.

Então, quando a mente está em equilíbrio, o ser raciocina, ama, tem fé, é criativo e gerador de coisas positivas, evoluindo ordenadamente pela linha reta ou justa (de Justiça). Mas se ela estiver desequilibrada, a consciência fica entorpecida e o raciocínio torna-se dúbio, ou se paralisa.

Daí advém o magnetismo negativo que absorverá as energias de natureza cósmica ou negativa, irradiadas para ele a partir de polos magnéticos que condensam ao seu redor somente as energias de uma mesma essência ou elemento, mas que flui através de correntes eletromagnéticas alternadas. Já as energias positivas fluem através de correntes eletromagnéticas contínuas.

Vamos mostrar graficamente essas duas correntes. Nas páginas seguintes apresentamos as formas como as correntes negativas fluem, que são espiraladas, raiadas, circulares, etc.

Correntes negativas ou alternadas

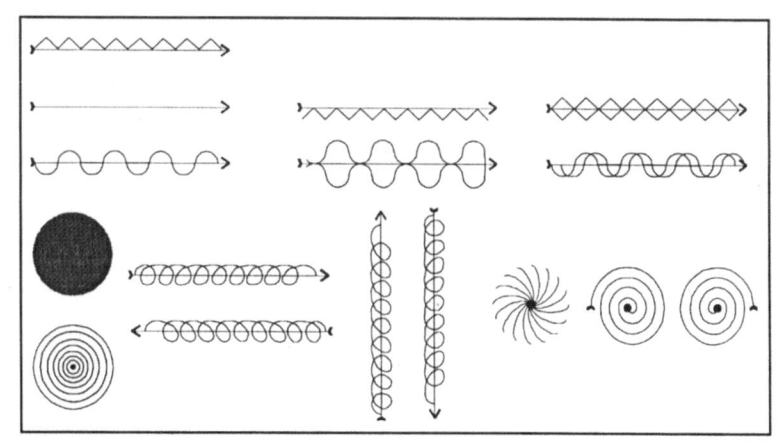

Correntes contínuas

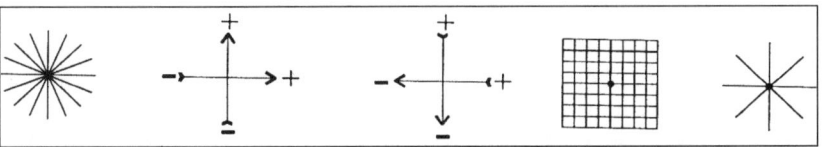

Aí temos, em gráficos, como as energias vão se condensando ao redor dos polos magnéticos já que chegam por meio de correntes eletromagnéticas, ou correntes magnéticas por onde fluem as energias que estão alimentando os polos, ou estão sendo irradiadas por eles.

Sim, um polo magnético tanto irradia quanto absorve energias. Só que ele absorve energias em um padrão e as irradia em outro para os micropolos que as receberão e as irradiarão, já em outro padrão.

Nós encontramos energias essenciais que se condensam ao redor de polos magnéticos elementais, que por sua vez as irradiam como energias elementais puras, absorvidas por polos magnéticos masculinos ou femininos, ativos ou passivos, que criam polarizações dentro de um mesmo elemento, dando origem às linhas de forças elementais, com os orixás que ali surgem, já diferenciados.

Os Orixás Essenciais são indiferenciados;

Os Orixás Ancestrais são tronos irradiadores de essências e das vibrações que estimulam os sentidos imateriais dos seres. Temos sete Orixás Ancestrais:

> *Orixá Ancestral da Fé - cristal*
> *Orixá Ancestral do Amor - mineral*
> *Orixá Ancestral do Conhecimento - vegetal*
> *Orixá Ancestral da Justiça - fogo*
> *Orixá Ancestral da Lei - ar*
> *Orixá Ancestral da Evolução - terra*
> *Orixá Ancestral da Geração - água*

Esses Orixás Ancestrais não possuem nomes pelos quais possamos identificá-los. Por isso nós os nominamos pelo nome da essência que absorvem, condensam dentro de seus centros magnéticos neutros, transformam-nas e depois as irradiam, já como energias elementares. Como eles irradiam em duas direções, ou duas polaridades, uma é positiva e outra é negativa.

É desta forma de irradiação que surgem o *"alto-embaixo"* e a *"direita-esquerda"*. Vejam como isso acontece, graficamente:

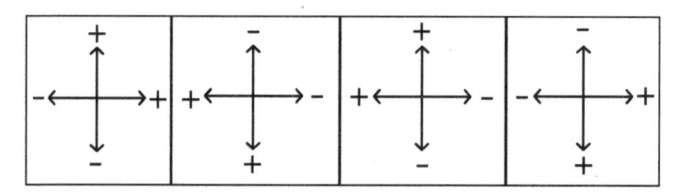

+	−	+	−
−←┼→+	+←┼→−	+←┼→−	−←┼→+
−	+	−	+

Essas posições não são realmente estáticas. Os gráficos mostram apenas as duas direções e as duas polaridades que são irradiadas. E eles irradiam em todas as direções, não se limitando somente aos quatro pontos cardeais (N-S e L-O) ou aos quatro pontos identificadores do alto-embaixo e direita-esquerda. Mas sempre irradiam formando quatro correntes eletromagnéticas. Os elementos ou energias elementais são irradiadas de modos diferentes, já que existem sete magnetismos e sete padrões vibratórios. Vamos mostrar os sete tipos de irradiações que os sete magnetismos irradiam por meio de suas vibrações ou pulsações.

Cristal

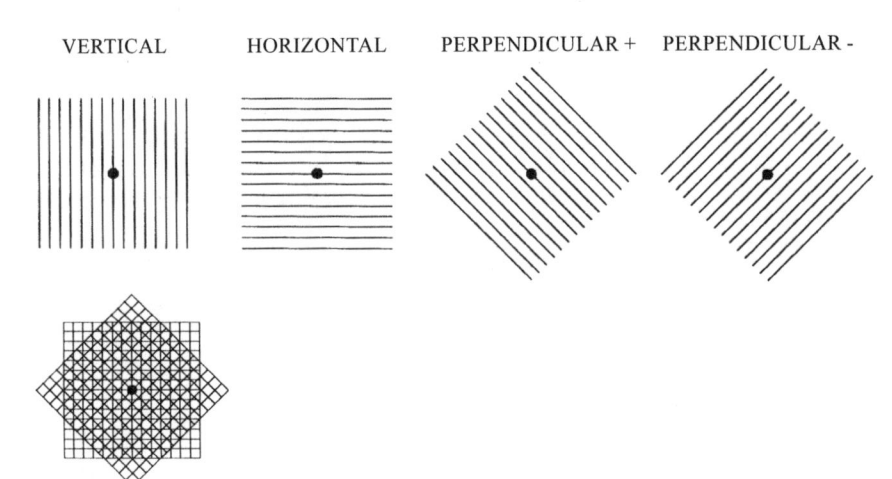

VERTICAL   HORIZONTAL   PERPENDICULAR +   PERPENDICULAR −

IRRADIAÇÃO

Cristal - *Observem que, sobrepondo só estas direções, já formamos uma tela cristalina. Mas, porque o magnetismo cristalino irradia-se multiplicando suas linhas retas em todas as direções, então cria uma tela planetária que, vista de qualquer posição, se mostra como uma tela cruzada toda formada por correntes retas.*

CAPTAÇÃO SOLAR

Fogo

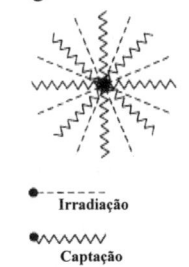

Irradiação
Captação

Fogo - *Propaga-se em fagulhas e em todas as direções, dando a impressão de que é flamejante. Porém aqui estamos abordando somente o magnetismo, não a energia ígnea, certo? A captação de essências acontece nas linhas raiadas.*

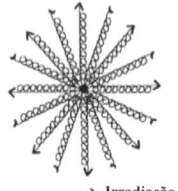

Ar

Ar - *O magnetismo aéreo irradia-se criando espirais, e se aqui o mostramos de forma plana, entendam que, a partir de seu centro neutro, ele é irradiado em todas as direções.*

Irradiação

Captação

Água

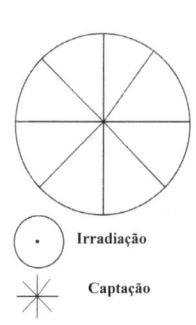

Água - *O magnetismo aquático é plano e circular. Ele é irradiado de forma contínua a partir do seu centro magnético neutro, sempre como uma circunferência que vai crescendo por igual em todas as direções, formando circunferências concêntricas. Sua irradiação é contínua porque o pulsar é tão acelerado, que sentimos as energias irradiadas sem percebermos uma descontinuidade. A captação de energias, no entanto, só ocorre nos raios retos que alcançam o centro neutro e o inundam de essências.*

Irradiação

Captação

Terra

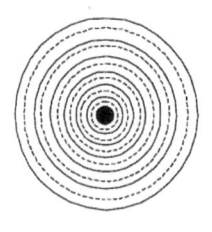

Terra - *O magnetismo telúrico é alternado e se irradia por meio de círculos concêntricos, semelhantes a vagas marítimas que quando passam por nós é possível senti-las.*
Já a captação de essências também acontece em círculos concêntricos, mas planos, e os sentimos "passarem" por nós sem alterar nosso corpo energético. Saibam que, nessa alternância, quando uma onda (energética ou vaga) passa por nós, no instante seguinte sentimos passar a onda plana da essência, que se dirige rumo ao centro neutro. Ou seja, uma projeta-se e a outra é absorvida. Se sentimos a que é projetada, é porque ela conduz energia elemental telúrica, e se mal percebemos a que é absorvida, é porque ela está trazendo, de forma plana, um círculo ou faixa de essência telúrica.
No magnetismo telúrico está o fundamento do batimento cardíaco, da sístole e da diástole.

Mineral

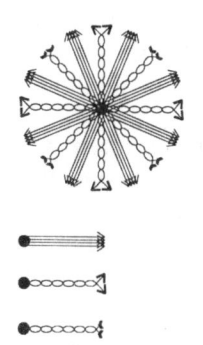

Mineral - *O magnetismo mineral capta sua essência de forma duplamente "ondeante" e irradia sua energia por meio de um magnetismo duplo, já que elas tanto fluem no entrelaçamento como no fluxo. O entrelaçamento é alternado e o fluxo é contínuo.*

IRRADIAÇÃO OU FLUXO

IRRADIAÇÃO ENTRELAÇADA

CAPTAÇÃO ENTRELAÇADA

Vegetal

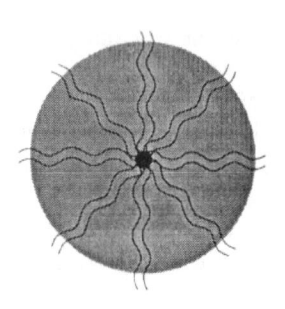

Vegetal - *O magnetismo vegetal absorve a essência vegetal na forma de propagação invertida ou centrípeta, inversa à do fogo, que vai se expandindo. O polo magnético "vegetal" absorve as essências vegetais, que se precipitam rumo ao seu centro neutro. Após amalgamá-las em energia elemental vegetal, irradia-se na forma de canículos porosos, ou como mangueiras, todas furadas. Pelos furos vai fluindo a energia elemental vegetal.*

Bem, aí temos os sete tipos de magnetismos básicos que dão origem aos sete símbolos sagrados, que são sete tipos de captação de essências e irradiação de energias elementais. E tanto as captações de essências quanto a irradiação de elementos, cada uma corresponde a um padrão vibratório, pois não "toca" em nenhum dos outros magnetismos ou energias.

Tudo é tão perfeito que um ser elemental do fogo não sente ou capta os outros elementos, que também estão "passando" por ele, e viceversa com todos os outros seres em relação ao elemento fogo, ou aos outros.

Por isso existe um Orixá Ancestral para cada elemento. Ele absorve apenas a essência que o caracteriza e nomina, e irradia, já polarizado, apenas o elemento que o distingue.

Como a irradiação do Orixá Ancestral é polarizada, temos, nos extremos de sua linha de forças ou irradiação elemental, dois polos eletromagnéticos, já que classificamos um como sendo positivo, pois absorve as energias e as irradia em corrente contínua, e outro como negativo porque, após absorver as energias elementais irradiadas pelo Orixá Ancestral, as irradia por meio de uma corrente eletromagnética alternada.

É o tipo de magnetismo que classifica os Orixás. E magnetismo não é só qualidade, mas também polo e tipo de irradiação. Nunca devemos classificar o tipo de magnetismo de um Orixá como sendo de qualidades boas ou ruins.

Nós os classificamos como passivos se seus magnetismos forem positivos (corrente contínua) e de ativos se seus magnetismos forem negativos (corrente alternada).

Atentem bem para esse detalhe senão nunca entenderão por que classificamos Ogum como passivo e Yansã como ativa, ou Yemanjá como passiva e Omulu como ativo.

A classificação de passivo ou ativo só se aplica ao magnetismo do Orixá, nunca às energias que ele irradia ou à sua forma de atuação e mesmo ao campo onde atua.

Ogum é passivo no magnetismo e ativo no tipo do seu elemento (ar). Já seu campo de ação é passivo, pois como aplicador da Lei Divina, ele sempre procede da mesma forma. Até sua irradiação é classificada como positiva e passiva, pois é contínua e obedece ao giro horário.

"O que é o giro de um Orixá?", perguntarão vocês, certo?

Bom... — respodemos nós — A irradiação de um orixá obedece ao sentido horário (direita) ou anti-horário (esquerda). Também temos irradiações duplas que giram em torno de um eixo magnético reto e atendem ao giro magnético dos seres portadores de dois polos magnéticos. Neste caso, elas são nos dois sentidos verticais, dois horizontais e quatro perpendiculares:

Verticais: (N — S) (S — N)
Horizontais: (D — E) (E — D)
Perpendiculares: (NO — SO), (NE — SE), (SO — NO), (SE — NE)

Os giros horários, à direita, de uma irradiação contínua se parecem com o giro de uma roda com várias cores, mas que, girando a uma velocidade altíssima, assume uma única cor. Isso é efeito ótico, pois nossa visão não acompanha o giro e a mistura das cores. Suas disposições criam outra, mas que não é realmente a cor, já que várias cores formam os "raios" que estão girando. É nesse "giro dos Orixás", ou forma como giram seus magnetismos, que criam tanta confusão quando o assunto é "cor dos Orixás".

Em verdade um orixá irradia todas as cores, pois irradia em todas as sete faixas ou padrões vibratórios e cada tipo de vibração, ao graduar a velocidade do giro, que pode ser para mais ou para menos, dá uma cor a cada um dos elementos irradiados na forma de energias.

Por isso uns dizem que Ogum é azul e outros dizem que é vermelho. Ou uns dizem que Xangô é vermelho e outros dizem que é marrom.

Os Oguns intermediários assumem a cor vermelha, na Umbanda, porque o próprio astral aceitou essa classificação já que ela fixaria sua identificação e facilitaria seu entendimento. E o mesmo ocorreu com o marrom de Xangô.

Mas nós sabemos que as cores dos Oguns intermediários variam de acordo com a faixa vibratória onde atuam. E o mesmo acontece com todos os Orixás Intermediários, pois temos Yansãs que irradiam a cor amarela, a cor vermelha, a cor azul, a cor cobre, a cor dourada, etc.

Sim, existem Yansãs cósmicas que irradiam cores consideradas negativas, tais como o rubro, o mostarda, o magenta, o fumê, etc.

Logo, discutir a cor dos Orixás é discutir sobre um assunto ainda desconhecido ao plano material. O comprimento de onda ou a velocidade da irradiação determina se uma energia irradiada é azul, verde ou vermelha. E o comprimento de onda ou velocidade obedece ao tipo de elemento e ao padrão vibratório da faixa por onde ele está sendo irradiado.

No padrão vibratório cristalino, as cores das energias praticamente desaparecem. No padrão vibratório telúrico, elas assumem tonalidades tão densas, que temos a impressão de poder pegá-las com as mãos.

Além do mais, dentro de uma mesma faixa vibratória, temos os subníveis vibratórios. E aí a coisa se complica ainda mais porque nos subníveis mais elevados as cores se sutilizam e nos mais baixos elas se densificam.

Portanto, fiquem com as cores que já se tornaram padrão, e está tudo certo para os nossos amados Orixás, uma vez que eles querem vê-los a partir de sua fé, que deve ser pura, incolor e imaculada.

Bem, voltando ao "giro dos Orixás", saibam que nos magnetismos cujos giros são em sentido horário e cujas energias são irradiadas na forma de raios retos, o giro é tão veloz, que temos a impressão de que eles irradiam como o Sol: em linhas retas paradas.

Já nos magnetismos que giram em sentido anti-horário, temos a impressão de que as energias se movimentam. Só que o que vemos é sua cor, e nunca elas mesmas, certo?

Para que entendam esse efeito magnético, imaginem uma bandeira verde ondulando na ponta do mastro. Os movimentos do tecido não alteram sua cor, mas temos a impressão de que estão correndo por cima do próprio tecido porque nossos olhos acompanham uma onda.

Portanto, quando vocês verem, dentro dos magnetismos dos Orixás que iremos mostrar mais adiante, linhas norte-sul, leste-oeste, noroeste-sudeste e nordeste-sudoeste, saibam que o giro do magnetismo do Orixá em questão forma faixas que partem do centro neutro, e que, a exemplo do giro de certas rodas raiadas, formam conjuntos ou figuras ópticas que, ao pararmos de girá-las, o efeito cessa.

Esse "efeito" que vemos são as bases dos fundamentos da Lei de Pemba, pois um guia espiritual, quando risca um ponto cabalístico, está direcionando algum tipo de energia ou estabelecendo um ponto de forças eletromagnéticas, que tanto pode ser positivo como negativo e que tanto pode girar para a direita como para a esquerda, assim como pode direcionar as irradiações para um dos oito pontos cardeais que formam poderosas correntes energéticas irradiadoras ou absorvedoras.

Um guia nunca revela nada acerca de seus pontos cabalísticos, pois estaria revelando com quais forças está atuando. E todo guia chefe possui tantos "pontos riscados" quantas forem suas ligações com os níveis intermediários das Sete Linhas de Umbanda.

Algumas pessoas já abordaram os signos cabalísticos, outros abordaram os pontos riscados pelos guias de Umbanda e outros escreveram sobre a Lei de Pemba (que é vetada ao plano material). E em nenhum de seus comentários encontramos menção às bases magnéticas, energéticas, eletromagnéticas e energomagnéticas que estão na raiz ou origem de todo traço riscado.

Logo, ou comentam de "ouvido" tal como os músicos que tocam seus instrumentos sem conhecerem música, ou são aventureiros que, sem saberem muito bem o que estão comentando, arriscam uma "opinião" sem base nos conhecimentos fundamentais da Lei de Pemba, ou "grafia dos Orixás". Nesta "grafia dos orixás", que são sete tipos de grafias, pois existem sete essências, está a origem dos sete símbolos sagrados e seus posteriores desdobramentos grafológicos e energomagnéticos.

É certo que não vamos abri-la aqui, pois é vetada ao plano material e nosso objetivo é mostrarmos a origem verdadeira dos símbolos sagrados: os magnetismos.

Portanto, não é nosso propósito discutir um assunto "fechado", certo? Afinal, ensinar de forma aberta um assunto fechado acarreta dificuldades futuras a quem o faz, além de implicar uma afronta à lei que rege os mistérios sagrados.

Bem, não liguem para esses trechos críticos de nosso comentário, pois ensinar verdades implica, também, desmascarar os falsos mestres ou magos de Umbanda que, tendo ouvido um canto incompleto de uma sereia, desencantada porque não foi bem ouvida, começaram a repeti-lo como se fosse uma sinfonia completa. E nem se dão conta de que estão emitindo apenas uns ruídos dissonantes, confusos e perturbadores da harmoniosa e harmonizante "Lei de Pemba".

Devemos ter paciência e tolerá-los já que os erros caminham à esquerda da linha reta dos conhecimentos e seguem por caminhos tortuosos, confusos e sombrios, já que são obscurecidos pela ignorância de quem os perpetra.

O fato é que existem sete magnetismos, sete padrões vibratórios, sete essências, sete elementos, sete energias e sete símbolos sagrados, que, de desdobramento em desdobramento e de amálgama em amálgama, nos chegam, já fracionados, até o nível terra, onde essas frações aparecem como símbolos ou signos religiosos.

Mas, mesmo que seja somente uma fração de um símbolo sagrado, saibam que isso já é capaz de iluminar a vida de milhões de seres e de sustentar a evolução de todos os fiéis da religião que o adotou como seu símbolo maior e identificador do tipo de religiosidade que seus adeptos praticam.

O magnetismo é a base fundamental de todos os símbolos sagrados. E, só o conhecendo bem, podemos interpretá-los corretamente.

Logo, se a cruz é o símbolo sagrado do Cristianismo, decifrem-no a partir dos sete tipos de magnetismos que existem, e que, aqui, foram mostrados em telas planas uma vez que não temos como demonstrá-los na forma multidimensional.

No comentário sobre os sete magnetismos básicos, que fundamentam os sete símbolos sagrados, nós havíamos comentado alguma coisa sobre o magnetismo dos Orixás. Agora vamos nos aprofundar neste assunto que nunca antes foi aberto ao plano material.

O fato é que os "tronos magnéticos", que absorvem as essências e irradiam-nas como elementos após amalgamá-las em seus centros neutros, são os Orixás Ancestrais, que são indiferenciados, pois não são masculinos ou femininos e não são positivos ou negativos. Nós os nominamos de Orixás Ancestrais, simplesmente.

Temos sete essências:
  Cristalina
  Mineral
  Vegetal
  Ígnea
  Eólica
  Telúrica
  Aquática

Temos sete Orixás Ancestrais:
  Orixá Cristalino
  Orixá Mineral
  Orixá Vegetal
  Orixá Ígneo
  Orixá Eólico
  Orixá Telúrico
  Orixá Aquático

Os Orixás Ancestrais são indiferenciados e não temos nomes para eles, que em verdade são Tronos Magnéticos que irradiam tanto as energias elementais quanto os "sentimentos" que despertam nos seres a Fé, o Amor, etc.

Por isso nós também os entendemos como os irradiadores puros dos sete sentidos, e que alcançam tudo e todos, o tempo todo e durante todo o tempo. Mas suas irradiações já são polarizadas em:

Masculina e feminina;
Ativa e passiva;
Positiva e negativa;
Universal e cósmica, etc.

A partir dos Orixás Ancestrais começam a surgir as diferenciações que irão distinguir os Orixás que regem os polos magnéticos, que as captam como energias elementais puras e as irradiam como energias elementais mistas ou naturais, uma vez que já assumiram qualidades afins com a natureza que cada dimensão da vida possui, assim como já identificam os seres que as desenvolveram em seus mentais, pois uns já possuem uma natureza religiosa, outros possuem uma natureza ordenadora, etc.

Saibam que um ser elemental, que vive e evolui em uma dimensão básica formada por um só elemento, desenvolve dentro de seu mental um magnetismo igual ao magnetismo do Orixá Ancestral que o rege e liga-se mentalmente ao polo magnético irradiador da energia que o está alimentando.

Esse magnetismo individual é semelhante ao magnetismo planetário de uma das sete vibrações de um dos sete polos magnéticos regidos pelos Orixás Ancestrais.

Por isso, na Umbanda, o termo "ancestral" é muito usado... e tão pouco entendido. Só agora, e aqui, neste livro, o assunto está sendo aberto ao conhecimento do plano material, de forma científica e didática. Em nenhuma outra época da atual era religiosa da humanidade, e em nenhuma outra religião, este conhecimento foi aberto.

Por isso, não digam que Umbanda é só magia. Ela tem uma ciência muito profunda e superior à ciência de todas as outras religiões. Toda a Umbanda é fundamentada na ciência divina, que em seu conjunto é formada pelo estudo dos magnetismos dos elementos, das energias, das vibrações, das polaridades, dos sentidos e das irradiações.

Bem, o fato é que um ser, que em sua essência ou estágio virginal era alimentado por um tipo de essência, após formar seu mental, é atraído pelo magnetismo do elemento que surgiu após a transformação das essências em elementos.

Se o ser, no estágio de formação de seu mental, absorvia essência ígnea (fogo), será atraído pelo magnetismo ígneo da dimensão elemental básica do "fogo", onde desenvolverá sua natureza, magnetismo e sua afinidade vibratória com um dos dois polos da dimensão elemental do fogo. Vamos a um exemplo:

A Ciência Divina dos Tronos de Deus

→ Essência Ígnea

→ Polo igneo, cujo magnetismo atrativo absorve a essência ígnea e, após amalgamá-la em seu centro neutro, a irradia já como elemento bipolarizado.

→ POLO MAGNÉTICO ÍGNEO INDIFERENCIADO

→ IRRADIAÇÃO ÍGNEA PASSIVA OU POSITIVA

→ IRRADIAÇÃO ÍGNEA ATIVA OU NEGATIVA

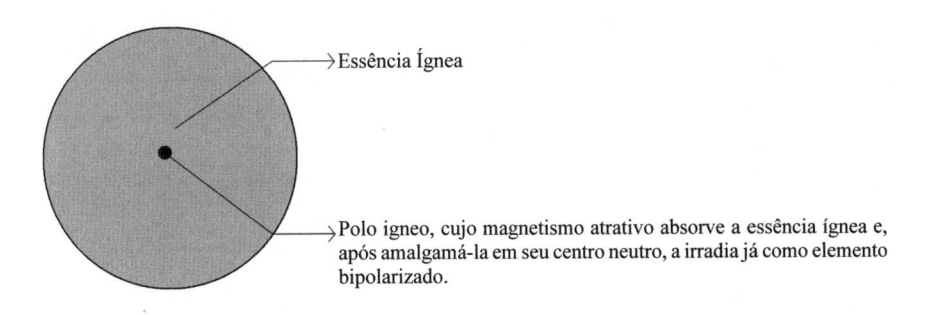

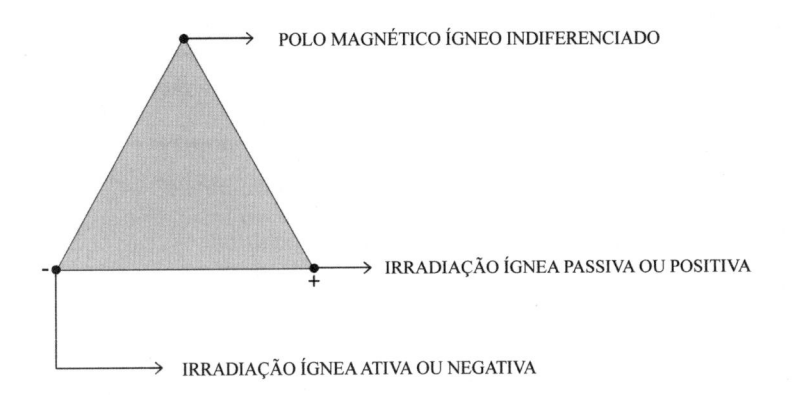

Então temos:

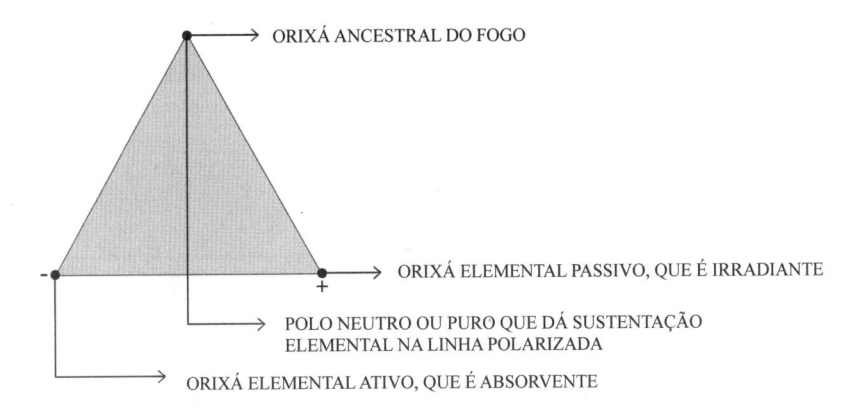

→ ORIXÁ ANCESTRAL DO FOGO

→ ORIXÁ ELEMENTAL PASSIVO, QUE É IRRADIANTE

→ POLO NEUTRO OU PURO QUE DÁ SUSTENTAÇÃO ELEMENTAL NA LINHA POLARIZADA

→ ORIXÁ ELEMENTAL ATIVO, QUE É ABSORVENTE

Então temos isto:

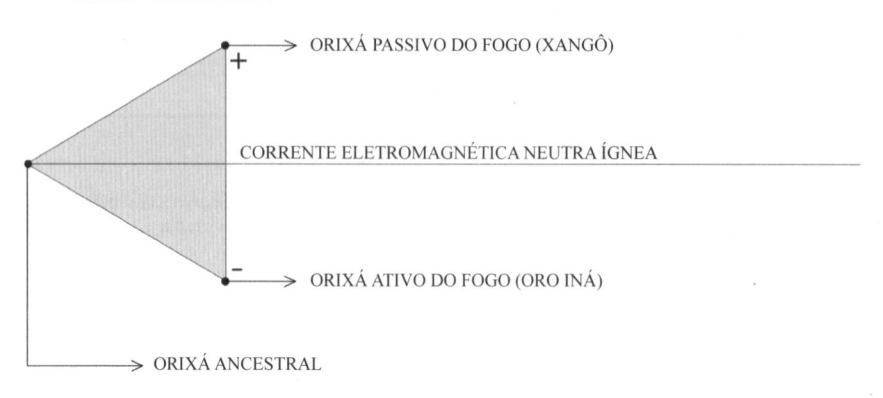

- ORIXÁ PASSIVO DO FOGO (XANGÔ)
- CORRENTE ELETROMAGNÉTICA NEUTRA ÍGNEA
- ORIXÁ ATIVO DO FOGO (ORO INÁ)
- ORIXÁ ANCESTRAL

— *o Xangô elemental é positivo (irradiação passiva).*
— *a Oro Iná elemental é negativa (irradiação ativa).*

— *irradiação passiva é igual à corrente contínua.*
— *irradiação ativa é igual à corrente alternada.*

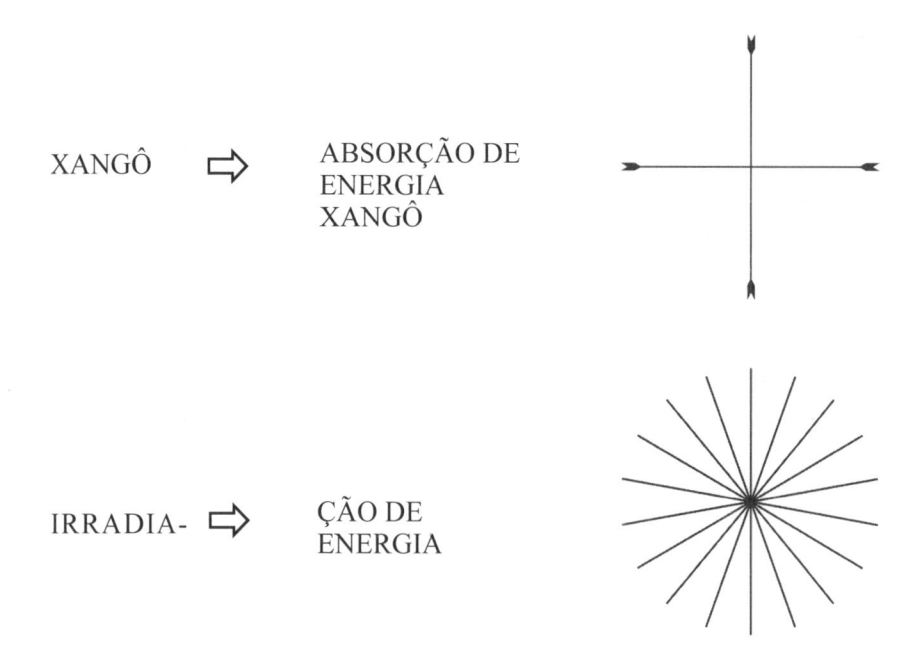

XANGÔ ⇨ ABSORÇÃO DE ENERGIA XANGÔ

IRRADIA- ⇨ ÇÃO DE ENERGIA

ORO INÁ ⇨ ABSORÇÃO DE ENERGIA ORO INÁ

IRRADIAÇÃO DE ⇨ ENERGIA

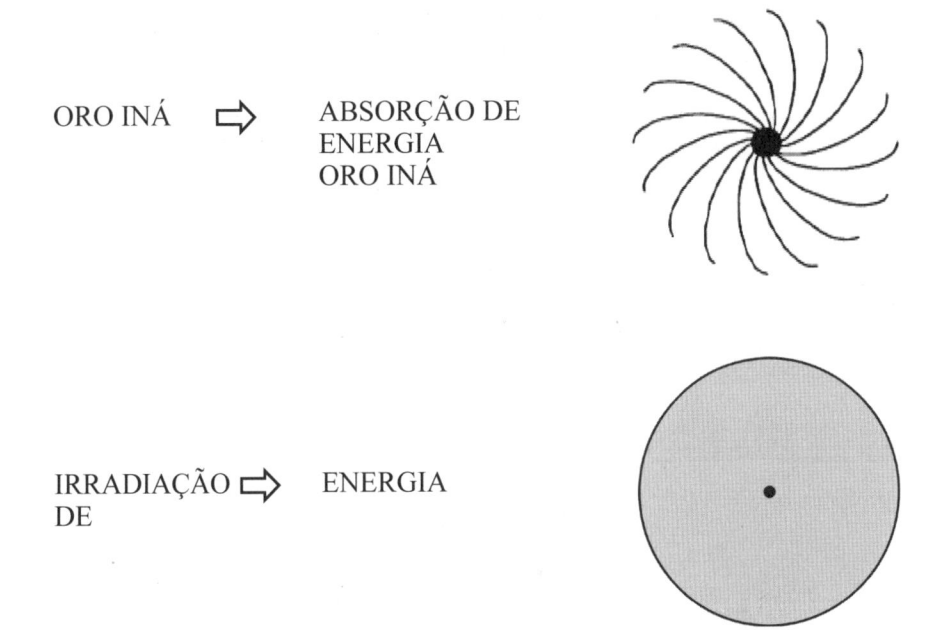

    O polo magnético de Xangô capta, em linha reta, as energias elementais, sempre por meio de quatro "entradas", e as irradia em raios retos em todas as direções, assemelhando-se a um sol luminoso;
    O polo magnético de Oro Iná capta, em linhas curvas, as energias elementais, sempre por todas as direções, formando uma roda espiralada, e as irradia por propagação, assemelhando-se a um sol flamejante.
    Observem que os magnetismos opostos diferenciam as formas como eles captam e irradiam as energias elementais ígneas. E isso, em um mesmo elemento. Então, quando entram em contato com seu segundo elemento (ar), aí formam correntes eletromagnéticas poderosíssimas que os continuam distinguindo, pois Xangô dá origem a uma corrente contínua (reta) e Oro Iná dá origem a uma corrente alternada (curva).

Corrente eletromagnética de Xangô
Corrente eletromagnética de Oro Iná

    Na grafia dos Orixás, os traços riscados obedecem às correntes eletromagnéticas e indicam quais Orixás estão sendo "firmados" em um ponto riscado, se bem que nem sempre os guias de Lei mostram isso, pois ocultam os traços por trás dos signos, que são muito mais difíceis de ser decodificados. "Precaução nunca é demais, ainda mais no campo da grafia dos Orixás!", dizemos nós.

Vamos mostrar como os outros Orixás absorvem e irradiam as energias, pois também possuem magnetismos que os diferenciam.

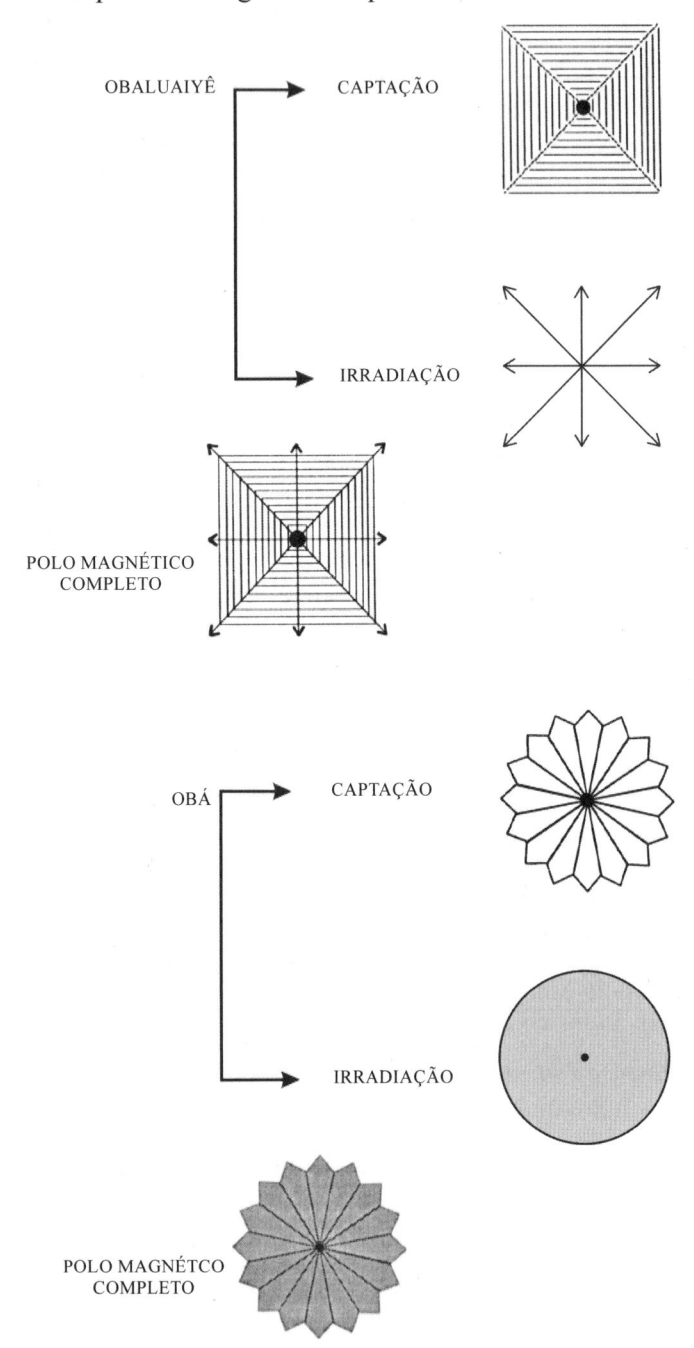

OBALUAIYÊ → CAPTAÇÃO

→ IRRADIAÇÃO

POLO MAGNÉTICO COMPLETO

OBÁ → CAPTAÇÃO

→ IRRADIAÇÃO

POLO MAGNÉTCO COMPLETO

A Ciência Divina dos Tronos de Deus

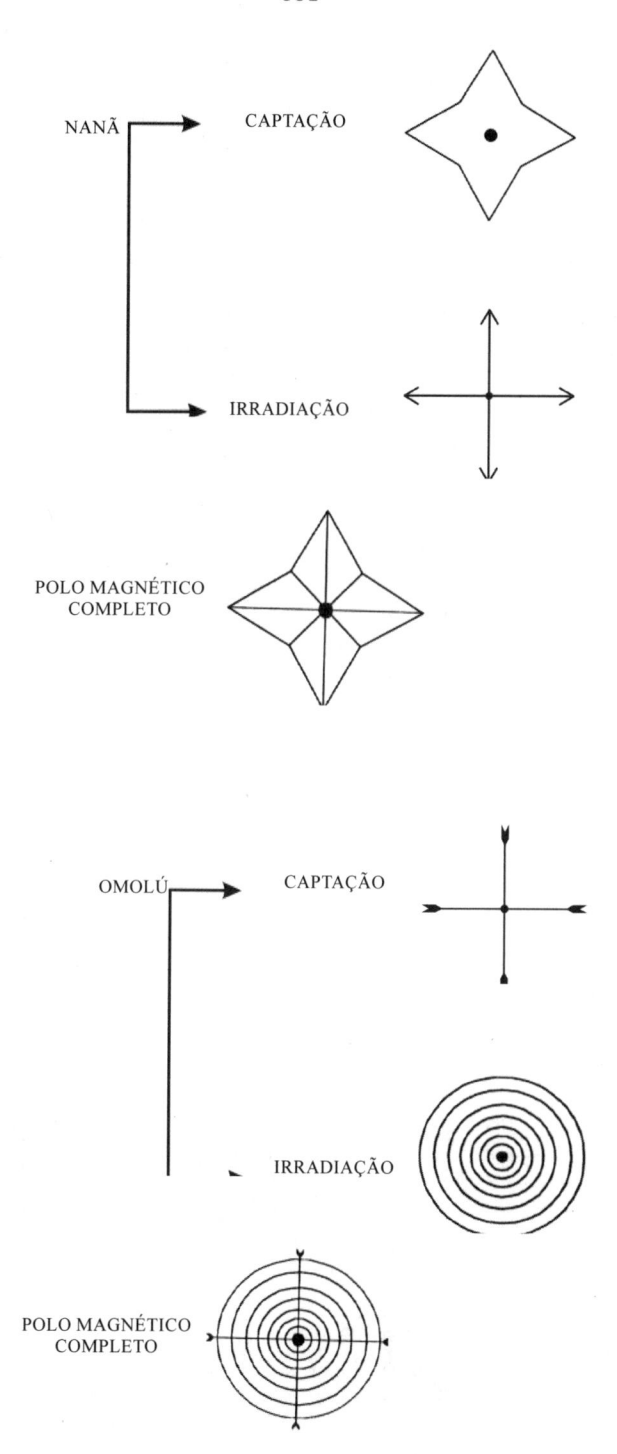

NANÃ ⟶ CAPTAÇÃO

⟶ IRRADIAÇÃO

POLO MAGNÉTICO COMPLETO

OMOLÚ ⟶ CAPTAÇÃO

IRRADIAÇÃO

POLO MAGNÉTICO COMPLETO

YANSÃ ➝ CAPTAÇÃO

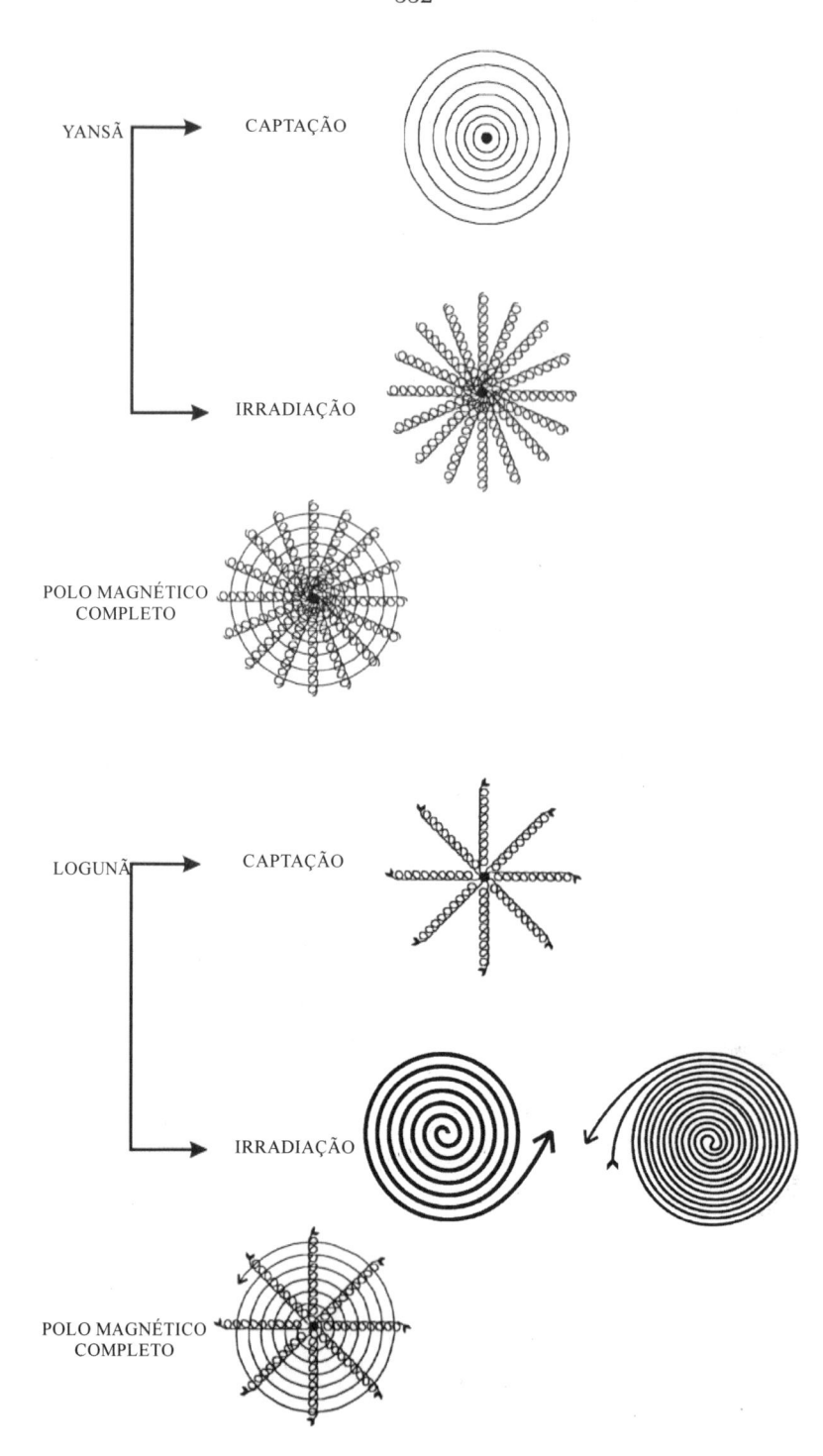

➝ IRRADIAÇÃO

POLO MAGNÉTICO
COMPLETO

LOGUNÃ ➝ CAPTAÇÃO

➝ IRRADIAÇÃO

POLO MAGNÉTICO
COMPLETO

A Ciência Divina dos Tronos de Deus

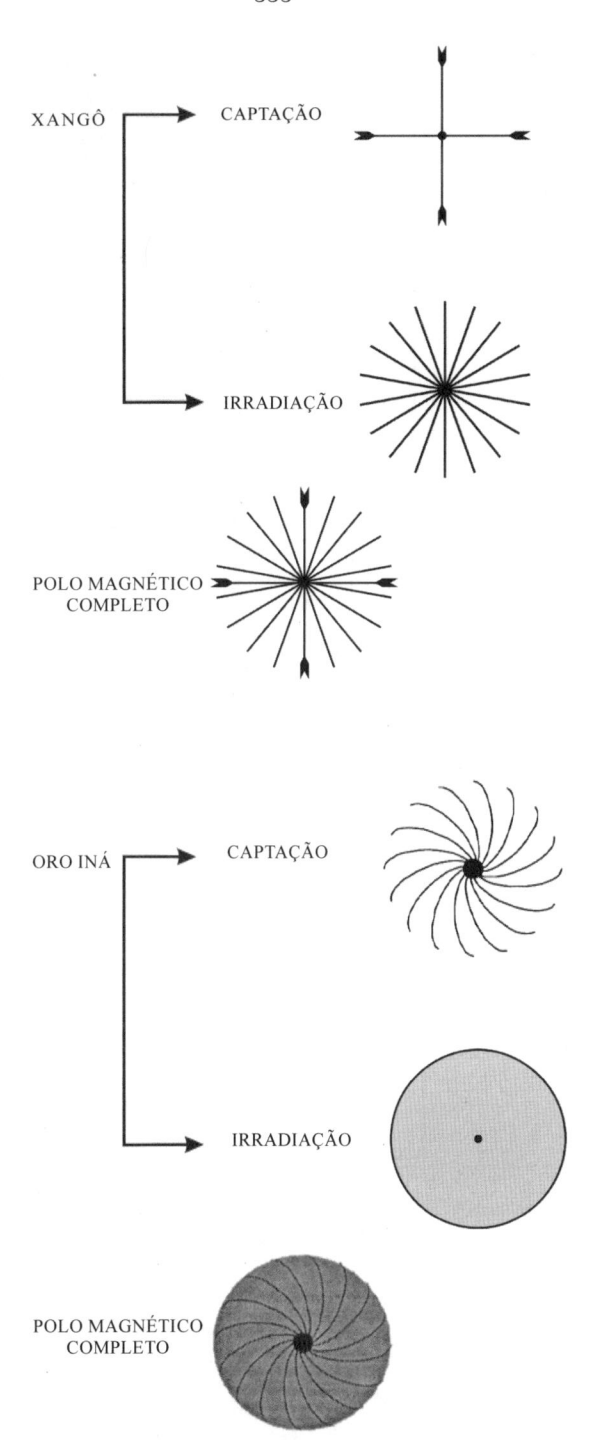

XANGÔ → CAPTAÇÃO

→ IRRADIAÇÃO

POLO MAGNÉTICO COMPLETO

ORO INÁ → CAPTAÇÃO

→ IRRADIAÇÃO

POLO MAGNÉTICO COMPLETO

OXUMARÉ → CAPTAÇÃO

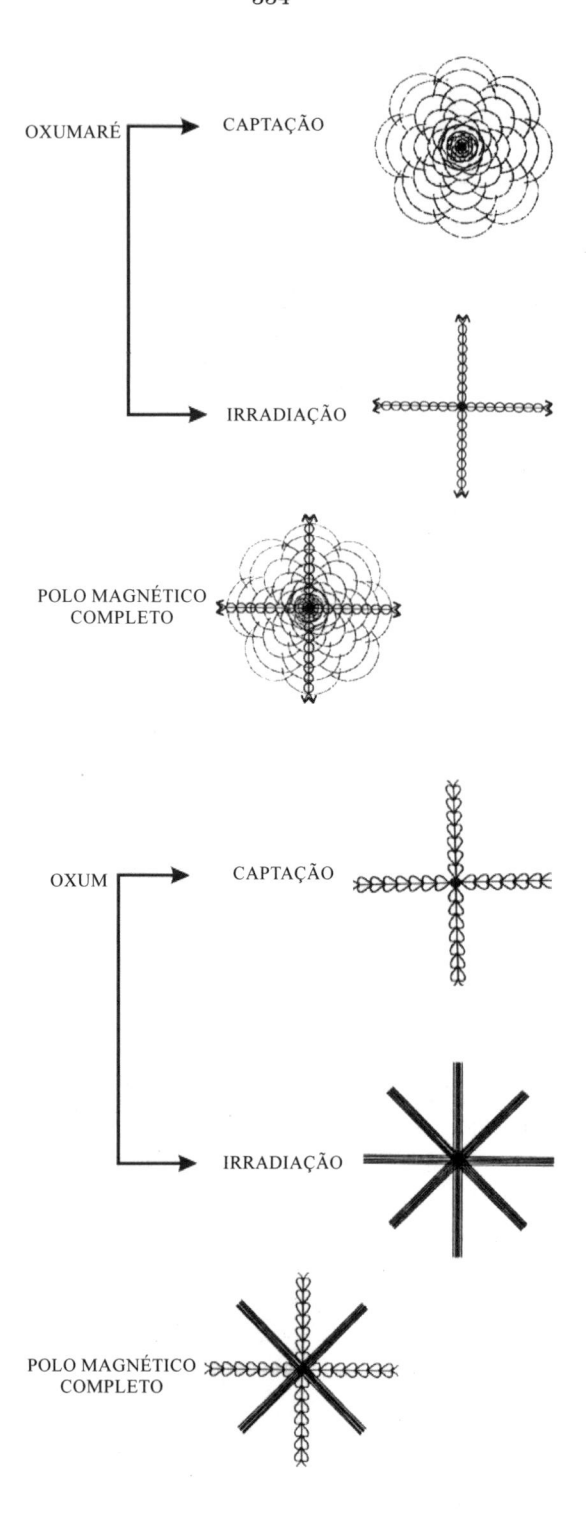

→ IRRADIAÇÃO

POLO MAGNÉTICO COMPLETO

OXUM → CAPTAÇÃO

→ IRRADIAÇÃO

POLO MAGNÉTICO COMPLETO

A Ciência Divina dos Tronos de Deus

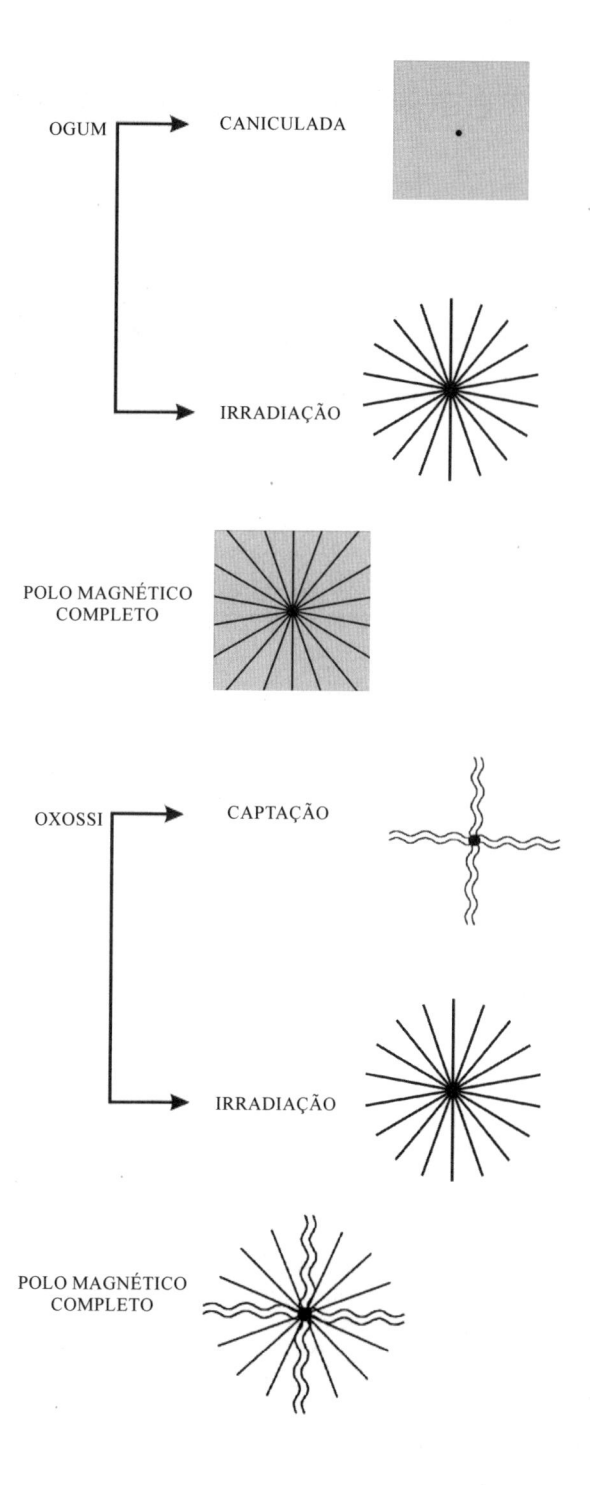

OGUM → CANICULADA

→ IRRADIAÇÃO

POLO MAGNÉTICO
COMPLETO

OXOSSI → CAPTAÇÃO

→ IRRADIAÇÃO

POLO MAGNÉTICO
COMPLETO

YEMANJÁ → CAPTAÇÃO

→ IRRADIAÇÃO

POLO MAGNÉTICO
COMPLETO

OXALÁ → CAPTAÇÃO
EM PARALELAS
RETAS

→ IRRADIAÇÃO
(TODAS AS DOS OUTROS ORIXÁS)

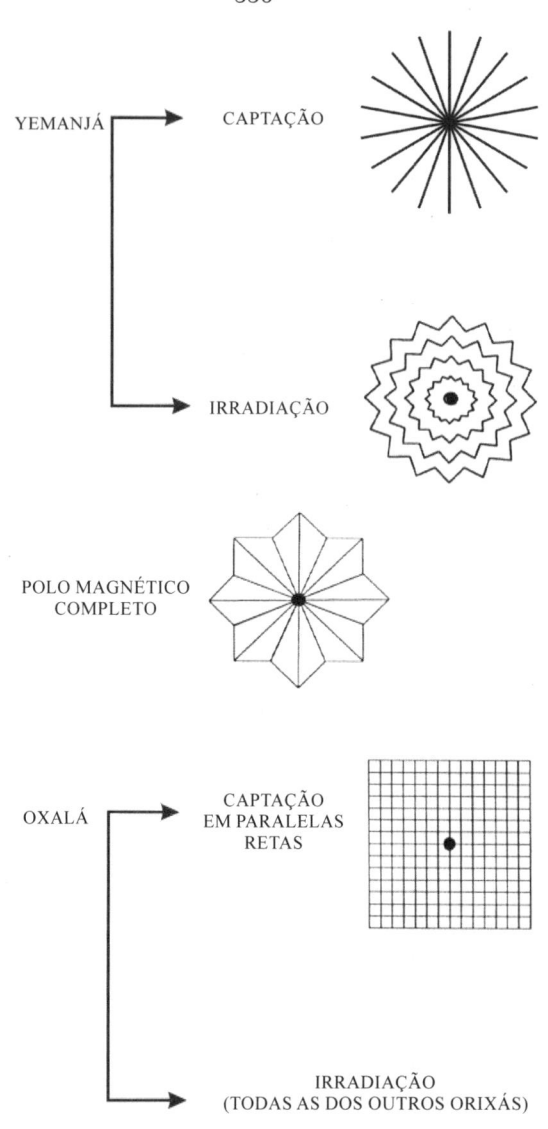

Oxalá é um Orixá cujo magnetismo absorve as energias cristalinas em paralelo e as irradia em todas as outras formas. Por isso dizemos: a fé está em todos os Orixás.

Entendam que os magnetismos básicos são os sete que mostramos no comentário anterior, e que os magnetismos que mostramos neste já estão diferenciados e polarizados em:

Positivos e negativos

Ativos e passivos

Masculinos e femininos

Os Orixás que pontificam as Sete Linhas de Umbanda já não são Orixás Ancestrais, e sim Orixás Naturais.

Por isso são irradiadores de energias mistas e ora recorrem a um tipo de irradiação, ora recorrem a outro tipo de irradiação magnética, pois seus campos de atuação são vastíssimos e por eles já fluem todos os tipos de energias, ainda que uma seja predominante no seu campo de ação.

As sete linhas formam-se a partir das polarizações entre os Orixás.

Vamos dar o segundo elemento dos 14 Orixás que pontificam as Sete Linhas de Umbanda para que entendam como é difícil identificar suas irradiações mistas num campo energético. No quadro a seguir temos o segundo elemento dos Orixás que estão assentados nos 14 polos energomagnéticos das Sete Linhas de Umbanda.

Orixá	1º Elemento	2º Elemento	Linha
Oxalá	Cristal	Todos	Fé
Oyá	Cristal	Ar	Fé
Oxum	Mineral	Fogo	Amor
Oxumaré	Cristal	Mineral	Amor
Oxóssi	Vegetal	Ar	Conhecimento
Obá	Terra	Vegetal	Conhecimento
Xangô	Fogo	Ar	Justiça
Yansã	Ar	Fogo	Lei
Ogum	Ar	Fogo	Lei
Egunitá	Fogo	Ar	Justiça
Obaluaiyê	Terra	Água	Evolução
Nanã	Água	Terra	Evolução
Yemanjá	Água	Cristal	Geração
Omulu	Terra	Água	Geração

Agora, quando estudamos o terceiro elemento, aí os magnetismos se mostram ainda mais difíceis de ser identificados e surgem as linhas inclinadas ou irradiações perpendiculares, que dão sustentação aos entrecruzamentos dos Orixás, que, no final, estão em tudo e em todos os níveis vibratórios naturais.

Afinal, eles não são chamados de divindades naturais por acaso ou porque nós assim queremos. Se eles são as divindades naturais, é porque são os tronos regentes da Natureza.

A Expansão da Vida nas Dimensões Planetárias

Saibam que a cada era religiosa (77.000 anos) todas as dimensões crescem externamente um grau magnético.

Esse crescimento externo acontece assim: no início de cada era religiosa, o Divino Criador abre suas sete dimensões essenciais da vida para que trilhões de seres, já formados mentalmente, iniciem o estágio elemental da evolução.

Esse fluxo tem início conforme a capacidade de absorção das dimensões elementais básicas que recebem, os seres já estarão preparados para iniciar esse estágio evolutivo.

São tantos seres, que usamos a palavra trilhões com o sentido de "incontáveis".

As dimensões elementais básicas, por um processo divino, expandem-se em um grau, novo e inabitado, que acolherá esses trilhões de seres virginais.

Nessa nova "faixa" elemental pura, que repete em tudo os outros graus já ocupados por seres elementais mais evoluídos, vão sendo assentados os tronos elementais (masculinos e femininos) que alcançam o grau divino chamado de "Pai e Mãe".

Para um trono conquistar esse grau, que é sua meta principal, ele tem de concluir todo um giro evolutivo.

Um giro evolutivo significa que ele, um manifestador puro e natural de uma qualidade de Deus, iniciou sua evolução ou crescimento divino em uma onda fatoral regida pelo Trono de Deus responsável por ela, que estacionou ali e cresceu no grau de Trono Fatoral.

Vamos recorrer a uma Oxum para mostrarmos como é essa evolução divina dos Tronos de Deus:

Deus gera em Si o Seu Amor Divino. E gerou nessa Sua qualidade uma de Suas divindades, que denominamos Oxum, o Trono do Amor, divindade também capaz de gerar em si o Amor Divino, cujo fator Agregador permite que aconteçam as uniões e as ligações que sustentam a criação divina. Logo, Oxum é a Mãe de Concepção Divina.

Deus gerou em Si Oxum, seu Trono do Amor, agregador e conceptivo, e Oxum é, em si, essa qualidade divina.

Então Deus gerou em Si seres cuja qualidade original é agregadora e conceptiva, e os gerou nesta Sua onda viva da vida, onde foram fatorados por Oxum e passaram a ser regidos por ela, o Trono do Amor, agregador e conceptivo, de natureza amorosa, agregadora e conceptiva.

Deus gerou Oxum em Si e a tornou a divindade geradora e irradiadora dessa Sua qualidade viva. Já os seres, Deus os gerou de Si e Oxum, esta sua qualidade viva e divina, os fatorou e os imantou com sua qualidade amorosa, agregadora e conceptiva. A partir daí, aos olhos de Deus, todos os Seus filhos gerados de Si na Sua qualidade amorosa, agregadora e conceptiva, são vistos por Ele como os filhos de Oxum, a divina Mãe do Amor, da agregação e da concepção. Eles nunca mais deixarão de ser filhos de Oxum, pois Deus os gerou nessa Sua qualidade. E mesmo que se passem bilhões de anos, continuarão a ser identificados como filhos de Oxum, pois herdaram dela sua natureza amorosa, agregadora e conceptiva. Mas eles irão evoluir e incorporar outras qualidades a essa qualidade original que herdaram da divina Mãe do Amor, que não vive no exterior de Deus, mas sim no Seu "interior", pois é em si mesma essa qualidade geradora d'Ele.

Oxum é Deus?

Não — respondemos nós — Ela é Sua qualidade amorosa, agregadora e conceptiva, à qual Ele irradia e exterioriza, fazendo com que ela flua como uma onda viva que, em um padrão vibratório próprio, interpenetra toda a criação divina e a imanta com seu magnetismo amoroso, agregador e conceptivo.

Mas Deus, que gerou em Si essa Sua qualidade e a divindade que a distingue e individualiza, continuou a gerar em Si uma hereditariedade divina denominada de "Divindades Oxum", ou divindades amorosas, agregadoras e conceptivas, que irão crescer e ocupar todo o Seu exterior, que está sendo ocupado pelos seres que ele gera de Si nesta Sua qualidade "Oxum".

Logo, Deus não se expande internamente, mas externamente, pois Suas ondas vivas ocupam todo Seu exterior, que continua a ser expandido, criando universos e tudo o que os forma e os torna próprios para a expansão da vida.

Deus, primeiro, cria os meios ou recursos necessários para a vida, depois cria a vida, gerando os seres, as criaturas e as espécies que ocuparão os universos, já criados por Ele.

Portanto, antes de gerar vida, Deus gera os meios onde ela fluirá.

Ele gera o tempo todo, de Si, Sua qualidade agregadora e conceptiva, e gera continuamente Sua divindade Oxum, que vai sendo multiplicada e repetindo-se na sua hereditariedade divina, toda formada por divindades Oxum, ou mães do Amor Divino, todas agregadoras e conceptivas.

As Oxuns fatorais estagiam no íntimo de Deus, em Sua qualidade fatoradora, onde adquirem a capacidade de gerar o fator agregador e conceptivo, e vão ocupando o meio virginal, sempre por meio da expansão de sua onda viva.

Nessa ocupação por divindades agregadoras e conceptivas, a vida tem seu recurso agregador de seres e concebedores de vidas.

Elas vão assentando-se e criando à volta de seus Tronos as condições ideais para que os seres, gerados por Deus na sua qualidade Oxum, possam ser agregados e fatorados, até que alcancem as condições para ser conduzidos à dimensão essencial da vida.

Quando uma dessas Oxuns fatorais enviam para a dimensão essencial todos os seres a ela confiados por Deus, é chegado o momento dela recolher em si o mistério gerador do seu fator agregador e conceptivo, e enquanto vai recolhendo-o, seu magnetismo vai se concentrando de tal forma, que ela se torna em si mesma um polo magnético agregador e conceptivo, habilitando-se ao grau de Oxum Essencial.

Este seu novo grau e poderoso magnetismo a conduz à dimensão essencial da Vida, onde aglutinará ao seu redor tantos seres quanto o seu magnetismo atrair, dando-lhes sustentação.

O mesmo se repete, e quando esses seres essenciais forem conduzidos à dimensão elemental, ela recolherá sua irradiação essencial e alcançará o grau de Oxum Elemental.

Quando todos os seres elementais amparados por ela forem conduzidos às dimensões duais, ela alcançará o grau de Oxum bipolar ou dual, assumindo a condução e o amparo de tantos seres quanto seu magnetismo atrair.

O estágio seguinte é o encantado, onde regerá todo um reino da natureza, no qual permanecerá, no mínimo, por toda uma era religiosa, ou um período de 77.000 anos solares.

O próximo passo é alcançar o grau de Oxum Natural, no qual será uma geradora de energias agregadoras e conceptivas, e atuará por irradiação magnética, em muitas dimensões. Também iniciará a formação de sua hierarquia de intermediadoras, não tendo um tempo definido para permanecer nele.

Mas assim que desenvolver seu magnetismo celestial, seu campo de ação abre-se para outras esferas da Vida, sempre em contínua expansão.

Esse "evoluir" de uma divindade, nada mais é que a contínua ocupação dos espaços e meios que Deus vai criando para que os seres, em contínua evolução, possam ser conduzidos a novos estágios e possam "crescer", sempre amparados pelas divindades manifestadoras das suas qualidades, o Divino Criador.

O Universo físico está em contínua expansão ou crescimento, e o mesmo acontece com as dimensões da Vida, pois Deus gera de Si, continuamente, seres, criaturas e espécies, que vão ocupando os espaços que vão sendo criados por Ele.

As divindades também expandem-se, pois à medida que aumentam suas irradiações, magnetismo e vibração, aumentam seus campos de atuação.

No exemplo que demos com as divindades geradoras do Amor Divino (as Oxuns), nós vimos que no início geravam e irradiavam apenas o fator agregador, mas à medida que evoluíam iam gerando essência, depois elemento, depois energia, para, no estágio natural, gerarem tudo isso e irradiarem energias fatoradas.

Após concluírem todo esse giro evolutivo, essas Oxuns "Naturais" podem optar por ascender às esferas celestiais e atuar em níveis vibratórios interplanetários, onde cada planeta será só mais uma das "moradas" divinas sob seu amparo e atuação, ou podem optar por assumir o grau de regentes de uma nova faixa elemental, ou dual, ou encantada, criada automaticamente por Deus a cada 77.000 anos, na qual essas Oxuns excelsas se assentarão em definitivo e por todo o sempre, e à qual regerão com seu Mistério do Amor, agregador e conceptivo, pois individualizaram-se e habilitaram-se como manifestadoras plenas dessa qualidade divina.

Essa condição única para uma divindade dota-a do poder de gerar, tanto em si quanto de si, tudo do que for preciso para que sua faixa permaneça sempre em equilíbrio vibratório, energético e magnético, e vá se expandindo segundo a vontade de Deus e as necessidades da vida que fluirá naturalmente dentro dela.

Este "fluir da vida" significa que seres a habitarão e encontrarão nesta nova faixa tudo do que for preciso para crescer e evoluir, pois a divindade que a rege se tornou uma individualização do Divino Criador no mistério que manifesta em si e de si.

Saibam que as divindades assentadas nos 14 polos magnéticos das Sete Linhas de Umbanda Sagrada já concluíram esse ciclo evolutivo que descrevemos, e optaram por assentar-se e reger essa faixa natural, ou quarto estágio da Evolução.

Aqui foram assentadas há muito tempo, e aqui permanecerão por todo o sempre, pois são indissociáveis do próprio meio e vida aqui existentes.

O que há em nosso planeta, em suas múltiplas dimensões, só existe porque as divindades naturais são capazes de gerar em si tudo do que precisamos, como são capazes de gerar de si tudo do que ainda viermos a precisar.

Assim é e não precisamos nos preocupar com o amanhã de nossa evolução, pois elas estão se expandindo continuamente e criando as condições ideais para que continuemos crescendo mentalmente e evoluindo conscientemente, sem precisarmos ir para outros planetas. Mas, caso um ser evoluidíssimo opte por atuar em outra orbe planetária e evoluir em outra realidade extra-humana, até isso elas estão aptas a nos facultar, pois são as divindades naturais de Deus, são os Sagrados Orixás regentes da natureza.

O Mistério das Energias Básicas

Nosso planeta é formado por muitos tipos de compostos energéticos.

Temos os compostos aquáticos:
Água doce, Água salgada, Água mineral, etc.

Temos os compostos minerais:
Minérios, Metais, Silicatos, etc.

Temos os compostos ígneos:
Magma, Carvões mineral e vegetal, etc.

Temos os compostos telúricos:
Areia, Saibro, Terra, etc.

Temos os compostos vegetais:
Madeira, Folhagens, Gramíneas, etc.

Temos os compostos eólicos:
Ar, Gases, etc.

Temos os compostos cristalinos:
Pedras, Gemas, Cristais, etc.

Enfim, nosso planeta é energia condensada em estado de repouso, mas que também energiza o meio ambiente, tornando-o próprio para a vida como a conhecemos.

Mas este nosso planeta não se resume só à sua dimensão material porque temos uma contraparte espiritual, onde tudo o que existe obedece a outro padrão vibratório, ainda que tudo seja sustentado pelo mesmo tipo de magnetismo do plano material.

Se a dimensão humana tem sua base no plano material, cujo amálgama energético é gerador de uma energia classificada como sétupla, existem outras dimensões onde a base é formada de energias puras, energias estas que estão na origem do nosso "mundo" material.

Nós já comentamos sobre as sete dimensões básicas e não vamos nos repetir aqui. Apenas vamos mostrar onde as suas energias atuam na vida e evolução dos seres humanos, que estão espalhados nesse composto energético que os hindus chamam de "prana", outros chamam de éter, energia vital, etc.

Sim, esse nosso "prana" é um amálgama energético formado de muitos tipos de energias. E, ainda que na origem de tudo só exista uma energia viva que denominamos de divina, dependendo do padrão vibratório por onde Deus a emana, então vão surgindo energias puras, já passíveis de classificação como fatores, ou energias fatorais.

Nós temos sete energias básicas formando nosso composto sétuplo, as quais já comentamos diversas vezes. Vamos aqui mostrar onde elas atuam em nossa vida:

1º — Energia Básica Cristalina: esta energia é fundamental às operações no campo religioso e é a energia básica da Fé. Ela alimenta nossos sentimentos religiosos e sustenta nossa evolução nesse sentido da Vida.

2º — Energia Básica Mineral: esta energia é fundamental às operações no campo do amor. Ela alimenta nossos sentimentos fraternais e sustenta nossas concepções, servindo-nos com seu magnetismo agregador.

3º — Energia Básica Vegetal: esta energia é fundamental às operações mentais no campo do raciocínio. Sua expansividade serve para alimentar nosso raciocínio e aguçar nossa percepção, dando leveza e agilidade à nossa mente. O intelecto absorve essa energia, pois é ela que o alimenta.

4º — Energia Básica Ígnea: esta energia é fundamental ao equilíbrio mental no campo da razão. Sua absorção é vital para que alcancemos um ponto de equilíbrio em todos os sentidos da Vida. Assim como cada substância tem seu ponto de equilíbrio, medido em graus Celsius ou Farenheit, nós também temos esse ponto. E dependendo da absorção dessa energia ígnea, tanto podemos acelerar quanto paralisar nosso racional, deixando de usar a razão e recorrer à emoção ou aos instintos.

5º — Energia Básica Eólica: esta energia é fundamental ao arejamento mental e ao equilíbrio emocional. Se absorvemos muito, tornamo-nos emotivos e "aéreos", mas se absorvemos pouco, tornamonos densos e "bitolados". Ela areja nossa mente, direciona nossa evolução e fortalece nossos sentimentos virtuosos.

6º — Energia Básica Telúrica: esta energia é fundamental para a estabilidade do ser. Se absorvemos muito, nos "petrificamos", tornandonos conservadores ou dogmáticos; se absorvemos pouco, aí nos desestabilizamos e nos tornamos muito liberais ou libertinos.

7º — Energia Básica Aquática: esta energia é fundamental à criatividade do ser, se absorvida na quantidade certa. Se absorvemos pouco, deixamos de ser criativos; se absorvemos demais, nos tornamos devaneadores.

Aí têm uma descrição sucinta das sete energias que formam o composto energético sétuplo que todas as pessoas absorvem aqui no plano material, energias estas que estão diluídas no "prana", o qual é absorvido pelos nossos chacras e é internalizada e armazenada nos órgãos energéticos dos sentidos, os quais são usados em nossas operações mentais relativas aos sete sentidos da Vida, que são estes:

        Sentido da Fé ou religiosidade
        Sentido do Amor ou concepção
        Sentido do Conhecimento ou raciocínio
        Sentido da Justiça ou razão
        Sentido da Lei ou ordenação
        Sentido da Evolução ou saber
        Sentido da Geração ou criatividade

Esses sentidos estão relacionados com os Tronos de Deus, que são manifestadores divinos dessa qualidade d'Ele.

Portanto, quando se sentirem fragilizados em algum desses sentidos, é recomendado que oferendem aos Sagrados Orixás relacionados a ele e clamem pela sua atuação direta e ostensiva, pois assim logo será alcançado um reequilíbrio energético.

Esse reequilíbrio é condição básica para a elevação do ser e para a aceleração da evolução espiritual.

O Mistério das Ondas Vibratórias

As ondas vibratórias são um mistério da criação e estão espalhadas por todo o Universo, tanto o físico quanto o etéreo.

Aqui no plano físico, o nosso corpo é atravessado o tempo todo por ondas de todos os tipos, às quais não percebemos porque fluem em padrões vibratórios diferentes do nosso, o padrão humano.

O padrão humano tanto se aplica aos espíritos encarnados quanto aos desencarnados, pois só é "humano" quem vibra nesse padrão, cujo magnetismo é único já que outro igual não existe em toda a criação divina.

O nosso padrão vibratório torna visível para nós tudo o que Deus criou dentro dele. Não podemos ver outras criações vibrando em outros padrões, porque estão fora do nosso padrão visual, assim como não as sentimos, porque estão fora do nosso padrão sensitivo.

Com isso explicado, saibam que um mesmo espaço pode estar ocupado por mais de uma coisa, desde que vibrem em padrões diferentes e pertençam a outras dimensões. Mesmo as ondas espirituais nos são invisíveis, ainda que estejam dentro do padrão vibratório "humano".

Temos ondas: Cristalinas
　　　　　　　Minerais
　　　　　　　Vegetais
　　　　　　　Ígneas
　　　　　　　Eólicas
　　　　　　　Telúricas
　　　　　　　Aquáticas

Mas também temos ondas: Racionalizadoras
Magnetizadoras
Vitalizadoras
Energizadoras
Geradoras
Equilibradoras
Direcionadoras
Ordenadoras
Agregadoras
Congregadoras
Expansoras
Transmutadoras
Desenergizadoras
Paralisadoras
Absorvedoras
Desmagnetizadoras
Consumidoras
Potencializadoras
Estimuladoras
Apatizadoras
Movimentadoras
Mobilizadoras
Concentradoras
Sensualizadoras
Excitadoras
Irritantes, etc.

As ondas acima tanto circulam pelas muitas dimensões da Vida como são irradiadas pelos Tronos de Deus.

Uma pessoa, ao clamar a Deus e a Seus Tronos ou Orixás, caso seja merecedora, imediatamente entra em uma sintonia vibratória mental que possibilita a captação de uma ou várias ondas vibratórias, que se ligarão ao seu mental ou aos seus chacras, ou mesmo a órgãos energéticos do seu corpo espiritual, passando a receber a energia, essência ou fator que a fortalecerá no sentido ou faculdade onde está debilitada.

Muitas curas obtidas por meio de preces ou de oferendas acontecem através de ondas vibratórias projetadas pelas divindades que, assim amparam religiosamente seus filhos até que estes voltem a gerar em si a energia, essência ou fator que está faltando-lhes.

Saibam que muitas pessoas, ao alimentarem sentimentos negativos, tais como ira, ódio, inveja, ambição, luxúria, morbidez, etc., colocam-se em sintonia mental com ondas vibratórias afins com esses sentimentos e aí passam a absorver uma energia afim, que as sobrecarregará e irá fechando suas faculdades mentais e as suas fontes internas geradoras de energias que lhes dão sustentação.

As ligações são automáticas, e elas se estabelecem por causa das afinidades magnéticas.

Muitas pessoas, cuja psique sofreu algum abalo emocional e a partir daí adquiriram uma patologia mental, são muito sensíveis a ondas vibratórias, às quais se ligam e das quais tornam-se absorvedoras das energias que transportam.

Muitos dos trabalhos espirituais realizados pelos espíritos mentores visam reequilibrar o mental das pessoas abaladas, descarregando seus emocionais hipercarregados das energias que estão absorvendo dessas ondas vibratórias transportadoras de energias negativas, assim como ligam a elas ondas transportadoras de energias que as auxiliarão na cura de suas patologias psíquicas.

Por desconhecerem as ondas vibratórias, os médicos acusam os médiuns de charlatães. Mas se os médiuns, assim como os médicos, não veem essas ondas, os espíritos as veem, e podem atuar sobre o emocional de uma pessoa doente, predispondo-a a desligar-se de ondas negativas e a ligar-se a ondas positivas que a curarão, realizando curas tidas como impossíveis pelos médicos que só levam em consideração o corpo físico e nada conhecem do corpo energético dos seus pacientes.

Se os guias espirituais usam alguns objetos materiais, consagrados e potencializados nos pontos de forças dos Orixás, é porque esses objetos adquiriram a capacidade de atrair ondas ligadas às pessoas, livrando-as do fluxo energético que está acentuando ainda mais seu negativismo.

Por desconhecimento do real poder dos objetos potencializados usados nas tendas de Umbanda, muitos a tacham de fetichista. Mas se um bom médico precisa ter uma sala de cirurgias ou um consultório bem aparelhado, o mesmo se aplica a um guia espiritual, pois só tendo ao alcance das mãos objetos materiais potencializados pelas divindades realizarão curas no campo energético.

Saibam que são muitos os elementos materiais neutros na natureza, mas que, assim que são consagrados "religiosamente", imediatamente tornam-se irradiadores de tipos de energias elementares puras ou mistas, ou tornam-se absorvedores de ondas ou de energias negativas, às quais absorvem e enviam a dimensões elementares, onde elas são diluídas e incorporadas ao éter.

Sim, porque quando absorvem energias condensadas na aura ou no corpo energético das pessoas, esses objetos as internalizam e as fracionam, transformando-as em essências.

— pedras minerais ou cristalinas absorvem energias e ondas, assim como as irradiam, podendo ser direcionadas mentalmente;
— velas absorvem energias, essências e elementos, assim como consomem cordões energéticos. Também irradiam toda uma gama de ondas vibratórias transportadoras de energias ígneas;
— ervas e sementes geram certas essências que são curadoras, cicatrizadoras, energizadoras, higienizadoras ou potencializadoras;
— "ferramentas" feitas dos mais variados minérios, assim que são consagradas para uso mágico ou religioso, adquirem a capacidade de atrair ou projetar ondas vibratórias energizadas. Mas também absorvem energias condensadas no éter dos templos, ou no campo eletromagnético dos médiuns ou dos consulentes dos guias espirituais.

Saibam que o hábito de lavar instrumentos magísticos tem a ver com a potencialização ou sua descarga.

Nos assentamentos dos Orixás, há elementos materiais que atraem ondas vibratórias negativas projetadas contra as tendas, evitando que elas se liguem aos médiuns que formam suas correntes mediúnicas. O mesmo costuma acontecer com os assentamentos do Exu da casa ou dos seus médiuns.

Por isso é fundamental a existência de um assentamento coletivo para as esquerdas dos médiuns.

Vamos mostrar algumas ondas vibratórias e como elas se apresentam nos mistérios da Umbanda.

Onda Vibratória Cristalina Passiva: esta onda, quando positiva, é denominada de "onda reta estimuladora da Fé". O sentimento religioso virtuoso sustentador de uma fé sadia cria no mental das pessoas um magnetismo positivo que atrai essas ondas retas que cruzam todo o amplo espectro multidimensional da criação.

Os mecanismos da Fé são muito delicados e atraem ou desligam essas ondas sutilíssimas com muita facilidade.

Pessoas dotadas de uma fé virtuosíssima costumam atrair tantas ondas cristalinas positivas, que elas formam um faixo branco entrando pelo chacra coronário. Por outro lado, quando essa onda é negativa, nós a denominamos de "onda curva retificadora da Fé".

O sentimento religioso desvirtuado, o fanatismo e o mau uso dado aos mistérios da Fé despertam nos seres um magnetismo negativo, que atrai essas ondas cuja função é a de alterar os sentimentos religiosos negativos e esgotar a fé em quem a negativou.

Vamos aos tipos de ondas cristalinas:

1º — Onda Reta Estimuladora:

Esta onda vai projetando-se à direita e à esquerda, torna-se duas novas ondas, que seguem retas e logo projetam-se à direita e à esquerda, multiplicando-se continuamente.

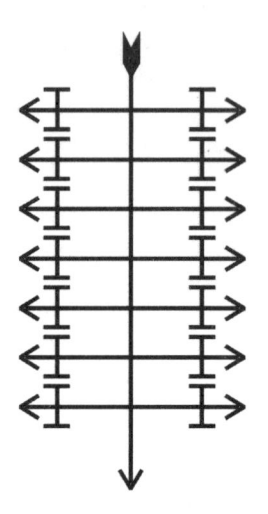

Essa onda reta cristalina também é projetada pelo Trono da Fé, conhecido na Umbanda como Orixá Oxalá, e tem na Umbanda linhas de ação e reação, cujos nomes simbólicos fundamentam-se nesse tipo de ondas vibratórias. Vamos a duas delas:

• Linha dos Caboclos Sete Encruzilhadas
• Linha dos Exus Sete Encruzilhadas

O símbolo sagrado dos Caboclos Sete Encruzilhadas é este:

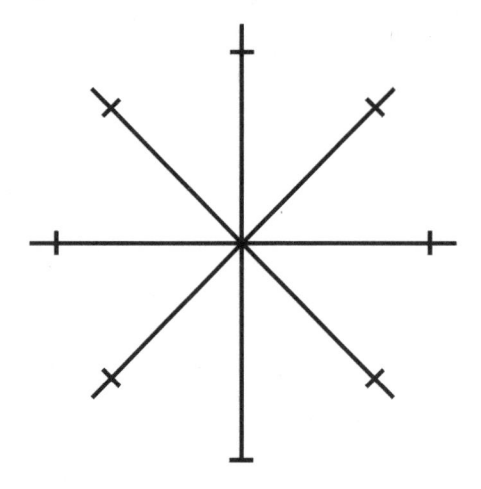

O símbolo sagrado dos Exus Sete Encruzilhadas é este:

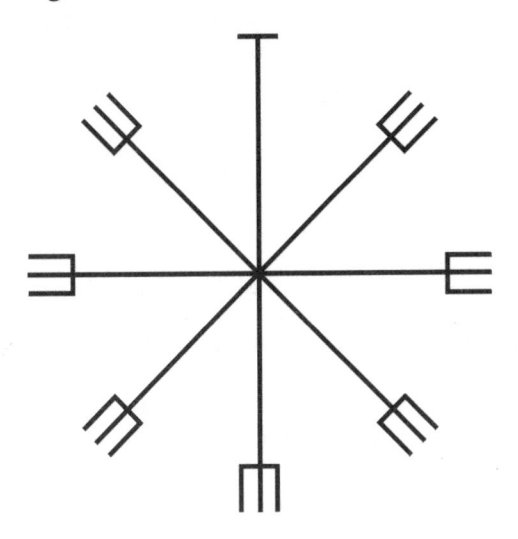

Todo Caboclo Sete Encruzilhadas irradia um mistério da Fé e seu símbolo é a reprodução de sete ondas retas com apenas uma multiplicação. E quando eles atuam, podem projetar mentalmente uma onda reta que energizará o mental das pessoas que atendem nos centros de Umbanda Sagrada. Essa energização por meio de ondas vibratórias visa dar sustentação mental às pessoas até que elas voltem a vibrar sentimentos religiosos virtuosos e se realinhem com a irradiação vertical reta projetada pelo divino Trono da Fé, o nosso amado Pai Oxalá.

Já os Exus Sete Encruzilhadas são irradiadores de um mistério cósmico que alcança todos os que estão se excedendo nas coisas religiosas, inclusive podem ativar alguns aspectos negativos do trono cósmico que atua no "embaixo" do Orixá Oxalá.

Seus símbolos são sete "cruzes" quebradas que formam sete tridentes retos.

Saibam que os símbolos religiosos, ou mágicos, estão fundamentados também nos tipos de ondas vibratórias, mas outros mistérios também os formam.

A magia cabalística, ou magia traçada riscada com "pemba", obedece ao que acabamos de revelar.

Certos sinais têm vários "significados", mudando em função do magnetismo e do elemento afixado em um ponto riscado pelos guias de Lei, magos e Exus de Lei, contrariando muitas coisas já escritas por autores que se arvoram em magos e profundos conhecedores da grafia mágica ou religiosa dos Orixás.

A verdade é que a abertura do mistério dos Tronos e da Ciência Divina começou conosco porque a nós foi confiada. Quanto ao que andaram escrevendo e apregoando aos quatro cantos e aos quatro ventos, são só ilações desprovidas de fundamentos, sustentadas por puro diletantismo, abstracionismo e falso magismo.

Observar pontos riscados pelos guias de Lei, retirar certos signos deles, e desenvolver toda uma teoria acerca de seu significado não é o mesmo que descrever seus fundamentos, já que os signos são vagos e dependem da interpretação de quem os lê.

Muitos já fizeram isso com os pontos riscados e alguns chegaram a desenvolver todo um discurso revestido de pseudossaber, apenas porque desconheciam as chaves que temos distribuído ao longo de nossas obras mediúnicas. Esses abstracionistas desconheciam o "Magnetismo dos Orixás", seus mistérios, suas polarizações, seus entrecruzamentos, seus símbolos sagrados, seus elementos, suas energias e seus fatores.

Esperamos que estejam nos acompanhando com seriedade, porque assim começarão a ensinar aos seus discípulos ou filhos de Fé as verdadeiras chaves da simbologia, do cabalismo, da magia de pemba e das velas, além de muitas outras chaves distribuídas ao longo das nossas obras mediúnicas.

Onda Vibratória Cristalina Ativa: esta onda vibratória é "curva". E quando é positiva, nós a descrevemos como uma onda condensadora da religiosidade virtuosa, cujos sentimentos desenvolvem no mental das pessoas um magnetismo positivo abrangente, capaz de sustentar a fé em qualquer campo religioso.

Mas se essa onda cristalina curva é negativa, então ela atua como esgotadora da religiosidade das pessoas, levando-as a uma paralisia nos campos da Fé e a uma apatia religiosa, cujo objetivo é o de "desemocioná-las" ou desapassioná-las, livrando-as de quedas vibratórias mais profundas nesse aspecto de suas vidas.

Essa onda está espalhada por todo o Universo e por todas as suas dimensões e níveis vibratórios. Para alguém atrair as ondas vibratórias condensadoras da religiosidade, basta vibrar uma fé intensa e uma mobilidade mental capaz de emocionar e motivar seus semelhantes nesse sentido da vida.

Porém, caso alguém desvirtue a religiosidade própria ou a alheia e fanatize a fé, dando aos seus sentimentos um aspecto dúbio, estará se negativando magneticamente, apassionando-se e atraindo ondas vibratórias cristalinas ativas esgotadoras, que logo o paralisarão ou o apatizarão.

A onda vibratória cristalina ativa tem a forma de quatro "Us" entrecruzados, que vão se multiplicando indefinidamente.

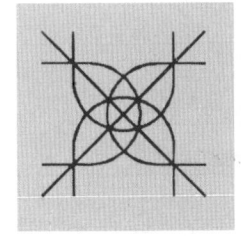

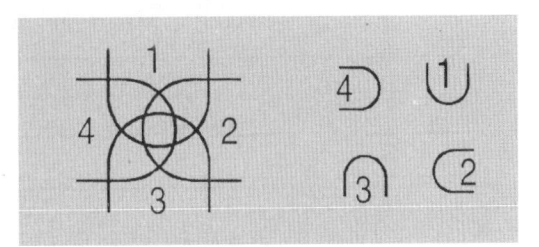

Se observarem o centro onde as ondas se entrelaçam, verão um dos signos afixados pelos guias de Lei em seus pontos riscados com pemba:

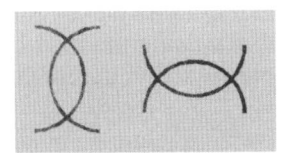

Que muitos pensam que sejam "meias-luas". Mas na verdade os guias de Lei afixam esses signos, cujos significados são os seguintes:

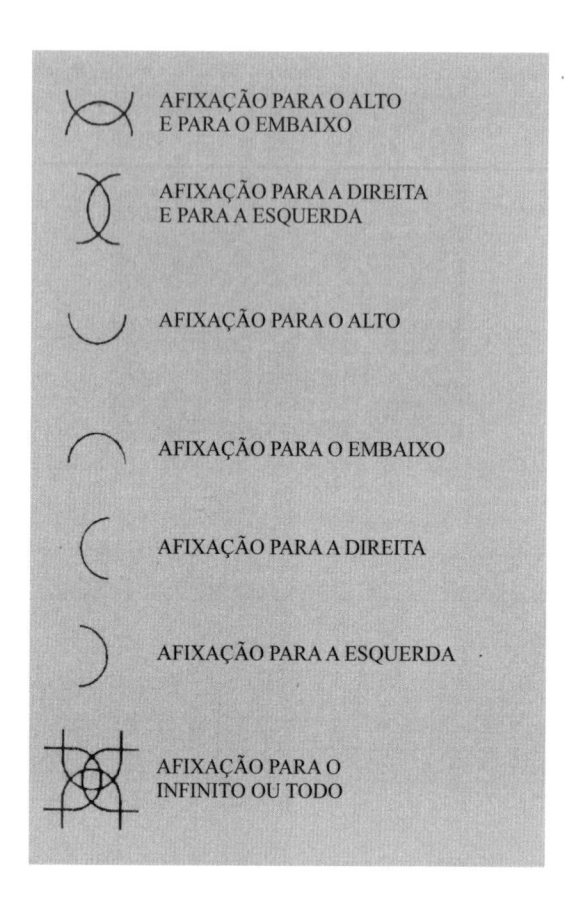

⋈	AFIXAÇÃO PARA O ALTO E PARA O EMBAIXO
⋊	AFIXAÇÃO PARA A DIREITA E PARA A ESQUERDA
∪	AFIXAÇÃO PARA O ALTO
∩	AFIXAÇÃO PARA O EMBAIXO
(	AFIXAÇÃO PARA A DIREITA
)	AFIXAÇÃO PARA A ESQUERDA
⊛	AFIXAÇÃO PARA O INFINITO OU TODO

Essas afixações assumem significados diferentes, porque, dependendo da irradiação sob a qual o ponto mágico foi riscado, tudo muda, e um mesmo signo presta-se a objetivos diferentes.

Mas sua atribuição fundamental de condensar energias ou esgotar negativismos permanece. Afinal, uma onda condensadora não condensa só um elemento, uma energia, um fator, uma essência ou um magnetismo, já que se sua qualidade é condensadora ela se presta a condensar, e ponto final.

Leiam o que já foi escrito nesse campo e verão que ninguém atinou com a qualidade fundamental dos signos mágicos e dos símbolos religiosos. O máximo que temos nesse campo está no estudo das mandalas, mas nunca associaram suas figuras, geométricas ou não, a ondas vibratórias.

Por isso sugerimos que observem bem as formas das ondas mostradas por nós, pois, se em um ponto riscado ou cabalístico os signos afixados são vários e assumem muitos significados, uma mandala nada mais é que o desdobramento de uma onda vibratória.

A Ciência Divina dos Tronos de Deus

Todas as ondas formam desenhos geométricos, ou figuras belíssimas que, quando ativados religiosa ou magisticamente, imediatamente começam a irradiar ondas, a condensar ou absorver energias ou mesmo a irradiá-las, formando todo um campo vibratório elevadíssimo, no qual quem penetrar será inundado por energias balsâmicas, revitalizadoras, etc.

Observem os desenhos que formam as ondas retas e curvas:

Onda Reta Cristalina ou atemporal

Essa onda multiplica-se indefinidamente, formando uma tela plana com os riscos maiores. Essa tela dá origem ao gráfico dos Orixás, usados pela ciência dos entrecruzamentos.

Se observarem bem, verão que, se a desdobrarmos um pouco mais, ela forma uma mandala do Orixá Oxalá.

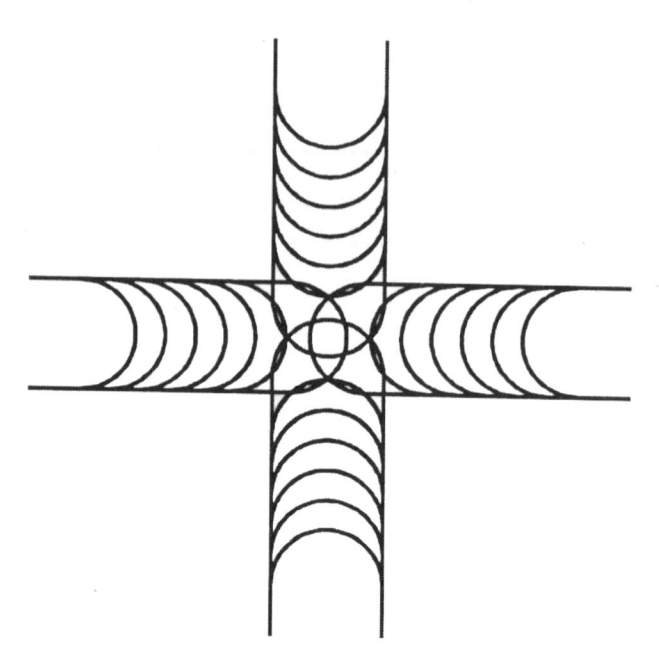

Onda Curva Cristalina

Essa onda vibratória cristalina curva projeta-se para as quatro direções, com cada uma multiplicando-se sete vezes. Quando acontece de uma delas chocar-se com outra, fundem-se e formam novo desdobramento, repetindo esta figura, que na verdade é uma mandala cósmica poderosíssima.

Saibam que é nesta mandala que está assentado o fundamento dos caboclos "Sete Luas", uma hierarquia de trabalhos espirituais da Umbanda, mas também é nela que está fundamentado o Mistério "Exu Sete Garfos".

Tanto os Caboclos Sete Luas quanto os Exus Sete Garfos são regidos pelo Trono do Tempo que não é conhecido, porque seu mistério não foi aberto para o plano material. Por isso, quem o rege na Umbanda é Logunã, Orixá do Tempo.

O símbolo dos Caboclos Sete Luas tem esta forma:

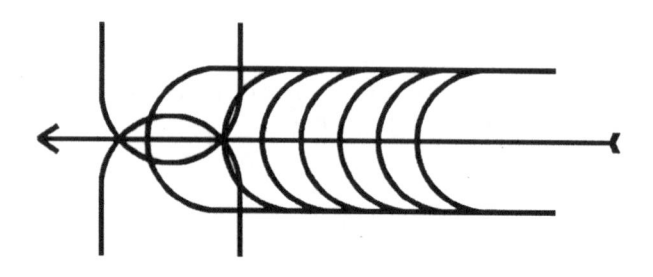

O símbolo dos Exus Sete Garfos tem esta forma:

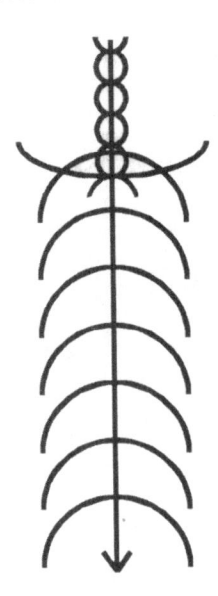

Observem bem a mandala e os símbolos dos Caboclos Sete Luas e Exus Sete Garfos. Vejam que suas formas curvas obedecem à da onda vibratória cristalina ativa.

Vejam também que os signos obedecem a ela, e que muito do que os supostos "cabalistas" ou "magos" têm escrito carece de qualquer fundamento, porque não conheciam o mistério das ondas vibratórias.

A ciência divina não é diferente da ciência humana e busca os fundamentos dos mistérios antes de abri-los religiosamente ao plano material.

Esperamos que, de agora em diante, os médiuns de Umbanda prestem atenção aos pontos riscados pelos guias espirituais e comecem a interpretá-los corretamente, dispensando certos abstracionismos semeados a torto dentro dessa religião fundamentada na ciência divina e no Mistério Tronos de Deus.

Com isso dito, acrescentamos que muitas outras linhas de caboclos, Pretos-Velhos, Exus e Pombagiras são regidos pelos Orixás Oxalá e Logunã. E para reconhecê-los, basta observar as formas dos seus pontos riscados, símbolos de poder e signos mágicos ou religiosos.

Vamos à onda vibratória seguinte.

<u>Onda Vibratória Mineral:</u> quando esta onda é positiva, nós a denominamos de "onda desmotivadora", porque sua função é desapassionar as pessoas que se desvirtuaram no sentido do Amor e se entregaram a sentimentos negativos relativos a ele, tais como: paixão, ciúme, possessividade, obsessão, submissão, idolatria, etc.

Vamos aos tipos de ondas vibratórias minerais:
Ondas positivas:

Essas ondas são coronais, regidas por Oxum, Orixá Mineral.

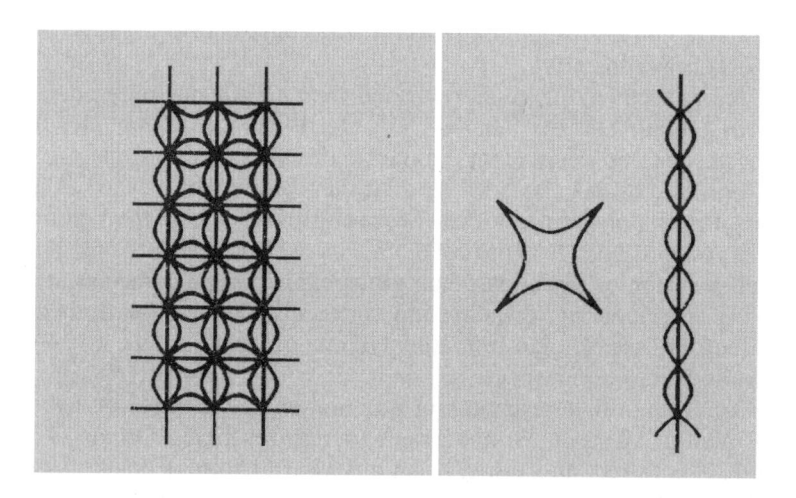

Essas ondas são entrelaçamentos cruzados, regidas por Oxumaré, Orixá Temporal-mineral.

Ondas negativas:

Essas ondas são aneladas, regidas por Oxum, Orixá Mineral.

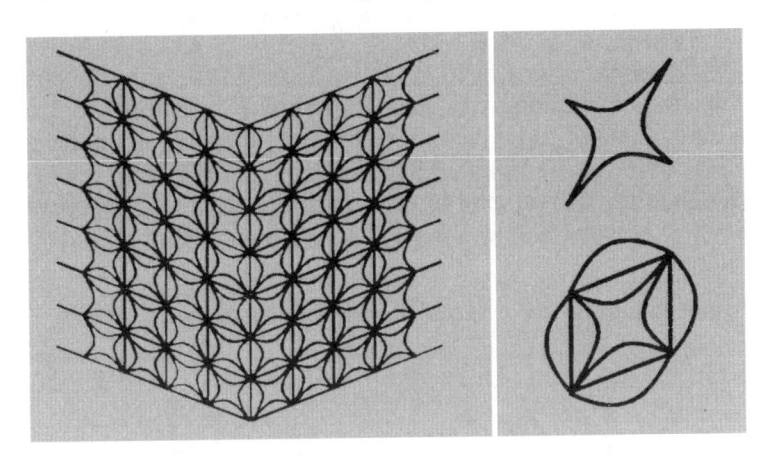

*Armas simbólicas cósmicas fundamentadas
nas ondas vibratórias minerais.*

Observem a forma das duas ondas de Oxum, uma coronal e outra anelada, e entenderão por que ela é identificada como a divindade do Amor e da Concepção.

Já nas ondas de Oxumaré, entenderão por que ele é a divindade da Sexualidade e da Renovação.

Em Oxum, as ondas coronais (de coração) estimulam os sentimentos de amor.

Em Oxumaré, as ondas entrelaçadas simbolizam os canais condutores da energia Kundalini.

Mas o fato é que as energias minerais estimulam as pessoas no sentido de agregarem-se umas às outras, criando elos sustentadores da vida. Quem vibra intimamente sentimentos de amor, capta muitas ondas minerais, algumas parecidas com fractais.

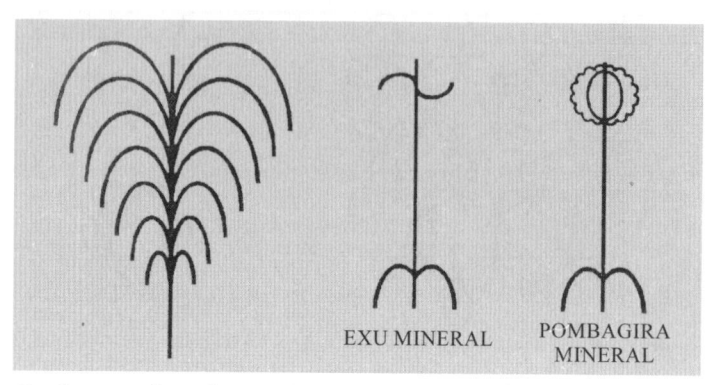

Ondas entrelaçadas inclinadas, regidas por Oxumaré, Orixá Temporal-mineral, semelhante à cadeia do "DNA".

<u>Onda Vibratória Aquática Ativa</u>: esta onda, quando positiva, denominada de "geradora da vida". Quem vibra sentimentos de respeito à vida, absorve essas ondas e assume uma conduta paternal ou maternal.

Essas ondas estão espalhadas por toda a criação divina, e para captá-las basta trabalhar os sentimentos em relação à vida e à postura perante os semelhantes. Quanto às ondas negativas, nós as denominamos de "ondas decantadoras".

Vamos a alguns tipos de ondas vibratórias aquáticas:

Onda aquática diamantada, regida por Yemanjá, Orixá da Geração ou Maternidade.

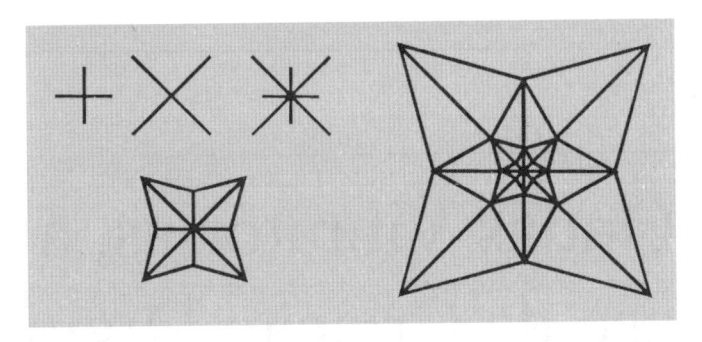

Onda aquática decantadora, regida por Nanã, Orixá da Encarnação.

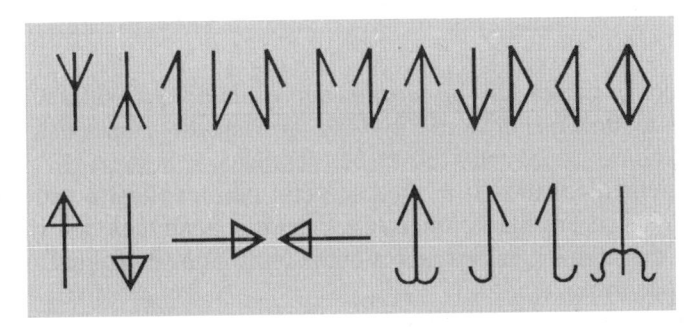

Signos aquáticos afixados em pontos de magia ou riscados.

Ondas Vibratórias, a Base da Criação Divina

Tudo na criação divina é ordenado e obedece a ondas vibratórias imutáveis emanados por Deus e que dão forma a tudo o que existe no plano material, no espiritual e nas dimensões paralelas.

A ciência construiu um modelo geral para explicar a estrutura dos átomos, mas se um dia conseguirem construir aparelhos que mostrem a estrutura dos átomos, verão que o átomo de carbono não é igual ao de mercúrio, ou de irídio, etc.

Cada átomo tem sua estrutura e se fosse possível visualizá-las a olho nu, veríamos formas fascinantes que obedecem aos seus magnetismos nucleares, cada um diferente de todos os outros.

Saibam que, na natureza terrestre, e em estado de repouso ou neutralizados, há 77 tipos de átomos, cujos magnetismos são classificados como originais, primários ou puros. No total das combinações nucleares ou eletrônicas, temos 333 átomos, entre puros, mistos e compostos.

Todos estes átomos, a maioria ainda incógnita, obedecem à geometria divina que dá forma a tudo o que existe neste nosso planeta, pois cada átomo tem um modo de acomodar-se, fazendo com que surjam as substâncias ou a matéria.

Essa geometria divina surge em função das ondas vibratórias, mistério este só agora aberto ao conhecimento do plano material em nossa obra mediúnica, mas que futuramente auxiliará a compreensão da própria Geometria, da Física, da Química, da Astronomia, da Astrofísica, da Física Quântica e o mais importante, pois este é o nosso objetivo: a forma como Deus gera e multiplica Sua criação!

Já comentamos que todos somos gerados por Deus e magnetizados em uma de Suas ondas fatoriais, que são regidas por Suas divindades, das quais nos tornamos herdeiros naturais, pois herdamos Suas características básicas.

Também já comentamos que são os fatores que definem a natureza das pessoas e suas características mais marcantes.

Também já comentamos que as ondas vibratórias dão forma a tudo o que existe, pois Deus gera o tempo todo, e tudo é gerado em Suas emanações ou ondas vivas divinas, as quais estão na origem de tudo o que Ele gera.

Já descrevemos como uma onda fatoral vai fluindo e magnetizase ao cruzar com outra, e ambas tornam-se ondas fatorais magnetizadas, capazes de gerar essências... etc.

Já descrevemos que todas as divindades têm suas estrelas vivas, capazes de emitir ondas vivas que se ligam ao mental dos seres, abrindo ou fechando suas faculdades mentais.

Muitas outras coisas já comentamos nessa obra ... e não vamos nos repetir aqui. Apenas queremos que cada um por si, e usando sua faculdade visual, comece a descobrir que uma mesma onda vibratória ordena a formação de uma gema preciosa, de uma flor ou de um órgão do corpo humano, assim como um tipo de irradiação que emitimos quando vibramos um sentimento.

Tudo mantém uma correspondência analógica, e ao bom observador a onda coronal de Oxum dá forma às maçãs. Veremos que a associação entre a maçã e o amor não é casual, assim como entre ela e o fruto proibido, pois as ondas femininas emitidas pelo chacra cardíaco têm uma estrutura coronal, ou a forma de corações que se projetam na direção do ser amado.

Até os nossos sentimentos possuem uma estrutura ou forma ao serem projetados. O amor de uma mãe pelo seu filho tem sua forma, que é conchóide, ou forma de uma concha.

Uma pessoa encolerizada emite ondas raiadas simples, rubras. Já uma pessoa equilibrada emite ondas raiadas duplas e de cor alaranjada, acalmando quem as absorver.

Observem um rubi, um diamante e uma ametista e verão alguns sólidos palpáveis que mantêm a estrutura das ondas projetadas por Ogum, Yemanjá e Oxum.

Sim, o crescimento dessas gemas obedece ao magnetismo que as ondas vibratórias projetadas por eles criam.

Essas ondas têm formas bem definidas e, assim que se polarizam, criam magnetismos muito bem definidos, que podemos visualizar nas gemas preciosas, nos frutos, nas folhas, nos movimentos dos animais, etc.

Observem o deslocamento sinuoso das cobras e verão como fluem as ondas vibratórias do Orixá Oxumaré.

Observem o crescimento dos caules de bambu e verão como fluem as ondas vibratórias de Yansã, Orixá dos Ventos.

— cobra é o símbolo de Oxumaré;
— bambu é um vegetal de Yansã;

Ondas vibratórias estão em tudo, seja físico, material ou mental. A natureza física é a concretização dos muitos tipos de ondas.

— a Fé possui suas ondas congregadoras;
— o Amor possui suas ondas agregadoras;
— o Conhecimento possui suas ondas expansoras;
— a Razão possui suas ondas equilibradoras;
— a Lei possui suas ondas ordenadoras;
— a Evolução possui suas ondas transmutadoras;
— a Geração possui suas ondas criativas.

Cada onda possui seu fator, sua essência, seu elemento, sua energia e sua matéria, que mostra como ela flui, dando origem a tudo e a tudo energizando ou desdobrando "geneticamente".

Nada existe se não estiver calcado em uma ou várias ondas vibratórias.

Sim, às vezes podemos ver em uma mesma planta vários tipos de ondas vibratórias, pois é preciso a junção de várias para que uma gênese se desdobre e dê origem a coisas concretas e palpáveis aos nossos órgãos físicos, os quais também obedecem a ondas sensoriais, e são a concretização dos nossos órgãos dos sentidos, que são a exteriorização dos sentidos da Vida que herdamos do nosso Divino Criador.

Os símbolos religiosos são a afixação de ondas vibratórias e assumem aparências que nos concentram, elevam e direcionam;

Os signos são "pedaços" das formas que os magnetismos assumem quando as ondas que os geram são polarizadas ou se entrecruzam;

A magia de pemba, ou dos pontos riscados, é a afixação mágica de ondas vibratórias ou de signos magnéticos, que são riscados, potencializados e ativados pelos guias espirituais ou pelos médiuns magistas autorizados a fazê-lo;

O pensamento projeta ondas e as ideias são a concretização do pensamento, que assume uma forma bem definida e possível de ser descrita.

Na criação divina, tudo vibra, pulsa ou se irradia. Nada é de fato imóvel ou estático, apenas se mostra no estado de repouso.

A mesma onda fatoral que magnetiza os filhos de um Orixá magnetiza seus animais, suas pedras, suas folhas ou ervas e os sentimentos vibrados por meio do sentido da Vida regido por ele.

A onda vibratória cristalina dos Orixás Oxalá e Logunã nasce em Deus, que a emana viva, geradora e criadora, e é nessa onda que nossa fé é fortalecida ou que um quartzo é gerado na natureza.

Essa onda vibratória cristalina flui em um padrão próprio por toda a criação divina, e tudo o que for gerado no seu padrão a tem como sustentadora.

Ao nos afinizarmos com Deus e suas divindades por meio da fé, essa afinização ocorre mediante essa onda vibratória cristalina, que é congregadora.

Se a afinização acontecer por meio do amor, então ela ocorrerá através da onda vibratória mineral, que é agregadora.

O sentimento de fé, nós o irradiamos pela mente, ou através do chacra coronário (de coroa);

O sentimento de amor, nós o irradiamos pelo coração, ou através do chacra cardíaco (de coração).

— Oxalá rege seus filhos através da Fé;

— Oxum rege seus filhos através do Amor;

— Oxalá é congregador (de congregação);

— Oxum é agregadora (de concepção);

A mesma onda viva cristalina emanada por Deus, nós a vemos nas irradiações dos Orixás Oxalá e Logunã;

A mesma onda viva mineral emanada por Deus, nós a vemos nas irradiações dos Orixás Oxum e Oxumaré.

Enfim, as ondas vibratórias mantêm suas formas ainda que sofram transmutações desde o momento em que são emanadas por Deus, pois destinam-se a aspectos diferentes de uma mesma coisa, seja ela agregadora ou congregadora, expansora ou ordenadora.

A própria estrutura do "pensamento" obedece às ondas vibratórias e, caso alguém tenha sido magnetizado em uma onda cristalina, a estrutura do seu pensamento será religiosa. Mas se a sua magnetização ocorreu em uma onda mineral, então a estrutura do seu pensamento será conceptiva.

A pedagogia usa do recurso dos testes vocacionais para descobrir em que tipo de atividade uma pessoa se sai melhor. Então nós diremos:

Se a ciência humana tivesse um conhecimento profundo das estruturas do pensamento, com certeza conseguiria chegar ao âmago do ser ou à sua alma, pois é durante a magnetização em uma onda fatoral que sua alma é separada de Deus e assume sua individualidade, podendo, a partir daí, ser chamado de ser.

As estruturas do pensamento são estas:

    Estrutura Cristalina
    Estrutura Mineral
    Estrutura Vegetal
    Estrutura Ígnea

Estrutura Eólica
Estrutura Telúrica
Estrutura Aquática

O pensamento com estrutura cristalina pertence a pessoas cuja alma é congregadora e seu campo vocacional é o religioso;

O pensamento com estrutura mineral pertence a pessoas cuja alma é agregadora e seu campo vocacional é o conceptivo;

O pensamento com estrutura vegetal pertence a pessoas cuja alma é expansora e seu campo vocacional é o conhecimento;

O pensamento com estrutura ígnea pertence a pessoas cuja alma é racionalista e seu campo vocacional é o equilibrador;

O pensamento com estrutura eólica pertence a pessoas cuja alma é direcionadora e seu campo vocacional é o ordenador;

O pensamento com estrutura telúrica pertence a pessoas cuja alma é transmutadora e seu campo vocacional é o evolutivo;

O pensamento com estrutura aquática pertence a pessoas cuja alma é geradora e seu campo vocacional é o criativo.

Dependendo da estrutura do pensamento de uma pessoa, se ela estiver fora do seu campo vocacional, será vista como pouco hábil, pouco capacitada ou inapta. Mas, se isso ocorre, é justamente porque sua atividade não encontra ressonância em sua alma e seu pensamento não consegue lidar naturalmente com os processos inerentes a uma atividade fora do seu campo vocacional.

Como exemplo, recorremos à oratória, que é uma faculdade religiosa.

Exemplo: um médico cirurgião pode ser exímio na sua profissão, mas se não possui uma ótima oratória, não conseguirá ser um bom professor e terá dificuldade para ensinar aos seus alunos aquilo que ele realiza com uma perícia ímpar.

Já o inverso acontece com um professor, que transmite maravilhosamente todos os processos cirúrgicos aos seus alunos, mas não consegue realizar cirurgias à altura da sua "oratória".

O bom cirurgião é hábil nas incisões e seguro sobre o que deve fazer.

O orador é preciso com as palavras e as ordena com tal segurança, que todos o entendem ao que ele está abordando.

Ainda que seja um exemplo frágil, pois há ótimos cirurgiões professores e professores cirurgiões, esperamos que tenham entendido o que desejamos mostrar, pois em todos os campos de atividade isso acontece.

Muitos entendem as dificuldades vocacionais como introversão, timidez ou insegurança. Mas a verdade resume-se ao seguinte: não estão realizando atividades afins com a estrutura dos seus pensamentos.

Se uma pessoa tem vocação religiosa, é porque seu pensamento foi estruturado pelo magnetismo cristalino. Essa pessoa capta com facilidade as ondas vibratórias cristalinas que fluem à sua volta e as coisas religiosas são o seu alimento emocional. Mas se essa não é a estrutura do seu pensamento, então as coisas religiosas são enfadonhas, cansativas ou desinteressantes.

Atentem bem para isso e descobrirão em si mesmos a estrutura do vosso pensamento.

Este tem sido o embate dos pensadores humanos: uns tentando predominar sobre os outros ou invalidá-los, julgando-se indispensáveis ou aos outros, dispensáveis.

Pensadores religiosos julgam perniciosa a criatividade de vanguarda dos artistas (criativos), e estes julgam aqueles, os culpados pela paralisia da criatividade humana.

Mas o fato é que há sete estruturas básicas de pensamentos, e são tão visíveis, que só não as vê quem não quer.

Na face da Terra, há uma estrutura do pensamento que é religiosa, e ela se destaca em todas as religiões, fato este que iguala todos os religiosos, congregadores ímpares;

Há uma estrutura conceptiva que iguala todos os conceptores, sejam eles pares matrimoniais ou ideólogos que concebem ideias agregadoras de enormes contingentes humanos;

Há uma estrutura do raciocínio, fato este que iguala os professores, os cientistas e os pesquisadores, expansionistas natos do conhecimento humano;

Há uma estrutura da razão, fato este que iguala a justiça e seus métodos de equilibrar opiniões contrárias, seja aqui ou no outro lado do planeta;

Há uma estrutura ordenadora que, mesmo em culturas opostas, sempre se mostra semelhante;

Há uma estrutura evolutiva, fato este que se mostra no macro, por intermédio dos povos que transmutam valores e conceitos e os difundem para o resto do mundo, alterando valores já arcaicos. Ou pode ser visto no micro, nas pessoas dotadas de uma capacidade ímpar para transmutar os sentimentos dos que vivem à sua volta;

Há uma estrutura geradora, fato este que proporciona às pessoas os recursos íntimos necessários à sua adaptação aos meios mais adversos, pois dota-as de um criacionismo maleável como a própria água.

Não importa se alguém é juiz de direito, juiz de paz ou juiz de futebol, na essência, a estrutura de seus pensamentos é equilibradora e todos atuam no sentido de dirimir dúvidas e equilibrar as partes em litígio.

Não importa se alguém é padre, rabino ou babalorixá, todos se dedicam a doutrinar religiosamente seus fiéis e a dar-lhes o amparo religioso.

Não importa se alguém é professor de Música, de Física ou de esgrima, todos se dedicam a ensinar seus semelhantes, expandindo suas faculdades mentais e estimulando o aprendizado, objetivo primeiro da estrutura "vegetal" do pensamento.

Todas as estruturas individuais de pensamento são sustentadas pelas estruturas divinas, formadas por ondas vibratórias que fluem por toda a criação.

Essas macroestruturas do pensamento dão sustentação às estruturas individuais, e nós as denominamos de "irradiações divinas", já fartamente comentadas aqui.

— a irradiação da Fé flui por intermédio das ondas suas vibratórias cristalinas, às quais as pessoas atraem sempre que vibram sentimentos religiosos, fortalecendo-se nesse sentido da Vida;

— a irradiação do Amor flui por meio das ondas suas vibratórias minerais, às quais as pessoas atraem, sempre que vibram sentimentos conceptivos, crescendo nesse sentido da Vida;

— a irradiação do Conhecimento flui por meio das suas ondas vibratórias vegetais, às quais as pessoas atraem sempre que se voltam para o aprendizado e o aguçamento do raciocínio, expandindo-se nesse sentido da Vida;

- — a irradiação da Justiça flui por meio das suas ondas vibratórias ígneas, às quais as pessoas atraem sempre que se racionalizam, equilibrando-se nesse sentido da Vida;
- — a irradiação da Lei flui por meio de suas ondas vibratórias eólicas, às quais as pessoas atraem sempre que se direcionam numa senda reta, ordenando-se nesse sentido da Vida;
- — a irradiação da Evolução flui por meio de suas ondas vibratórias telúricas, às quais as pessoas atraem sempre que se transmutam com sabedoria, estabilizando-se nesse sentido da Vida;
- — a irradiação da Geração flui por meio de suas ondas vibratórias aquáticas, às quais as pessoas atraem sempre que preservam a vida no seu todo ou nas suas partes, conscientizando-se nesse sentido da Vida.

São sete emanações de Deus, sete irradiações divinas, sete ondas vivas geradoras de energias divinas, sete fatores, sete ondas magnetizadoras fatorais, sete essências, sete sentidos da Vida, sete estruturas de pensamentos, sete vias evolutivas e sete linhas de Umbanda Sagrada.

São, também, sete estruturas geométricas que dão formação às gemas, divididas em sistemas de crescimento:

Sistema Isométrico

Sistema Tetragonal
Sistema Hexagonal
Sistema Trigonal
Sistema Ortorrômbico
Sistema Monoclínico
Sistema Triclínico

Saibam que essas sete estruturas de crescimento das gemas obedecem ao magnetismo das sete irradiações divinas.

Mas, se procurarmos as sete ondas vibratórias, nós as encontraremos nas frutas, tais como:

— Maçã
— Pera
— Carambola
— Melancia
— Laranja
— Manga

Também podemos encontrá-las nos tipos de caules das árvores, nos tipos de folhas, nos tipos de ervas, etc.

É certo que muitas coisas são mistas ou compostas, precisando do concurso de duas, três ... ou sete ondas vibratórias para ter sua forma definida. Mas o fato é que são as ondas vibratórias que delineiam e definem as formas das coisas criadas por Deus, e que são regidas por suas divindades unigênitas: os Tronos. Temos:

Tronos da Fé, ou cristalinos;
Tronos do Amor, ou conceptivos;
Tronos do Conhecimento, ou expansores;
Tronos da Justiça, ou equilibradores;
Tronos da Lei, ou ordenadores;
Tronos da Evolução, ou transmutadores;
Tronos da Geração, ou criacionistas.

Congregação, agregação, expansão, equilíbrio, ordenação, transmutação e criatividade, eis a base da Gênese Divina e os recursos que temos à nossa disposição para vivermos em paz e harmonia com o todo, que é Deus concretizado no Seu corpo divino: o Universo visível, palpável e sensível.

Só não crê nisso quem não consegue vê-Lo em si mesmo: uma obra divina impossível de ser concebida por uma mente humana!

O Mistério dos Cordões Energéticos

Os cordões energéticos são ligações eletromagnéticas que se estabelecem em nível espiritual, tanto entre pessoas e espíritos como entre espíritos e pessoas, espíritos e espíritos como pessoas e pessoas.

O surgimento dos cordões depende dos sentimentos vibrados e do magnetismo de quem os receber.

Sim, porque os cordões são ondas magnéticas projetadas por quem está vibrando intensamente um sentimento, seja ele positivo ou negativo.

Nossos chacras são polos eletromagnéticos captadores e emissores de energias, e é por eles que enviamos ou recebemos as ondas vibratórias que dão origem aos cordões energéticos.

Todo sentimento que alimentamos com intensidade fortalece nosso magnetismo mental e ativa algum ou vários dos nossos chacras, polarizando-os, já que são neutros.

Essa polarização pode ser positiva ou negativa: se o sentimento é positivo ou virtuoso, a polarização será positiva, mas se o sentimento for negativo ou viciado, aí a polarização será negativa.

O sentimento torna o magnetismo mental em positivo ou negativo. Em função disso, são ativadas as fontes geradoras de energias existentes no corpo energético dos seres, que tanto gerarão energias positivas como poderão gerar energias negativas. Tudo depende da intensidade com que ele é vibrado.

Assim, se alguém vibrar intensamente o sentimento de fé e direcioná-lo para uma divindade, imediatamente projetará uma onda vibratória até a sua estrela viva, que aceitará a ligação e um cordão surgirá, ligando o fiel à divindade de sua fé. Este cordão sairá do chacra coronal.

Se além do sentimento de fé, a pessoa vibrar um sentimento de amor, aí será o chacra cardíaco que projetará uma onda vibratória até a divindade de sua fé. Porém essa onda enviada à divindade não sairá do peito, mas subirá seu eixo magnético equilibrador e sairá pela coroa (disco eletromagnético mental), projetando-se até a estrela viva da divindade, que também a absorverá, estabelecendo mais um cordão energético que tanto transportará as energias de amor geradas pela pessoa quanto a inundará com as vibrações sustentadoras desse sentimento positivo, que a divindade irá lhe devolver, visando fortalecê-lo ainda mais em seu íntimo.

Esse processo de ligação entre os fiéis e suas divindades acontece por meio do eixo magnético e do chacra coronário porque elas estão assentadas em níveis vibratórios mais elevados que o nosso, que é da crosta terrestre. Por isso, a saída das ondas é vertical e elas sobem para o alto, desaparecendo de nossa visão espiritual, pois assim que saem da nossa coroa já entram em outra faixa vibratória (a das divindades), invisível para nós.

Quando as ligações se estabelecem com os aspectos negativos das divindades, os cordões tanto podem sair da coroa e descer, já por fora do corpo da pessoa, como podem descer pelo eixo magnético e sair pelo chacra básico, localizado na base do sexo.

Toda divindade, seja ela ativa ou passiva, positiva ou negativa, irradiante ou absorvente, possui seus aspectos positivos e negativos.

Os aspectos positivos são protetores e estimuladores, e os negativos são punidores e bloqueadores das faculdades mentais dos seres.

Assim, se alguém está dando um mal uso a alguma de suas faculdades regidas pela sua divindade, esse mau uso projetará uma onda até o polo magnético negativo dela, que a absorverá e logo ativará um dos aspectos negativos, punidor e bloqueador da faculdade em questão.

Então o retorno energético visará punir a pessoa e bloquear sua faculdade desvirtuada, desestimulando-a de dar um uso condenável a ela.

- pessoas que dão mau uso às faculdades da Fé tornam-se descrentes, e acabam afastando-se do universo religioso ou fanatizando-se;
- pessoas que dão mau uso às faculdades do Conhecimento tornamse esquecidos, dispersivos, etc.;
- pessoas que dão mau uso às faculdades do Amor tornam-se arredias;
- pessoas que dão mau uso às faculdades da Geração tornam-se vazias;
- pessoas que dão mau uso às faculdades da Lei tornam-se intratáveis;

— pessoas que dão mau uso às faculdades da Justiça tornam-se intolerantes;

— pessoas que dão mau uso às faculdades Evolutivas tornam-se apáticas.

Essas "patologias" mentais ocorrem porque pessoas deram mau uso às suas faculdades, ligaram-se a algum polo magnético negativo e ativaram alguns dos aspectos negativos de uma ou de várias divindades. Por esses cordões de ligação absorvem um fluxo contínuo de energias paralisadoras do mau uso e bloqueadoras da faculdade em questão.

Já o inverso ocorre quando a ligação é estabelecida com o polo positivo das divindades: se a onda vibratória envia-lhes as energias geradas pelo sentimento positivo, o refluxo vibratório enviado pela divindade estimulará ainda mais esse sentimento virtuoso, como abrirá um pouco mais a faculdade mental relacionada com tal sentimento positivo.

Todo sentimento ativa fontes geradoras de energias espalhadas pelo corpo energético (espiritual) das pessoas ou dos espíritos.

Se são sentimentos virtuosos, as fontes, que já geram naturalmente, passam a gerar muito mais energias e as enviam ao mental e ao emocional, assim como doam a quem receber de "frente" as vibrações irradiadas pela pessoa virtuosa. E quem as absorver se sentirá bem.

Por outro lado, o inverso acontece com quem alimenta sentimentos negativos, que recebe as vibrações de quem os está irradiando e logo se sente mal ou incomodado.

Isso é algo de fácil comprovação, portanto é científico.

Saibam que, em princípio, as ligações devolvem às pessoas ou aos espíritos só ondas vibratórias estimuladoras ou paralisadoras, mas se os sentimentos se exacerbarem, as divindades passam a enviar ondas energizadoras das faculdades virtuosas ou ondas esgotadoras das energias geradas a partir das faculdades desvirtuadas.

E se nem assim a pessoa ou o espírito estabilizar-se (positiva ou negativamente), então projeta ondas que alcançam outros seres (pessoas ou espíritos), caso esteja gerando energias positivas ou alcançam criaturas (espécies inferiores), caso esteja gerando energias negativas, doandolhes seu excesso de energias.

Com isso, quem está gerando em excesso energias positivas tornase doador para seus semelhantes deficientes, e quem está gerando energias negativas em excesso começa a ser esgotado pelas criaturas com as quais se liga automaticamente.

Até aqui descrevemos os cordões que surgem naturalmente e a partir dos sentimentos íntimos.

Mas há outros tipos de cordões que são ativados conscientemente por seres dotados de magnetismos poderosos.

Geralmente são os responsáveis pela aplicação individual dos aspectos negativos das divindades.

Sempre que projetamos uma onda vibratória negativa que alcança seus polos magnéticos negativos, atraímos a atenção desses seres magneticamente poderosos, que não só puxam para si a onda que projetamos, como também, por meio delas começam a absorver nossas energias "humanas", descarregando em nós suas energias cósmicas, altamente nocivas aos nossos corpos carnal e espiritual.

Geralmente esses seres servem aos Senhores Tronos Cósmicos guardiões dos polos negativos das divindades, mas acontece de serem deslocados para a dimensão espiritual em seu lado negativo, onde acabam retidos, pois foram atraídos por magias negativas.

Como o magnetismo humano é muito atraente e as energias humanas são balsâmicas para eles, onde tiver alguém gerando-as em excesso, projetam cordões até o chacra cujo magnetismo seja análogo ao deles, e passam a absorvê-las, assim como passam a descarregar na pessoa as energias que geram mas que não irradiam naturalmente por causa do magnetismo das faixas vibratórias negativas da dimensão humana, que não absorve energias naturais ou não humanas.

Esses seres cósmicos naturais são capazes de projetar dezenas, centenas ou milhares de cordões, cada um ligado a uma pessoa ou espírito, fato este que não ocorre com os espíritos comuns.

Sim, os espíritos comuns não conseguem projetar mais que um cordão para cada sentido, ainda que deem liga magnética a quantos cordões lhes forem projetados.

Já espíritos que trazem em si faculdades eletromagnéticas (porque já foram seres naturais irradiadores de alguma qualidade das divindades às quais serviam antes de se espiritualizarem) são capazes de projetar ou de absorver muitos cordões, por meio dos quais tanto livram-se das energias que geram quanto absorvem as que precisam para se equilibrar magneticamente em um meio energético adverso.

Mas há um terceiro tipo de cordão energético projetado a partir de magias negativas que, quando ativadas, projetam ondas transportadoras de energias enfermiças, irritadoras, apatizadoras, etc.

Toda magia é feita com determinados elementos materiais, os quais os espíritos senhores de processos mágicos extraem a parte etérea a potencializam e depois a ativam, projetando a partir dela uma onda transportadora da energia potencializada, e que irá inundar o corpo energético da pessoa alvo da magia negativa, enfraquecendo-a ou despertando sintomas de doenças no campo físico que, por estarem localizadas no corpo energético ou espiritual, não são identificadas pela medicina.

Muitas pessoas consultam os médicos. Estes, não encontrando doenças físicas, receitam medicamentos inócuos ou tacham-nas de hipocondríacas, já que não aceitam a existência de doenças no espírito, originadas pela absorção de energias negativas nocivas por pessoas vítimas de magias negras ou de obsessores e inimigos espirituais.

Com isso, temos alguns tipos de cordões bem distintos, que tanto podem energizar ou desenergizar, estimular ou paralisar, curar ou adoecer, magnetizar ou desmagnetizar, etc. Vamos a alguns tipos de cordões:

Cordões divinos: surgem a partir da vibração íntima de sentimentos virtuosos e ligam mentalmente as pessoas às suas divindades. Se deixarem de vibrar os sentimentos virtuosos, os cordões se rompem naturalmente;

Cordões cósmicos: surgem a partir da vibração íntima de sentimentos viciados; ligam mentalmente as pessoas aos polos magnéticos negativos das divindades e só se rompem caso se deixe de alimentar e vibrar tais sentimentos negativos;

Cordões naturais: surgem para direcionar as energias geradas em excesso pelas pessoas. Podem ser positivos ou negativos;

Cordões magnéticos: surgem a partir de vibrações magnéticas mentais e ligam seres ou espíritos magneticamente poderosos a outras pessoas ou espíritos.

Cordões energéticos projetados por meio de magias visam vitalizar ou desenergizar pessoas e até espíritos presos em cadeias mágicas astralinas;

Cordões divinos, cósmicos e os naturais surgem a partir da vibração íntima de sentimentos virtuosos, sentimentos viciados e geração excessiva de energias pelas pessoas, e desaparecem assim que os sentimentos deixam de ser vibrados ou a geração energética se estabilize;

Os cordões magnéticos podem ser anulados pela Lei Maior e pela Justiça Divina, se evocadas religiosamente por intermédio das divindades aplicadoras delas na vida dos seres;

Os cordões energéticos projetados através de magias podem ser rompidos por magias positivas, ou por intermédio de evocação mágica das divindades.

Os tipos de ondas vibratórias que dão origem e sustentação aos cordões, pois é através delas que as energias fluem, são classificadas assim:

— ondas magnéticas energizadoras e desenergizadoras;

— ondas energéticas magnetizadoras e desmagnetizadoras;

— ondas transportadoras de energias;

— ondas absorvedoras de energias;

— ondas naturais;

— ondas mentais;

— ondas elementais.

O Mistério das Fontes Mentais Geradoras e Ativadoras

O nosso mental é um mistério porque traz dentro de si toda uma herança genética divina análoga à do núcleo celular, composta pelo DNA e RNA.

A herança contida no mental tem no seu "DNA" os recursos necessários à abertura de fontes geradoras de energias muito sutis, cuja finalidade é dar sustentação energética ao ser em si mesmo, assim como aos seus sentimentos mais íntimos.

Já o seu "RNA" projeta ondas codificadas que vão dando origem ao corpo energético dos seres.

Esse "RNA" projeta, de dentro do mental, ondas transportadoras de "fatores" que se espalham dando o formato exato do corpo dos seres, de seus aparelhos e órgãos energéticos.

O primeiro corpo de um ser assemelha-se à membrana plasmática de uma célula alongada, e o chamamos de corpo elemental básico, no qual o "RNA" mental vai formando os órgãos e os aparelhos do corpo energético dos seres, onde vão sendo abertas fontes geradoras de energias irrigadoras. Então projeta ondas transportadoras de fatores que renovam os órgãos e aparelhos, mantendo-os em perfeito funcionamento.

O mental tem em seu interior muitas fontes que geram energias, sustentando nossas faculdades e, quanto mais as usarmos, mais energias elas gerarão, fornecendo a essência básica para que nossa mente sustente suas atividades.

Mas muitas dessas fontes enviam energias a pontos específicos do corpo energético, formando todo um sistema circulatório energético cuja principal função é dar sustentação e estabilidade vibratória ao corpo energético ou organismo espiritual, que por sua vez dá sustentação ao corpo carnal ou órgão físico das pessoas.

Para cada faculdade abre-se uma fonte geradora dessa energia essencial, que sustentará sua atividade.

Quando vibramos sentimentos, estamos consumindo essa energia essencial. Quando raciocinamos, sonhamos, rezamos, falamos, observamos, meditamos, etc., estamos consumindo-a, pois ao fazermos essas coisas precisamos recorrer às nossas faculdades mentais.

No plano físico, sabemos que os olhos são os órgãos da visão, e não ela em si. Também sabemos que a boca é um dos órgãos da fala, e não a fala em si. Que os ouvidos são os órgãos da audição, e não ela em si. Que a língua e suas papilas são os órgãos da gustação. Que o sexo é o órgão da sexualidade, e não ela em si, etc. Visão, fala, audição, paladar, tato, olfato, sexualidade, etc., estão localizados no cérebro, sede dos sentidos físicos, cujos órgãos estão conectados a ele por meio dos neurônios ou nervos transmissores de impulsos elétricos.

Já no plano espiritual, os espíritos têm esses órgãos com as mesmas funções, ainda que os seres vivam em outro padrão vibratório e outra realidade.

Esses órgãos dos sentidos não são os sentidos em si, mas tão somente recursos para que possam ser úteis, tanto no plano físico quanto no espiritual.

Se no corpo físico o cérebro concentra em si o processamento dos impulsos e a identificação de algo que está impressionando algum dos órgãos dos sentidos, no plano espiritual tudo se repete, porque o ser, que é imaterial e muito mais sutil que as energias do seu corpo espiritual, continua precisando desses órgãos, ainda que suprafísicos.

Então, quando falamos em sentidos, nos vêm à mente seus órgãos, tais como tato — mãos, olfato — nariz, visão — olhos, etc.

Mas se falamos nos sentidos da Vida (o ser em si mesmo), aí estamos nos referindo a algo imaterial, já que mente, inteligência, criatividade, raciocínio, percepção, sensibilidade, emoção, etc., não são coisas palpáveis mas perceptíveis.

Só que, ainda que sejam energéticas e estejam concentradas dentro do mental, que é a fonte dessas coisas abstratas, pois é a sede da mente e do intelecto, no entanto precisam fluir ou irradiarem-se para que o ser se exteriorize, ou exteriorize seus sentimentos, pensamentos, emoções, etc.

Para exteriorizar-se, o ser tem seu corpo energético, seu espírito ou seu corpo físico, se encarnado. Para exteriorizar seus sentimentos, o ser tem seus órgãos físicos ou energéticos.

Uma coisa precisa ficar bem clara: a vida não é algo imaterial ou abstrato. Apenas ela só se mostra por meio dos órgãos dos sentidos agrupados na forma de um corpo bem definido para que possamos identificá-la: vida humana, vida vegetal, vida marinha, vida animal, etc.

A vida é múltipla e mostra-se por meio dos seres, das criaturas e das espécies, todos vivos e geradores de tipos específicos de energia que, quando condensadas em uma forma, diferenciam cada ser, cada criatura e cada espécie.

Isso é assim porque cada vida traz em si uma genética que, à medida que vai se desdobrando, gera energias que sustentam sua geração, e vai lançando ondas ou dutos energéticos dentro da sua forma, cuja função é a de gerar energias que deem sustentação à própria forma que ela assumiu.

O mental tem a função de ser a sede e fonte dos sentidos e de gerar a essência que fluirá pelos dutos ou ondas que alcançarão os seus órgãos, mas também conecta esses órgãos aos sentidos abstratos da mente, e que são a Fé, o Amor, o Conhecimento, a Razão, a Direção, o Saber e a Criatividade, que por sua vez se conectam com as sete emanações divinas que dão sentido à vida: Congregação, Agregação, Expansão, Equilíbrio, Ordenação, Evolução e Geração.

> A congregação sustenta a Fé;
> A agregação sustenta o Amor;
> A expansão sustenta o Conhecimento;
> O equilíbrio sustenta a Justiça;
> A ordenação sustenta a Lei;
> A evolução sustenta o Saber;
> A geração sustenta a Criatividade.

Como já explicamos em outros comentários, essas são as sete ondas fatoriais vivas emanadas por Deus e individualizadas em Suas divindades quando elas se polarizam (releiam o capítulo sobre os fatores de Deus e suas ondas vivas). Assim, afirmamos que:

Todo ser humano tem seu mental conectado a Deus através de um cordão vivo, que é sétuplo ou formado por sete ondas fatoriais enfeixadas em uma onda divina, que por sua vez está ligada ao seu "DNA" e "RNA", ou ao seu código genético divino.

Essa ligação do ser com Deus, por meio de um cordão sétuplo, tem por função alimentar seu mental, de dentro para fora, assim como tem a função de regular o desdobramento energético (corpóreo) que vai acontecendo com o amadurecimento do próprio ser.

Esse cordão provindo de Deus regula a vida do ser e abre, dentro do seu mental, sete fontes vivas e geradoras de energias divinas que darão sustentação, tanto à sua vida quanto à sua exteriorização.

Essas sete fontes originais localizadas dentro do mental ativam a genética divina do ser, assim como dão sustentação a todo desdobramento (formação do seu corpo), e também dão sustentação à exteriorização das sete emanações de Deus: fé, amor, intelecto, moral, caráter, sapiência e criatividade, que são os sete sentidos abstratos da Vida, porque não nos é possível visualizar essa energia divina viva que absorvemos de Deus quando vibramos no íntimo nossos sentimentos e damos uso às faculdades relacionadas a eles.

Cada faculdade, que o ser vai abrindo durante sua evolução, está ligada a esse cordão sétuplo. De uma das ondas desse cordão aconteceu a projeção de uma onda viva transportadora da energia divina específica, que supre a fonte energética que alimentará uma dessas faculdades.

A fonte alimentadora de uma faculdade (imaterial) projetará outra onda que se ligará a algum ou vários órgãos dos sentidos, fazendo com que o corpo energético do ser seja todo cruzado por ondas vivas muito finas, tais como os neurônios, só que estes já são visíveis, pois pertencem ao corpo físico dos seres.

Se no corpo humano cada órgão desempenha uma função, todas comandadas pelo cérebro, no corpo energético o mesmo se repete, mas o comando pertence ao mental, que envia essências aos seus órgãos, nos quais elas brotam das pontas dos cordões, formando fontes irrigadoras dos órgãos dos sentidos.

Junto com essa alimentação essencial que dá sustentação ao ser, outra acontece por meio dos chacras, que têm dupla função, pois também absorvem energias do éter universal emitidos pelo mental por intermédio do emocional.

Quanto mais forte a vibração dos sentimentos íntimos, mais acelerada é a geração de energias e mais intensa é sua irradiação energética, ou exteriorização dos seus sentimentos virtuosos.

Se os sentimentos não são virtuosos, as fontes geradoras negativamse em função do negativismo mental do ser, e o tipo de energia que passam a gerar não são irradiantes. Por isso vão se acumulando no próprio corpo, dentro dos órgãos dos sentidos relacionados com os sentimentos que estão vibrando.

Com isso, os dutos vão sendo obstruídos, até que alcançam as fontes mentais. Então estas se fecham e o corpo energético começa a ser atrofiado ou a deformar-se.

Algo análogo acontece com o desequilíbrio do sistema nervoso e os aparelhos digestivo, circulatório, respiratório, reprodutor, etc.

Irritação, ansiedade, tristeza, etc., são sentimentos que desequilibram o sistema nervoso e mexem tanto com o funcionamento dos aparelhos e órgãos do corpo físico quanto com os do corpo energético, cujo desequilíbrio mostra-se por meio da aura e das suas cores classificadas como negativas.

Como a sede da vida está localizada dentro do mental, a sua negativação altera a vida de quem está vibrando esses sentimentos, já que eles não só não absorvem a energia divina emanada por Deus como atraem cordões energéticos projetados por polos magnéticos cósmicos espalhados por todas as dimensões da Vida, cuja função é alimentar de fora para dentro quem não consegue alimentar-se em Deus.

O Mistério das Fontes Naturais Geradoras de Energias e das Correntes Eletromagnéticas

Nas dimensões paralelas, ou mesmo no lado espiritual, é muito comum encontrarmos fontes geradoras de energias semelhantes a nascentes ou chafarizes, caso sejam aquáticas; lança chamas ou vulcões, caso sejam ígneas; névoas ou fumaças coloridas, caso sejam vegetais; irradiantes, caso sejam minerais; nuvens coloridas de poeira, caso sejam telúricas; rodamoinhos ou ciclones estáticos, caso sejam eólicas; raiadas, caso sejam cristalinas. Essas fontes são, em verdade, energias transportadas de uma dimensão para outra, ou são fontes que surgem com as projeções de ondas de um plano para outro.

Vocês já ouviram falar dos chacras planetários, que são gigantescos vórtices energéticos, cuja função consiste em inundar nossa dimensão humana com energias, elementos, essências e fatores recolhidos nos outros planos da Vida, ou de transportar nossa energia "terráquea" para as outras dimensões.

Essa troca permanente de energias entre as dimensões paralelas acontece por meio das correntes eletromagnéticas horizontais, que tanto retiram energias da dimensão humana e as transportam para as outras dimensões naturais quanto retiram delas e trazem-nas para a nossa.

Quando estão absorvendo energias de uma dimensão para transportá-las para as outras, elas são densas e concentradas; quando as estão derramando, são irradiantes, enevoadas, gasosas, etc., dependendo do tipo de energias que estão irradiando.

Essas são as trocas dimensionais. Já as trocas energéticas entre os planos da Vida acontecem de outra forma, pois cada plano localiza-se num grau magnético dentro da escala magnética universal, e a captação de energias acontece por meio do eixo magnético do nosso planeta, que capta energias de um plano mediante os vórtices planetários e, após internalizá-las, em seu giro contínuo, vai projetando-as para os outros planos ligados a ele, que são: o Plano Celestial, o Plano Natural, o Plano Encantado, o Plano Dual, o Plano Elemental e o Plano Essencial. O Plano Fatoral não participa dessa troca, porque só a realiza com o Plano Essencial.

Então temos que os seis planos da Vida estão interligados entre si por meio do eixo magnético do nosso planeta, que tanto retira deles suas energias quanto inunda-os com as dos outros planos, demonstrando mais uma vez que na obra divina nada existe por si só, porque tudo está ligado a tudo, e tanto um plano sustenta os outros quanto é sustentado por eles.

O eixo magnético do nosso planeta é formado por um poderoso feixe de ondas eletromagnéticas que fluem no sentido vertical, sendo que parte dele está descendo e parte está subindo, tornando-o eletrizado e dando-lhe dupla polaridade, já que no alto ele é positivo e no "embaixo" ele é negativo.

Transportando isso para o magnetismo dos polos, podemos dizer que o Polo Norte é positivo e o Polo Sul é negativo. Esse magnetismo físico dos polos está limitado à nossa dimensão humana em seus dois lados da vida, e atende ao equilíbrio do próprio planeta e de seu campo gravitacional. Então temos isso nas correntes eletromagnéticas:

DIMENSÕES PARALELAS

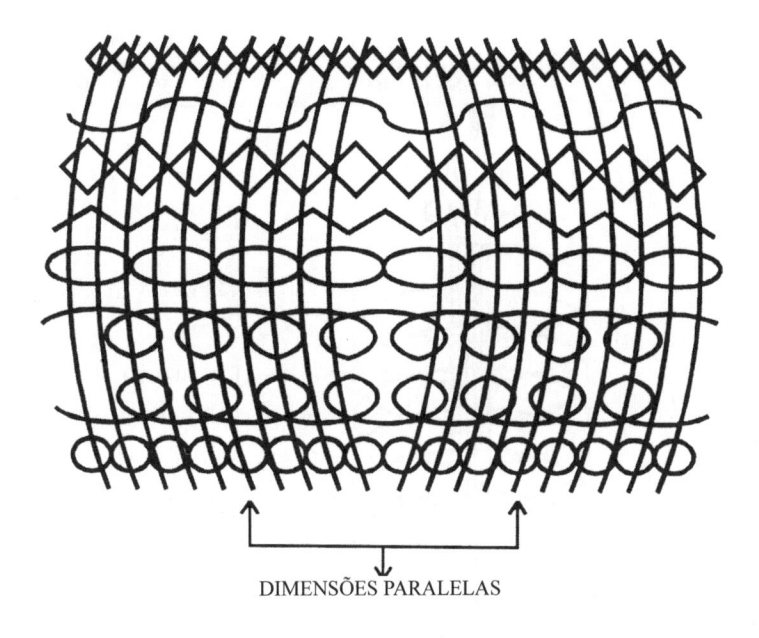

Temos isso nos planos da Vida:

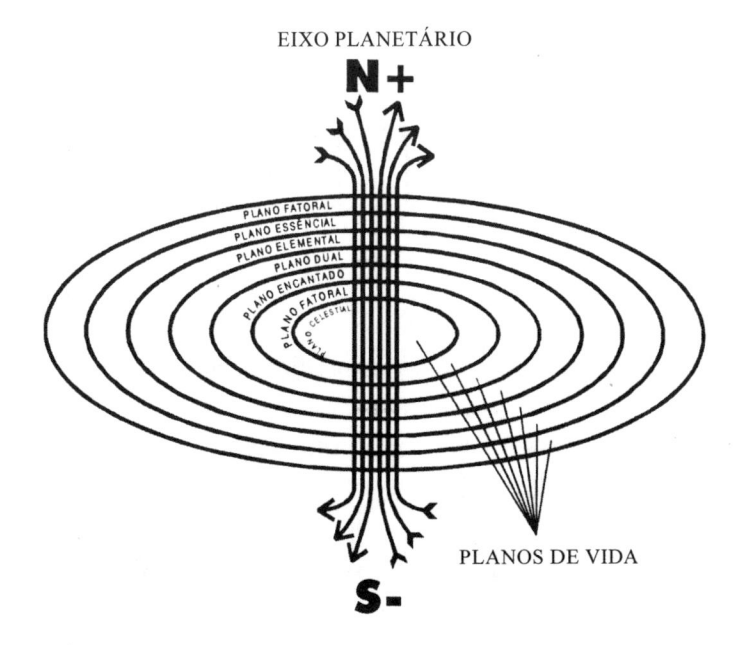

EIXO PLANETÁRIO
N+

PLANO FATORAL
PLANO ESSENCIAL
PLANO ELEMENTAL
PLANO DUAL
PLANO ENCANTADO
PLANO FATORAL
PLANO CELESTIAL

PLANOS DE VIDA

S-

Ou isto:

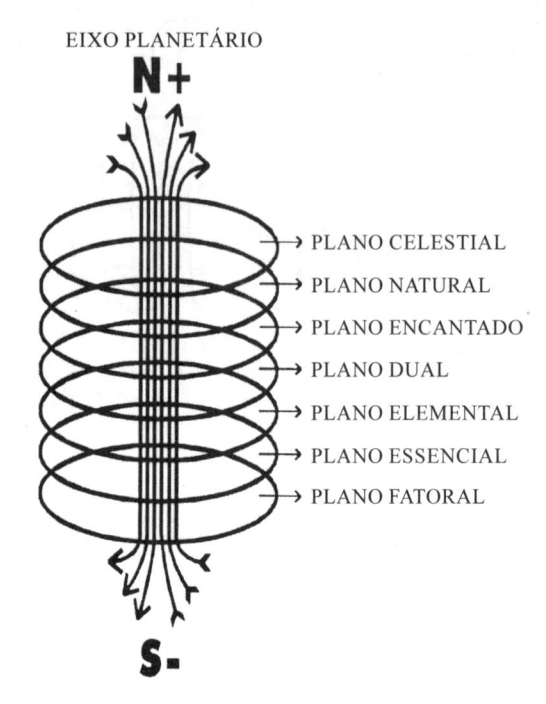

EIXO PLANETÁRIO

N+

→ PLANO CELESTIAL
→ PLANO NATURAL
→ PLANO ENCANTADO
→ PLANO DUAL
→ PLANO ELEMENTAL
→ PLANO ESSENCIAL
→ PLANO FATORAL

S-

Já as correntes, quando estão absorvendo energias, graficamente são assim:

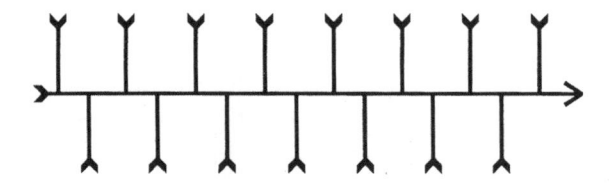

E quando estão irradiando, graficamente são assim:

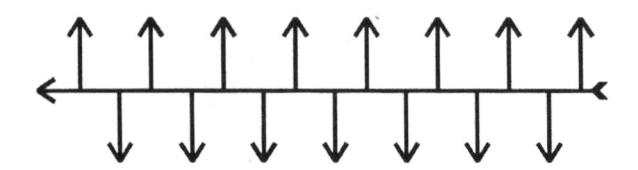

Quanto ao eixo, é assim:

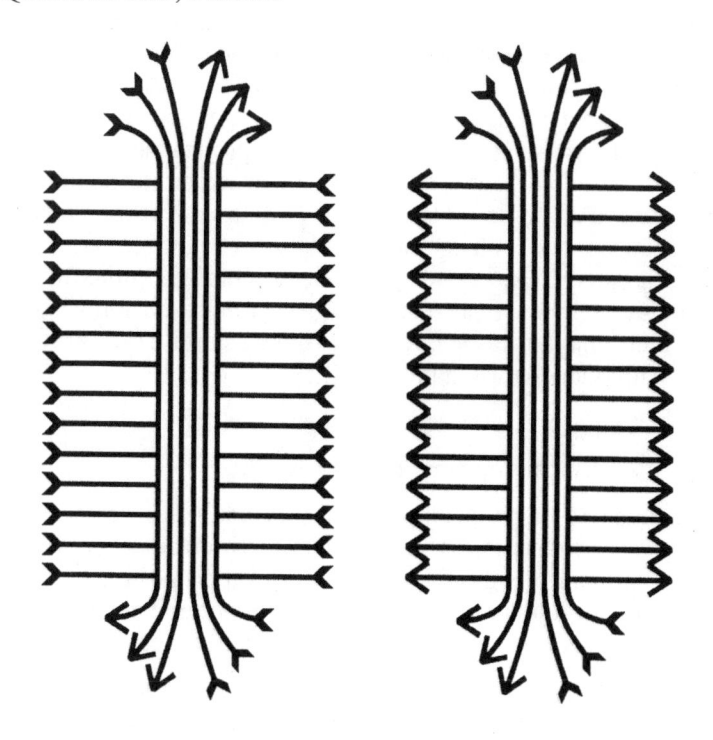

Então notamos que as ondas absorvidas ou irradiadas pelas correntes eletromagnéticas, que são horizontais, absorvem e irradiam na vertical. Já o eixo, que é vertical, capta e irradia na horizontal.

Com isso, eixo magnético e correntes eletromagnéticas formam uma quadriculação ou entrecruzamento, não deixando nenhum plano e nenhuma de suas dimensões desenergizadas.

Com isso explicado, saibam que uma onda projetada de um plano para outro, quando o alcança, deixa de fluir e começa a verter, derramar ou irradiar a energia que está transportando, criando em sua "ponta" uma fonte natural da energia que está absorvendo em um plano e irradiando já em outro plano da Vida.

São como vasos comunicantes, onde o plano mais energizado doa seu excesso a outro e recebe dele seu excedente.

Em cada ponta "final" de uma onda, sempre surge uma fonte natural de energias, energizando tudo à sua volta. Quando alcança o equilíbrio gerador no novo meio, aí seu magnetismo começa a projetar novas fontes. Em verdade, é apenas a abertura ou o "desenfeixamento" das ondas enfeixadas num fluxo, que só assim conseguem "atravessar" de um plano para outro.

Quanto às dimensões paralelas, e dentro de um mesmo plano da Vida, as correntes atravessam todas e vão projetando ondas geradoras em todo o percurso. Essas ondas já são adaptadas ao meio de vida existente em cada uma das dimensões que cruzam, pois só assim não o desestabilizam.

Então está entendido que as correntes não geram fontes localizadas e estáveis, porque isso só acontece com as ondas projetadas de um plano para outro. E onde uma fonte surge, após ela alcançar seu limite máximo gerador, dali ela abre seu feixe de ondas, que se projeta na direção das correntes eletromagnéticas, que o absorvem e densificam seu fluxo, ora acelerando seu fluir, ora intensificando sua irradiação de energias e projeção de ondas.

Com isso, também fica entendido que as fontes são alimentadoras das correntes eletromagnéticas, e que é destas que as ondas que atravessam de um plano para outro se originam.

— as fontes projetam ondas magnetizadas;

— as correntes projetam ondas energizadas.

As correntes magnetizadas são absorvidas pelas correntes, que as eletrizam, as polarizam e permitem que sejam enfeixadas e projetadas verticalmente, ou para o plano da Vida anterior ou ao posterior. No gráfico, mostramos umas projetando-se para cima e outras para baixo, ou seja, umas vão a planos posteriores e outras vão a planos anteriores.

Saibam que, se aqui no plano material, as pessoas procuram fixarse às margens dos rios, lagos, oceanos, florestas, deltas, vales, oásis, etc., porque são lugares altamente energizados, o mesmo acontece nas dimensões paralelas, onde os seres preferem viver próximos das correntes eletromagnéticas ou das fontes naturais geradoras de energias.

O Mistério das Fontes Vivas e Geradoras de Energias

Um dos mistérios mais fascinantes da criação divina, espalhados pelos planos da Vida, é o das fontes vivas geradoras de energias.

Nós classificamos essas fontes vivas geradoras de energias como espécies, pois não são seres (racionais) ou criaturas (instintivas), mas sim espécies (emotivas).

Se as consideramos emotivas, é porque, quando solicitadas, geram uma enormidade de energias e, quando desestimuladas, fecham-se, quase desaparecendo, sem nunca deixar de existir.

Às vezes elas geram tanta energia que se densificam e assumem cores e formas, as mais belas e exóticas imagináveis.

Por serem emotivas, são os estímulos que recebem, que determinarão sua vibração, cores e energias que gerarão.

Mas quando abertas e em estado de "repouso", umas assumem formas triangulares, losangulares, petaladas, estreladas, raiadas, quadriculadas, folheadas, pistiladas (de pistilos), caniculadas, ondeadas, ciliadas, esporaladas (de esporos), escamadas (de escamas), olhadas (de olhos), onduladas, repolhadas (de repolhos), roseadas (de rosas), tubulares, espiraladas, estameadas (de estame), vulvares (de vulva), coronais (de coração), umbilicais (de umbigo), tentaculares (de tentáculos), bivalves (de conchas), bivalvulares (de válvulas).

São formas geométricas, flóreas, fractais, etc., mostrando-nos todo um campo onde o Criador exercitou artisticamente sua criatividade divina. Sim, porque, além de serem fontes vivas, são belíssimas obras de arte.

Não há ninguém (seres, espécies ou criaturas) ou nada (energias nos diversos estados) que não esteja ligado por finíssimos cordões energéticos a essas fontes vivas geradoras de energias, que não falam ou pensam, apenas se ligam às coisas por meio dos cordões e reagem aos estímulos de quem se ligou a elas.

Nas dimensões duais e encantadas, ou seja, no Quarto e Quinto Planos da Vida, elas são tantas, que encantam nossos olhos. Desde esses planos da Vida, elas conseguem alcançar-nos aqui, no Sexto Plano da Vida, pois projetam seus cordões energéticos que, após ligarem-se conosco, tanto nos enviam como absorvem energias.

Muitas chegam a se deslocar de planos, pois podem acompanhar o fluir das ondas fatorais e das correntes eletromagnéticas.

Inclusive nas dimensões naturais, elas estacionam próximas dessas correntes transportadoras de energias, das quais tanto extraem energias para enviar aos seres, espécies e criaturas ligados a elas como descarregam nelas os excessos que absorvem por meio dos cordões de ligações.

Todos nós, espíritos ou encarnados, plantas ou animais, estamos ligados a fontes vivas geradoras de energias.

As ligações tanto podem estar localizadas nos órgãos do nosso corpo energético quanto nos chacras, e tanto nos principais quanto nos secundários.

Saibam que há fontes classificadas como positivas e negativas, pois umas geram energias que nos estimulam em algum sentido e outras nos envenenam.

Sim, envenenam energeticamente, intoxicando nosso corpo energético e fazendo surgir sintomas de doenças inexistentes.

Assim como as plantas absorvem gás carbônico e exalam oxigênio durante o dia e fazem o inverso à noite, nas dimensões paralelas essas fontes vivas têm uma função análoga, retirando do meio ambiente as energias estranhas a ele e devolvendo-lhe as que são indispensáveis à alimentação energética dos seres que nele vivem.

São verdadeiros filtros ambientais vivos e que se deslocam para onde há maior concentração energética estranha ao meio; ou vivem projetando cordões energéticos para os seres, criaturas e espécies, dos quais retiram energias saturadas acumuladas na raiz de seus chacras ou condensadas nos seus órgãos, sempre visando purificá-los.

Mas também podem energizá-los, caso estejam precisando de energias específicas.

Saibam que há um campo da magia que lida com essas fontes vivas geradoras de energias, e que pode ativar as fontes classificadas tanto como positivas como negativas.

Normalmente a magia só potencializa as fontes já ligadas ao corpo energético de uma pessoa, energizando ou desenergizando, mas certas magias, muito comuns no Oriente Médio e na Índia, são fundamentadas nesse campo e são nefastas, porque esse é um campo regido pelos gênios da natureza, que por sua vez são regidos pelos Querubins.

Essa magia foi trazida para a Europa por volta do século XIII e deu início a muitos malefícios, pois só sabiam ativá-la.

As descargas com pólvora, realizadas nos centros de Umbanda, têm o poder de cortar essas ligações nefastas com fontes vivas negativas, porque a explosão rompe os cordões e a energia liberada projeta-se por eles, alcançando as fontes e, causando-lhes "dor", as fecha. Com isso as magias negativas são desativadas imediatamente, deixando em paz quem estava sendo vitimado.

Agora, mistério dos mistérios, eis que muitos já comentaram sobre a existência de "cascões" e "egrégoras" ou espectros que estacionam no campo magnético das pessoas. Então, saibam que essas coisas nocivas são formações energéticas negativas projetadas por pessoas que estão vibrando sentimentos negativos, as quais alcançam seus desafetos, plasmando-se e alimentando-se de fontes emocionais existentes em quem as projetou.

Enfim, é vasto o campo das fontes vivas geradoras de energias, muitas delas alojadas no emocional de pessoas desequilibradas.

O Mistério das Formas Plasmadas

Quantas pessoas já não se assustaram com a visão de espectros assustadores?

Muitos, não?

Saibam que todo espírito traz a aparência humana que teve em sua última encarnação porque o plasma que reveste seu corpo energético amoldou-se ao seu corpo carnal.

Esse plasma tem a mesma função da pele do corpo carnal, já que o corpo energético não suporta as energias que permeiam tudo o que existe nos mais variados níveis vibratórios das muitas dimensões da vida.

O corpo energético dos espíritos também é formado por "aparelhos" e órgãos energéticos dos sentidos.

Esses órgãos dão sustentação energética às funções mentais dos espíritos e, por isso mesmo, tanto podem atrofiar-se como sobrecarregar-se. Tudo depende do bom ou mau uso que se dê às suas faculdades mentais e também ao tipo de magnetismo mental que desenvolvem.

Sim, se um espírito negativa seu magnetismo, automaticamente deixa de irradiar energias para o meio onde vive e começa a absorver energias nocivas aos órgãos dos seus sentidos, energias estas que vão atrofiando alguns órgãos e vão sobrecarregando outros..., até que levem o ser a uma descarga emocional em que seu magnetismo negativo é esgotado e ele torna-se o que costumam chamar de "espírito sofredor".

Mas há outro tipo de função para o revestimento plasmático.

Essa outra função destina-se a tolher os espíritos cujo negativismo é tão grande, que bloqueia suas faculdades e abre suas primitivas fontes instintivas.

Mistérios negativos, análogos ao negativismo do ser e que são responsáveis pelo amparo a criaturas naturais, envolvem o mental do ser negativado pelo ódio, ambição, sensualismo, etc., e amoldam seu plasma de revestimento em uma forma específica afim com alguma criatura regida pelo mistério que o atraiu e o aprisionou.

Isso acontece com muita frequência nas esferas negativas, e os espíritos aprisionados em formas de criaturas não conseguem libertar-se delas enquanto não forem movidos pelo desejo de se reajustarem.

Esses espíritos que regridem são recolhidos nestas formas por duas razões:

1ª Porque bloquearam suas faculdades racionais e despertaram seus instintos mais primários, dispensando os órgãos dos sentidos existentes em seus corpos energéticos, aos quais atrofiaram quando deram uso negativo às suas faculdades;

2ª Porque assim, recolhidos em formas primárias, estão sendo amparados pela Lei, protegidos de ataques vingativos por parte dos seus desafetos, e também porque assim preservam seus ovoides, dentro dos quais estão protegidas suas heranças genéticas divinas, às quais desdobrarão novamente quando se voltarem para Deus.

Sim, porque, mesmo recolhidos pela Lei em formas que os tolhem, não deixam de receber continuamente as irradiações do Alto, estimuladoras do despertar virtuoso de suas faculdades, bloqueadas pelos próprios vícios arraigados em seus íntimos.

Essas irradiações proveem das divindades e alcançam seus mentais, estimulando a conscientização dos seres quanto aos seus estados, assim como os pacificam, aquietam e lembrando-os da existência de Deus.

Há um terceiro tipo de formas plasmadas que atende aos interesses de espíritos astutíssimos, os quais se ocultam atrás delas para não se revelarem ou para não serem descobertos por seus inimigos, inimigos estes conquistados quando ainda viviam no corpo carnal, e dos quais se ocultam por medo ou vergonha.

Essas formas lembram animais conhecidos ou aberrações imaginárias, com as quais assustam seus desafetos visando afastá-los ou desequilibrá-los emocionalmente.

Também é comum clarividentes verem formas que guardam semelhanças com corpos humanos, mas só até certo ponto, porque não são espíritos humanos.

Se temos insistido na existência de dimensões paralelas à humana, é porque elas realmente existem e destinam-se à evolução de seres, cujas formas até guardam semelhanças com o corpo humano, mas na verdade são formas autênticas de seres naturais, muitos tão inteligentes quanto os espíritos, e outros nem tanto. Mas todos são nossos irmãos perante Deus, pois todos são criações d'Ele, ainda que vivam e evoluam em dimensões paralelas à nossa. E, assim como nelas há muitos espíritos atuando em benefício de seus habitantes, na nossa muitos desses irmãos naturais também estão atuando em nosso benefício.

Muitos desses seres naturais são descritos como "anjos", gênios, silfos, devas, etc., enquanto outros são descritos como seres peludos, escamosos, lodosos, etc., ou são vistos como portadores de chifres, patas, rabos, garras ou são lucífugos, reptícios, etc., mas, na verdade, são apenas seres um pouco diferentes de nós, os espíritos "humanos".

Enfim, são seres com formas próprias e imutáveis, mas que muitos videntes descrevem como sendo espíritos plasmados em formas angelicais ou infernais. Mas a verdade é bem outra, e que o tempo a revele a quem tiver olhos para ver e ouvidos para ouvir.

Considerações Finais

A Umbanda não possuía uma explicação só sua sobre o "início dos tempos" e os umbandistas recorriam às gêneses alheias para comentar alguma coisa a respeito.

A ideia de fazer algo nesse sentido e suprir essa lacuna surgiu em 1992 e, pouco tempo depois, começou a tomar corpo junto com outra lacuna, até então não percebida pelos umbandistas: o Estudo Teológico Regular.

Aqui, só estão cinco livros das muitas partes dessa gênese umbandista. Mas quero que saibam que outros, publicados à parte (*As Sete Linhas de Evolução e a Ascensão; A Tradição Comenta a Evolução; A Teogonia de Umbanda; A Androgenesia de Umbanda; Tratado Geral de Umbanda, etc.*), fazem parte dos livros psicografados e que preenchem parcialmente algumas lacunas existentes e que não haviam sido vislumbradas ou detectadas antes pelos escritores umbandistas.

Juntamente com o Código de Umbanda e os livros sobre Magia Divina, este livro encerra um conjunto de informações sobre o universo Divino e Espiritual da Umbanda que a coloca em igualdade com todas as outras religiões existentes, não ficando a dever nada, seja quanto a fundamentos divinos ou a conhecimentos acerca dos planos invisíveis dos espíritos e sobre a magia.

Ainda que nem todos os livros já psicografados estejam publicados, a Umbanda já tem uma fonte inesgotável e só sua de conhecimentos fundamentais e espirituais.

Muitos livros fundamentais ainda estão à espera de ser publicados algumas lacunas continuarão expostas. No entanto, os que já estão à disposição dos leitores umbandistas são suficientes para que se sintam bem fundamentados em suas práticas espirituais e necessidades teológicas.

Tenho certeza de que quando toda a obra literária, concedida a mim pelos espíritos mentores da Umbanda, tiver sido publicada, não haverá um só umbandista que não se sentirá orgulhoso de pertencer a tão luminosa religião espiritualista.

Também posso afirmar que quando todos os livros estiverem à disposição do público, não só os umbandista mas os seguidores de outras religiões se servirão deles para preencher lacunas existentes nas suas próprias "teologias" ou doutrinas. E esses mesmos livros serão a fonte de novos adeptos para a luminosa religião Umbandista.

Nós sabemos o quanto é importante para uma religião ter grande acervo de obras literárias de primeira grandeza à disposição dos leitores em geral, pois é por meio delas que ela chega ao conhecimento e é em si uma fonte formadora de opinião.

Lamentavelmente, ainda se encontram na Umbanda dirigentes avessos ao estudo permanente de sua religião e há até aqueles que acreditam que não precisam estudar, assim como o estudo é contrário às práticas mediúnicas.

A essas pessoas alertamos o fato de que muitos já entraram e saíram da Umbanda justamente porque não encontraram uma leitura ampla, que preenchesse as lacunas teológicas e doutrinárias existentes em suas mentes e que não foram preenchidas na nova religião que adotaram.

Só oferecer "trabalhos" espirituais aos adeptos umbandistas não é o suficiente e enquanto essa mentalidade arcaica e obscurantista não for erradicada da Umbanda, nossa religião não mostrará a todos a sua magnífica fundamentação Divina e não alcançará o seu merecido lugar no coração dos seus adeptos.

Bem sabemos que muitos dos que são contrários ao estudo teológico nos criticam e nos rejeitam e até proíbem que seus médiuns estudem. Mas também sabemos que é justamente essa mentalidade que mais tem prejudicado o crescimento da Umbanda e bloqueado a expansão da sua literatura, pois impedem que os livros dos muitos autores umbandistas já colocados para o público circulam regularmente e sejam objeto de estudo e análise dos médiuns e dos consulentes de suas tendas.

A você, amigo leitor que chegou ao final deste, peço que reflita sobre esse alerta e espero que se junte a nós na disseminação do estudo regular dentro da Umbanda e nunca se esqueça de que só a fé não basta para satisfazer as necessidades religiosas das pessoas.

O conhecimento a complementa e sedimenta-a na mente dos fiéis.

Leitura Recomendada

A Iniciação a Umbanda
Ronaldo Antonio Linares / Diamantino Fernandes Trindade / Wagner Veneziane Costa

A Umbanda é uma religião brasileira centenária que cultua os Orixás (divindades), os quais influem diretamente nos mensageiros espirituais, que são as entidades incorporadas pelos médiuns para que os trabalhos sejam realizados.

Livro das Energias e da Criação
Rubens Saraceni

Este livro trata de um dos maiores mistérios divinos: a vida em si mesma e as múltiplas formas em que ela se mostra. O Mestre Mago Rubens Saraceni mostra que o mistério criador de Deus transcende tudo o que imaginamos, porque o Criador é inesgotável na sua criatividade e é capaz de pensar formas que fogem à imaginação humana, por mais criativos que sejam os seres humanos.

Jogo de Búzios
Ronaldo Antonio Linares

Jogo de Búzios foi idealizado por Ronaldo Antonio Linares, com o intuito de apresentar as especificidades desse conhecido oráculo sob a ótica umbandista, bem como desmistificar as comparações entre as religiões afro-brasileiras, Candomblé e Umbanda, que, em virtude do sincretismo sofrido no decorrer do tempo, foram consideradas como sendo a mesma.

O Cavaleiro do Arco-Íris
Rubens Saraceni

Este é mais um trabalho literário do Mestre Mago Rubens Saraceni que certamente cairá no gosto do leitor, tendo em vista que se trata de um livro iniciático, que apresenta a saga espiritual do Cavaleiro do Arco-Íris, o qual é um mistério em si mesmo e um espírito humanizado a serviço do Criador nas diversas dimensões cósmicas do Universo Divino.

www.madras.com.br

Leitura Recomendada

A Princesa dos Encantos
Sob o domínio da paixão

Rubens Saraceni

A Princesa dos Encantos é um romance que se passa há muito tempo e nos remete a uma época mítica, impossível de ser detectada nos livros de História. Rubens Saraceni, inspirado por Pai Benedito de Aruanda, mostra a lapidação de uma alma, tal qual um diamante bruto, e a sua trajetória rumo à Luz!

A Evolução dos Espíritos
Rubens Saraceni

Nessa obra mediúnica psicografada pelo Mestre Mago Rubens Saraceni, os Mestres da Luz da Tradição Natural dão abertura a um novo e magnífico campo para o entendimento da presença divina no cotidiano das pessoas. Para isso, tecem breves comentários a respeito da diversidade da criação e da natureza e sobre a evolução dos homens.

As Sete Linhas de Evolução e Ascensão do Espírito Humano
Rubens Saraceni

Na senda evolutiva do espírito são vários os caminhos que podem ser percorridos para a conquista do objetivo maior, que é o de sermos espíritos humanos divinizados. Mas que caminhos são esses que favorecem um "atalho" para se chegar mais rápido ao pódio?

Orixá Pombagira
Fundamentação do Mistério na Umbanda

Rubens Saraceni

Mais um mistério é desvendado: o da Pombagira, Orixá feminino cultuado na Umbanda. Por muitos anos, ela foi estigmatizada sob o arquétipo da "moça da rua", o que gerou vários equívocos e, por que não dizer, muita confusão, pois diversas pessoas já recorreram a ela para resolver questões do amor, ou melhor, para fazer "amarrações amorosas" à custa de qualquer sacrifício.

w.w.w.madras.com.br

Leitura Recomendada

O Cavaleiro da Estrela Guia
Rubens Saraceni

Neste livro, é narrada a saga completa de Simas de Almoeda, ou o Cavaleiro da Estrela Guia, homem perseguido por uma terrível história e por um implacável sentimento de culpa, apesar de suas ações e realiza-ções maravilhosas. Por meio do desenrolar dessa narrativa, vários ensi-namentos a respeito da realidade do "outro lado da vida" são revelados, dando ao leitor a exata dimensão dos atos humanos, colocando-o diante de situações que expressam os confl itos do homem do novo milênio, tais como religião, fé, riqueza, poder, alma.

Por meio desta história, o leitor é levado a conhecer os diversos cami-nhos percorridos em nossas existências.

O Guardião da Meia-Noite
Rubens Saraceni

Guardião da Meia-Noite, seja bem-vindo!
A Madras Editora está muito orgulhosa com a sua chegada.
Leitor, é dado o momento de você conhecer este magnífico romance de Luz, psicografado pelo grande Mestre Mago Rubens Saraceni, inspirado por Pai Benedito de Aruanda.
Ao ler esta obra, você entrará em um mundo que deve ser sentido, explorado e vivido e que tem a intenção de fazê-lo evoluir na sabedoria do conhecimento Divino.

Doutrina e Teologia de Umbanda Sagrada
Rubens Saraceni

Esta obra desempenha a função de um manual que traz um verdadeiro curso para os umbandistas e simpatizantes da Umbanda. Tem por objetivo despertar os umbandistas para que desenvolvam uma consciência religiosa verdadeiramente de Umbanda e totalmente calcada em conceitos próprios, fundamentada na existência de um Deus único (Olorum) e na manifestação através de suas divindades (os sagrados Orixás ou Tronos de Deus).

w.w.w.madras.com.br

Leitura Recomendada

FUNDAMENTOS DOUTRINÁRIOS DE UMBANDA
Rubens Saraceni

Este é um livro a respeito dos fundamentos doutrinários da Umbanda, uma religião fundada no Brasil em 16 de novembro de 1908, por Zélio Fernandino de Moraes, a partir de uma manifestação espiritual do Caboclo das Sete Encruzilhadas durante uma sessão espírita. Os umbandistas cultuam Deus e suas divindades, os Orixás, e, durante as suas giras, contam com a presença dos Guias espirituais incorporados em seus médiuns, para o cumprimento de uma das suas finalidades primordiais: a prática da Caridade.

A MAGIA DIVINA DOS ELEMENTAIS
Rubens Saraceni

Em A Magia Divina dos Elementais, o leitor irá descobrir a sutil diferença entre os seres Elementais e os Elementares, os quais têm um vasto campo de atuação e, se corretamente evocados e direcionados, podem auxiliar na solução ou diluição de problemas espirituais e materiais.
Neste livro, o autor nos revela os mistérios da criação divina e as maneiras por meio das quais podemos utilizá-los para suprir a falta de energias elementares em nosso corpo etérico.

CÓDIGO DE UMBANDA
Rubens Saraceni

Código de Umbanda é um livro que se utiliza de uma linguagem clara e aberta para "comentar" as linhas mestras que orientam a ciência, a doutrina e a prática religiosa da Umbanda.
Há aqui uma análise apurada dos elementos que envolvem o Ritual de Umbanda Sagrada, tanto em nível das práticas rituais quanto da existência e da difusão de uma consciência religiosa umbandista, promovendo o esclarecimento não apenas aos fiéis mas também à opinião pública em geral acerca dos fundamentos e dos objetivos do Ritual enquanto opção religiosa que se coloca à disposição de encarnados e desencarnados.

w.w.w.madras.com.br

Leitura Recomendada

A Magia Divina dos Gênios
Rubens Saraceni

Gênios? Quem são? Descubra neste livro essa classe de seres da natureza tão importante para nós, porém completamente desconhecida para muitos. Em A Magia Divina dos Gênios você verá a revelação dos mistérios desses seres da natureza e começará a ter contato com alguns procedimentos magísticos para evocar os gênios e favorecer-se do seu imenso poder. Aprenda com essa leitura a trabalhar com as forças sutis da natureza e a beneficiar-se com magias simples e fáceis de serem feitas, como: Magia branca para cortar magia negra. Magia para curar impotência sexual. Magia para curar frigidez sexual. Magia para purificar o lar. Magia para amor, saúde e prosperidade. Magia para cortar magia negativa, encantamentos... e mais!

A O Guardião da Sétima Passagem (Volume 1)
Rubens Saraceni

Nesta história vemos os desajustes e desequilíbrios vividos pelos seres humanos aqui na Terra, entre eles o da sexualidade, o sétimo sentido da vida, pois, desde Adão e Eva, aprendemos que sexo é pecado. Ocorre, porém, que esses sentimentos reprimidos prosseguem após o desencarne.
A obra mostra que existem regiões espirituais repletas de espíritos femininos e masculinos atormentados, todos vítimas inconscientes da ignorância a respeito da própria sexualidade.

Tratado de Escrita Mágica Sagrada: Um Curso de Escrita Mágica
Rubens Saraceni

O mundo dos símbolos é um mistério fascinante e possui um universo inesgotável para ser estudado. Em Tratado de Escrita Mágica Sagrada – Um Curso de Escrita Mágica, o leitor conhecerá uma ciência espiritual que estuda os símbolos sagrados e suas funções na criação.
Esses símbolos são formados por uma ou mais fontes emissoras de vibrações e irradiações. A partir desse conhecimento, é possível desenvolver a Escrita Mágica Simbólica pela qual é possível a conexão com o Verbo Divino.

w.w.w.madras.com.br

Leitura Recomendada

OS ARQUÉTIPOS DA UMBANDA: AS HIERARQUIAS ESPIRITUAIS DOS ORIXAS (VOLUME 1)
Rubens Saraceni

Esta é uma obra basilar tanto para os médiuns iniciantes na Umbanda quanto para aqueles que desejam conhecer os fundamentos divinos, os mistérios e os arquétipos dessa religião centenária nascida em terras brasileiras. De maneira clara e objetiva, Rubens Saraceni discorre a respeito dos sagrados Orixás, que são poderes manifestados por Olorum (Deus) e mistérios da criação divina, colocados à disposição daqueles que queiram cultuá-los, oferendá-los e neles se fortalecerem religiosa e espiritualmente a partir dos sentimentos de fé.

A Magia Divina das Velas: O Livro das Sete Chamas Sagradas
Rubens Saraceni

Neste livro, Rubens Saraceni nos brinda com um conhecimento de inestimável valor e do qual apenas ele, até então, era o fiel depositário e possuidor.
A Magia Divina das Velas é muito mais que um livro sobre velas; é iniciático, no verdadeiro e amplo sentido da palavra, pois dá início a uma nova perspectiva para trabalhos espirituais envolvendo velas, bem como permite a cada um buscar a própria iniciação para melhor proveito de tudo quanto a obra transmite.

O Guardião dos Caminhos: a História do Senhor Guardião
Rubens Saraceni

Nesta obra você conhecerá a biografia do Senhor Exu Guardião Tranca-Ruas. Suas revelações mais íntimas foram revelados pela primeira vez ao Mestre Mago Rubens Saraceni por intermédio do Pai Benedito de Aruanda, Irmão de Lei e de Vida de ambos.
Para o autor, desenvolver este trabalho foi um privilégio pois, por meio dele, teve a oportunidade de relatar a todos a quem possa interessar os mais profundos mistérios reavivados pelo Ritual de Umbanda Sagrada

w.w.w.madras.com.br

MADRAS® Editora — CADASTRO/MALA DIRETA

Envie este cadastro preenchido e passará a receber informações dos nossos lançamentos, nas áreas que determinar.

Nome _____

RG _____ CPF _____

Endereço Residencial _____

Bairro _____ Cidade _____ Estado ____

CEP _____ Fone _____

E-mail _____

Sexo ❏ Fem. ❏ Masc.   Nascimento _____

Profissão _____ Escolaridade (Nível/Curso) _____

Você compra livros:
- ❏ livrarias ❏ feiras ❏ telefone ❏ Sedex livro (reembolso postal mais rápido)
- ❏ outros: _____

Quais os tipos de literatura que você lê:
- ❏ Jurídicos   ❏ Pedagogia   ❏ Business   ❏ Romances/espíritas
- ❏ Esoterismo ❏ Psicologia ❏ Saúde   ❏ Espíritas/doutrinas
- ❏ Bruxaria   ❏ Auto-ajuda ❏ Maçonaria   ❏ Outros:

Qual a sua opinião a respeito dessa obra? _____

_____

Indique amigos que gostariam de receber MALA DIRETA:

Nome _____

Endereço Residencial _____

Bairro _____ Cidade _____ CEP _____

Nome do livro adquirido: **_Gênese Divina de Umbanda_**

Para receber catálogos, lista de preços e outras informações, escreva para:

MADRAS EDITORA LTDA.
Rua Paulo Gonçalves, 88 – Santana
CEP 02403-020 – São Paulo – SP
Caixa Postal 12299 – CEP 02013-970 – SP
Tel.: (11) 2281-5555 — Fax: (11) 2959-3090
www.madras.com.br

MADRAS® Editora

Para mais informações sobre a Madras Editora,
sua história no mercado editorial
e seu catálogo de títulos publicados:

Entre e cadastre-se no site:

www.madras.com.br

Para mensagens, parcerias, sugestões e dúvidas, mande-nos um e-mail:

marketing@madras.com.br

SAIBA MAIS

Saiba mais sobre nossos lançamentos,
autores e eventos seguindo-nos no facebook e twitter:

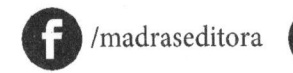

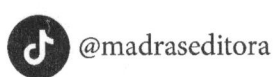

/madraseditora   @madraseditora   @madraseditora